古典文獻研究輯刊

二四編

潘美月・杜潔祥　主編

第 28 冊

《臨川四夢》校注（五）
——南柯記

王學奇、李連祥　校注

國家圖書館出版品預行編目資料

《臨川四夢》校注（五）——南柯記／王學奇、李連祥 校注 —
初版 — 新北市：花木蘭文化出版社，2017〔民106〕
目 4+292 面；19×26 公分
（古典文獻研究輯刊 二四編；第 28 冊）
ISBN 978-986-485-018-1（精裝）
1. 南柯記 2. 注釋
011.08　　　　　　　　　　　　　　　　　106001925

ISBN-978-986-485-018-1

古典文獻研究輯刊
二四編　第二八冊　　　　　　ISBN：978-986-485-018-1

《臨川四夢》校注（五）——南柯記

注　　　者　王學奇、李連祥 校注
主　　　編　潘美月　杜潔祥
總 編 輯　杜潔祥
副總編輯　楊嘉樂
編　　　輯　許郁翎、王筑　美術編輯　陳逸婷
企劃出版　北京大學文化資源研究中心
出　　　版　花木蘭文化出版社
社　　　長　高小娟
聯絡地址　235 新北市中和區中安街七二號十三樓
　　　　　　電話：02-2923-1455／傳真：02-2923-1452
網　　　址　http://www.huamulan.tw 信箱 hml810518@gmail.com
印　　　刷　普羅文化出版廣告事業
初　　　版　2017 年 3 月
全書字數　158811 字
定　　　價　二四編 32 冊（精裝）新台幣 62,000 元

《臨川四夢》校注（五）
——南柯記

王學奇、李連祥　校注

王學奇簡介

王學奇，北京密雲人，漢族，生於 1920 年，1946 年畢業於國立西北師院（北師大後身）國文系，受業於黎錦熙先生。畢業後在蘭州、蘇州、北京教過幾年中學。1950 年起，開始到大學任教，先後曾在東北工學院、東北師範大學、中央音樂學院、河北北京師院、河北師範大學任講師、副教授、教授、研究生導師。在河北師範大學階段，還曾任元曲研究所所長、河北省元曲研究會會長、關漢卿研究會會長。主講過文學概論、中國古典文學、世界文學、元明清戲曲。以教學優異，獲得國務院特殊津貼。還被母校北師大評爲榮譽校友。

早年好詩，從上世紀五十年代中葉，轉攻戲曲語言研究，著有《元曲釋詞》《宋金元明清曲辭通釋》《關漢卿全集校注》《元曲選校注》《笠翁傳奇十種校注》《王學奇論曲》《湯顯祖〈臨川四夢〉校注》，即將出版的有《曲辭通釋》（《宋金元明清曲辭通釋》增訂本）、《中華古今少數民族語》等。已出版各書，皆獲大獎，備受國內外學術界好評。

李連祥簡介

李連祥，1958 年 10 月生於天津，1982 年 2 月畢業於天津師範大學中文系。長期從事教學及研究工作。

主要著作：《唐詩常用語詞》（辭書類，125 萬字，百花文藝出版社 2009 年版）；《奈何天校注》（收錄於王學奇先生主編《笠翁傳奇十種校注》，天津古籍出版社 2009 年版）；《詩藪珠璣》（唐詩研究論集，52 萬字，與李峼合著，天津社會科學院出版社 2016 年版）；《湯顯祖〈臨川四夢〉校注》（與王學奇先生合著）。《唐詩常用語詞》一書，在美國 2015 年芝加哥圖書展及亞馬遜網站上均有介紹。

《南柯記》故事梗概

《南柯記》共四十四齣，取材於唐·李公佐的《南柯太守傳》。劇寫淳于棼於夢境中到了大槐安國，被招爲駙馬，任南柯太守二十餘年，頗有政績。後檀蘿國入侵，金枝公主受驚而死。班師回朝後，拜爲左丞相，侍寵拉攏皇親國戚，作威作福，威勢日張，弄權亂政，因而被右丞相奏明國王。淳于棼被遣回鄉，撤職拿辦。至此夢醒，回想夢中情景，驚疑不已。及尋視所謂大槐安國，不過是庭院前邊大槐樹洞裏一群螞蟻而已。湯顯祖藉此虛幻故事，擬判和鞭撻了當時社會這種「矯情」行徑，矛頭直指權相張居正。

《南柯記》目次

《南柯記》〔1〕

《南柯記》題詞

　　天下忽然而有唐，有淮南郡。槐之中忽然而有國，有南柯。此何異天下之中有魏，魏之中有王也。

　　李肇〔2〕贊云：「貴極祿位，權傾國都。達人視此，蟻聚何殊。」嗟夫！人之視蟻，細碎營營〔3〕，去不知所爲，行不知所往，意之，皆爲居食事耳。見其怒而齘鬥，豈不映然〔4〕而笑曰：「何爲者耶？」，天上有人焉，其視下而笑也，亦若是而已矣。

　　白舍人之詩曰：「蟻王乞食爲臣妾，螺母偷蟲作子孫。彼此假名非本物，其間何怨復何恩？」〔5〕世人妄以眷屬富貴影像，執爲吾想，不知虛空中一大穴也。倏來〔6〕而去，有何家之可到哉？

　　吾所微恨者：田子華處士能文，周弁能武，一旦無病而死，其骨肉必下爲螻蟻食無疑矣，又從而役屬其魂氣以爲臣。螻蟻之威，乃甚於虎狼。此猶死者耳。淳于固儼然人也，靡然〔7〕而就其徵，假以肺腑〔8〕之親，藉其枝幹之任。昔人云：「夢未有乘車入鼠穴者。」〔9〕此豈不然耶？一往之情，則爲所攝。人處六道〔10〕中，噸笑〔11〕不可失也。

　　客曰：「人則情耳，玄象〔12〕何得爲彼示徵？」此殆不然。凡所書祲象〔13〕，不應人國者，世儒即疑之，不知其亦爲諸蟲等國也。蓋知因

天立地，非偶然者。

　　客曰：「所云情攝，微見本傳語中；不得有生天成佛之事。」予曰：「謂蟻不當上天耶？經云：『天中有兩足、多足等蟲〔14〕。』世傳活萬蟻可得及第〔15〕，何得度多蟻生天而不作佛？夢了爲覺，情了爲佛。境有廣狹，力有強劣而已。」

清遠道人湯顯祖題〔16〕

校　注

〔1〕原無題詞，據竹林堂本增入。

〔2〕李肇——唐朝人，字里居，生卒年均不詳。元和二年至五年間，爲江西觀察從事。七年任協律郎，十三年以監察御史充翰林學士。十四年加右補闕，十五年加司勳員外郎，出翰林院。長慶中歷著作郎，左司郎中，撰《唐國史補》三卷。大和初遷中書舍人；三年坐薦柏耆貶將作少監。另有《翰林誌》一卷傳世。錢南揚先生案：貞元末，肇爲《南柯太守傳》作贊，而元和間作《國史補》，卻云：「近代有造謗而著書，《雞眼》、《苗登》二文；有傳蟻穴而稱李公佐《南柯太守》，……皆文之妖也。」相隔不過十年，前後言論反覆無常，判若二人。

〔3〕營營——忙忙碌碌；勞而不知休息的樣子。《莊子·庚桑楚》：「全汝形，抱汝生，無使汝思慮營營。」

〔4〕映（xuè）然——聲音微弱貌。《莊子·則陽》「吹劍首者，映而已矣」陸德明釋文引晉司馬彪曰：「映然如風過。」此處用來形容微笑的樣子。

〔5〕「白舍人之詩曰」五句——白舍人，即白居易；曾官中書舍人，故云。此詩爲《禽蟲十二章》之九。《全唐詩》卷460首句爲「蟻王化飯爲臣妾」。螺，同「蠃」；《四部叢刊》本作「蠃」。

〔6〕倏來——倏：極快地。指來去迅速。

〔7〕靡然——本指草木順風而倒貌。此喻望風響應，聞風而動。《史記·平準書》：「彭吳賈滅朝鮮，置滄海之郡，則燕齊之間，靡然發動。」

〔8〕肺腑——比喻帝王的宗室近親。參見第三十六齣注〔23〕。

〔9〕「昔人云」二句——見《世說新語·文學》：「衛玠總角時，問樂令夢，樂云：『是想。』衛曰：『形神所不接而夢，豈是想邪？』樂云：『因也。未嘗夢乘車入鼠穴，搗虀啖鐵杵，皆無想無因故也。』」

〔10〕六道——佛學術語，又名六趣、六凡或六道輪迴；是眾生輪迴之道途。六道可分爲三善道和三惡道。三善道爲天道、人道、阿修羅道；三惡道爲畜生道、餓鬼道、地獄道。

〔11〕嚬笑——皺眉和歡笑。指喜怒哀樂情感的流露。宋·李演《聲聲慢》詞:「嚬
　　笑人生悲樂,且聽我尊前,漁歌樵曲。」亦作笑嚬,明·楊柔勝《玉環記》二
　　九〔皂羅袍·前腔〕:「登山涉水,雲梯石凳,隔花笑嚬,墻頭紅粉多丰韻。」

〔12〕玄象——即天象。謂日月星辰在天所成之象。《河圖括地象》:「天圓而色玄。」
　　故云「玄象」。唐·杜牧《東兵長句十韻》:「玄象森羅搖北落,詩人章句詠東
　　征。」

〔13〕祲(jìn)象——謂日邊雲氣之色所顯示的吉凶跡象。《周禮·春官·保章氏》:
　　「以五云之物,辨吉凶水旱降豐荒之祲象。」賈公彥疏:「物,色也。此五色
　　之云以辨吉凶也。」

〔14〕天中有兩足多足等蟲——《法華玄贊》:「佛於二足、多足、無足一切中尊。
　　今云兩足尊,於三類中,兩足為貴,能入道故。」兩足蟲,指人類。蟲,本
　　動物之總名,故人稱「倮蟲」,見《大戴禮記·曾子天圓》。

〔15〕活萬蟻可得及第——據宋·李元綱《厚德錄》載:宋庠所居堂下,有蟻穴為
　　暴雨所侵,戲編竹為橋以濟。及春試,有胡僧相之曰:「公豐神頓異,如曾
　　活數百萬命者。」後果狀元及第。

〔16〕清遠道人湯顯祖題——臧懋循改本《南柯記》作「萬曆庚子夏至、清遠道人
　　題」。據此,題詞當作於萬曆二十八年(公元1600年),湯顯祖棄官歸田之
　　後。

第一齣〔1〕　提　世〔2〕

　　【南柯子】〔3〕〔末〔4〕上〕玉茗〔5〕新池雨，金柅小閣晴〔6〕。有情歌酒莫教停，看取〔7〕無情蟲蟻，也關情。國土陰中起〔8〕，風花眼角成〔9〕。契玄還有講殘經〔10〕，為問東風吹夢，幾時醒〔11〕。〔問答照常〕〔12〕

　　登寶位槐安國土，隨夫貴公主金枝；

　　有碑記南柯太守；無虛誑甘露禪師。〔13〕

校　注

〔1〕齣——傳奇劇本劃分場次的單位，相當於現代戲劇中的一場。傳奇劇本一般分若干齣，合演一個完整的故事。

〔2〕提世——傳奇劇本第一齣標題名稱的一種，與通常稱為「提綱」、「標目」、「家門」等標題相類。錢南揚注本謂，提世，疑寓有「提醒世人」的意思，蓋古人認為南柯本是一夢，所以下文有「東風吹夢幾時醒」之語，因此把開場命名「提世」。竹林堂本作「提綱」，臧晉叔改本作「開場」。一般由副末上場，用一、二支曲子向觀眾介紹創作意圖和劇情梗概，最後用五、七言詩扣題作結。

〔3〕南柯子——原為唐教坊曲名，後用為詞牌和曲牌。又名《春霄曲》、《鳳蝶令》、《梧南柯》、《望秦川》、《碧窗夢》、《水晶簾》、《十愛詞》等。有單調、雙調之別。單調始自晚唐溫庭筠，二十三字或二十六字，平韻。雙調有平韻、仄韻兩體，五十二字；平韻始自五代毛熙震詞，仄韻始自《樂府雅詞》。此詞上半闋說作者心情，下半闋說故事內容。

〔4〕末——戲曲中腳色名稱。有正末、副末、小末之分。在宋元雜劇、明清傳奇、近代戲曲中，都有這個腳色，地位各不相同。傳奇中的「末」，一般扮演年紀較大的男性角色，而第一齣多由次要的副末開場。此劇以末代替副末，其性質、作用一樣。

〔5〕玉茗——白山茶花的別稱。此為「玉茗堂」的省稱，地處臨川城內，香楠峰下。湯顯祖晚年卜居江西臨川沙井巷，名其居為「玉茗堂」，取其不隨流俗、潔身自好之意。

〔6〕金柅（nǐ）小閣——《中國山水文化大觀・贛東之旅・玉茗堂》：「玉茗堂有一組園林建築，營建了九年，頗具匠心。圍繞主體建築玉茗堂還有金柅閣（湯家起居之所）和芙蓉館、清遠樓、省蘭亭、寒光堂和四夢臺等建築。」《同治臨川志》「古蹟」：「玉茗堂……中有攬秀樓、毓靄池、金柅閣諸景。」並引清李

茹旻《玉茗堂詩》：「金柅草閣觀棋局，玉茗檀心噴筆床。」注云：「湯有金柅閣，示不復出意。」金柅，《易經・姤卦》：「初六，繫於金柅。」金柅乃止車之術，故以示不再宦遊。

〔7〕取——語助辭，猶著也，得也。

〔8〕國土陰中起——指第三齣《樹國》中蟻王在秋天建立了大槐安國。陰中，指農曆七八月，秋天。《禮記・月令》「秋爲陰中」孔穎達《疏》：「陰氣始於五月，終於十月，其七月、八月爲陰之中，故云『秋爲陰中』。」《漢書・律曆志上》：「秋爲陰中，萬物以成。」

〔9〕風花眼角成——指第七齣《偶見》、第八齣《情著》中瓊英秉承槐安國母之命，在禪智寺爲公主覷中書生淳于棼事。風花，爲「風花雪月」的省稱，指男女情愛之事。元・喬吉《金錢記》三〔耍孩兒〕：「秦弄玉吹簫跨鳳樓，動不動君王委奏。本是些風花雪月，都做了笞杖徒流。」眼角成，意謂用眼梢兒斜光覷看，即《偶見》〔尾聲〕中瓊英所謂「把俺這覷郎君的眼梢兒再拋演」。

〔10〕契玄還有講殘經——指第四齣《禪請》中契玄禪師在甘露寺講經事。契玄，劇中潤州甘露寺的主持，亦即本齣下場詩結句中的「甘露禪師」。有，意猶「在」。

〔11〕「爲問東風」二句——指第八齣《情著》以後淳于棼迷戀女色、貪圖祿位而執迷不悟的情事。

〔12〕問答照常——傳奇劇本術語。一般出現在第一齣，指示臺前的副末向後場提問今天搬演什麼劇目，後場隨即應聲回答劇目名稱，副末接著敍述劇情梗概。據此，「問答照常」應放在上闋「無情蟲蟻也關情」後。錢南揚《南柯夢記校注》云：「『爲問東風』句下，汲古閣本、暖紅室本俱有『問答照常』四小字，誤。案：所謂『問答』，就是末問後場今日搬演什麼傳奇，後場回答某某傳奇，後來省略成爲『問答照常』，原爲引起下文末報告戲情而設。這裏應該把它放在下半闋之前，末接下去報告戲情，才合情理。現應放在下半闋之後，末已在下半闋中將戲情說明，何必明知故問？」錢說是。

〔13〕「登寶位」四句——此爲本齣的下場詩。明傳奇每齣末一般用五、七言絕句概括本齣劇情大意，稱爲下場詩，給觀眾以啓迪和思考。此詩首句寫蟻王建立大槐安國，榮登寶位。次句敍淳于棼被蟻王贅爲駙馬，妻榮夫貴。第三句寫淳于棼任南柯大守，寬徭薄賦，深得民心，政通人和，有口皆碑。結句說甘露禪師爲淳于棼所透露的禪機，即第八齣《情著》中所謂「秋槐落盡空宮裏，疑碧池邊奏管絃。雙翅一開千萬里，止因樓隱戀喬柯。惟有夢魂南去日，故鄉山水路依稀」，沒有一點虛誑。公主金枝，即蟻王之女瑤芳，封爲金枝公主。甘露禪師，即契玄，《禪請》齣說他原住甘露寺，故云。

第二齣　俠　概 [1]

【破齊陣】〔生 [2] 背劍上〕壯氣直衝牛斗 [3]，鄉心倒掛 [4] 揚州。四海無家，蒼生沒眼，拄破了英雄笑口。[5] 自小兒豪門慣使酒，偌大的煙花 [6] 不放愁，庭槐吹暮秋。

【蝶戀花】秋到空庭槐一樹，葉葉秋聲，似訴流年去。便有龍泉 [7] 君莫舞，一生在客飄吳楚。那得胸懷長此住，但酒千杯，便是留人處。有個狂朋來共語，未來先自愁人去。小生東平 [8] 人氏：複姓淳于，名棼。始祖淳于髡 [9]，善飲。一斗亦醉，一石亦醉，頗留滑稽之名；次祖淳于意，善醫，一男不生，一女不死，官拜倉公之號。[10] 傳至先君 [11]，曾為邊將，投荒久遠，未知存亡。至於小生，精通武藝，不拘一節，累散千金；養江湖豪浪之徒，為吳楚游俠之士。曾補淮南軍裨將 [12]，要取河北路功名。偶然使酒，失主帥之心；因而棄官，成落魄之像。家去廣陵 [13] 城十里，庭有古槐樹一株；枝幹廣長，清陰數畝，小子每與群豪縱飲其下。偶此日間，群豪雨散。則有六合 [14] 縣兩人：武舉周弁，吾酒徒也；處士 [15] 田子華，吾文友也。今乃唐貞元七年 [16] 暮秋之日。分付家僮山鷓兒，置酒槐庭，以款二友。山鷓兒何在？〔丑扮僮 [17] 上〕腿似水粘子 [18]，臉像山鷓兒。稟告東人 [19]：置酒槐陰庭下，二客早到。

【搗練子】〔淨 [20] 扮周、末扮田上〕花月晚，海山秋。人生只合醉揚州，慣使酒的高陽 [21] 吾至友。

〔周〕小子穎川 [22] 周弁是也。〔田〕小子馮翊 [23] 田子華是也。〔周、田〕我二人將歸六合，去與淳于兄告別。〔丑〕主人槐陰庭等候。〔見介〕[24]【集唐】[25] 縣古槐根出，秋來朔吹 [26] 高。黃金猶未盡，終日困香醪 [27]。〔生〕數日門客 [28] 蕭條，令人困悶。〔周、田〕連小弟二人，日晚歸舟，竟來告別。〔生〕二兄 [29] 也要回去，好不悶人也！槐庭有酒，且與沉醉片時。〔酒介〕

【玉交枝】〔生〕風雲 [30] 識透，破千金賢豪浪遊。十八般武藝吾家有，氣衝天楚尾吳頭 [31]。一官半職 [32] 懶趑趄，三言兩語難生受。悶嘈嘈尊前罷休，恨叨叨君前訴休。

〔周、田〕槐庭下勾尊兄飲樂也。

【前腔】〔生〕把大槐根究〔33〕，鬼精靈〔34〕庭空翠幽。恨天涯搖落三杯酒，似飄零落葉知秋。怕雨中妝點的望中稠，幾年間馬蹄終日因君驟〔35〕。論知心英雄對愁，遇知音英雄散愁。

〔周、田〕二弟辭了。〔生〕送賢弟一程。

【急板令】〔生〕道西歸迎鸞鎖〔36〕頭，順西風薔薇玉溝〔37〕。送將歸暮秋，送將歸暮秋。舉眼天長，桃葉〔38〕孤舟。去了旋來，有話難周。〔合〕向晚霞江上銷憂，還送送，怎遲留？

〔周、田歎介〕二弟此去。可能便來。〔生〕兄弟怎出此話？

【前腔】〔周、田〕歎知交一時散休，到家中急難再遊。猛然間淚流，猛然間淚流。可為甚攜手相看，兩意悠悠？腸斷〔39〕江南，夢落揚州。〔合前〕

【尾聲】〔生〕恨不和你落拓江湖載酒遊〔40〕，休道個酒中交難到頭。你二人去了呵，我待要每日間睡昏昏長則是酒。

〔周、田下，生弔場〔41〕介〕他二人又去了，空庭寂靜，好是無聊。山鷗兒，揚州有甚麼會要子的人麼？〔丑〕那裏討？則那瓦子鋪〔42〕後有個溜二、沙三兄弟會要。〔生〕你去請來。

一生游俠在江淮，未老芙蓉〔43〕說劍才。

寥落酒醒人散後，那堪秋色到庭槐。

校　注

〔1〕俠概——指淳于棼的豪俠氣概。即本齣所謂：「小生精通武藝，不拘一節，累散千金；養江湖豪浪之徒，為吳楚游俠之士」云云。

〔2〕生——腳色名，戲文、傳奇中的男主角。該劇中飾演淳于棼。

〔3〕牛斗——指牛星和斗星，為二十八宿中的兩個星宿名稱。《晉書・天文志》謂揚州當牛、斗二星的分野。淳于棼此時寓居揚州，故有此言。據《晉書・張華傳》載：傳說吳滅晉興之際，牛斗間常有紫氣。雷煥告訴尚書張華，說是寶劍之氣

上衝於天，在豫東豐城。張華派雷爲豐城令，得兩劍，一名龍泉，一名太阿，兩人各持其一。後雷煥子持劍過延平津，劍入水，但見兩龍各長數丈，光彩照人。古詩文中常用「豐城劍」讚美寶物或傑出人士。

〔4〕倒掛——猶云「牽掛」。此句用倒裝句法，言「身在揚州卻牽掛故鄉」。

〔5〕「蒼生」二句——意謂秀才們沒見識，致使英雄笑破了口。蒼生，詈詞，戲指落第的秀才。宋·無名氏《張協狀元》三五〔趙皮鞋〕：「狀元眞大才，衙門面向兩扇開。你還不曾會讀書，蒼生還相見，休要來。」拄，猶云「撐」。拄破，撐破。

〔6〕煙花——本指妓女或藝妓。元·無名氏《貨郎旦》四〔轉調貨郎兒〕三：「早將一個潑濺的煙花娶過來。」偌大的煙花，指煙花巷、煙花場等妓女們聚居的場所。

〔7〕龍泉——寶劍名。中國古代十大名劍之一。漢·王充《論衡·率性》：「棠谿魚腸之屬，龍泉太阿之輩，其本鋌審之恒鐵也。」後多用來泛指劍。傳說爲歐冶子和干將兩大劍師聯手所鑄。歐冶子和干將爲鑄此劍，鑿開茨山，放出山中溪水，引至鑄劍爐旁成北斗七星環列的七個池中，是名「七星」。劍成之後，俯視劍身，如同登高山而下望深淵，飄渺而深邃彷彿有巨龍盤臥，是名「龍淵」。故名此劍曰「七星龍淵」，簡稱龍淵劍。唐朝時因避高祖李淵諱，便把「淵」字改成「泉」字，曰「七星龍泉」，簡稱龍泉劍。

〔8〕東平——地名，即今山東省東平縣。位於魯西南，西臨黃河，束望泰山。地勢北高南低、東高西低，山區、平原、湖窪各占三分之一。境內有眾多品味級別較高的人文景觀和自然景觀。

〔9〕淳于髡（kūn）——戰國時期齊國著名的政治家和思想家，以博學多才、滑稽、善於論辯著稱，是稷下學宮中最具有影響的學者之一。見《史記·滑稽列傳》。「一斗亦醉，一石亦醉」二句，即用傳中語。

〔10〕「次祖」五句——意謂二代祖淳于意也頗有顯名和功德。淳于意，漢臨淄人；曾任太倉長，故號倉公。後因故獲罪當受刑，幼女緹縈上書漢文帝，願自己入宮爲婢，代父贖罪。文帝悲其意，爲之廢除肉刑。詳見《史記·扁鵲倉公列傳》。一男不生，謂淳于意一生無子；一女不死，謂淳于意因緹縈相救而幸免一死。

〔11〕先君——指已故去的父親。《文選·班昭〈東征賦〉》：「先君行止，則有作兮；雖其不敏，敢不法兮。」李善注：「先君，謂（班）彪也。」

〔12〕裨（pí）將——副將；專任一方的將領。《漢書·項籍傳》：「梁爲會稽將，籍爲裨將。」顏師古注：「裨，助也，相副助也。」

〔13〕廣陵——古郡名，即今江蘇省揚州市。戰國時爲楚廣陵邑，秦屬九江郡，漢爲廣陵國，東漢改郡，均治廣陵。三國魏移郡治於淮陰，東晉復以廣陵縣爲郡治。隋改稱揚州，又以避煬帝楊廣諱改爲江都郡。唐天寶元年復名廣陵郡。

明清均為揚州府。

〔14〕六合——縣名。因境內有六合山而得名。戰國時楚稱棠邑,秦漢時置郡,隋開皇四年(公元 584 年)廢郡為縣,定名六合。今屬江蘇省南京市。

〔15〕處士——隱士。唐代習慣上稱為「高士」。古時候稱有德才而隱居不願做官的人。《孟子·滕文公下》:「諸侯放恣,處士橫議,楊朱、墨翟之言盈天下。」

〔16〕貞元七年——公元 791 年。貞元,唐德宗李适年號(公元 785~805 年)。

〔17〕丑扮僮——丑角扮演的僕人。丑,腳色名,可扮男角,也可扮女角。僮,古代對奴婢的蔑稱。《史記·貨殖列傳》:「富至僮千人。」後世亦作為童僕的通稱。如「書僮」、「琴僮」。此處指年少的僕人。

〔18〕水牯(gū)子——臨川方言,指水牛。

〔19〕東人——東家。

〔20〕淨——腳色名,可扮男角,也可扮女角。

〔21〕高陽——高陽酒徒的省稱。漢酈食其,陳留高陽人,嗜酒如命,自稱高陽酒徒。《史記·酈生陸賈列傳》:「酈生瞋目按劍叱使者曰:『走,復入言沛公,吾高陽酒徒,非儒人也。』」舊時因以指好飲酒而狂放不羈的人。這裏比喻淳于棼。

〔22〕穎川——此處疑誤,當作「潁川」。潁,古地名。春秋時為鄭地,戰國時為韓都,秦始皇十七年置郡,轄今河南省中部及南部地。漢治陽翟,晉移治許昌。唐廢郡,改許州,州治即今河南省許昌市。

〔23〕馮翊(yì)——古郡名。漢為左馮翊郡,唐以後改為同州,清為同州府,治臨晉,即今陝西省大荔縣。

〔24〕介——傳奇劇術語,用來指示演員的行為動作,相當雜劇中的「科」。一般說來,傳奇用介,雜劇用科;也有科、介混用的。

〔25〕集唐——詩歌集句體之一,是把唐詩中不同詩人的現成詩句集合在一起,組成一首新詩。一般為絕句或律詩,也有的可以僅是一聯,平仄合律。唐詩的集句,最早起於宋代王安石。「集唐」在傳奇的下場詩裏運用較為普遍。

〔26〕朔吹——指北風。朔,北方。

〔27〕香醪(láo)——美酒。唐·杜甫《崔駙馬山亭宴集》詩:「清秋多宴會,終日困香醪。」宋·柳永《西江月》詞:「好夢狂隨飛絮,閒愁濃勝香醪。」

〔28〕門客——寄食於權貴之門並為之服務的人。這類人由於權貴的需要,在社會上早就存在,戰國時四公子各有門客數千人。以後歷代有之。《晉書·石勒載記下》:「張披與張賓為游俠,門客日百餘乘,物望皆歸之,非社稷之利也。」

〔29〕二兄——下文淳于棼稱周、田,或曰「賢弟」,或曰「兄弟」,前後稱謂殊不一致。此「兄」疑為「弟」字之誤。

〔30〕風雲——比喻時勢。北周·庾信《入彭城館》詩:「年代殊眠俗,風雲更盛衰。」

〔31〕楚尾吳頭——指古豫章郡，即今江西南昌一帶。蓋此地位於楚地下游，吳地上游，如首尾相銜接，故有此說。又此地正當牛、斗二星的分野，故「氣衝天楚尾吳頭」，意同前「壯氣直衝牛斗」。語出宋・朱熹《鉛山立春》詩：「雪擁山腰洞口，春回楚尾吳頭。」

〔32〕「一官半職」二句——謂普通的官職我懶得去做，閒言碎語我又受不了。一官半職，指普通官職。元・王實甫《西廂記》四本四折〔絡絲娘煞尾〕：「都只為一官半職，阻隔得千山萬水。」蜘蹰，猶踟躕，徘徊不前貌。生受，猶云「消受」。元・無名氏《連環計》一〔仙呂點絳唇〕：「俺可也虛度春秋，強捱昏晝，空生受，肥馬輕裘。」

〔33〕根究——謂尋根究底、徹底追查。唐・韓偓《開河記》：「帝大怒，令根究本處人吏姓名。」

〔34〕鬼精靈——謂人的聰明伶俐或物的玲瓏精巧。這裏用以稱讚老槐樹也有靈性。

〔35〕「怕雨中」二句——意謂槐花在雨中開放，科舉考試的季節又要來到，真使人害怕。宋・彭乘《墨客揮犀》：「俗語云：『槐花黃，舉子忙。』謂槐之方花，乃進士赴舉之時。而唐詩人翁承贊詩云：『雨中妝點望中黃，勾引蟬聲送夕陽。憶得當年隨計吏，馬蹄終日為君忙。』乃知俗語亦有所自也。」

〔36〕迎鑾鎮——地名。即今江蘇省儀徵，隸屬揚州市。本為漢江都縣地，五代時因接駕吳國皇帝楊溥，始名為迎鑾鎮。

〔37〕薔薇玉溝——地名，亦名薔薇溝。《明一統志》：「薔薇溝，在揚州府城東北六十里，接高郵永安港。」

〔38〕桃葉——晉人王獻之送其愛妾桃葉至渡口，作歌送別，名為《桃葉歌》。其渡口後人稱為桃葉渡，地點在今南京市秦淮河畔。《樂府詩集》卷四五《桃葉歌》解題引《古今樂錄》：「《桃葉歌》者，晉王子敬之所作也。桃葉，子敬妾名，緣於篤愛，所以歌之。」唐・劉禹錫《堤上行》詩：「桃葉傳情竹枝怨，水流無限月明多。」

〔39〕腸斷——形容極度悲痛。晉・干寶《搜神記》卷二十：「臨川東興，有人入山，得猿子，便將歸。猿母自後逐至家。此人縛猿子於庭中樹上，以示之。其母便搏頰向人，欲乞哀狀，直謂口不能言耳。此人既不能放，竟擊殺之，猿母悲喚，自擲而死。此人破腸視之，寸寸斷裂。」唐・白居易《長恨歌》：「行宮見月傷心色，夜雨聞鈴腸斷聲。」

〔40〕落拓江湖載酒遊——唐・杜牧《遣懷》詩：「落拓江湖載酒行，楚腰腸斷掌中輕。」落拓，亦作「落托」，放浪不羈貌。

〔41〕弔場——戲劇術語。指劇情告一段落，腳色大都下場，只留一二人在場繼續搬演，有承上啓下的作用。

〔42〕瓦子鋪——古代的遊樂場所。亦稱「瓦子」、「瓦市」、「瓦肆」。宋・周密《武

林舊事》記當時杭州瓦子景況云：「如北瓦羊棚樓等，謂之遊棚；外又有勾闌甚多。北瓦內勾闌十三座，最盛。」《水滸傳》第二十回：「（李逵）來到瓦子前，聽得勾欄內鑼響。」

〔43〕芙蓉——寶劍的別名。漢·袁康《越絕書·外傳記寶劍》載：越王句踐有寶劍名「純鈞」，相劍者薛燭以「手振拂，揚其華，捽如芙蓉始出。」《藝文類聚·軍器部》引《吳越春秋》：「秦客薛燭善相劍，王取純鈞示之。薛燭矍然望之曰，『沉沉如芙蓉始生於湖，觀其文，如列星之行；觀其光，如水之溢塘。』」後因稱利劍爲芙蓉劍。唐·盧照鄰《長安古意》詩：「俱邀俠客芙蓉劍，共宿娼家桃李蹊。」

第三齣　樹　國〔1〕

【海棠春】〔蟻王引衆上〕江山是處〔2〕堪成立，有精細出乎其類。萬戶繞星宸〔3〕，一道通槐里〔4〕。〔衆〕絳闕朱衣，丹臺紫氣〔5〕，別是一門天地。〔合〕把酒玉階前，且慶風雲際。

〔衆行禮介〕我王千歲！【清平樂】〔王〕綠槐風下，日影明窗蟀〔6〕。寶界嚴城宮殿灑，一粒土花金價〔7〕。千年動物生神，端然氣象君臣。眞是國中有國，誰言人下無人〔8〕？自家大槐安國主是也。本爲螻蟻，別號蚍蜉〔9〕。行磨周天，頗合星辰之度〔10〕；存身大地，似蟄〔11〕龍蛇之居。一生二，二生三〔12〕，生之者衆〔13〕；萬取千，千取百〔14〕，衆即成王。臭腐轉爲神奇〔15〕，眞乃是明則動，動則變，變則化〔16〕；太山之於丘垤〔17〕，故所謂均無貧，和無寡，安無傾〔18〕。一年成聚，二年成邑，到三年而成都〔19〕，寡人有些襢行〔20〕；夏后以松，殷人以柏，及周人而以栗〔21〕，敝國寄在槐安。火不能焚，寇不能伐。三槐〔22〕如在，可成豐沛之邦；一木能支，將作酒泉之殿〔23〕。列蘭錡〔24〕，造城郭，大壯重門〔25〕；穿戶牖，起樓臺，同人棟宇〔26〕。清陰鎖院〔27〕，分雨露於各科〔28〕；翠蓋黃扉〔29〕，灑風雲於數道〔30〕。長安夾其鶯路，果然集集朱輪；吳都樹以蔥青，委是虬虬玄陰〔31〕。北闕表三公之位〔32〕，義取懷來；南柯分九月之官，理宜修備〔33〕。右邊憲獄司，比棘林而聽訟〔34〕；左側司馬府，倚大樹以談兵〔35〕。丞相閣列在寢門，上卿蚤朝而坐〔36〕；大學館布成街市，諸生朔望而遊〔37〕。眞乃天上靈星〔38〕，國家喬木〔39〕。樹在王門之內，待學周武王神禁，無益者去，有益者來

〔40〕；聲聞鄰國之間，要似齊景公號令，犯槐者刑，傷槐者死〔41〕。此乃為君之法度，要全立國之根基。所喜內有中宮〔42〕之賢，外有右相之助。今日政機多暇，且與君臣同遊。筵宴已齊，右相早到。

【海棠春】〔43〕〔右相上〕日晏下彤闈〔44〕，承詔又趨丹陛〔45〕。

〔行禮介〕右丞相武成侯臣段功叩頭，千歲！〔王〕賜卿平身。今日召卿，知吾意乎？〔右〕愚臣未知。〔王〕國家所慮，有天地人三不同〔46〕。且喜我國中天無陰雨之兆，地無行潦〔47〕之侵。有禮有法，國中無漏網之鯨〔48〕；無害無災，境外有玄駒之馬〔49〕。便是檀蘿無警，足知你槐棘〔50〕有人。待與卿遨翔宮樹之前，逍遙封壤之內，卿意云何？〔右〕君臣同遊，太平盛事。但國家還有十八路國公，四門王親，禮當侍駕。〔王〕眾國公、王親別行賜宴，槐階之下，但與卿同。〔行介〕紫殿肅陰陰，彤庭赩弘敞〔51〕。風勤萬年枝，日華承露掌〔52〕。〔眾〕酒到。〔右進酒介〕願我王進千秋萬歲酒。

【惜奴嬌】〔53〕〔王〕大塊〔54〕無私，費工夫點透了，幽瑣玄微〔55〕。謾道是帝虎人龍〔56〕，立定朝儀。區區，也教分取河山王氣。〔合〕希奇，今日風色晴和，暫擁出宮庭遊戲。

【前腔】〔右〕階墀，新築沙堤〔57〕。看高官貴種，絳幘黃衣。總千門萬戶，煩〔58〕星點綴。依希〔59〕，太乙薇垣〔60〕，吾王端冕〔61〕，任意往來巡歷。〔合前〕

【前腔】〔62〕〔王〕須知，粃粟能飛〔63〕。一星星體性，誰無雄氣？恨些須封壤，草朝粗立。吾志，要行天上磨，還聽海中雷〔64〕。〔合〕且徘徊，看地利天時，再行移徙。

〔右〕臣啟大王：敢嫌國土微小？

【前腔】思之，蟻虱臣微。共立成一國，非同容易。歎生靈日逐，貪忙一粒。何必，平中堪取巧，節外更生枝。〔合前〕

〔王〕久不曾槐陰下一遊，今日盡興觀賞。

【錦衣香】荷濃陰，葉兒翠；映春光，幹兒碧。來去瞻依，縱橫條直，眼見參天百尺枝。似樓桑〔65〕村裏，瘸柳叢祠〔66〕。一般兒重重遮蓋，到登其龍庭朝會。但有分成些基業，豈嫌微細？人衆成王，排班做勢〔67〕。

【漿水令】謝蒼穹調勻風日，承后土盤固根基。九重深處殿巍巍，一線之間，九曲巡迴〔68〕。穿巷陌，列朝市，土階穴處今何世？拜的拜，跪的跪，君臣有義。走的走，立的立，赤子〔69〕無知。

【尾聲】〔王〕俺建邦起土登王位，右相呵，你入閣穿宮拜相奇。但願俺大槐安萬萬歲根兒蟠到底。

萬物從來有一身，一身還有一乾坤〔70〕。
敢於世上明開眼，肯把江山別立根？

校　注

〔1〕樹國——建立國家。指蟻王建立大槐安國。《漢書·賈誼傳》：「夫樹國固必相疑之勢，下數被其殃，上數爽其憂，甚非所以安上而全下也。」

〔2〕是處——到處，處處。唐·杜荀鶴《送項山人歸天台》詩：「此中是處堪終隱，何要世人知姓名。」

〔3〕星宸（chén）——星的通稱。宸，北極星所居。借指帝王之所居，又引申爲王位或帝王的代稱。

〔4〕槐里——古地名，在今陝西興平縣。東漢爲右扶風、三國魏爲扶風郡、晉爲始平郡治所，隋初廢。又，古時長安里巷名槐里，唐·宋之問《魯忠王挽詞》之二：「人悲槐里月，馬踏槿原霜。」這裏借指槐樹。

〔5〕絳闕（jiàng quē）朱衣，丹臺紫氣——意言處處樓臺亭樹，達官貴人往來穿梭，一派祥瑞之氣。絳闕，宮殿寺觀前的朱色門闕；亦借指朝廷。朱衣，本指古代帝王夏季所穿的朱紅色的服裝，或古代緋色的公服，此處借指帝王及高官。紫氣，舊指寶物的光氣或所謂祥瑞之氣。傳說老子出函谷關，關令尹喜見有紫氣從東而來，知道將有聖人過關；後人因以「紫氣東來」表示祥瑞。清·洪昇《長生殿》十六〔仙呂引子·奉時春〕：「紫氣東來，瑤池西望，翩翩青鳥庭前降。」

〔6〕窗罅（xià）——窗子的縫隙。罅，裂縫。清·王士禎《蝶戀花·和漱玉詞》：「此

際閉愁郎不共，月移窗罅春寒重。」

〔7〕「寶界」二句——意謂蟻國的城池宮殿都是累土而成，每粒土在這裏都極為寶貴。寶界，佛教語，即淨土。謂無劫濁、見濁、煩惱濁、眾生濁、命濁等五濁垢染的清潔世界。這裏借指蟻國環境的潔淨。

〔8〕「國中」二句——謂人類的國家中有蟻國，人世下有蟻民。

〔9〕蚍蜉——大螞蟻。《爾雅·釋蟲》：「蚍蜉，大蟻；小者螘。」螘，即「蟻」字。唐·韓愈《調張籍》詩：「蚍蜉撼大樹，可笑不自量。」

〔10〕「行磨周天」二句——謂螻蟻在轉動的磨盤上行走，與日月星辰在天空運行的情景相同。語意源出《晉書·天文志》：「天旁轉如推磨而左行，日月右行，隨天左轉。故日月實東行，而天牽之以西沒。譬之於蟻行磨石之上，磨左旋而蟻右去，磨疾而蟻遲，故不得不隨磨以左回焉。」

〔11〕蟄——原指動物多眠時不食不動的潛伏狀態。《易經·繫辭下》：「龍蛇之蟄，以存身也。」這裏意為「存身」、「居住」。

〔12〕「一生二」二句——《老子》：「一生二，二生三，三生萬物。」《老子》的所謂「一」，是指在萬物之先，而為萬物之宗的「道」；由道的作用，乃生生不已，從二而三，以至於萬物。此處斷章取義，借它來指財富的生產而言。以下六句大意謂螻蟻繁殖又快又多，於是產生了蟻王。

〔13〕生之者眾——形容財富充足。語見《禮記·大學》：「生之者眾，食之者寡，為之者疾，用之者舒，則財恒足矣。」眾：多；寡：少。生產的多，消費的少。

〔14〕萬取千、千取百——語見《孟子·梁惠王上》。取，猶「奪」。

〔15〕臭腐轉為神奇——謂腐朽的東西可以變成有生命的物體。語出《莊子·知北遊》：「是其所美者為神奇，其所惡者為臭腐；臭腐化為神奇，神奇復化為臭腐，故曰，通天下一氣耳。」這裏隱指第四齣契玄禪師所說「五百年前，熱油注於蟻穴；五百年後，定有靈變」一事。

〔16〕「明則動」三句——意謂人的至誠顯明，則能感動人心；既感動人心，則漸漸變惡為善；變之既久，則善聚而邪惡消除。語出《禮記·中庸》。

〔17〕太山之於丘垤（dié）——意謂丘垤與泰山相比雖顯得渺小，但也不妨立國施教。丘垤，小土山、小土堆，這裏指蟻封。太山，即泰山。語出《孟子·公孫丑》。

〔18〕「均無貧」三句——語出《論語·季氏》。意謂若是財富均平就不會出現貧窮；上下同心就不怕物質短少；境內平安，國家便不會傾危。

〔19〕「一年成聚」三句——意謂如果治理得好，所居住的地方一年就可以發展成為村落，兩年就可以發展成為縣城，三年就可以發展成為國都。聚，村落。邑，縣城。都，國都。語出《史記·五帝本紀》。

〔20〕膻行——意謂本王有令人仰慕的德行；如蟻之趨向膻膻，所以百姓日眾。寡

人，古代君主的自稱。羶行，喻德行。語出《莊子・徐无鬼》：「羊肉不慕蟻，蟻慕羊肉。羊肉，羶也。舜有羶行，百姓悅之。」

〔21〕「夏后以松」三句──語出《論語・八佾》。謂夏朝的社樹是松樹，殷商的社樹是柏樹，周朝的社樹是栗樹。社樹，古代國有社壇，以祭地祇；並植當地適宜之樹，稱爲社樹。夏后，指禹受禪而建立的夏王朝。亦稱「夏氏」、「夏后氏」。《史記・夏本紀》：「禹於是遂即天子位，南面朝天子，國號曰夏后，姓姒氏。」殷，亦稱商殷或殷商。商代中期，商王盤庚從奄（今山東曲阜）遷都到殷（今河南安陽），後世因稱商爲殷。周，即周武王姬發消滅商紂王後所建立的周王朝。

〔22〕三槐──謂如果政治清明，能採納百姓的意見，就可以建立象漢代劉邦那樣強盛的國家。三槐，相傳周代宮廷外種有三棵槐樹，三公朝天子時，面向三槐而立。後因以三槐喻三公。語出《周禮・秋官・朝士》：「面三槐，三公位焉。」《注》：「槐之言懷也，懷來人於此，欲與之謀。」懷，招來；來人，謂慕德來歸的百姓。成豐沛之邦，劉邦起於豐沛，建立漢朝；此代指劉邦。

〔23〕「一木能支」二句──謂在這棵古槐上可以建造像酒泉郡那樣高大的宮殿。一木能支，謂崩潰的形勢非一人所能挽救。語出《世說新語・任誕》：「元裒如北夏門，拉擸自欲壞，非一木所能支。」這裏反用其意。「一木」借指槐樹。酒泉，古郡名，在今甘肅。晉時，前涼張氏據有其地，張駿曾在此建謙光等五殿。

〔24〕蘭錡（qí）──兵器架。古代一般將兵器陳放在木製的架子上，這種木架稱「蘭錡」；析言之則蘭爲兵架，錡爲弩架。漢・張衡《西京賦》：「木衣綈錦，土被朱紫。武庫禁兵，設在蘭錡。」《文選》李善注：「錡，架也。武庫，天子主兵器之官也。善曰：劉逵《魏都賦》注曰：受他兵曰蘭，受弩曰錡，音蟻」。由於多爲顯赫門第所用，故又代指顯赫門第。清・錢謙益《〈江田陳氏家集〉序》：「陳氏一門歷三百年，簪纓不絕，蘭錡相望。」「蘭」通「欄」。

〔25〕大壯重門──層層門戶十分壯觀。大壯，是《易經》卦名，爲陽剛壯盛之象。此處借用其字，與卦義無關。重門，謂層層設門。漢・張衡《西京賦》：「重門襲固，奸宄是防。」

〔26〕同人棟宇──平民們的屋宇。同人，是《易經》卦名，卦象爲與人和諧相處；此處借用其字，喻指蟻民。

〔27〕鎖院──指尚書省。唐尚書省「南門東道，有古槐垂陰至廣」。見唐・趙璘《因話錄》卷五。

〔28〕科──明代朝廷官府名稱，有吏、戶、禮、兵、刑、工六科給事中。

〔29〕黃扉──宮門。唐・王維《工部楊尚書夫人墓誌銘》：「朝含香兮禮闈，夕青瑣兮黃扉。」趙殿成箋注：「黃扉猶黃闥，禁門也。」

〔30〕道──唐代行政區劃名稱。唐代分全國為十道，相當於後來的省。《新唐書·地理志》：「太宗元年，始命並省，又因山川形便，分天下為十道。」這裏借指蟻國各地。

〔31〕「長安」四句──謂在槐安國的大道上，眾多華貴的車輛簇擁著蟻王的車輦，青槐夾道，樹蔭深青。長安、吳都，這裏均借指槐安國都。鸞路，猶鸞輅，天子王侯所乘之車。《呂氏春秋·孟春紀》：「天子居青陽則個，乘鸞輅，駕蒼龍。」集集，眾多的樣子。耽耽玄陰，樹蔭深青的樣子。耽耽，深邃貌。湯顯祖《豫章攬秀樓賦》：「蔭層覆之耽耽，對清佩之盈盈。」

〔32〕「北闕」句──北闕，本為古代宮殿北面的門樓，是臣子等候朝見或上書奏事的地方，後用為朝廷的別稱。唐·李白《憶舊遊寄淮郡元參軍》詩：「北闕青雲不可期，東山白首還歸去。」表，彰顯，命名。三公，古代中央三種最高官銜的合稱。

〔33〕「南柯」二句──九月之官，即秋官。周代設立六官，以司寇為秋官。《周禮·秋官》唐·賈公彥題解：「天子立司寇使掌邦刑，刑者，所以驅恥忠、納人於善道也。」修備，整修武備。

〔34〕「右邊」二句──謂宮殿的右邊是主管刑獄的衙門，大司寇在法庭裏決斷獄訟。憲獄司，古代主管刑獄的中央機構。比，接次。棘林，有刺的樹木。古代大司寇在棘樹聽訟，後因稱法庭為棘林。

〔35〕倚大樹以談兵──典出《後漢書·馮異傳》。後漢馮異，為人謙退，每所止舍，諸將並坐論功，亦常獨屏樹下，軍中號曰「大樹將軍」。

〔36〕「丞相閣」二句──古禮天子五門，最內之門曰寢門。《隋書·高熲傳》：「熲每坐朝堂北槐樹下以聽事。其樹不依行列，有司將伐之，上特命勿去，以示後人，其見重如此。」

〔37〕「大學館」二句──謂大學的館舍眾多，構成了街市，每月的初一和十五諸生在這裏遊樂。大學，即大學，古代設於京城的最高學府。朔望，朔日和望日，即每月的初一、十五。《三輔黃圖》：「（漢）元始四年，起明堂、辟雍，為博士舍三十區，為會市，列植槐樹數百行。諸生朔望會此市，各持其郡所出物及經書，相與買賣，雍雍揖讓；議論樹下，侃侃誾誾。」

〔38〕靈星──星名。又稱天田星、龍星；主農事。此處借指靈星門，為古代學宮前的門名。元·劉壎《隱居通議·學宮靈星門制》：「州縣學宮舊制，外門曰靈星。」

〔39〕國家喬木──槐安國寄託在槐樹，以槐為社樹，故云。喬木，高大的樹木，喻國家的棟樑之材。

〔40〕「樹在王門」四句──謂要學習周武王種槐以試神的方法，為國家選拔有用的人材。《太公金匱》：「武王問太公曰『天下神來甚眾，恐有試者，何以待之？』太公請樹槐於王門內，有益者入，無益者距之。」

〔41〕「聲聞鄰國」四句——謂要像齊景公用嚴明的號令愛槐那樣，去維護大槐安國的利益。《晏子春秋》卷二：「景公有所愛槐，令吏謹守之，植木縣之，下令曰：『犯槐者刑，傷之者死。』」

〔42〕中宮——中宮為皇后居住之所。因以借指皇后。《周禮・天官・內宰》「以陰禮教六宮」漢・鄭玄注：「六宮謂后也。若今稱皇后為中宮矣。」《新唐書・馮元常傳》：「嘗密諫帝，中宮權重，宜少抑。由是為武后所惡。」

〔43〕《海棠春》——句格不合，葉《譜》改題《劍器令》。此引省去後兩句，故僅二句。

〔44〕彤闈——朱紅色的宮門，借指朝廷。南朝齊・謝朓《酬王晉安》詩：「拂霧朝清閣，日旰坐彤闈。」

〔45〕丹陛——宮殿臺階，因以朱漆塗飾，故稱。亦指借稱朝廷或皇帝。唐・吳融《出潼關》詩：「飛軒何滿路，丹陛正求才。」

〔46〕不同——不和諧。同，和諧，和睦。《禮記・禮運》「是謂大同」《注》：「同，猶和也，平也。」

〔47〕行潦——指渾濁的水。以喻濁世。清・顧炎武《淮北大雨》詩：「已知舉世皆行潦，且復因人賦苦匏。」

〔48〕漏網之鯨——漢・桓寬《鹽鐵論》：「明王茂其德教，而緩其刑罰，網漏吞舟之魚。」本謂刑法寬大，此謂法網嚴密。

〔49〕玄駒之馬——《爾雅・釋畜》「玄駒褭驂」郭璞注：「玄駒，小馬；別名褭驂耳。或曰：此即騕褭，古之良馬名。」《大戴禮記・夏小正》：「十二月，玄駒賁。玄駒也者，蟻也。賁者何也？走於地中也。」此處語意雙關，既指良馬，又指螞蟻。

〔50〕槐棘——三槐九棘的省稱。周代朝廷種三槐、九棘，公卿大夫坐其下，以定三公九卿之位。後因以「槐棘」喻指大臣。晉・葛洪《抱朴子・審舉》：「上自槐棘，降逮皂隸，論道經國，莫不任職。」

〔51〕紫殿、彤庭——泛指帝王宮殿、皇宮。《三輔黃圖・漢宮》：「武帝又起紫殿，雕文刻鏤黼黻，以玉飾之。」唐・杜甫《自京赴奉先縣詠懷五百字》詩：「彤庭所分帛，本自寒女出。」

〔52〕承露掌——用漢武帝所建金銅僊人事。武帝好神仙，於建章宮築神明臺，立銅僊人舒掌捧銅盤承接甘露，冀飲以延年。《三輔舊事》：「建章宮承露盤，高二十六丈，大七圍，以銅為之，上有僊人掌承露。」

〔53〕《惜奴嬌》——葉《譜》題作《黑夜行》。

〔54〕大塊——大自然，大地。《莊子・齊物論》：「夫大塊噫氣，其名為風。」成玄英疏：「大塊者，造物之名，亦自然之稱也。」

〔55〕幽瓚玄微——指深遠微妙的道理。

〔56〕帝虎人龍——喻指國君。帝虎，謂虎爲獸中之君。《說文·虎部》：「虎，山獸之君。」人龍，比喻人中俊傑。五代·譚用之《寄友人》詩：「穴鳳瑞時來卻易，人龍別後見何難。」

〔57〕沙堤——唐代專爲宰相通行車馬所鋪築的沙面大路。唐·李肇《唐國史補》卷下：「凡拜相禮，絕班行，府縣載沙塡路。自私第至子城東街，名曰沙堤。」唐·白居易《新樂府·官牛》詩：「官牛官牛駕官車，滻水岸邊搬載沙。一石沙，幾斤重，朝載暮載將何用？載向五門官道西，綠槐陰下鋪沙堤。昨來新拜右丞相，恐怕泥塗污馬蹄。」明·葉憲祖《鸞鎞記》四〔菊花新〕：「龍樓鳳閣九重城，新築沙堤宰相行。」

〔58〕煩——應作「繁」。

〔59〕依希——意猶「彷彿」，謂所見聞或回憶不甚清晰的樣子。也作依稀。元·鄭光祖小令《蟾宮曲·夢中作》：「縹緲見梨花淡妝，依稀聞蘭麝餘香。」

〔60〕太乙薇垣——喻指朝廷、衙門。太乙，星名；即帝星，古人視爲天神之尊者。後道教尊爲天皇太乙。又名北極一。因離北極星最近，故隋唐以前普遍誤認爲是北極星。亦用以喻指帝王或朝廷。唐·楊烱《出塞》詩：「二月河魁將，三千太乙軍。」唐·李益《夜發軍中》詩：「中堅分暗陣，太乙起神兵。」薇垣，唐開元元年改稱中書省爲紫微省，簡稱微垣。元代稱行中書省爲薇垣。明洪武九年改元代行中書省爲承宣布政司，亦沿稱爲薇省或薇垣。清初也稱布政司曰薇垣或薇署。故明清時常以薇垣稱相當於中書省的中樞機構或布政司。

〔61〕端冕——玄衣和人冠。古代帝王、貴族的禮服。《禮記·樂記》：「吾端冕而聽古樂，則唯恐臥。聽鄭衛之音，則不知倦。」

〔62〕前腔——以下二支，柳浪館本、竹林堂本俱題《鬥寶蟾》；葉《譜》題《黑嘛序》，暖紅室本從之。

〔63〕秕（bǐ）粟能飛——謂空癟的穀料猶可飛揚。喻蟻王雖小也能做一番大事業。《莊子·逍遙遊》：「是其塵垢秕糠，猶可陶鑄堯舜者也。」

〔64〕「要行」二句——喻有高大的志向。「行天上磨」意同「行磨周天」，見本齣注〔10〕。海中雷，《符子》：「東海有鼇焉，冠蓬萊而浮游滄海……有蚳蟻聞而悅之，與群蟻相要乎海畔，欲觀鼇之形……遇長風激浪，崇濤萬仞，海水沸，地雷震，群蟻曰：『此將鼇之作也。』」

〔65〕樓桑——村名，在今河北涿州。《三國志·蜀志·先主傳》：「舍東南角籬上有桑樹生，高五丈餘，遙望見童童如小車蓋。往來者皆怪此樹非凡，或謂當出貴人。」北魏·酈道元《水經注·巨馬水》：「東徑涿縣酈亭樓桑裏南，即劉備之舊里也。」

〔66〕嬀（tǐ）柳叢祠——婀娜多姿的柳樹叢中的神祠，喻槐樹中的蟻國。嬀，嬌柔的樣子。叢祠，荒野樹叢中的神祠。《史記·陳涉世家》：「又間令吳廣之次所

旁叢祠中，夜篝火，狐鳴呼曰『大楚興，陳勝王。』」

〔67〕做勢——猶云裝腔作勢、故意作態。也作「作勢」。勢者，謂姿勢、樣子。元·蕭德祥《殺狗勸夫》四〔中呂·粉蝶兒〕：「你枉做個頂天立地的男兒，教那廝越妝模越作勢。」

〔68〕「一線之間」二句——清·馬驌《繹史》引《沖波傳》：「孔子去衛適陳，途中見二女採桑，子曰：『南枝窈窕北枝長。』答曰：『夫子游陳必絕糧。九曲明珠穿不得，著來問我採桑娘。』夫子至陳，大夫發兵圍之，令穿九曲珠，乃釋其厄。夫子不能，使回、賜返問之。其家謬言女出外，以一瓜獻二子。子貢曰：『瓜，子在內也。』女乃出語曰：『用蜜塗珠，絲將繫蟻；蟻將繫絲，如不肯過，用煙燻之。』子依其言，乃能穿之，於是絕糧七日。」這裏藉以說宮室的迴環曲折。

〔69〕赤子——本指嬰孩，後藉以喻指百姓。《尚書·周書·康誥》：「若保赤子，惟民其康乂。」孔穎達疏：「子生赤色，故言赤子。」宋·胡銓《上高宗封事》：「祖宗數百年之赤子，盡爲左衽。」

〔70〕一身還有一乾坤——意謂萬物稟天地二氣而生，故一物之中無論大小乃是一個小天地。人亦如此，國亦如此，雖然弱小仍有自己的天地，誠如本齣開頭所謂「別是一門天地」。

第四齣　禪　請

〔淨扮老禪師上〕【集唐】老住西峰第幾層，琉璃爲殿月爲燈。終年不語看如意，長守林泉亦未能。自家契玄禪師是也。自幼出家修行，今年九十一歲。參承佛祖，證取綱宗〔1〕。從世尊法演於西天，到達摩心傳於東土〔2〕。無影樹〔3〕下，弄月嘲風；沒縫塔〔4〕中，安身立命。可以浮漚復水，明月歸天〔5〕；只爲五百年前，有一業債〔6〕。梁天監〔7〕年中，前身曾爲比丘〔8〕，跟隨達摩祖師渡江。比揚州有七佛以來毗婆寶塔〔9〕，老僧一夕捧執蓮花燈，上於七層塔上，忽然傾瀉蓮燈，熱油注於蟻穴之內。彼時不知，當有守塔小沙彌〔10〕顏色不快，問他敢是費他掃塔之勞？那小沙彌說道，不爲別的，以前聖僧天眼〔11〕算過，此穴中流傳有八萬四千戶螻蟻，但是燃燈念佛之時，他便出來行走瞻聽，小沙彌到彼時分，施散盞飯與他爲戲。今日熱油下注，壞了多生。老僧聞言，甚是懺悔，啓參達摩老師父。老師父說道，不妨，不妨。他蟲業將盡，五百年後，定有靈變，待汝生天。老僧記下此言，三生在耳，屈指到今，恰好五百來歲。欲往揚州，了此公案〔12〕，老病因循。你看，這潤州城

對著金、焦〔13〕，好不山川攢秀。禪堂幽靜，我且入定〔14〕片時，看做甚麼境界也？〔眾扮僧俗四人持書上〕有時鶴去愁衝錫〔15〕，何處龍來喜聽經〔16〕。小僧和這居士〔17〕們，是對江揚州孝感、禪智〔18〕二寺住持。祇因十方〔19〕大眾之發心，求契玄禪師而說法。此間是甘露寺方丈〔20〕，捧書而進。呀！禪師入定，敲他雲板三聲。〔敲介、淨醒介〕四眾何爲而來？〔眾跪介〕揚州合郡僧俗，敬選七月十五日大會盂蘭〔21〕，虔請大師升座。十方善信〔22〕書疏呈上。〔呈書介、淨〕起來。〔淨展書念介〕竊以某等生維揚花月之區〔23〕，豈無惡業；接古潤金焦之境，亦有善緣〔24〕。凡依玉蕊之花，盡抱香檀之樹〔25〕。恭惟甘露山主契玄大師座下：性融朗月，德普慈雲。中含三點〔26〕之藏，帶一轉二；外示六爻之相，互五重三〔27〕。鐘鼓不交參，截斷眾流開覺路；風幡無動相，掃除塵翳落空華〔28〕。見三世諸佛面目本來，入一切眾生語言三昧。盂蘭盆〔29〕裏，喝開朵朵金蓮；寶月燈中，打破重重玉網〔30〕。但見飲光微笑〔31〕，普同大眾歸心。惟願慈悲，和南攝受〔32〕。〔淨〕貧僧老病將臨，不奈過江也。〔背介〕纔想起揚州螻蟻因果，敢在此行？

【正宮端正好】我則是二文殊〔33〕，降下這三天竺〔34〕，渡江南一蟻菰蘆〔35〕。金、焦擺列鐘和鼓，這寺裏有名甘露。

〔回介〕不去罷。我看衲子們〔36〕談經說誦的，不在話下〔37〕；一般努目揚眉，舉處便喝，唱演宗門，有甚裏交涉也〔38〕。

【滾繡球】但說的是附雁傳書有，要還鄉曲調無。怎生是石人起舞？怎生是新婦騎驢？那裏有笑拈花，喫荔枝〔39〕？則許你單刀直入〔40〕，都怎生被箭逃虛？我這裏君臣位上賓和主〔41〕，水月光中我帶渠，世界如愚。

〔眾作請介、淨〕既十方懇請，則待過江走一遭。

【倘秀才】恁待要三千界樓臺舌鋪〔42〕，不消的十二部經坊印模。禪門三下板，你塵世一封書。目前些子看何如？我這裏親憑佛祖。

四眾先行，貧僧分付你：

【煞尾】〔43〕先在禪智院立一本百千萬億投名簿，後在孝感寺掛一

軸五十三**參聽講圖**〔44〕。除了那戒壇上石點頭，則待看普諸天花下雨
〔45〕。

　　安排寶蓋與幡幢，方便乘杯一渡江〔46〕。

　　地震海潮人施法，管教螻蟻盡歸降。

校　注

〔1〕「參承」二句——謂琢磨和繼承佛祖的教旨，參悟和吸取大宗師的精神。參，佛
　　教語；意爲領悟、琢磨。證，佛教語；意爲參悟，修行得道。佛祖，指佛教的
　　創始人釋迦牟尼。綱宗，大的宗師。這裏指佛祖大弟子摩訶迦葉，即大迦葉。

〔2〕「從世尊」二句——謂禪宗產生於西方，由達摩傳到中國。世尊，對佛祖的尊
　　稱。達摩，也稱「達麼」、「達磨」、「菩提達摩」。天竺高僧，本名菩提多羅。
　　據說釋迦牟尼傳摩訶迦葉，爲禪宗第一祖，二十八傳而至達摩。南朝梁普通元
　　年（公元 520 年），達摩入中國，梁武帝迎至建康。後渡江往北魏，止嵩山少
　　林寺，面壁九年而化。達摩傳法於慧可。達摩遂爲中華禪宗初祖。本劇引用佛
　　典處甚多，內容龐雜，良莠並存，無須詳細推求，只可意會而已。

〔3〕無影樹——無影無蹤的樹。爲佛教徒從唯心主義思想出發，在臆念中的想像
　　之樹。唐咸亨（公元 670～674 年）中，神秀作偈云：「身是菩提樹，心如明
　　鏡臺。時時勤拂拭，莫遣有塵埃。」慧能聞之，曰：「美則美矣，了則未了。」
　　和一偈云：「菩提本非樹，明鏡亦非臺。本來無一物，何假拂塵埃？」見《景
　　德傳燈錄》。「菩提本非樹」，故這裏稱它爲「無影樹」，言其「無蹤影」之意。

〔4〕沒縫塔——沒有縫隙的塔。蓋禪宗佛徒常說些不著邊際、無從捉摸的話以難
　　人，所謂「沒縫塔」，即屬此類。《景德傳燈錄·南陽忠國師章》：「師以化緣
　　將畢，涅槃時至，乃辭代宗。代宗曰：『師滅度後，弟子將何所記？』師曰：
　　『告檀越，造取一所無縫塔。』」一說，僧死入葬，地上立一圓石作塔，沒有
　　棱、縫、層級，故稱無縫塔。以形如卵，又稱卵塔。

〔5〕「可以浮漚（ōu）」二句——謂浮漚恢復爲水，明月回到天上去。寓「返本還原」
　　之意。浮漚，水面上的泡沫。

〔6〕業債——猶孽債，業障；前世罪孽造成的惡果。業，佛教謂前世的行爲。明·朱
　　有燉《香囊怨》三〔烏夜啼〕：「想煙花業債心常恨，莫不是常逢著寡宿孤辰。」

〔7〕天監——南朝梁武帝的年號（公元 502～519 年）。

〔8〕比丘——也作「比邱」。佛教語。意爲「乞士」。因其上從諸佛乞法，下就俗
　　人乞食得名，爲佛教出家「五眾」之一。俗稱和尚。北魏·楊衒之《洛陽伽
　　藍記·永寧寺》：「時有三比丘赴火而死。」元·張憲《酬海藏主紙扇歌》：「終

焉不得志，屏棄妻子祝髮爲比邱。」

〔9〕七佛以來毗（pí）婆寶塔——即七佛寶塔。七佛，佛教語，指釋迦牟尼及其先出世的六位佛陀。即過去劫中毗婆尸、尸棄、毗舍浮等三佛和現在劫中拘留孫、拘那含（牟尼）、迦葉、釋迦牟尼等四佛。這七佛皆已入滅，故又稱過去七佛。毗婆，即毗婆尸。

〔10〕沙彌——初出家的男性佛教徒。《魏書·釋老志》：「其爲沙門者，初修十誡，曰沙彌，而終於二百五十，則具足成大僧。」

〔11〕天眼——佛教所說五眼之一。又稱天趣眼，能透視六道、遠近、上下、前後、內外及未來等。《大智度論》卷五：「於眼，得色界四大造清靜色，是名天眼。天眼所見，自地及下地六道中眾生諸物，若近若遠，若粗若細，諸色無不能照。」

〔12〕公案——指有糾紛的案件。

〔13〕「潤州」句——謂潤州城隔江正對著江中的金山和焦山。潤州，古地名。舊治即今江蘇省鎮江市。金，即金山，原在鎮江市西北長江中，後沙漲成陸，與南岸相連。焦，即焦山，屹立鎮江市東北長江中，與金山對峙，並稱金焦。

〔14〕入定——入定即入於禪定，佛教語。謂佛教徒閉目靜坐，不起雜念，令心專注於一境。唐·白居易《在家出家》詩：「中宵入定跏趺坐，女喚妻呼多不應。」

〔15〕鶴去愁衝錫——謂憂愁很多。舊題晉·陶潛《搜神後記》卷一：「丁令威，本遼東人，學道於靈虛山。後化鶴歸遼，集城門華表柱。時有少年，舉弓欲射之。鶴乃飛，徘徊空中而言曰：『有鳥有鳥丁令威，去家千歲今來歸，城郭如是人民非，何不學仙冢累累。』遂高上衝天。」錫，錫杖。

〔16〕龍來喜聽經——謂心情有所喜悅。《高僧傳》載：南齊時，曇超適錢塘之靈隱山。富陽人鑿山侵壞龍室，群龍共忿作，三百日不雨。超乃南行至赤亭山，遙爲龍咒願說法，群龍悉化作人，來詣超所禮拜。超便說法，請其降雨。

〔17〕居士——原指古印度吠舍種姓工商業中的富人，因信佛教者頗多，故佛教用以稱呼在家佛教徒之受過「三歸」、「五戒」者。《維摩詰經》稱，維摩詰居家學道，號稱維摩居士。

〔18〕禪智——原誤作「智禪」，今改。本劇第七齣可證：「小僧揚州府禪智寺一個五戒是也。」「同來禪智寺報名，孝感寺聽經。」

〔19〕十方——佛教稱東、南、西、北及四維、上、下爲「十方」。也叫「十方地面」；佛寺以方便人爲宗旨，故也稱「十方地面」。四維即四角，指東南、西南、西北、東北。唐太宗《三藏聖教序》：「弘濟萬品，典御十方。」

〔20〕方丈——即方丈室。一丈見方的居室，爲寺院住持所居之室。唐·綦毋潛《宿龍興寺》詩：「燈明方丈室，珠繫飛丘衣。」

〔21〕大會盂（yú）蘭——即盂蘭大會。佛教指在盂蘭節所舉行的法會。舊俗於農

曆七月十五日舉行盂蘭盆會，超度亡靈，稱「盂蘭節」。

〔22〕善信——善男信女的省稱。原指皈依佛法的男女。後泛指信佛的男女。《紅樓夢》第二五回：「若有善男信女虔心供奉者，可以永保兒孫康寧。」

〔23〕花月之區——本指景色美好的地區，此指易觸發男女情思的環境，故下文接說「豈無惡業」云云。

〔24〕「接古潤金焦」二句——鎮江金山焦山，皆佛教勝地，揚州與此接近，故云「亦有善緣」。

〔25〕「凡依玉蕊」二句——謂凡是來依託鎮江佛寺之人，都是信仰佛法者。玉蕊，本爲花名，後因鎮江佛寺內有玉蕊花、玉蕊亭，遂藉以指寺。宋·陳景沂《全芳備祖》：「京口放鶴門外方丈，有閣號招華，右有亭名玉蕊，有玉蕊花二株。」「香檀」，本爲樹名，其木可製佛香。這裏遂藉以指佛法。《法苑珠林》：「秣羅矩吒國出白檀香樹。」

〔26〕三點——指古印度婆羅謎字體表示 i-（kara）的字母。原寫作不縱不橫的三個點，後在吐火羅語中作三個「c」字形，故稱「三點」。佛教藉此三點不縱不橫的三角關係，以喻教義。一般指《涅槃經》所說的「三德」：法身德、般若德和解脫德。天台宗亦因以指空、假、中。《敦煌變文集·降魔變文》：「會三點於眞原，淨六塵於人境。」前蜀·貫休《聞大願和尚順世》詩之三：「若遊三點外，爭把七賢平。」清·龔自珍《釋二門三點同異》：「二門三點，有二種釋。先釋二門，止、觀是。乃釋三點，空、假、中是。」

〔27〕「外示六爻（yáo）」二句——謂《易經》卦的外形都有六畫，稱爲六爻。每卦又分爲上下二體，相互交錯取象又會形成三種或五種新卦。六爻，《易》卦之畫曰爻；六十四卦中，每卦六畫，故稱。《易·繫辭上》：「六爻之動，三極之道也。」孔穎達疏：「言六爻遞相推動而生變化，是天、地、人三才至極之道。」後因以指占卜。明·謝讜《四喜記》十八〔六犯淸音〕：「夢短欹孤枕，憂多問六爻。」

〔28〕「鐘鼓不交參」四句——爲讚譽契玄禪師法力的話語。大意謂無須動用鐘和鼓，契玄禪師就能使人覺悟佛法；無須搖動風幡，就能使眾人撥開迷霧，領略佛的光華。風幡（fān）無動相，唐慧能寓止南海法性寺，暮夜風揚刹幡，聞二僧對論：一云「幡動」，一云「風動」，往復酬答，未曾契理。師曰：「直以風幡非動，動自心耳。」見《六祖壇經》。

〔29〕盂蘭盆——梵語，意譯爲救倒懸。盂蘭譯作「倒懸」（人被倒掛），盆是指供品的盛器。佛法認爲供此具可解救已逝去父母、亡親的倒懸之苦。《佛說盂蘭盆經》載：目連母生餓鬼中，以缽盛飯餉母，入口化爲火炭。目連馳還白佛，佛言：「當須十方眾僧威神之力，乃得解脫。七月十五日，僧自恣時，具飯百味五果，以著器中，供養十萬大德眾僧，父母得出三途之苦。」

〔30〕金蓮、玉網——本謂諸佛淨土境界莊嚴之相。此處金蓮，當指心性之無垢；玉網，當指無量事理互相涉入。

〔31〕飲光微笑——飲光，即摩訶迦葉，爲禪宗初祖。《五燈會元》：「釋迦世尊，在靈山會上，拈華示眾，眾皆默然，唯迦葉尊者破顏微笑。世尊云：『吾有正法眼藏，涅槃妙心，實相無相，微妙法門，不立文字，教外別傳，付囑摩訶迦葉。』」

〔32〕和南攝受——爲眾僧俗向契玄禪師的祈求語。謂我們合十作禮，祈求大師慈心接引。和南，佛教語；佛門稱稽首、敬禮爲「和南」。攝受，佛教語；謂佛以慈悲心收取和護持眾生。明·葉憲祖《北邙說法》〔寄生草〕白：「弟子們都拜從禪師，惟願慈悲攝受。」

〔33〕我則是二文殊——契玄禪師的謙詞。謂我只是文殊菩薩的輔佐。二，同「貳」，意爲「輔佐」。文殊，梵語文殊師利或曼殊寶利的省稱。佛教菩薩名。意譯爲「妙吉祥」、「妙德」等。其形頂結五髻，象徵人日如來的五智；持劍、騎青獅，象徵智慧銳利威猛。爲釋迦牟尼佛的左脅侍，與司「理」的普賢菩薩相對。中國傳說其道場爲山西省五臺山。

〔34〕三天竺（zhú）——浙江杭州天竺山有上、中、下天竺寺，合稱三天竺。這裏借指甘露寺。

〔35〕「渡江南」句——謂要超度江南的一群螞蟻。渡，渡拔，超度。一蟻菰蘆，晉·干寶《搜神記》：「吳富陽縣董昭之，嘗乘船過錢塘，江中央見有一蟻，著一短蘆，走一頭，因復向一頭，甚皇遽……因以繩繫蘆著船，船至岸，蟻得出。」這裏借指大槐安國中的群蟻。

〔36〕衲（nà）子們——僧人。宋·黃庭堅《送密老住五峰》詩：「水邊林下逢衲子，南北東西古道場。」

〔37〕不在話下——小說戲曲中套語，表示此處不用詳細敘說。《醒世恒言·兩縣令競義婚孤女》：「地方呈明石知縣家財人口變賣都盡，上官只得在別項那移賠補，不在話下。」

〔38〕「舉處便喝」三句——謂僧人們誦經時不得禪理。喝，即棒喝，佛教禪宗語。禪師接待初機學人，對其所問，不用言語答覆，或以棒打或以口喝，以驗知其根機的利鈍。相傳棒的使用，始於德山宣鑒與黃檗希運；喝的使用，始於臨濟義玄，故有「德山棒、臨濟喝」之稱。宗門，佛教語，禪宗的自稱，而稱其它各宗爲「教門」。交涉，猶言關係。

〔39〕「但說的是」六句——均爲契玄禪師引述僧人們誦經的話，從而批評其不得要領。雁足傳書，用《漢書·蘇武傳》所載之故事。石人，當作「石女」。《普燈錄》：「石女舞成《長壽曲》，木人唱起《太平歌》。」新婦騎驢，《五燈會元》：「問：『如何是佛？』師曰：『新婦騎驢阿家牽。』」吃荔枝，《宋元學案》林光

朝《艾軒學案》：「答人問忠恕而已矣，曰：『南人偏識荔枝奇，茲味難言只自知。剛被北人來借問，香甜兩字且酬伊。』」

〔40〕單刀直入——佛教語。喻認定目標，勇猛精進。這裏指說話直截了當，不繞彎子。《景德傳燈錄·旻德和尚》：「若是作家戰將，便須單刀直入，莫更如何如何。」

〔41〕君臣位上賓和主——謂禪宗內部有君臣、賓主之分。曹洞宗立五位君臣以爲宗要。五位者：正中偏，偏中正，正中來，偏中至，兼中到也。正位即空界，本來無物；偏位即色界，有萬象形。君爲正位，臣爲偏位。又立四賓主爲體用之異名：主中賓，體中之用也；賓中主，用中之體也；賓中賓，用中之用，於頭上安頭也；主中主，體中之體，物我雙亡，人法俱泯也。詳《人天眼目》。

〔42〕三千界樓臺舌鋪——比喻有能言善辯的口才。《阿彌陀經》謂如來佛的舌頭廣而長，覆蓋至發跡，且能遮蓋三千大千世界。故藉以喻能言善辨。宋·朱熹《後洞山口晚賦》詩：「從教廣長舌，莫盡此時心。」

〔43〕煞尾——原只作「煞」，據葉《譜》補「尾」字。

〔44〕五十三參聽講圖——即善才童子拜師學法圖。《華嚴經·入法界品》：「善才童子受文殊菩薩指點，南行五十三處，參訪名師，聽受佛法，終成正果。」

〔45〕「石點頭」二句——謂佛理最能感人心。石點頭，《蓮社高賢傳》：晉竺道生，南還入虎丘山，聚石爲徒，講《涅槃經》。至闡提處，則說有佛性，且曰：「如我所說，契佛心否？」群石皆爲點頭。花下雨，《心地觀經》：「人欲諸天來供養，天華亂墮遍虛空。」

〔46〕乘杯渡江——謂乘坐木船渡過長江。南朝梁·惠皎《高僧傳·神異下·杯度》：「杯度者，不知姓名，常乘木杯度水，因名。初在冀州……後往瓜步江，於江側就航人告度，不肯載之，復累足杯中，顧盼吟詠，杯自然流，直度北岸，向廣陵。」後藉以泛指乘船渡水。

第五齣　宮　訓

【夜遊宮】〔老旦〔1〕國母引宮娥上〕宮樹槐根隱隱，從地府學成坤順〔2〕。〔眾〕畫扇影隨宮燕引，聽重門，畫漏聲，花外盡。

〔眾叩頭介〕宮娥叩頭，娘娘千歲。【清平樂】〔老〕大槐秋色，世外朱塵隔。歌吹重重情脈脈，怕〔3〕道有人傾國〔4〕？孔雀扇影分行，宮娥半袖通裝〔5〕。卻是洞門深杳，折旋消得君王〔6〕。自家大槐安國母是也。初爲牝蟻，配得雄蜉。細如蟻虱之妻，大似蚊虻之母。偶而稱孤道寡，居然正位中宮。有女瑤芳一人，號作金枝公主。姿才冠世，

婚嫁及期。授書史於上眞仙姑，學刺繡於靈芝國嫂。昨承我王之命，要求人世之姻。必須有眼之人，方得有情之婿。我想起來，則有姪女瓊英郡主，能會瞧人，待我先喚公主出來，示以此意，然後分付姪女依計而行。〔眾〕公主到。

【前腔】〔旦〔7〕扮公主上〕幻質〔8〕分靈蠢，也會的施朱傅粉，一般人物嬌和嫩。這芳心，洞房中，誰簇緊？

〔見介〕女兒瑤芳叩頭，娘娘千歲千千歲。〔老〕公主，你年已及笄，名方弄玉〔9〕。今日依於國母，他日宜其家人〔10〕。四德三從，可知端的〔11〕？〔旦〕孩兒年幼，望母親指教。〔老〕夫三從者：在家從父，出嫁從夫，老而從子〔12〕。四德者：婦言，婦德，婦容，婦功〔13〕。有此三從四德者，可以爲賢女子矣。聽我道來：

【傍妝臺】〔老〕一種寄靈根，依然樓閣賀生存。論規模雖小可，乘氣化有人身。中宮乑作吾王正，下國憑稱寡小君〔14〕。掌司陰教〔15〕，齊眉至尊。你須知三貞七烈〔16〕同是世間人。

【前腔】〔旦〕小小贅芳麋〔17〕，念瑤芳生長在王門。雖不是人間世，論相同掌上珍。寒餘窈窕深閨晚，暖至豐茸別洞春〔18〕。父王庭訓，娘親細論。難道這三從四德微細的不如人。

【玩仙燈】〔19〕〔貼〔20〕瓊英上〕踏綻鞋跟，蚤向朱門步穩。

自家蟻王姪女瓊英便是。娘娘有召，敬入則個〔21〕。〔見叩頭介〕郡主瓊英叩頭，娘娘千歲。〔見旦介〕公主見禮。〔旦〕尊姊到來。〔老〕郡主聽旨：近因瑤芳長成，堪招駙馬。君王有命，若於本族內選婚，恐一時難得智勇之士，不堪扶持國家，要於人間招選駙馬。聞得七月十五日，這揚州孝感寺，禮請契玄禪師講經。人山人海，都往禪智寺天竺院報名。到得其時，郡主可同靈芝夫人、上眞仙子三人同往聽講。但有英俊之士，便可留神。〔貼〕謹遵懿旨〔22〕。

【傍妝臺】〔老〕女大急須婚，不拘門戶則待有良姻。龍類中能煮海〔23〕，蝶夢裏好移魂〔24〕。〔貼〕知他同誰虹作夫妻〔25〕分，了你蚌

親父母恩〔26〕？**俺抛**眉暈〔27〕，忍笑痕，可甚麼人煙聚裏看不出有情人
〔28〕？

　　〔旦〕瓊英姐，俺便同你去聽講何如？〔貼〕公主體面，未宜出遊。

　　〔旦〕這等，奴有金鳳釵一對，文犀盒〔29〕一枝，奉獻禪師講下，表
我微情。

　　【前腔】光景一時新，待相同隨喜終是女兒身。獻釵頭金鳳朵，盛
納盒錦犀文。〔貼〕也知妹子無他敬，如是觀音著我聞。我將為信，去
講座陳。管〔30〕教他靈山會裏直〔31〕著個有緣人。

　　〔老〕郡主，此非小可之事。

　　【尾聲】到花宮〔32〕不少的兒郎俊，打迸起橫波著人〔33〕。你去呵，
休得漏泄了機關〔34〕要老娘心上穩。

　　選佛場中去選郎，禪床側畔看東床〔35〕。

　　疾去疾來須隱約，好音先報與娘行〔36〕。

校　注

〔1〕老旦——傳奇戲曲中旦角的一種，飾老年婦女。
〔2〕從地府學成坤順——槐安國宮殿在槐根裏，故稱「地府」。坤順，借坤卦的含義
　　指婦女的溫柔順從。《易經‧坤卦》：「坤道其順乎，承天而時行。」孔穎達疏：
　　「言坤道柔順，承奉於天以量時而行。」下文「三從四德」，正是封建規範「坤
　　順」的具體表現。
〔3〕怕——反詰之辭，猶云「豈」。
〔4〕傾國——傾國傾城，原指因女色而亡國，後多形容婦女容貌極美。傾，傾覆。
　　《詩‧大雅‧瞻昂》：「哲夫成城，哲婦傾城。」東漢‧班固《漢書‧外戚傳
　　下‧孝武李夫人》：「北方有佳人，絕世而獨立，一顧傾人城，再顧傾人國。」
〔5〕半袖通裝——謂宮娥們都穿著半袖衣服。半袖，短袖之服；《新唐書‧車服志》：
　　「半袖裙襦者，東宮女史常供奉之服也。」通裝，猶言都穿這種服裝。
〔6〕折旋消得君王——謂舞蹈足以消除君王的愁悶。折腰、迴旋都是舞姿，「折旋」，
　　即指舞蹈而言，故足以消君王之悶。
〔7〕旦——腳色名，劇中的女主角，也稱「正旦」。又有副旦、貼旦、外旦、小旦、
　　大旦、老旦等名目。這裏為正旦的簡稱，扮演女主角瑤芳公主。

〔8〕幻質——佛教語。猶言幻身，指人的肉身、形骸。謂身軀由地、水、火、風假合而成，無實如幻。

〔9〕「你年已」二句——謂瑤芳年已十五，名位也與弄玉相仿。笄，指女十五歲。《禮記·內則》：「女子十有五年而笄。」弄玉，相傳爲春秋時秦穆公女，嫁善於吹簫的蕭史，日就蕭史學簫作鳳鳴，穆公爲其作鳳臺以居之，後夫妻乘鳳飛天成仙而去。見《太平廣記》引《神仙傳拾遺》。

〔10〕宜其家人——謂女子出嫁後與夫婿一家人能夠友善相處。《詩·周南·夭桃》：「之子于歸，宜其家人。」

〔11〕端的——元、明時口語，意爲「到底」、「究竟」。《西遊記》第七四回：「端的是什麼妖精，他敢這般短路。」

〔12〕「夫三從者」四句——語出《儀禮·喪服·子夏傳》：「婦人有三從之義，無專用之道，故未嫁從父，既嫁從夫，夫死從子。」

〔13〕「四德者」五句——語出《周禮·天官·九嬪》：「九嬪掌婦學之法，以教九御婦德·婦言·婦容、婦功。」

〔14〕寡小君——古代國君夫人對諸侯自稱的謙詞。《禮記·曲禮下》：「夫人自稱於天子曰老婦，自稱於諸侯曰寡小君。」孔穎達疏：「君之妻曰小君，而云寡者，亦從君爲謙也。」

〔15〕陰教——對女子實施的教化。《周禮·大官·內宰》：「以陰禮教六宮，以陰禮教九嬪。」唐·李華《含元殿賦》：「王風闡而成化，陰教備而不虧。」

〔16〕三貞七烈——亦作「三貞九烈」、「三貞五烈」。舊時形容婦女重視貞節，寧死不改嫁，不失身。三貞，晉·常璩《華陽國志·巴志》：「永初中，廣漢、漢中羌反，虐及巴郡。有馬妙祈妻義、王元憒妻姬、趙蔓君妻華，夙喪夫，執共姜之節，守一醮之禮，號曰三貞。遭亂兵，迫匿，懼見拘辱，三人同時自沉於西漢水而沒死。」

〔17〕小小贅芳塵——謂帶著一小串花環。贅，連綴。《詩·大雅·桑柔》：「哀恫中國，且贅卒荒。」孔穎達疏：「贅，猶綴也。謂繫綴而屬之。」芳塵，落花。唐·司空曙《送高勝重謁曹王》詩：「想君登舊榭，重喜掃芳塵。」

〔18〕「寒餘窈窕」二句——意謂窈窕淑女，靜待深閨，寒來暑往，備受呵護。

〔19〕《玩仙燈》——此調本有六句，後四句省去。凡引子，除生旦初次上場所用者外，其餘都可簡省。

〔20〕貼——戲劇中的次要腳色；一般用作貼旦之省稱。

〔21〕則個——語氣助詞，用法略同「著」或「者」。表示委婉或商量、解釋的語氣。《京本通俗小說·碾玉觀音》：「你與我叫住那排軍，我相問則個。」這裏的「敬入則個」，也含有希望人准許她進入之意。

〔22〕懿（yì）旨——古代皇帝的詔令稱爲聖旨，皇太后或皇后的詔令或指令稱爲懿旨。懿旨也用爲貴顯人家長輩婦人命令的敬稱。

〔23〕龍類中能煮海——這裏借用元·李好古《張生煮海》雜劇中書生張羽與東海龍王之女瓊蓮的愛情故事。意謂龍女尙能下嫁人間，蟻女何嘗不可？

〔24〕蝶夢裏好移魂——謂在睡夢裏就可以把人的魂靈招來。「蝶夢」，用莊子化蝶故事。《莊子·齊物論》：「昔者莊周夢爲蝴蝶，栩栩然蝴蝶也，自喻適志與，不知周也；俄然覺，則蘧蘧然周也」。這裏借指夢境。

〔25〕虰（dīng）作夫妻——謂訂作夫妻。虰，蟻名，《爾雅·釋蟲》：「蠪，朾螘。」「朾」，同「虰」。這裏借「虰」諧「訂」。

〔26〕蛘（yǎng）親父母恩——謂父母的養育之恩。蛘，同「養」。

〔27〕拋眉暈——俗語，猶言拋頭露面。拋，猶云「露」，眉暈，借指臉面。

〔28〕「可甚麼」句——謂在人群裏看出有情人算不了什麼。可甚麼，猶言算什麼，說什麼。

〔29〕文犀（xī）盒——用犀牛角雕刻成帶有紋彩的首飾盒。文犀，即「紋犀」，有紋理的犀牛角，可以做裝飾物。

〔30〕管——猶云「準」或「定」。

〔31〕直——同值。適逢、遇到。

〔32〕花宮——指佛寺或講經道場。唐·李頎《宿瑩公禪房聞梵》詩：「花宮仙梵遠微微，月隱高城鐘漏稀。」

〔33〕「打迭起」句——謂準備好流動的眼神去看人。打迭起，意謂收拾起，元·李文蔚《燕青博魚》一〔六國朝〕：「我揣巴些殘湯剩水，打迭起浪酒閒茶。」這裏應引申作「準備好」解。橫波，比喻女子眼神流動如水橫流。宋·歐陽修《蝶戀花》詞：「酒力融融香汗透，春嬌入眼橫波溜。」著（zhuó）人，討人喜歡的意思。宋·蘇軾《殢人嬌》詞：「好事心腸，著人情態。」

〔34〕機關——機密、奧秘。《醒世恒言·喬太守亂點鴛鴦譜》：「那知孫寡婦已先參透機關，將個假貨送來。」

〔35〕東床——晉太傅郗鑒派人赴王門擇婿，王羲之獨不矜持，坦腹於東床，反被選中。後因以東床作爲女婿的美稱。《太平御覽》引晉·王隱《晉書》：「王羲之幼有風操，郗虞卿聞王氏諸子皆俊，令使選婿。諸子皆飾容以待客，羲之獨坦腹東床，齧胡餅，神色自若。使具以告。虞卿曰：『此眞吾子婿也。』問爲誰，果是逸少。乃妻之。」另見《世說新語·雅量篇》。唐·劉長卿《登遷仁樓酬子婿李穆》詩：「賴有東床客，池塘免寂寥。」

〔36〕行——多用於稱謂後面，表示處所，猶言這裏、那裏。宋·周邦彥《風流子》詞：「最苦夢魂，今宵不到伊行。」

第六齣　謾　遣

【字字雙】〔溜二上〕小生家住古揚州，鋪後。祖宗七輩兒喜風流，自幼。衣衫破落帽兒颩〔1〕，狐臭。能吹木屑慣扶頭〔2〕，即溜〔3〕。

自家揚州城中有名的一個溜二便是。一生浪蕩，半世風流。但是晦氣的人家，便請我撮科打哄〔4〕；不管有趣的子弟〔5〕，都與他鑽懶幫閒〔6〕。手策〔7〕無多，口才絕妙。有那等弔眼子〔8〕，敲他幾下，叫做打草驚蛇；無過是脫稍〔9〕鬼，鬆他一籌，則是將蝦弔鯉〔10〕。著〔11〕甚麼南莊田，北莊地，有溜二便是衣食父母；難起動東鄰邀，西鄰請，則沙三是個酒肉弟兄。知音的，說是個妙人、好人、老成人；少趣的，叫我敗子、倈子、光棍子〔12〕。且自由他笑罵，只圖自己風光。這幾日不見沙三〔13〕，尋他閒串去。

【前腔】〔沙三上〕賤了〔14〕姓沙行十三，名濫。就似水底月兒到十三，圓泛。六兒七兒巧十三，胡蘸〔15〕。官司弔起打十三〔16〕，扯淡〔17〕。

〔溜〕沙三，你犯夜〔18〕了？〔沙〕不犯夜，不是子弟〔19〕也，哥。〔溜〕兄弟，這幾日嘴閒了。〔沙〕和你大路頭站去。〔丑上〕白雲在何處？明月落誰家？〔沙〕小哥，落在這裏。〔丑〕大哥，我東人淳于家要請溜二、沙三官要子，住在那門？〔溜沙〕我二人便是。你東人做甚麼生意？〔丑〕做裨將。〔沙〕做皮匠〔20〕，叫我去幫鑽？〔丑〕軍營裏副將哩。〔溜〕是那能飲酒的淳于公麼？〔丑〕著。〔溜沙〕便去，便去。有酒舊傾蓋，無錢新白頭〔21〕。〔下、生上〕【集唐】棄置復何道？淒淒吳楚間。相憶不相見，秋風生近關。我淳于棼休官落魄，賴酒消魂。爭奈客散孟嘗之門，獨醉槐陰之市〔22〕，想吾生直恁無聊也！

【錦纏頭】我本待，學時流立奇功俊名，談笑朔風生。怎如他，蒼生〔23〕口說難憑？便道你能奮發有期程。則半盞河清，拚了滴珠槽浸死劉伶〔24〕。道的個百無成，只杜康祠醮住了這窮三聖〔25〕。做個帶帽兒堵酒瓶，頭直〔26〕下酒淹衣裓〔27〕。難道普乾坤醉眼偏只許屈原醒〔28〕？

〔丑同溜、沙上〕三家酒注子，一對色哥兒。〔丑報介〕溜二、沙三官

到。〔見介、溜〕小人名溜二，〔沙〕賤子即沙三。〔生〕久聞纏識面，〔合〕十個更酸鹹。〔生〕怎生十個更酸鹹？〔溜〕適間老翁說，把九文錢吃個麵，沒鹽醋的，因此小人加上一文。〔生笑介〕敢問二位在城在鄉？

【好姐姐】〔溜、沙〕廣陵郡中一城，識溜二、沙三名姓，玲瓏剔透〔29〕，人前打眼睛〔30〕。隨尊興，哩嗹花囉〔31〕能堪聽，孤魯子頭嗑得精〔32〕。

〔溜做只腳跪嗑連二頭叫爺介、沙唱哩囉嗹介〕淳于兄，孤老院〔33〕要去。〔生〕貧子行處，怎生好去？〔沙〕不是。是表子鋪。〔生〕揚州諸妓，我已盡知。可別有甚麼消遣？〔沙〕有，有。孝感寺中元盂蘭大會，僧俗男女都去潤州甘露寺，請契玄禪師講經。〔生〕便去聽講如何？〔沙〕那裏吃素，淳于公貪酒哩！〔生〕那有此話？

【前腔】吾生，醉鄉酩酊，飲中仙也有個逃禪中聖〔34〕，長齋繡佛〔35〕到莊嚴得人世清。山鷓兒，看馬。堪乘興，行隨白馬藏鞭影，坐聽黃龍喝棒聲〔36〕。

忽忽意不樂，留人相伴閒。

上方隨喜去，秋色滿盂蘭。

校 注

〔1〕帽兒颩（diū）——謂歪戴帽子。颩，本意爲抛、擲。這裏引申爲隨意的樣子。元·王實甫《西廂記》二本楔子〔端正好〕：「不念《法華經》，不禮《梁皇懺》；颩了僧伽帽，袒下我這偏衫。」

〔2〕能吹木屑慣扶頭——意謂能吹木片作聲和慣於飲酒。木屑，指木頭的碎屑，這裏指能夠用來吹動發聲的小木片。卓亭子《江湖切要》附風月友《金陵六院市語》：「闖寡門者，空談而去；吹木屑者，不請自來。」扶頭，扶頭酒，醇厚濃烈易醉人之酒。一說酒名。宋·賀鑄《南歌子》詞：「易醉扶頭酒，難逢敵手棋。」

〔3〕即溜——謂機靈、精細、聰明、伶俐。元·尙仲賢《氣英布》一、白：「即如此，曹參你去軍中精選二十個即溜軍士，跟隨何出使九江去者。」

〔4〕撮科打哄——猶云插科打諢。謂用滑稽的動作和詼諧的語言引人發笑。科即科

範，指動作而言，如下文的磕頭；諢即諢砌，指言語而言，如下文的唱「哩羅嗹」。

〔5〕不管有趣的子弟——意謂不管有趣無趣的子弟。子弟，這裏泛指年輕人。

〔6〕鑽懶幫閒——謂逢迎湊趣，耍弄乖巧，替人解悶消閒混日子。元・秦簡夫《剪髮待賓》三〔醉春風〕白：「幫閒鑽懶為活計，脫空說謊作營生。小人名喚杜裏饑，兄弟叫做世不飽，俺兩個不會營生買賣，全憑嘴抹兒過其日月。」元・蕭德祥《殺狗勸夫》四〔鬥鵪鶉〕：「他、他、他，似這般鑽懶幫閒，便是他封妻蔭子。」

〔7〕手策——意指本領、手段、計謀。金・董解元《西廂記諸宮調》卷二〔正宮・甘草子〕：「是則是英雄臨陣披重鎧，倚仗著他家有手策，欲反唐朝世界。」《元曲選・音釋》：「策，釵上聲。」

〔8〕弔眼子——臨川方言，指得意忘形之人。

〔9〕脫稍——疑為「脫騷」，臨川方言，指沾花惹草風騷之人。

〔10〕將蝦弔鯉——意謂以小換大、以少換多。

〔11〕著——猶云「值」或「遇」。宋・陸游《卜算子・詠梅》詞：「已是黃昏獨自愁，更著風和雨。」

〔12〕敗了、倈（lái）子、光棍子——子，臨川方言，指遊手好閒的人。倈子，元代稱供使喚的小廝，引申為對人帶有輕蔑意味的稱呼。這裏當係說溜二頑劣不懂事，如小孩一般。元・武漢臣《玉壺春》四〔駐馬聽〕：「老虔婆唱叫揚疾，更狠如剔髓挑筋索命鬼見倈子撼天撲地，不弱如打家劫舍殺人賊。」

〔13〕沙三——元明戲曲中多用為農村好事青年的名字。有時亦指城市中不務正業的浮浪子弟。《金瓶梅》第六八回：「踢行頭白回子、沙三，日逐嫖著在他家行走。」

〔14〕賤子——臨川風俗中父母常給孩子取名「賤貨」、「賤子」，意思是出生爛賤，容易養大，不嬌貴。

〔15〕胡蘸（zhàn）——猶「胡扯」。蘸，吵、說。湯顯祖《牡丹亭》二十〔集賢賓〕：「月輪空，敢蘸破作一床幽夢。」

〔16〕打十三——泛指打人。宋朝對判徒刑、杖刑的犯人均分五等加施脊杖、臀杖，其中最輕的一等加杖十三。詳見《宋史・刑法志》。清・焦循《劇說》：「《琵琶》白有『打十三』之說，元人常用之。本宋制：徒刑有五，徒一年者，杖脊十三；杖刑有五，杖六十者，折臀杖十三。」元・孟漢卿《魔合羅》曲：「你若無事到他家裏去，我一準拿來打十三。」

〔17〕扯淡——謂胡說八道。明・田汝成《西湖遊覽志餘・委巷叢談》：「（杭人）又有諱本語而巧為俏語者……言『胡說』曰『扯淡』。」

〔18〕犯夜——違禁夜行。古代法律規定禁止夜行，此禁律晉已有之。《晉書・王承

傳》：「有犯夜者，爲吏所拘。」在元代，宵禁之令亦甚嚴，在規定時間內，不
准通行，違者受罰。參見《元典章‧刑部十三》、《元史‧刑法志四》。唐‧杜
甫《陪李金吾花下飲》詩：「醉歸應犯夜，可怕李金吾？」元‧無名氏《鴛鴦
被》二〔黃鐘‧尾〕白：「我走到半路，被那巡更的歹弟子孩兒，把我攔住，
道我是犯夜的，拿我巡鋪裏去，整整弔了一夜。」

〔19〕子弟——幫閒者實和子弟有別，要裝點門面，故也自稱「子弟」。

〔20〕裨將、皮匠——裨將與皮匠諧音，臨川地方風俗中，皮匠是最下等職業。此係
調侃。

〔21〕「有酒」二句——謂有酒就會相見如故，沒錢即使相交至年老也像新交一樣。
語本《史記‧魯仲連鄒陽列傳》：「諺曰：『白頭如新，傾蓋如故。』」傾蓋，車
上的傘蓋靠在一起；喻初次相逢或訂交。白頭，猶白髮，形容年老。

〔22〕「客散孟嘗之門」二句——意謂朋友都離我而去。客，指第二齣友人田子華、
周弁離去事。孟嘗，即戰國時代齊國貴族田文，號孟嘗君，以善養士著稱；淮
陰，即韓信；二人《史記》俱有傳。淳于棼在這裏用以自指。

〔23〕蒼生——指落第秀才。用於貶義。宋‧無名氏《張協狀元》三五〔趙皮鞋〕：
「你還不曾會讀書，蒼生還相見，休要來。」

〔24〕「則半盞」二句——意謂只要有半盞河清酒，就捨棄銀兩一醉方休。河清，酒
名。明‧張萱《疑耀‧河清酒》：「蘭溪河清酒，自宋元已有名，第其時已有
甘滯不快之訾。」拚，捨棄。滴珠，舊時用作貨幣的小銀錠。清‧黃六鴻《福
惠全書‧錢穀‧嚴管解》：「若解餉銀，鞘外蒙以生牛皮，鐵箍密釘，蓋以鞘
經風日，木瘦縫開，滴珠狼籍，姦人趁縫敲挖。」劉伶，「竹林七賢」之一，
平生嗜酒。《晉書‧劉伶傳》：「劉伶字伯倫，沛國人也……常乘鹿車，攜一壺
酒，使人荷鍤而隨之，謂曰：『死便埋我。』」這裏淳于棼藉以自指。

〔25〕「只杜康」句——意謂只是在酒店裏站了三個窮飲酒的。杜康祠，祭祀造酒者
杜康的祠廟，這裏指酒店。蘸，通站。聖，清酒的別稱。唐‧李白《贈孟浩
然》詩：「醉月頻中聖，眼花不事君。」這裏引申爲飲酒者。窮三聖，這裏戲
指淳于棼、沙三、溜二，與下文所稱「三家酒注子」意同。

〔26〕直——用在方位詞前，指示方位之辭，如「直上」、「直下」、「直西」、「直北」
之類。

〔27〕裉（kèn）——腋下之衣縫。元‧楊果《賞花時》套曲：「香臉笑生春，舊時
衣裉，寬放出二三分。」

〔28〕「普乾坤」句——謂沒有喝醉酒。《楚辭‧漁父》：「屈原曰：『舉世皆濁我獨清，
眾人皆醉我獨醒，是以見放！』」

〔29〕玲瓏剔透——形容聰明靈活，心裏明白。元‧吳昌齡《東坡夢》二折：「牡丹，
你玲瓏剔透今何在，俊俏聰明莫謾誇。」

〔30〕人前打眼睛——臨川方言，引人注目的意思。打眼睛，謂漂亮、光華耀眼。湯顯祖《牡丹亭》三七〔朝天子〕：「是甚發冢無情短悻材，他有多少金珠葬在打眼來。」

〔31〕哩嗹花羅——臨川方言，象聲詞，喻巧舌如簧、八面玲瓏。

〔32〕孤魯子頭唬得精——謂腦袋溜光跪下磕頭，極為熟練。孤魯子，臨川象聲方言，喻圓滑、溜光的腦袋。

〔33〕孤老院——舊時收容貧苦孤獨的老年人的機構。宋·洪邁《夷堅甲志·劉廂俠妻》：「一日盡散其奴婢從良，竭家貲建孤老院。」故下句生謂其為「貧子行處」。這裏溜二、沙三借指妓院，即下句所謂「表子鋪」。「孤老」謂娼妓，近代吳中猶有此語。

〔34〕「飲中仙」句——意謂「飲中八仙」之中也有個酒醉逃禪的人。逃禪，指遁世而參禪。唐·杜甫《飲中八仙歌》：「蘇晉長齋繡佛前，醉中往往愛逃禪。」中聖，謂「中聖人」，酒醉的隱語。三國時曹操禁酒，當時私飲者以隱語稱酒，聖人代指清酒，賢人代指濁酒；中聖人代指醉酒。參見《三國志·魏書·徐邈傳》。唐·陸龜蒙《酒樽》詩：「嘗作酒家語，自言中聖人。」

〔35〕繡佛——用彩色絲線繡成的佛像。《舊唐書·蕭瑀傳》：「太宗以瑀好佛道，嘗賚繡佛像一軀，並繡瑀形狀於佛像側，以為供養之容。」

〔36〕黃龍喝棒聲——謂坐著聽黃龍宗斷喝棒打的聲響。黃龍，即黃龍宗，佛教禪宗臨濟宗的一派。宋代禪師慧南所創。因他住隆興府（治今江西南昌）黃龍山，故名。喝棒，即棒喝。詳見第四齣注〔38〕。

第七齣　偶　見

【普賢歌】〔僧上〕終朝頂拜如來，人肉樣的蓮花業作臺〔1〕。一家兒〔2〕酒和色，三分氣命財，領著個鐵圍山〔3〕難佈擺。

　　小僧揚州府禪智寺一個五戒〔4〕是也。五戒，五戒，好些尷尬〔5〕。近因孝感寺作中元盂蘭大會，十方僧俗去請潤州契玄禪師講經。那禪師法旨威嚴，凡有聽講者，先於小寺投牒報名，方去聽講。卻有西番一個波羅門〔6〕，名喚石延，客居小寺天竺院。此人善作西番《胡旋舞》〔7〕，但有往來報名男女來此，他便施舞一回。俺寺中好不鬧熱也！目今天竺院水月觀音座前點起香燭，看甚人報名？咱且迴避。正是：此中留半偈，別院演三車〔8〕。〔下〕

【前腔】〔貼瓊英、老旦靈芝、小旦道扮上真姑上〕天生微眇身材，

也逐天香過院來。一尖紅繡鞋，雙飛碧玉釵，小玉納汗巾兒長袖灑。

〔貼〕奴家瓊英郡主，承國母之命，和這靈芝國嫂、上眞仙姑同來禪智
寺報名，孝感寺聽經；就裏將瑤芳妹子玉釵、犀盒施於禪師講前；看有
意氣郎君，招與瑤芳爲婿。這是禪智寺天竺院了，池邊好座紫竹觀音。
那香案之上有報名疏簿，我們不免焚香拜了，僉名。〔三旦同拜介〕

【黃鶯兒】一點注香沉，禮南無觀世音。花根木豔〔9〕低微甚，趨
蹌寶林〔10〕，威光乍臨，今生打破前生蔭。〔合〕拜深深，姻緣和合，蟲
蟻一般心。

〔貼〕俺三人還將瑤芳妹子婚姻之事，密禱一番。〔拜介〕

【前腔】槐殿欲成陰，把金枝付瑟琴，尋花配葉端詳恁。於中細
任，其間暗吟，無明〔11〕到處情兒沁。〔合前〕

〔小旦〕俺們池邊消遣一會。呀！一個回回舞上來了。

【北點絳唇】〔回子上〕生小西番，恭持佛贊，朝炎漢。驀入禪關，
日影金剛燦。

自家婆羅門弟子石延的便是。行腳中華，寄食天竺禪院，好不奈煩，散
心一會。呀！三位女菩薩從何而來？請看俺婆羅門《胡旋舞》一會也。
〔三旦笑介〕請了。〔內鼓介〕

【對玉環帶過清江引】〔石舞介〕拍手天壇，風飄長繡幡。答剌兜
綿〔12〕，腰身拴束的彎。衫袖打斕斑，西天俏錦闌。燕尾翩翻，觀音座
寶欄。合掌開蓮瓣，散天香婆羅門回笑眼。

〔內喝綵介、石〕一個騎馬官兒來，俺去了也。〔下、貼眾〕有人來，
我們且池邊浣手去。〔洗手介〕

【縷縷金】〔生騎從上〕無聊賴，不自憐，特來禪智院，打俄延。
花落蒼苔面，誰舞《胡旋》？門前繫馬接了金鞭，有人兒咱瞧見。

竹徑通幽處，禪房花木深。觀音座前，疏簿在此，我淳于棼就此拈香報
名。〔拈香拜介〕

【江兒水】淳于弟子，愁情一片，銷愁無處去聽閒經卷。俺待簽名。〔寫介〕簽名自僉，觀音試觀〔13〕。〔見貼介〕水竹池邊，因何活現。

〔貼笑回身介〕靈芝嫂，濕透這汗巾兒，掛在那處好？〔生背介〕此女子秀入肌膚，香生笑語，世間有此天仙乎？〔回介〕小娘子的汗巾兒，待小生效勞，掛於竹枝之上。〔貼笑遞汗巾、生接掛介〕這汗巾兒粉香清婉，小生能勾似他，懷卿袖中，浥〔14〕卿香汗。〔貼眾笑不應介〕池光花影，娟娟可人。〔生歎介〕俺淳于棻可是遇仙也？他三回自語，一顧傾人〔15〕，急節中間，難以相近。不如且自孝感寺聽經去。山鷂，看馬來。〔上馬介〕紫騮〔16〕嘶入落花去，見此踟躕空斷腸。〔下、貼〕此生，有情人也。他也去聽講，咱瞧他去來。〔老〕咳，俺去不得。俺真是個信女，把水月觀音倒做了。〔小旦〕怎麼説？〔老〕月信〔17〕來了。〔貼〕罪過人。這等，咱和上真姑去便了。

【尾聲】過別院，聽談禪。老靈芝去也，咱和這上真仙，到講堂呵把俺這覷郎君的眼稍兒再拋演。

為看婆羅舞，相逢騎馬郎。

尋荷終得藕〔18〕，池上白蓮花。

校　注

〔1〕「終朝」二句——為僧人自嘲語。謂自身有許多罪孽，整天朝拜在如來佛座下進行懺悔。蓮花臺，指佛座。唐・杜甫《山寺》詩：「吾知多羅樹，卻倚蓮花臺。」業，佛教語。一般指惡業、罪孽。南朝梁・沈約《均聖論》：「上聖開宗宜有次第，亦由佛戒殺人，為業最重也。」

〔2〕一家兒——一般兒。家，義同「價」，表估量；「一價兒」猶云「一般兒」。

〔3〕鐵圍山——意謂惡業如山，難以懺悔。《長阿舍起世經》：「海外有山，即是大鐵圍山，四周圍輪，並一日月，晝夜回轉，照四天下。」佛教認為南贍部洲等四大部洲之外，有鐵圍山，周匝如輪，故名。前蜀・貫休《還舉人歌行卷》詩：「厚於鐵圍山上鐵，薄於雙成仙體繒。」

〔4〕五戒——佛教指在家信徒終應遵守的五條戒律或行為準則。佛教中的五戒是一不殺生，二不偷盜，三不邪淫，四不妄語，五不飲酒。《魏書・釋老志》：「又有五戒，去殺、盜、淫、妄言、飲酒，大意與仁、義、禮、智、信同，名為異耳。」

這裏用來借指僧人。

〔5〕尷尬（gān gà）——事情棘手難以應付。這裏指「五戒」難以做到。

〔6〕波羅門——梵語音譯，今譯爲波羅蜜。意謂到彼岸，即由此岸（生死岸）度人到彼岸（涅槃、寂滅）。《大智度論》卷十二：「此六波羅蜜，能令人渡慳貪等煩惱染著大海，到於彼岸，以是故名波羅蜜。」這裏借指佛徒。

〔7〕胡旋舞——唐代由西域之康居國傳來的民間舞。其特點是動作輕盈、奔騰歡快、節奏鮮明、旋轉蹬踏，故名胡旋。伴奏音樂以打擊樂爲主，適應此舞的快速節奏與剛勁風格。胡旋舞是唐代最盛行的舞蹈之一。唐·白居易《胡旋女》詩：「胡旋女，胡旋女，心應弦，手應鼓。弦鼓一聲雙袖舉，回雪飄颻轉蓬舞。左旋右轉不知疲，千匝萬周無已時。」

〔8〕「此中」二句——指下文瓊英等人與淳于棼先在禪智寺報名、再到孝感寺會面事。半偈，《涅槃經》謂釋迦如來往昔入雲山修菩薩行時，從羅刹聞前半偈，歡喜而更欲求後半。羅刹不聽，乃約捨身與彼，欲得聞之。即「諸行無常、是生滅法、生滅滅已、寂滅爲樂」之後半偈，謂爲《雪山半偈》。三車，佛教語；喻三乘。謂以羊車喻聲聞乘（小乘），以鹿車喻緣覺乘（中乘），以中車喻菩薩乘（大乘）。見《妙法蓮華經》。

〔9〕花根木豔——金、元時熟語，常與「虎體元斑」連用，意謂花之香豔，本來自根部，不待外求，以喻公卿之子，生來就該是富貴的。此處借喻出身低微。「木」字疑誤，清暉本、竹林本俱作「本」。元·無名氏《雁門關》二〔烏夜啼〕：「算甚麼頂天立地男兒漢，枉了你厮聽使，相調慢。花根本豔，虎體元斑。」

〔10〕趨蹌（qū qiàng）寶林——趨蹌，行走快慢有節奏。古時朝拜晉謁須依一定的節奏和規則行步。亦指朝拜，進謁。《詩·齊風·猗嗟》：「巧趨蹌兮。」孔穎達疏：「禮有徐趨疾趨，爲之有巧有拙，故美其巧趨蹌兮。」寶林，佛教語，西方阿彌陀佛極樂世界七寶樹林的簡稱。

〔11〕無明——指無明火，謂癡妄之念，欲火。《醒世恒言·勘皮靴單證二郎神》：「睡至半夜，便覺頭痛眼熱，四肢無力，遍身不疼不癢，無明頓發熱煎，依然病倒。」參見四十二齣注〔29〕。

〔12〕答剌兜綿——形容身段的柔軟靈活。答剌，癱軟下垂貌。元·馬致遠《黃粱夢》三〔六國朝〕：「這一個早直挺挺的軀殼，那一個又答剌了手腳。」兜綿，即兜羅綿，佛經中稱草木的花絮爲兜羅綿；此引申爲細軟、綿軟。《楞嚴經》：「如來豎臂，兜羅綿手上指於空。」

〔13〕觀音試觀——《楞嚴經》：「一者，由我不自觀音，以觀觀者，令彼十方苦惱眾生，觀其音聲，即得解脫。」

〔14〕浥（yì）——濕潤。王維《渭城曲》：「渭城朝雨浥輕塵，客舍青青柳色新。」

〔15〕一顧傾人——形容女子的眼波銳利，後以喻女子的美貌。《漢書·外戚傳上·

孝武李夫人》：「延年侍上起舞，歌曰：『北方有佳人，絕世而獨立，一顧傾人城，再顧傾人國。』」

〔16〕紫騮——古駿馬名。赤色馬，唐人謂之紫騮，今人稱棗騮。《南史·羊侃傳》：「帝因賜侃河南國紫騮，令試之。侃執矟上馬，左右擊刺，特盡其妙。」明·陸采《明珠記·探留》：「暫向垂楊繫紫騮，拂拭征衣垢，朱門十丈蟠雙獸。」宋·晏幾道《木蘭花》詞：「紫騮認得舊遊蹤，嘶過畫橋東畔路。」

〔17〕月信——月經。按月而至，如潮有信，故稱。《醒世姻緣傳》第十九回：「晁住老婆……覺得下面似溺尿一般，摸一把在那月下看一看，原來是月信到了。」

〔18〕藕——「耦」之諧音，佳耦。《樂府詩集》卷四六《讀曲歌》：「思歡久，不愛獨枝蓮，只惜同心藕。」

第八齣　情　著

〔雜扮首座僧持釣竿上〕佛祖流傳一盞燈〔1〕，至今無滅亦無增。燈燈朗耀傳今古，法法皆如貫所能〔2〕。貧僧乃潤州甘露寺中契玄禪師首座弟子是也。自幼出家，參承多臘〔3〕。常只是朝陽縫破衲，判月了幾經。近乃揚州孝感寺請師父說法，貧僧領著眾僧，安排下香燈花果，禪床淨几，待師父升座。大眾動著法器者〔4〕。〔內鼓樂介、淨扮老禪師拄杖拂子上陞座介〕高臨法座唱宗風，翠竹黃花事不同。但是眾星都拱北，果然無水不朝東。〔提拄杖介〕賽卻〔5〕須彌〔6〕老古藤，寒空一錫振飛騰〔7〕。拄開妙挾通宗路，打斷交鋒迴避僧。〔執拂子介〕豎起清風灑白雲，河沙無地可容塵。將軍一事無巴鼻〔8〕，兔角龜毛〔9〕拂著人。取香來。〔拈香介〕此香：不從千聖得，豈向萬機求〔10〕？虛空觀不盡，大地莫能收。拈香指頂，透十方之法界〔11〕，薰四大之神州〔12〕；爇〔13〕向爐心，祝皇王之萬歲，願太子之千秋。〔垂釣介〕手把金鉤月一痕，乘槎獨坐到河濱〔14〕。悠悠泛泛經千載，影落魚龍不敢吞。〔首座〕如何空即是色〔15〕？〔淨〕東沼初陽疑吐出，南山曉翠若浮來。〔首座〕如何色即是空？〔淨〕細雨濕衣看不見，閒花落地聽無聲。〔首座〕如何非色非空？〔淨〕歸去豈知還向月，夢來何處更為雲。〔首座〕多謝我師！今日且歸林下，來日問禪。〔末下〔16〕、淨〕大眾，若有那門居士，禪苑高僧，參學未明，法有疑礙，今日少伸問

答。有麼？〔外扮老僧上〕有，有，有。敢問我師，如何是佛？〔淨〕人間玉嶺青霄月，天上銀河白晝風。〔外〕如何是法？〔淨〕綠蓑衣下攜詩卷，黃篾樓中掛酒篘[17]。〔外〕如何是僧？〔淨〕數莖白髮坐浮世，一盞寒燈和故人。〔外〕多謝我師！今日且歸林下，來日問禪。〔下、淨垂釣介〕釣絲常在手中拿，影得遊魚動晚霞。海月半天留不住，醒來依舊宿蘆花。大眾，還有精通居士，俊秀禪郎，未悟宗機，再伸問答。有也是無？

【謁金門前】〔生上〕閒生活，中酒嗔花如昨。待近爐煙依法座，聽千偈瀾番個[18]。

小生淳于棼來此參禪。想起來落托無聊，終朝煩惱，有何禪機問對？就把煩惱因果，動問禪師。〔見介〕小生淳于棼稽首，特來問禪。如何是根本煩惱[19]？〔淨〕秋槐落盡空宮裏，凝碧池邊奏管絃。〔生〕如何是隨緣煩惱[20]？〔淨〕雙翅一開千萬里，止因棲隱戀喬柯[21]。〔生〕如何破除這煩惱？〔淨〕惟有夢魂南去日，故鄉山水路依稀。〔生沉吟、淨背介〕老僧以慧眼觀看，此人外相雖癡，到可立地成佛。

【謁金門後】〔小旦道扮同貼上〕蓮步天台踜蹬[22]，還似蟻兒旋磨。上真仙，竹院人兒情似可，再與端詳和。

〔淨笑〕淳于生，你帶著眷屬來哩。〔生回介〕是好兩位女娘。〔背歎介〕禪師，怎知我原無家室。〔貼見介〕太師稽首。〔淨〕蟻子為何而來？〔貼〕為五百年因果而來。〔淨背笑介〕是了，是了。叫侍者鋪單。〔末鋪座介、響唱介〕五十三單整齊。〔淨〕舉來。〔貼響唱介〕《妙法蓮花經》[23]《觀世音菩薩普門品》。〔淨〕六萬餘言七軸裝，無邊妙義廣含藏。白玉齒邊流舍利，紅蓮舌上放毫光。喉中玉露涓涓潤，口內醍醐[24]滴滴涼。假饒造罪過山嶽，不須妙法兩三行。

【梁州序】[25]人天金界，普門開覺，無盡意參承佛座。以何因果，得名觀世音那？佛告眾生遇苦，但唱其名，即時顯現無空過。貪嗔癡應念總銷磨，求女求男智福多。〔合〕如是等威慈大，是名觀世音菩薩。齊頂禮，妙蓮花。

〔眾〕觀世音菩薩云何遊此世界？云何而爲眾生說法？方便之力，其事云何？

【前腔】〔淨〕有如國土，眾生應度，種種法身隨化。因緣說法，以觀世界婆娑〔26〕。一切天龍人等〔27〕，急難之中，與他怖畏輕離脫。十方齊現豁，似河沙，遊戲神通一刹那〔28〕。〔合前〕

〔生〕後來無盡意菩薩云何？〔淨〕爾時無盡意菩薩啓過佛爺，叫世尊，我今當供養觀世音菩薩了。當即解下頸上寶珠瓔珞。價值紫金百千兩，獻與觀世音菩薩，說道，願仁者受此法施。那觀世音菩薩不肯受。爾時佛告觀世音，你可哀愍無盡意和這四眾〔29〕，權受下了這寶珠瓔珞。那觀世音菩薩因佛爺有言，受了瓔珞，分作兩分，一分奉釋伽牟尼佛爺，一分奉多寶佛爺的塔。你眾生們聽講這經，要知觀世音菩薩有如是自在威神，普同發心供養。〔眾〕弟子們頂禮受持。〔生〕謹參太師，小生曾居將帥，殺人飲酒，怕不能度脫也？〔淨〕經明說著，應以天大將軍身度者，菩薩即現其身而度之〔30〕，有甚分別？〔貼問介〕稟參太師，婦女如何？〔淨笑介〕經明說應以人、非人等度者，即現其身而度之。〔貼驚、對小旦背介〕這太師神通廣大，不說應以女身得度，到說個人、非人。你再問他。〔小旦問介〕太師，似我作道姑的，也可度爲弟子乎？〔淨〕你那道經中，已云「道在螻蟻」〔31〕，則看幾粒飯，散作小沙彌。怎度不的？〔貼小旦跪介〕太師眞個天眼通。有個妹子瑤芳，深閨嬌小，未克參承。附有金鳳釵一雙，通犀小盒一枚，願施講筵，望太師哀愍。〔起唱介〕

【前腔】紫衣師天眼摩訶〔32〕，他頸鶯嬌幾曾有瓔珞〔33〕？待學盡形供養，化身難脫。待把寶珠抽獻，比龍女如何〔34〕？自笑身微末，施的些兒個。恨無多，一分能分做兩分麼？〔合前〕

〔生背介〕奇哉此女！〔回介〕太師，金釵、犀盒，願一借觀。〔看介、回盼小旦貼介〕人與物皆非世間所有。

【前腔】巧金釵對鳳飛斜，賽暖金一枚犀盒。〔背介〕看他春生笑語，媚剪層波，把靈犀舊恨〔35〕，小鳳新愁〔36〕，向無色天〔37〕邊惹。

〔淨冷笑介、生回唱〕價值千百兩，未多些，一笑拈花奉釋迦。〔合前〕

〔生〕太師，此女子從何而來？〔淨背介〕此生癡情妄起，倩觀音座前白鸚哥叫醒他。〔內作鸚哥叫〕蟻子轉身，蟻子轉身。〔淨〕淳于生可聽的麼？〔生〕道是女子轉身，女子轉身〔38〕。〔淨笑介〕日中了，法眾住參，咱入定去來。大千界〔39〕裏閒窺掌，不二門〔40〕中暗點頭。〔下、生〕禪師去了，到好絮那小娘子一會。敢問小娘子尊姓？〔小旦貼不應介、生〕貴里？〔又不應介、生〕敢便是前日〔41〕禪智寺看舞的小娘子麼？〔小旦貼笑介〕是也。〔生〕哎喲！

【節節高】雙飛影翠娥，妙無過，這人兒則合向蓮花座。〔貼笑介〕我有個妹子還妙哩。〔生笑介〕才說那鳳釵、犀盒，就是那妹子附寄的麼？**他言輕可**〔42〕，**誰看破？空提作。**世間人敢則有那人間貨？妹子，妹子，你有鳳釵、犀盒，央他送在空門，**何不親身同向佛前囉，和我拈香訂做金鈿盒**〔43〕？

〔小旦〕啐！你也叫他妹子哩。〔生〕呀，我淳于棼好是無聊！小娘子請了。無語落花還自笑，有情流水為誰彈〔44〕？〔下、貼〕上眞子，這生好不多情也。〔小旦〕看來駙馬，無過此人。

【前腔】相逢笑臉渦，太情多，暮涼天他歸去愁無那〔45〕。牙兒嗑，影兒那〔46〕，心兒閣，向人天結下這姻緣大。〔貼〕這生我常見他來。〔小旦〕你不知，和我國裏相近，淳于生名棼的便是。〔合〕**大槐邊宋玉舊東家**〔47〕，**做了羅浮夢斷梅花臥**〔48〕。我們歸去來。

【尾聲】這一座會經堂高過似綵樓〔49〕多，是個人兒都不著科〔50〕。瑤芳，瑤芳，我和你選這個人兒剛則可。

似蟻人中不可尋，觀音講下遇知音。

有意栽花花不發，無心插柳柳成陰。

校 注

〔1〕燈——佛教以為燈能指明破暗，因用以喻佛法。晉·習鑿齒《與釋道安書》：

「若慶雲東徂，摩尼回曜，一蹋七寶之座，暫現明哲之燈。」

〔2〕貫所能——猶謂「能所合一」，為法相宗經典常見語；意謂主觀與客觀合一。所，指客觀；能，指主觀。法相宗，中國佛教主要宗派之一。唐代玄奘及其弟子窺基繼承古印度瑜伽行派學說所創立。

〔3〕參承多臘（là）——意謂參見侍候多年。臘，佛教戒律規定比丘受戒後每年夏季三個月安居一處，修習教義，稱一臘。亦特指僧侶受戒後的歲數或泛指年齡。

〔4〕者——語助詞，這裏有命令、分付的口氣。

〔5〕卻——語助詞，用於動詞之後。「賽卻」，猶云「比得」。唐·皮日休《李處士郊居》詩：「滿引紅螺詩一首，劉楨失卻病心情。」

〔6〕須彌——原為古印度神話中的山名，後為佛教所採用，指一個小世界的中心。山頂為帝釋天所居，山腰為四天王所居。四周有七山八海、四大部洲。唐·段成式《酉陽雜俎·天咫》：「釋氏書言，須彌山南面有閻扶樹，月過，樹影入月中。」

〔7〕「渾空」句——事見《高僧傳》：「隱峰……元和中言遊五臺山，路出淮西，屬吳元濟阻兵，遂拒王命。官軍與賊遇，交鋒未決勝負，峰曰：『我去解其殺戮。』乃擲錫空中，飛身冉冉隨去，介兩軍陣過。戰士各觀僧飛騰，不覺抽戈匣刃焉。」

〔8〕巴鼻——來由，根據。宋·陳師道《後山詩話》：「熙寧初有人自常調上書，迎合宰相意，遂丞御史。蘇長公戲之曰：『有甚意頭求富貴，沒些巴鼻便姦邪。』」

〔9〕兔角龜毛——兔長角，龜生毛。本指戰爭的徵兆。後比喻不可能存在或有名無實的東西。晉·干寶《搜神記》卷六：「商紂之時，大龜生毛，兔生角。兵甲將興之象也。」《楞嚴經》卷一：「無則同於龜毛兔角，云何不著？」

〔10〕千聖、萬機——千聖，謂諸佛菩薩；萬機，指當政者處理的各種重要事務，此喻國王。

〔11〕十方之法界——十法界，佛教術語，將佛和眾生分為十大類：佛、菩薩、緣覺、聲聞、天、人、阿修羅、畜生、餓鬼、地獄。其中佛、菩薩、緣覺、聲聞是四聖法界，乃聖者之悟界；天、人、阿修羅、畜生、餓鬼、地獄是六凡法界，為凡夫之迷界，亦即六道輪迴的世界。

〔12〕四大之神州——亦稱四大部洲或四大洲。古印度傳說，謂須彌山四方鹹海中有四大洲，為人類居住的地區。其說為佛教所採用，傳來中國後，通稱為東勝神洲、百牛賀洲、南瞻部洲、北俱蘆洲。

〔13〕爇（ruò）——燒，焚燒。《淮南子·兵略訓》：「毋爇五穀，毋焚積聚。」

〔14〕乘槎（chá）獨坐到河濱——意謂乘坐竹、木筏到達天河。晉·張華《博物志》：「舊說云：天河與海通。近世有人居海渚者，年年八月有浮槎，去來不失期。人有奇志，立飛閣於槎上，多齎糧，乘槎而去……去十餘日奄至一處，

有城廓狀，屋舍甚嚴，遙望宮中多織婦，見一丈夫牽牛渚次飲之。牽牛人乃驚問曰：『何由至此？』此人見說來意，並問是何處。答曰：『君還至蜀郡，訪嚴君平則知之。』竟不上岸，因還如期。後至蜀問君平，曰：『某年月日，有客星犯牽牛宿。』計年月，正是此人到天河時也。」《荊楚歲時記》引此事，謂到天河者即張騫。《拾遺記》、《太平御覽》、《癸辛雜識》、《天中記》俱記有類似故事。

〔15〕如何空即是色——空，佛教語。謂萬物從因緣生，沒有固定，虛幻不實。色，佛教語，指一切可以感知的形質。《金剛經・大乘正宗分》：「若有色，若無色。」《心經》：「色不異空，空不異色。色即是空，空即是色。」此句下首座、老僧、淳于棼參禪問答之語，都機鋒相對，意在言外，不著邊際，只可意會，難以捉摸。

〔16〕末下——「末」字疑有誤。本齣開頭云「雜扮首座」，此云「末下」，「末」、「雜」二字應有一誤。

〔17〕「綠蓑衣」二句——化用唐・皮日休《奉和魯望新夏東郊閒泛》詩：「碧莎裳下攜詩草，黃篾樓中掛酒篘。」黃篾（miè）樓，黃篾舫與樓船的合稱，後泛指有樓的客船。明・楊基《和謝雪坡錢塘見寄》：「黃篾樓高春夢破，綠羅衣薄暮寒生。」酒篘（chōu），古人濾酒用的專門工具，爲竹製的筐型物品。

〔18〕瀾番個——瀾番，亦作瀾翻，水勢翻騰貌，比喻言辭滔滔不絕。唐・韓愈《記夢》詩：「挈攜陬維口瀾翻，百二十刻須臾間。」個，估量某種光景之辭，等於「價」或「家」。

〔19〕根本煩惱——佛教指「貪」、「瞋」、「癡」、「慢」、「疑」、「惡見」六大煩惱，爲一切諸煩惱生起之本，故名。詳《唯識論》、《百法論》等書。此爲淳于棼與契玄禪師參禪問答之語。契玄禪師的回答，故意避開禪理而暗合天機，預示了淳于棼即將「尙主」、「拜郡」、「情盡」的前途命運。

〔20〕隨緣煩惱——即隨煩惱，指「忿」、「恨」、「覆」等二十煩惱，以根本煩惱爲體，或爲由此流出者，故名「隨煩惱」。

〔21〕喬柯——高枝。

〔22〕踸踔（zhēng cuò）——走路緩慢、搖擺的樣子。

〔23〕《妙法蓮華經》——簡稱《法華經》，後秦鳩摩羅什譯，七卷二十八品，六萬九千餘字，收錄於《大正藏》第9冊。因經中宣講內容至高無上，明示不分貧富貴賤、人人皆可成佛，所以《法華經》也譽爲「經中之王」。《普門品》爲第二十五。以下詩八句，〔梁州序〕兩支，及曲後賓白至「普同發心供養」一段，即根據《普門品》剪裁、改寫而成。

〔24〕醍醐（tí hú）——酥酪上凝聚的油。本是「胡人」的食物。在漢譯佛經中「醍醐」的基本詞義爲「本質」、「精髓」。佛教言醍醐灌頂，即指灌輸智慧，使人

徹底覺悟；亦形容清涼舒適。明·淩濛初《初刻拍案驚奇》卷十一：「王生聞得，滿心歡喜，卻似醍醐，甘露灑心，病體已減去六七分了。」

〔25〕《梁州序》——葉《譜》作《梁州新郎》，是。

〔26〕世界婆娑（suō）——即娑婆世界，佛教語。娑婆，意爲「堪忍」。「娑婆世界」又名「忍土」，係釋迦牟尼所教化的三千大千世界的總稱。唐·窺基《法花經玄贊》二：「乃是三千大千世界，號爲娑婆世界也。」

〔27〕天龍人等——指天龍八部。佛教分諸天、龍、鬼神、人、非人等爲八部，以天、龍二部居首，故曰天龍八部。

〔28〕一剎那——極言時間之短，猶言「一小會」。剎那，梵語音譯。《俱舍論》：「時之極少者，名剎那。」《仁王般若波羅蜜經》卷上：「九十剎那爲一念，一念中一剎那經九百生滅。」那，同「哪」，語助詞，猶云「呵」或「啊」。

〔29〕四眾——佛家語，亦稱「四部眾」，即信仰佛教的比丘、比丘尼、優婆塞、憂婆夷。《梁書·武帝紀下》：「（中大通三年十月）行幸同泰寺，高祖升法座爲四部眾說《大般若涅槃經》。」

〔30〕「應以天人將軍」二句——節自《普門品》原義。

〔31〕道在螻蟻——一語出《莊子·知北遊》：「東郭子問於莊子曰：『所謂道，惡乎在？』莊子曰：『無所不在。』東郭子曰：『期而後可。』莊子曰：『在螻蟻。』曰：『何其下邪？』門：『在稊稗。』」

〔32〕摩訶（ma hē）——猶云「大」。《翻譯名義集》：「摩訶那缽，此云大勢至。」《西遊記》第七八回：「釋門慈憫古來多，正善成功說摩訶。」

〔33〕瓔珞（yīng luò）——即纓絡，貫串珠玉而成的裝飾品，多用爲頸飾。《妙法蓮華經·普門品》：「即解頸眾寶珠瓔珞，價值百千兩而以與之。」宋·蘇軾《玉盤盂》詩：「兩寺妝成寶瓔珞，一支爭看玉盤盂。」

〔34〕「待把寶珠」二句——婆竭羅龍王女，年始八歲，深入禪定，了達諸法。爾時龍女有一寶珠，價值三千大千世界，持以上佛。當時眾會，皆見龍女變成男子，成等正覺。見《妙法蓮華經·提婆達多品》第十二。

〔35〕靈犀舊恨——指上齣淳于棼與瓊英偶見相悅而未及深談事。靈犀，舊說犀角中有白紋如線直通兩頭，感應靈敏，因用以比喻兩心相通。唐·李商隱《無題》詩：「身無彩鳳雙飛翼，心有靈犀一點通。」

〔36〕小鳳新愁——指瑤芳公主爲擇夫婿引起的愁思。小鳳，小鳳凰。這裏用來比喻美貌的瑤芳公主。

〔37〕無色天——即無色界天。佛教語，即所謂極樂世界。清·薛福成《庸盦筆記·幽怪一·江南某生神遊兜率天宮》：「夫佛家之說，有肉界天，有色界天，有無色界天，若佛家所謂極樂世界者。」這裏實借指講經道場。

〔38〕蟻子轉身、女子轉身——蟻子、女子，臨川方言，同腔同調。轉身，臨川方言

為「回頭」之意，「打轉身」即「打回頭」。

〔39〕大千界——佛教名詞。「三千大千世界」的簡稱。佛教的宇宙觀認為，以須彌山為中心的七山、八海、四洲，再加上日月，就構成了一個世界。一千個這樣的世界，就稱為一小千世界；合一千個小千世界即為一中千世界；合一千個中千世界就稱為大千世界。因為一大千世界包含了大、中、小三種千世界，所以又稱為三千大千世界。如此構成的一個三千大千世界，是一個佛陀教化的國土。

〔40〕不二門——佛家語。「不二法門」的簡稱。在佛教中，對事物認識的規範，稱之為法；修有得道的聖人都是這裏證悟的，又稱之為門。佛教有八萬四千法門，不二法門是最高境界。

〔41〕前日——《偶見》齣謂僉名之後，即往聽經；而此處又云「前日」；前後不相應。

〔42〕輕可——即「輕」，輕易。引申之，有隨便、等閒、尋常、不在乎等義。可，語助詞，無義。

〔43〕金鈿盒——唐·陳鴻《長恨歌傳》：「定情之夕，授金釵鈿盒以固之。」這裏謂訂婚約之意。金釵，婦女插於髮髻的金製首飾，由兩股合成。

〔44〕有情流水為誰彈——意謂知音難遇。《呂氏春秋·孝行覽》：「伯牙鼓琴，鍾子期聽之。方鼓琴，而志在泰山。鍾子期曰：『善哉乎鼓琴，巍巍乎若泰山！』少選之間，而志在流水，鍾子期又曰：『善哉乎鼓琴，湯湯乎若流水！』鍾子期死，伯牙破琴絕弦，終身不復鼓琴，以為世無足復為鼓琴者。」後以「高山流水」比喻知音相賞或知音難遇之典。

〔45〕那——猶云「奈」，「奈何」之省文。

〔46〕那——同「挪」，移動。

〔47〕「大槐」句——意謂淳于棼是大槐的東家。宋玉舊東家，指戰國楚·宋玉《登徒子好色賦》中所描寫的東鄰美女。明·葉憲祖《鸞鎞記》二七〔梁州序〕：「若論名傾南國，貌壓東家，絕豔真無比。」

〔48〕「羅浮夢」句——羅浮，山名，在廣東。史學家司馬遷把羅浮山比作「粵嶽」，所以羅浮山素有「嶺南第一山」之美稱。《全唐詩》卷492、殷堯藩《送劉禹錫侍御出刺連州》詩：「梅花清入羅浮夢，荔枝紅分廣海程。」傳說隋開皇中，趙師雄於羅浮山遇一女郎。與之語，則芳香襲人，語言清麗，遂相飲競醉，及覺，方在大梅樹下。事見舊題唐·柳宗元《龍城錄》。這裏借指淳于棼迷戀於瑤芳。

〔49〕綵樓——用彩色綢帛結紮的棚架。一般用於祝賀節日盛典喜慶之事；綵樓擇婿，則屢見於戲劇。明·沈受先《三元記》三一〔八聲甘州〕白：「你可分付值日匠人，搭起綵樓，請小姐上樓看，迎狀元，你可將絲鞭遞與他。」明·張大復《寒山曲譜》引宋元戲文《韓壽·漁燈雁》：「負盟辜誓言相誑，今又

在綵樓上擇婿郎。」

〔50〕是個人兒都不著科——意謂個個人都不合國母確定的擇婿規制。是個，猶云
　　「個個」，與「處處」作「是處」，「人人」作「是人」同例。著，猶云中。科，
　　規制，規格。不著科，即不中式之意。宋・曾鞏《奉議郎景思誼授東上閣門
　　使鄜延第一副將制》：「介上閣之使名，貳連營之將領，茲爲獎拔，蓋非常科。」

第九齣　決　婿

【西江月〔1〕前】〔老引衆上〕螻蟻也知春色，宮槐夜合朝開〔2〕。
生香一掬〔3〕女嬌孩，少甚王孫帝子。

　　白家蟻王娘娘是也。爲遣侄女瓊英，參禪聽講，方便之中，因爲公主瑤
　　芳選取駙馬。蚤晚到來，宮娥伺候。〔宮娥應介〕

【西江月後】〔貼上〕郎客青袍駿馬，女兒窄袖弓鞋〔4〕。他牛未卜
此生諧〔5〕，還則要宮闈聽採〔6〕。

　　〔見叩頭介〕啓娘娘：郡主瓊英復命。〔老〕講座之中，可得其人？〔貼〕
　　有一偉秀人才，姓淳于，名棼；是這廣陵人氏。同在講筵，我和上眞子
　　於講下獻上公主的犀盒、金釵，此生顧盼有餘，賞歎不足〔7〕。他既垂
　　情於咱，咱堪留目於他。若婿此人，堪持咱國。

【黃鶯兒】天竺見他來，順稍兒到講臺，眉來語去情兒在。睞他外
才，瞟他內才，風流一種生來帶。娘娘，你道此人住居那裏？〔合〕暢奇
哉〔8〕！槐陰不遠，連理就中開〔9〕。

【前腔】〔老〕天與巧安排，逗多情看寶釵，向燒香院宇把人兒賽。
貪他俊才，賠他個女才，這姻緣一種前生債。〔合前〕

【尾聲】便奏知國王如意好宣差，差的紫衣使者去相迎待，待他睡
夢了呵，少不得做駙馬吾家居上宰。

選郎須得有情人，誰似淳于好色身。

欲附玄駒〔10〕爲貴婿，始知騏驥在東鄰〔11〕。

校 注

〔1〕西江月——「月」原誤作「引」，據葉《譜》改。下半曲同。

〔2〕宮槐夜合朝開——意謂槐樹的樹葉夜晚閉合早晨展開。宮槐，槐樹。據《周
禮》，周代宮廷植三槐，三公位焉，故後世皇宮中多栽植。南朝梁元帝《漏刻
銘》：「宮槐晚合，月掛宵暉。」《爾雅·釋木》：「守宮槐葉，晝聶宵炕。」郭
璞注：「槐葉晝日聶合而夜炕布者，名爲守宮槐。」正與「夜合朝開」相反。

〔3〕一搦（nuò）——謂一握、一把；形容美人腰身之纖細，只容一搦也。唐·李百
藥《少年行》詩：「千金笑裏面，一搦掌中腰。」搦，量詞，意爲「把」、「握」。

〔4〕窄袖弓鞋——窄袖，衣袖的一種式樣。唐代長衫（上衣）的款式變化多樣，袖
子可寬可窄，初唐盛唐時流行窄袖，唐·張泌《江城子》詞：「窄羅衫子薄羅裙，
小腰身，晚妝新。」唐·白居易《柘枝詞》：「繡帽珠稠綴，香衫窄袖裁。」而
舞衣則流行寬袖，白居易《繚綾》詩：「廣裁衫袖長製裙，金斗熨波刀剪紋。」
弓鞋，指的是舊日纏足的女子所穿的鞋子，形似翹首的鳥頭，鞋底爲木質，彎
曲如弓，故稱。明末清初彭孫遹《浣溪沙·踏青》詞：「翠浪生紋漲曲池，春深
閨閣弄妝遲。弓鞋羅襪踏青時。」

〔5〕他生未卜此生諧——唐·李商隱《馬嵬》詩：「海外徒聞更九州，他生未卜此生
休。」這裏反用其意。諧，合諧。

〔6〕聽採——聽從並採用。

〔7〕「顧盼有餘」二句——謂觀看了很久，讚賞感歎不盡。餘，長久。《老子》：「修
之身，其德乃眞；修之家，其德乃餘；修之鄉，其德乃長。」足，窮盡。《三國
志平話》卷上：「（漢光武皇帝）至園內，花木奇異，觀之不足。」

〔8〕暢奇哉——眞奇啊！暢，副詞，表示程度。相當於「甚」、「極」、「眞」。金·董
解元《西廂記諸宮調》卷七〔揭缽子〕：「青衫忒離俗，裁得暢可體。」

〔9〕連理就中開——意謂連理花就要在槐陰院開放。連理，指連理花，即並蒂花。
喻恩愛夫妻。金·董解元《西廂記諸宮調》卷七〔揭缽子〕：「繡著合歡連理花，
雉子兒交頸舞。」

〔10〕玄駒——亦作「玄蚼」。蟻的別名。《方言》第十一：「蚍蜉，齊魯之間謂之蚼
蟓，西南梁益之間謂之玄蚼，燕謂之蛾蛘。」《大戴禮記·夏小正》：「玄駒賁。
玄駒也者，螘也。賁者何也，走於地中也。」晉·崔豹《古今注·問答釋義》：
「牛亨問曰：『蟻名玄駒者何也？』答曰：『河內人並河而見人馬數千萬，皆如
黍米，遊動往來，從旦至暮，家人以火燒之，人皆是蚊蚋，馬皆是大蟻，故今
人呼蚊蚋曰黍民，名蟻曰玄駒也。』」清·王夫之《螳鬥賦》：「玄蚼觸氣，載
戰於庭。」

〔11〕東鄰——即東床。用晉王羲之坦腹東床典。詳見第五齣注〔35〕。

第十齣　就　徵

【駐雲飛】〔生作懶態上〕伶俐癡呆，萬事難消一字乖〔1〕。有的是年華大，沒的是心情奈〔2〕。咳！獨自倚庭槐。把日遮天矮，聽他唧嚼嘮叨，絮的我無聊賴〔3〕。死向揚州不醉哈〔4〕？記得誰家金鳳釵〔5〕。

我淳于棼，人才木領，不讓於人〔6〕。到今三十前後，名不成，婚不就，家徒四壁〔7〕，守著這一株槐樹，冷冷清清，淹淹悶悶。想人生如此，不如死休！前在孝感寺，聽了禪師講經回來，一發無情無緒。我可甚打起頭腦來〔8〕？止有一醉而已。古人說的好：事大如山醉亦休。罷了，獨言獨語，撇下了山鷓兒，我盡意街坊遊去，但有高酒店鋪，顛倒〔9〕沉醉一番。正是：不消阮籍窮途哭〔10〕，但學劉伶死便埋〔11〕。〔下、山鷓上〕好笑，好笑，沒煩惱，趁〔12〕煩惱。我東人百般武藝，做了個准揚裨將，使酒去了這官，鬱鬱不樂。那酒友周弁、田子華，又散歸六合去了。不禁蕭索，請的個溜二、沙三陪話解悶罷了。被那溜二、沙三勸我東人去孝感寺聽講甚麼經，自那聽經回來，一發癡了。不是醉，便是睡，沒張沒致〔13〕的。恰纏我溪邊檀樹下歌書來，不知東人就往那裏去了？怕他鬼迷一般，或是醉倒在街坊不雅相〔14〕。待去尋他，又無人看家，怎生是好？〔望介〕好了，好了，溜二、沙三官正來哩。〔溜、沙上〕酒見酒，好朋友。酒見茶，是冤家〔15〕。山鷓哥，主人在麼？〔丑〕正來央你二位看家，我尋主人去。〔溜、沙〕恰好，恰好，你迎接主人去。持將可憐意，看取眼前人〔16〕。〔下〕

【前腔】〔丑一手提酒壺，肩扶生醉上、丑〕落托摩陀〔17〕，爛醉如泥可奈何？你嗒〔18〕的喉兒挫，俺閃的肩兒那。〔內笑介〕好醉也！〔丑〕哥，醒眼看人多。恁般低垛〔19〕，半落殘尊，又帶去回家嗑。萬事無過一醉魔，萬醉無過打睡魔。

〔溜、沙上〕哎喲，這是怎的來？〔丑〕好笑，好笑，再尋不見，可憐醉倒在禪智橋邊酒樓上。扶的下樓，又捨不的這半瓶酒，可為甚來？東人，到家了，醒悤些。

【前腔】〔生〕這幾日迷癡，〔做跌介〕眼似瞪瞪〔20〕腳似槌。有個青兒背，少個紅兒睡。〔沙叫介〕淳于兄，你何處來，醉的不尋常〔21〕

也。〔生作不知介〕誰？道俺去何來？尋常〔22〕沽醉。醉影柴門，亂踏的斜陽碎，老向霜紅葉上催。

〔吐介、溜沙〕哎也！一肚子都倒在我兩人腿腳上，好酒，好酒。山鷓哥，快取茶來。

【前腔】你泛濫流瓊，倒玉山〔23〕因一盞傾。待把你衣冠正，你好把蹺兒定。〔取茶進介〕兒，靠著小圍屏，一杯清茗。消灑西風，醒後留清興，和你待月乘涼看小螢。

〔生倦介〕扶俺東廡下睡去。那瓶酒好放著。〔丑〕東人，你醉的這般，還記的這瓶酒。

【前腔】好不惺憁〔24〕，似太白驢馱壓繡驄〔25〕。醉的那軀勞〔26〕重，枕席無人奉。〔生〕空，江冷玉芙蓉，水天秋弄，門院蕭條，做不出繁華夢。〔扶睡介〕只落得枕上涼蟬訴晚風。

〔丑〕再煎茶去。〔溜、沙〕我們洗腳去，隨他睡覺。這是人家堂上堪飲酒，自家房裏好安眠。〔下、扮二黑巾紫衣，眾引牛車上〕爲築王姬館，叨乘〔27〕使者車。俺兩人，大槐安國使者便是。奉國王命，召請淳于公爲駙馬。他正睡在東廊，直入則個。〔叫〕淳于公。〔生驚醒介〕是誰？〔紫衣跪介〕

【鎖南枝】槐安國，王者都，吾王遣臣來奉書。〔生〕因何而來？〔紫〕主命有些須，微臣敢輕露！〔生〕睡得正甜。〔紫扶生起介〕請下榻，俺紅袖扶。俺那裏有東床，坦君腹。

【前腔】〔生〕從空下，甚意兒？正秋窗風翦槐葉初，一枕黑甜餘，雙星使〔28〕臨戶。咱朦朧醒，申欠舒。整衣行，懶移步。〔車牛上介〕

【前腔】〔紫〕有青油障〔29〕，小壁車〔30〕，駕車白牛當步趨。〔紫請生上車介〕左右有人俱，扶君出門去。〔生〕向那裏去？〔紫〕向古槐樹穴下而去。〔生〕怎生去得？〔紫〕古槐穴，國所居。若遲疑，請前驅。〔一紫衣先下、生問一紫衣介〕槐樹小穴中，何因得有國都乎？〔紫〕淳于公，不記漢朝有個竇廣國？他國土廣大，也只在竇兒裏。又有個孔安國，他

國土安頓，也只在孔兒裏〔31〕。怎生槐穴中沒有國土？**古槐穴，國所居。莫遲疑，但前去。**〔下〕

〔右相上〕秋光漏槐葉，春色候桃天。自家槐安國右相武成侯段功便是。吾王傳令，請東平淳于生爲駙馬。請到時，東華館中少待，俺相見過，次後朝見。只駙馬初到此中，精神恍惚，恐其不安。他平日有個酒友周弁，有個文友田子華，已奏過吾王，攝取他來，將周弁補司隸之官，領軍吏數百，巡衛宮殿，請田子華替他賓館中更衣贊禮。這不在話下。又國母懿旨：著上眞姑和靈芝夫人、瓊英郡主，同去賓館中探望駙馬，調熟其心，方纔請去脩儀宮，與金枝公主成禮。我如今且待駙馬到東華館，拜望去。正是：仙郎高館下，丞相小車來。〔下、前二紫衣同生車上介〕

【前腔】〔生〕**車箱路，占穴隅，豁然見山川風候殊。**〔低語介〕怎生有這一段所在？**不斷的起城郭**〔32〕，**車輿和人物。**奇怪，奇怪，一路來但是見我的，都迴避起立，何也？**附車者，儘傳呼。**爲甚呵，**著行人。多避路？**

〔紫跪介〕已到國門。〔生〕好一座大城！城上重樓朱戶，中間金牌四個字，〔念介〕大槐安國。〔內扮一旗卒上〕傳令旨，傳令旨：王以貴客遠臨，令且就東華館暫停車駕。〔卒叩頭走起同向前道行介、生〕城樓門東有這座下馬牌。怎左邊廂朱門洞開？〔紫〕到東華館了，請下車。〔生下車入門背笑介〕這東華館內，彩檻雕楹，華木珍果，列植於庭下；几案茵蓐，簾幃肴膳，陳設於庭上。俺心裏好不歡悅也！〔內響道〔33〕介、紫〕右相到。〔右相見介〕寡君不以敝國遠僻，奉迎君子，託以姻親。〔生〕棼以賤劣之軀，豈敢是望！〔右〕有紫衣官在此演禮，五鼓漏盡〔34〕，相引入朝。

且就東華館，通宵習禮儀。

雞鳴傳漏曉，駙馬入朝時。

校　注

〔1〕萬事難消一字乖——謂許多事都難以躲開一個「乖」字。意即萬事不順。乖，

不順利、不如意。宋・蘇軾《又送鄭戶曹》詩：「樓成君已去，人事固多乖。」

〔2〕奈——猶云「耐」。

〔3〕「聽他」二句——謂淳于棼自聽瓊英她們反覆講說瑤芳的事後，膩煩得非常無聊。唧嚼，尖聲說話。《兒女英雄傳》第三二回：「一個濃眉大眼黑不溜秋的小旦唧嚼了半天，下去了不大的功夫，卸了妝，也上了那間樓。」嘮叨，謂說話囉嗦、不簡潔。《紅樓夢》第五五回：「李紈急得只管勸，趙姨娘只管還嘮叨。」絮，絮絮叨叨，使人膩煩。聊賴，謂寄託、依賴；多指精神上的寄託和生活上的憑藉。

〔4〕哈（hāi）——助詞，中國元、明兩代戲曲中的和聲用字，起加強樂曲節奏的作用。第十五齣《侍獵》〔越恁好〕迭用「哈哈」，義同。

〔5〕誰家——猶云「什麼」。宋・張炎《臺城路・抵吳書寄舊友》詞：「雁拂沙黃，天垂海白，野艇誰家分曉？」

〔6〕不讓於人——不比別人遜色。讓，遜色，不及。

〔7〕家徒四壁——形容家中貧窮，一無所有。《史記・司馬相如列傳》：「文君夜亡奔相如，相如乃與馳歸成都。家居徒四壁立。」

〔8〕打起頭腦——猶言想起舊事。頭腦，指思考、記憶等能力。《水滸傳》第六回：「我遁迹多年，未嘗下山，並不見一人，那裏有甚麼虎峪寨，殺甚馮指揮？好沒頭腦！」

〔9〕顛倒——意爲索性。言索性醉一番也。

〔10〕阮籍窮途哭——三國魏名士阮籍感時鬱悶，常駕車獨遊，逢絕路則痛哭而返。後常用於悲歎遭受挫折、陷於困境。《三國志・魏書・王粲傳》附《阮籍傳》注引《魏氏春秋》：「時率意獨駕，不由徑路，車迹所窮，輒慟哭而反。」唐・元稹《飲致用神曲酒三十韻》詩：「每恥窮途哭，今那客淚零。」唐・鄭谷《遷客》詩：「虞翻歸有日，莫便哭窮途。」

〔11〕劉伶死便埋——劉伶，字伯倫，晉沛國名士，竹林七賢之一，與阮籍、嵇康友善，仕晉爲建威參軍。放達不羈，嗜酒，常乘鹿車，攜一壺酒，使人荷鍤相隨，言「死便埋我」。著有《酒德頌》。《晉書》有傳。後世常以劉伶爲不拘禮法、縱情飲酒、逃避現實的典型。唐・李賀《將進酒》：「勸君終日酩酊醉，酒不到劉伶墳上土。」唐・韋莊《雲散》：「劉伶避世唯沉醉，寧戚傷時亦浩歌。」

〔12〕趁——動詞，有「趕」、「逐」等義，引申可作「尋求」、「尋覓」解。唐・李商隱《樂遊原》詩：「羲和自趁虞泉宿，不放斜陽更向東。」

〔13〕沒張沒致——意謂沒模沒樣，不成體統。張致，模樣，神氣。《紅樓夢》第七八回：「金桂見婆婆如此說越發得了意，更裝有些張致來，不理薛蟠。」

〔14〕雅相——猶體面、好看、雅觀，與鄙俗相對而言。元・無名氏《神奴兒》三〔迎仙客〕白：「請起來，外人看著不雅相。」

〔15〕酒見酒，好朋友。酒見茶，是冤家——此爲臨川俗諺。

〔16〕「持將可憐意」二句——元‧王實甫《西廂記》四本三折〔四邊靜〕白：「還將舊來意，憐取眼前人。」這裏化用其意。

〔17〕落托摩陀——放浪不羈逍遙自在地消遣。摩陀，亦作磨陀，逍遙自在。元‧關漢卿《魯齋郎》四〔梅花酒〕：「我這裏自磨陀，飲香醪，醉顏酡。」

〔18〕噇（chuáng）的喉兒挫——意謂吃酒過量使喉音低抑。噇，沒節制地吃喝。挫，語音低抑不揚貌。元‧鄭廷玉《後庭花》一〔油葫蘆〕：「我只道噇酒吃肉央的人困。」

〔19〕低垜——蓋謂氣派不大。指下句「半落殘尊，又帶去回家嗑」的行爲。

〔20〕矒瞪（mèng dèng）——也作懵騰，言神志模糊，借喻半睡半醒、半醉半醒的樣子。唐‧韓偓《馬上見》詩：「去帶懵騰醉，歸成困頓眠。」

〔21〕不尋常——不一般。尋常，平常，一般。

〔22〕尋常——猶常常、每每、往往。湯顯祖《牡丹亭》儿〔一江風〕四：「春香呌，你尋常到講堂，時常向瑣窗，怕燕泥香點過在琴書上。」

〔23〕倒玉山——亦作玉山倒。嵇康字叔夜，爲三國魏之名士，嗜酒，風度不凡，友人山濤稱，他喝醉傾頹的樣子像玉山將崩塌。玉山，喻品德儀容之美。《世說新語‧容止》：「嵇叔夜之爲人也，岩岩若孤松之獨立；其醉也，傀俄若玉山之將崩。」後因以「玉山倒」形容人醉酒欲倒之態。唐‧裴翛然《夜醉臥街》詩：「金吾如借問，但道玉山頹。」

〔24〕惺憁（sōng）——猶清醒、警覺。這裏引申爲節制的意思。《二刻拍案驚奇》卷三：「他是個做經紀的人，常是提心弔膽的，睡也睡得惺憁，口不作聲嘿嘿靜聽。」

〔25〕「似太白」句——意謂像驢、馬一樣背著淳于棼。太白，即唐詩人李白。宋‧劉斧《青瑣高議後集》卷二載：李白嘗乘醉跨驢過華陽縣門，爲宰所辱，白供狀有：「天子門前，尚容吾走馬，華陰縣裏，不許我騎驢。」這裏借李白指淳于棼，借驢、驄自指。

〔26〕軀勞——亦作軀老。宋元俗語，猶言身體。「勞」字當是「老」之借字；「老」，語助，無義。元‧高安道《哨遍‧嗓淡行院》套曲：「登踏判軀老瘦，調隊子全無些骨巧。」元‧宋方壺《一枝花‧蚊蟲》套曲：「不想瘦軀老人根前逞精細。」

〔27〕叨乘——猶言乘坐。叨，猶忝。表示承受之意，用作謙詞。

〔28〕雙星使——使者。雙星，指牽牛、織女二星。神話中傳說是一對恩愛的夫妻。每年七月七日喜鵲搭橋，讓他們渡過銀河相見。唐‧杜甫《奉酬薛十二丈判官見贈》詩：「相如才調逸，銀河會雙星。」

〔29〕青油障——用清油漆過的障泥。清油，又叫梓油。由烏桕樹種仁所得的乾性

油，用於油漆等。障泥，垂於馬腹兩側，用於遮擋塵土的東西。

〔30〕壁車——即油壁車。古人乘坐的一種車子。因車壁用油漆飾，故名。《南齊書·鄱陽王鏘傳》：「制局監謝粲說鏘及隨王子隆曰：『殿下但乘油壁車入宮，出天子置朝堂。』」金·元好問《芳華怨》詩：「小小油壁車，軋軋出車花。」亦稱「油壁」。唐·李商隱《木蘭詩》：「紫絲何日障，油壁幾時車。」

〔31〕「不記漢朝」六句——均為打諢語，故將人名作國名。二人事迹見《漢書·外戚傳第六十七上》、《漢書·儒林傳第五十八》。

〔32〕城郛（fú）——城郭；城牆。郛，外城。《左傳·隱公五年》：「鄭人以王師會之，伐宋，入其郛。」杜預注：「郛，郭也。」《新唐書·竇群傳》：「會水壞城郛，調谿洞群蠻築作，因是群蠻亂，貶開州刺史。」

〔33〕響道——猶「喝道」。古時大官出行，有前導鳴鑼開道。

〔34〕五鼓漏盡——謂天將曉。五鼓，猶言第五鼓或第五更。《晉書·良吏傳·鄧攸》：「紞如打五鼓，雞鳴天欲曙。」漏盡，指漏壺中的刻漏已盡。漢·蔡邕《獨斷》卷下：「夜漏盡，鼓鳴則起。」

第十一齣　引　謁

【點絳唇】〔周弁領直殿同黃門官上〕古洞今朝，一般籠罩，山河小。鐘隱鳴稍〔1〕，綠滿宮槐道。

　　請了。綠槐根裏侍朝班，一點朱衣劍佩環。盡道官除漢司隸，此間那得似人間。自家周弁是也。平生好酒使氣，今日大槐安國中作一司隸之官，統領軍吏數百，擁衛殿門。有故人淳于棼，新招駙馬，初到朝見，不免和黃門官〔2〕在此候駕。

【前腔】〔蟻王插花引眾上〕素錦雪袍，朱華玉導〔3〕，紅雲曉。槐殿裏根苗〔4〕，也引的紅鸞〔5〕到。

　　朱華一粒戴鼇魚〔6〕，洞府深深小殿居。開著五門遙北望，外頭還似此間無？自家槐安國王，有女金枝公主，去請淳于棼為駙馬，想已到來，不免升殿宣見。〔黃門跪介〕奏知我王，駙馬已到。〔王〕著右丞相引他升殿。〔黃門應介〕領旨。

【絳都春序】〔生隨右相上、生〕槐陰洞小，怎千門萬戶，九市三條〔7〕？猛然百步把朱門到，段老先生呵，怎生金殿上爐煙繞？〔右〕

是吾王端嚴容貌。看殿頭左右，金瓜玉斧〔8〕，明晃一週遭。

【前腔】〔生怕介〕猛然心跳，便衣衫造次〔9〕穿朝。〔周弁見介〕駙馬行動些〔10〕，殿上等久。〔生〕呀！怎生將駙馬來相叫？〔低語介〕喜得周弁也在此。向前欲問難親靠。〔右〕駙馬近前，一同拜舞。丹墀下揚塵舞蹈。〔生同俯伏介、右〕微臣奏復，天顏有喜，駙馬來朝。

〔黃〕右丞相起，駙馬高聲致詞。〔右相叩頭呼千歲起立介、生跪高聲奏介〕前淮南軍裨將臣東平淳于棼見。〔黃門贊拜興拜興三叩頭介、黃〕駙馬俯伏聽令旨。〔王〕寡人有女瑤芳，封為金枝公主，前奉賢婿令尊之命，不棄小國，許以金枝，奉事君子。〔生俯伏介〕千歲，千歲。〔王〕駙馬且就賓館。〔黃門官唱駕還宮，內鼓響道，王還宮，生、右跪送介〕殿上初行叔孫禮〔11〕，宮裏縈成公主親。〔下〕

校　注

〔1〕鳴稍——謂揮鞭稍作響，使人肅靜。皇帝視朝、宴會等用之。稍，同「梢」。明·高明《琵琶記》十六〔點絳唇〕：「月淡星稀，建章宮裏千門曉。御爐煙嫋，隱隱鳴梢杳。」鳴梢，即「鳴鞭」，亦稱「靜鞭」；古代皇帝儀仗之一種。梢，本應作「鞘」。唐·李白《行行且遊獵篇》：「金鞭拂雪揮鳴鞘，半酣呼鷹出遠郊。」王琦注引《廣韻》：「鞘，鞭鞘也。」

〔2〕黃門官——指宦官。漢代給事內廷有黃門令、中黃門諸官，皆以宦者充任，故稱。

〔3〕朱華玉導——意謂戴著朱華冠，繫著玉導。玉導，冠飾名，冠簪之屬；用以引髮入冠幘之內。《晉書·桓玄傳》：「益州督護馮遷抽刀而前，玄拔頭上玉導與之。」《舊唐書·輿服志》：「（天子）若未加元服，則雙童髻，空頂，黑介幘，雙玉導，加寶飾。」

〔4〕根苗——指金枝公主，不作「根由」解。

〔5〕紅鸞——舊時星相家所說的吉星，主人間婚姻喜事。元·關漢卿《竇娥冤》二、白：「孩兒，你可曾算我兩個的八字，紅鸞天喜幾時到命哩？」

〔6〕朱華一粒戴鼇魚——意謂蟻冠上戴一粒猶鼇魚頭上戴一座山。謂蟻力之大。《太平御覽》卷九四七引《符子》：「東海有鼇焉，冠蓬萊而浮游於滄海……群蟻曰：『彼之冠山，何異我之戴粒，逍遙封壤之巔，伏乎窟穴也。』」唐·李德裕《李文饒文集·蚍蜉賦》：「戴粒而遊，若巨鼇之冠神嶽。」

〔7〕九市三條——街市縱橫貌。《文選·班固〈西都賦〉》：「披三條之廣路，立十二

之通門。」又云：「九市開場，貨別隧分。」

〔8〕金瓜玉斧——古代兵器，此指儀仗。金瓜，古代衛士所執的一種兵仗，棒端呈瓜形，銅製，金色；後來用做儀仗。玉斧，斧的美稱。元・邢具瞻《導引詞》：「蒼生洗眼秋光裏，今日見天顏。金瓜玉斧沉煙。」

〔9〕造次——倉猝，匆忙。《論語・里仁》：「君子無終食之間違仁，造次必於是，顛沛必於是。」

〔10〕行動些——戲曲中多用爲催促行走的話，猶云「快著點走」。但在小說中，「行動」猶云「動不動」。如《金瓶梅》第七六回：「月娘道：『什麼好成樣的老婆，由他死便死了罷！不知那淫婦他怎麼的，行動管著俺們，你是我婆婆？』」

〔11〕叔孫禮——謂叔孫通所制的禮儀。叔孫，名通，薛人；漢高祖時博士，朝廟禮儀，皆其所定。《史記》有傳。

第十二齣　貳　館

〔聽事官〔1〕上〕出身館伴使〔2〕，新陞堂候官〔3〕。前程螻蟻大，禮數鳳凰寬〔4〕。自家槐安國東華館一個堂候便是。我王新招駙馬見朝，暫停賓館；今夕良時，往脩儀宮與金枝公主成親。你看：一路上擺列金羔銀雁各二十對，鸞鳳錦繡各百二十雙，妓女〔5〕絲竹之音，車騎燈燭之豔，無不齊備。眞個天上牛女，地下螻蟻也。遠望駙馬蚤到。

【上林春】〔生盛服上〕平步忽登天子堂，尚兀自意迷心恍。

俺淳于棼，有何姻緣？得到此間，瞻天仰聖。說及成親一事，承賢婿令尊之命，此話好不蹺蹊。我父昔爲邊將，未知存亡。或是北邊番王，與這槐安國交好，家父往來其間，致成茲事，也未可知。呀！兀的〔6〕三位女客來了。

【出隊子】〔小旦道扮同老旦、貼上〕鳳冠明漾，鳳冠明漾，綵碧金鈿珠翠〔7〕香，煙絲繡帔〔8〕晚風揚。誰在東華屋裏張？呀！恭喜淳于郎到此。〔生羞避介、衆〕卻是淳郎，做了阮郎〔9〕。〔衆旦〕淳于郎。〔生作揖介、小〕淳于郎比前興了些。〔貼〕瘦了些。〔老〕向前摸摸他，是興是瘦〔10〕？〔生作羞避介、小旦〕淳于郎粗中有細。〔貼笑介〕還是細中有粗。〔老〕好一個赤琅璫〔11〕五寸長半鼻子！〔生作不奈煩介、老〕中元之日，俺們禪智寺天竺院看舞《婆羅門》，足下與

瓊英娘子，結水紅汗巾，掛於竹枝之上，君獨不憶念之乎？〔生想歎介、貼〕俺們曾於孝感寺，聽契玄師講《觀音經》。俺於講下供養金釵、犀盒，足下於筵中賞歎再三，顧盼良久，頗亦思念之乎？〔生想介〕中心藏之，何日忘之〔12〕！〔小旦〕不意今日，與此君遂爲眷屬。俺們且去脩儀宮相候。卻是淳郎，做了阮郎。

【前腔】〔田子華冠帶引隊子上〕綵樓賓相，綵樓賓相，不向天台向下方〔13〕。金枝公主字瑤芳，得尙淳于一老郎。他帽兒光光〔14〕，風流這場。

〔見介、田〕駙馬請上，別來無恙。謹奉王命，來爲賓相。〔生〕子非馮翊田子華乎？〔田〕便是。〔生〕子華，何以在此？〔田〕小弟閒遊，受知於右相武成偃段公，因而栖託在此。〔生〕周弁也在此，可知之乎？〔田〕周弁，貴人也，職爲司隸，權勢甚盛，小弟數蒙其庇護矣。〔生笑介〕二人俱聚於此，庶免羈孤之歎，可喜，可喜！〔紫上〕駙馬，吉時進宮成禮。〔田〕不意今日，睹此盛禮，願無相忘〔15〕。便請升車。〔紫衣〔16〕扶生升車介、雜執燈上行介〕

【前腔】〔眾〕步圍金障，步圍金障，彩碧玲瓏數里長，花燈引道照成行。〔生〕子華兄，咱端坐車中意惚恍。〔田笑介〕駙馬享用，禮之當然。且自安詳，何須悒怏〔17〕！〔下〕

【前腔】〔貼眾上、奏樂、戲笑介〕翠羅黃帳，翠羅黃帳，夜合宮槐覆苑牆。偶然同向佛前香，粉帕金釵惹夢長。〔生眾上介、合〕眼色相將，迎歸洞房。

〔生眾作引車避，看眾旦下介、生〕子華兄，那群姑姊妹，各乘鳳輦〔18〕，往來此間。便是仙姬奏樂，宛轉凄清，非人間之所聞聽也。〔田〕吉時將近，便好趲行。

【前腔】〔生〕仙音淒亮，仙音淒亮，來往仙姬輦鳳凰。似洞庭哀響隱瀟湘〔19〕，使我心中感易傷。〔田〕人生如寄，聞樂不樂，何也？休憶人間，相逢未央〔20〕。

前面脩儀宮，請下車。群仙姊妹，紛然在旁，小弟告辭了。正是襄王赴
神女，宋玉轉西家。〔21〕〔下〕

校　注

〔1〕聽事官——聽命做事之官。

〔2〕館伴使——中國古代官職名。古代奉命陪同外族賓客的使臣。宋、遼與宋、金
　　間使臣往來，進入對方轄區時，對方派人相接，稱接伴使；至京師後，另派人
　　相伴，稱館伴使。宋·趙昇《朝野類要·故事》：「蕃使入國門，則差館伴使副，
　　同在驛，趨朝，見辭，遊宴。」

〔3〕堂候官——舊時供高級官員使喚的小吏。亦作堂後官。宋制：宰相有「隨身」
　　七十人，由政府發給衣糧薪俸。「堂候官」就是屬於「隨身」的一種差役。宋·
　　高承《事物紀原·律令刑法部》：「(宋太宗)太平興國九年五月，以將作監丞李
　　元吉、丁佐爲堂後官。京官任堂吏，自此始也。」

〔4〕禮數鳳凰寬——《帝王世紀》謂鳳凰頭上有「順德」二字，背上有「信義」二
　　字，胸前有「仁智」二字；又如《抱朴子》也說它戴仁，纓義，負禮，向智，
　　蹈信。而這些美德，在禮數上都可具體表現出來，所以鳳凰的禮數是很多的。
　　這裏「前程」二句是說堂候官前程雖小似螻蟻，而必須循規蹈矩，禮數比鳳凰
　　還多。

〔5〕妓女——藝妓、舞女。

〔6〕兀的——亦作「兀底」、「兀得」；指示代詞，猶云「這」、「這個」，有時兼表驚
　　異口氣。元·關漢卿《魯齋郎》四、白：「妹子，兀的不是母親。」

〔7〕金鈿珠翠——喻指珠寶首飾。鈿，用金翠珠寶等製成花朵形的首飾；以金鑲嵌
　　謂之金鈿。唐·白居易《長恨歌》：「花鈿委地無人收，翠翹金雀玉搔頭。」

〔8〕煙絲繡帔（pèi）——煙絲，本指細長的楊柳枝條，此處藉以形容華麗的服裝。
　　繡帔，繡花披肩。帔，披肩。《釋名·釋衣服》：「帔，披也，披之肩背，不及下
　　也。」又，舊戲曲服裝，后妃、貴婦著女帔（pī），繡花卉，長僅及膝，色彩豔
　　麗。

〔9〕阮郎——傳說東漢時劉晨、阮肇入天台山採藥，遇仙女挽留成婚，半年歸家，
　　已過人間七世。仙女對二人以劉郎、阮郎相呼。詳見南朝宋劉義慶《幽明錄》。
　　詩文中多藉以詠遊仙遇豔；此處喻指淳于棼與公主成親。唐·盧綸《酬金部王
　　郎中省中春日見寄》：「更有阮郎迷路處，萬株紅樹一溪深。」

〔10〕是興是瘦——「興」與「瘦」對舉，當作「肥」解。因「興」有「盛」義，故
　　　引申爲「豐腴」。

〔11〕赤琅當——謂像鈴鐺一樣的紅鼻子。琅當，比喻鈴狀物。唐·唐彥謙《詠葡

萄》：「滿架高撐紫絡索，一枝斜嚲金琅璫。」

〔12〕「中心藏之」二句——語出《詩·小雅·隰桑》。意謂心中總是懷念，何曾忘記過。

〔13〕不向天台向下方——意謂淳于棼不像劉晨、阮肇那樣去天台山與仙女婚配，卻在槐安國當了駙馬。天台，指劉阮故事；下方，指槐根下的大槐安國。

〔14〕帽兒光光——亦作「帽兒光」、「帽光光」。爲宋元明時代民間贊賀新郎衣帽整潔的諧謔語。元·關漢卿《竇娥冤》一〔寄生草〕白：「帽兒光光，今夜做個新郎；袖兒窄窄，今夜做個嬌客。」元·康進之《黑旋風負荊》二、白：「帽兒光光，今日做個新郎。」

〔15〕無相忘——語出《史記·陳涉世家》：「陳涉少時，嘗與人傭耕，輟耕之壟上，悵恨久之，曰：『苟富貴，無相忘。』」

〔16〕紫衣——古代公服。春秋戰國時國君服用紫。南北朝以後，紫衣爲貴官公服，故有朱紫、金紫之稱。此處指紫衣官。唐·韓翊《送王光輔歸青州兼寄儲侍郎》：「身著紫衣趨闕下，口銜丹詔出關東。」

〔17〕悒怏（yì yàng）——愁悶不安，不快活。

〔18〕鳳輦——僊人的車乘。喻指華貴的車駕。晉·王嘉《拾遺記·周穆王》：「西王母乘翠鳳之輦而來。」明·陳汝元《金蓮記》十二〔一翦梅〕：「鳳輦時經，蝸居乏款，敢問姐姐，何由落籍，遽爾沈妝。」

〔19〕洞庭哀響隱瀟湘——唐·錢起《省試湘靈鼓瑟》：「流水傳湘浦，悲風過洞庭。」這裏化用其意。

〔20〕未央——本爲漢宮殿名，這裏借指蟻王宮殿。

〔21〕「襄王赴神女」二句——意謂淳于棼與公主去成婚，田子華且自回家去。神女事，見《文選·宋玉〈神女賦序〉》。西家，即指自己的家。此與「東家」反向相稱。宋玉《登徒子好色賦序》：「臣里之美者，莫若臣東家之子。」

第十三齣　尚　主〔1〕

【清江引】〔貼眾奏樂上〕仙家姊妹迎仙眷，飛仙鳳凰輦〔2〕。仙樂奏鈞天〔3〕，儀從來仙苑。教仙郎，下車拜著脩儀殿。

〔老旦〕請公主升殿。

【女冠子】〔扇遮公主上〕彩雲乍展，下妝臺回眸低盼。纔離月殿，試臨朱戶，知爲誰綣繾〔4〕？教人覷睒。〔貼眾笑介、老〕請駙馬上殿開扇。〔生上〕天仙肯臨見，好略露花容，暫迴鸞扇。〔合〕這姻緣不淺，

金穴〔5〕名姝，絳臺〔6〕高選。

　　〔老贊拜天地介、轉向拜國王國母千歲介、贊駙馬拜見公主，公主答拜介、內使送酒介〕槐安國裏春生酒，花燭堂中夜合歡。國主娘娘欽賜駙馬、公主合巹之酒〔7〕。〔生旦叩頭謝恩介、老〕駙馬、公主，飲合歡之酒。〔合巹介〕

【錦堂月】〔生〕帽插金蟬，釵簪寶鳳，英雄配合嬋娟。點染宮袍，翠拂畫眉輕線。君王命即日承筐〔8〕，嫦娥面今宵卻扇。〔合〕拈金盞，看綠蟻〔9〕香浮，這翠槐宮院。

【前腔】〔旦〕羞言，他將種情堅，我瑤芳歲淺，教人怎的支纏？院宇脩儀，試學壽陽妝〔10〕面。號金枝舊種靈根，倚玉樹新連戚畹〔11〕。〔合前〕

【前腔】〔老、小、貼背介〕姻緣，向雨點花天，香塵寶地，無情種出金蓮。〔回介〕偶語低迴，一笑鳳釵微顫。你百感生仙宅瓊漿〔12〕，一捻就兒家禁臠〔13〕。〔合前〕

【前腔】〔眾〕天然，主第亭園，王家錦繡，妝成一曲桃源〔14〕。窅窕幽微，樂奏洞天深遠。〔背介〕西明〔15〕講士女喧壇，東華漏〔16〕王姬築館。〔合前〕

　　〔眾〕月上了。

【醉翁子】簾捲，看明月秦樓正滿。〔生〕把弄玉臨風，笑拈簫管。今晚，煙霧雲鬟〔17〕，家近迷樓一笑看。〔合〕曾相見，是那一種瓊花，種下槐安。

【前腔】〔生低介〕眞竿，一霎兒向宮闈腹坦。想二十四橋〔18〕，玉人天遠。深淺，隻影孤寒，怎便向重樓曲戶眠？〔合前、行介〕

【僥僥令】槐餘三洞暖，花展一天寬。記取斜月鶯迴笑歌韖〔19〕，春壓細腰難，愁遠山。

【前腔】淳于沾醉晚，滅燭且留殘〔20〕。試取新紅粗如人世顯，渾似遇仙還，雲雨間。

【尾聲】儘今宵略把紅鸞蘸，五鼓謝恩了，蚤畫蛾眉去鴛鷺班〔21〕，則怕你雨困雲殘新睡懶。

帝子吹簫逐鳳凰，斷雲殘月共蒼蒼。

傳聲莫閉黃金屋〔22〕，好促朝珂〔23〕入未央。

校　注

〔1〕尚主——娶公主爲妻。因尊帝王之女，不敢言娶，故云。尚，承奉、奉事或仰攀之意。《史記・外戚世家》：「是時平陽主寡居，當用列侯尚主。」

〔2〕飛仙鳳凰輦——以飛仙與鳳凰圖案爲飾的輦車。飛仙，會飛的僊人。《海內十洲記・方丈洲》：「（蓬萊山）周回五千里外別有圓海繞山……惟飛仙有能到其處耳。」輦，即輦車，古代宮中用的一種便車，多用人挽拉。

〔3〕鈞天——爲「鈞天廣樂」的略語。《史記・趙世家》：「我之帝所甚樂，與百神遊於鈞天，廣樂九奏萬舞，不類三代之樂，其聲動人心。」後因以「鈞天廣樂」指天上的仙樂，漢・張衡《西京賦》：「昔者大帝說秦繆公而觀之，饗以鈞天廣樂。」

〔4〕綣繾（quǎn qiǎn）——也作繾綣，纏綿貌。形容感情深厚，難捨難分。唐・白居易《寄元九》詩：「豈是貪衣食，感君心繾綣。」

〔5〕金穴——藏金之窟，喻豪富之家。《後漢書・郭皇后紀上》：「況遷大鴻臚，帝數幸其第，會公卿諸侯親家飲燕，賞賜金錢縑帛，豐盛莫比。京師號況家爲金穴。」況，後漢郭後之弟郭況。清・黃遵憲《春夜招鄉人飲》詩：「金穴百丈深，求取用不竭。」後亦用以代指外戚家。

〔6〕絳臺——春秋晉平公在國都絳所建之高臺。一說晉靈公所造。《後漢書・馮衍傳下》：「饁女齊於絳臺兮，饗椒舉於章華。」李賢注：「絳，晉國所都。《國語》曰：『晉平公爲九層之臺。』」唐・李商隱《戲題贈稷山驛吏王會》詩：「絳臺驛吏老風塵，軷酒成仙幾十春。」

〔7〕合巹（jǐn）之酒——古代婚禮中的一種儀式。剖一葫爲兩瓢，新婚夫婦各執一瓢，斟酒以飲。《禮記・昏義》：「婦至，婿揖婦以入，共牢而食，合巹而酳。」孔穎達疏：「巹，謂半瓢，以一葫分爲兩瓢，謂之巹。婿之與婦，各執一片以酳，故云『合巹而酳』。」

〔8〕承筐——《詩・小雅・鹿鳴》：「我有嘉賓，鼓瑟吹笙。吹笙鼓簧，承筐是將。」

朱嘉集傳:「承,奉也。筐,所以盛幣帛者也。」後以「承筐」借指歡迎賓客。

〔9〕綠蟻——酒面上浮起的綠色泡沫。這裏借指酒。唐·白居易《問劉十九》詩:「綠蟻新醅酒,紅泥小火爐。」

〔10〕壽陽妝——即梅花妝,古時女了妝式,描梅花狀於額上爲飾。相傳南朝宋武帝女壽陽公主曾臥於含章殿簷下,梅花落公主額上成五出之花,拂之不去,皇后留之,自後有梅花妝。婦女多傚之,在額心描梅爲飾。見《太平御覽》卷九七〇引《宋書》。

〔11〕「倚玉樹」句——意謂脩儀宮依憑著槐樹並與淳于棼家相連。玉樹,槐樹的別稱。《三輔黃圖·漢宮》:「甘泉谷北岸有槐樹,今謂玉樹,根幹盤峙,三二百年木也。」戚畹,猶戚里,本指帝王外戚聚居的地方,因作外戚的代稱。這裏指淳于棼家。因淳于棼與金枝公主成婚,已爲外戚,故謂。

〔12〕百感生仙宅瓊漿——意謂淳于棼與公主喝了合卺酒後百感交集。此句隱喻裴航故事。《太平廣記》引《傳奇》,唐代裴航在湘漢舟中,同舟樊夫人給他一首詩,有「一飲瓊漿百感生,玄霜搗盡遇雲英」之句。後航過藍橋驛,口渴求漿,果遇雲英,驚恬植足不能去。

〔13〕一撚就兒家禁臠(luán)——意謂傾刻間就做了我家的女婿。一撚,一點點;形容小或纖細。這裏引申爲時間短暫。兒家,古代年輕女子對其家的自稱,猶言我家。宋·辛棄疾《江神子·和人韻》詞:「兒家門戶幾重重,記相逢,畫樓東。」禁臠,這裏指帝王的女婿。《晉書·謝混傳》謂晉武帝囑王珣爲晉陵公主求婿,珣舉謝混,帝以爲佳。不久,帝死,袁山松欲嫁女與混,王珣曰:「卿莫近禁臠。」混終於娶公主。

〔14〕桃源——桃花源的省稱。晉·陶潛作《桃花源記》,謂其間「土地平曠,屋舍儼然,有良田、美池、桑竹之屬」。這裏借喻蟻國洞天的美妙。

〔15〕西明——唐代寺名。唐武后時,西域獻青泥珠,後以施西明寺僧,布金剛額中。見《廣異記》。這裏借指第八齣《情著》孝感寺聽經事。

〔16〕東華漏——即待漏東華,古代臣子上朝,會集殿庭,以待漏刻(時間)。漏,古代計時器。宋·王禹偁《待漏院記》:「東方未明,相君啓行。煌煌火城,相君至止。噦噦鸞聲,金門未闢,玉漏猶滴,撤盖下車,於焉以息。待漏之際,相君共有思乎?」明清時中樞官署設在宮城東華門內,因以東華借稱中央官署。明·袁宏道《途中懷大兄》詩:「一自直東華,先雞每戒睡。」

〔17〕煙霧雲鬟——唐·杜甫《月夜》詩:「香霧雲鬟濕,清輝玉臂寒。」這裏化用其意。

〔18〕「想二十四橋」二句——唐·杜牧《寄揚州韓綽判官》:「二十四橋明月夜,玉人何處教吹簫。」這裏化用其意。

〔19〕靦(chǎn)——笑貌。原作「䶥」,此字不見字書,讀音不詳,據葉《譜》改。

〔20〕留殘——「殘」，本應作「髡」，即淳于髡；這裏因爲要押韻，故改作「殘」。「髡」、「殘」義近。《史記·滑稽列傳》：「堂上燭滅，主人留髡而送客。羅襦襟解，微聞薌澤，當此之時，髡心最歡，能飲一石。」後因稱留客爲「留髡」。

〔21〕鴛鷺班——比喻朝官的行列。鴛和鷺止有班，立有序，故稱。元·汪元亨《雁兒落過得勝令·歸隱》曲：「茶烹鐺內雲，酒泛杯中月。恥隨鴛鷺班，笑結雞豚社。」

〔22〕黃金屋——傳爲漢武帝爲其后陳阿嬌所造金屋。唐·李白《妾薄命》詩：「漢帝重阿嬌，貯之黃金屋。」王琦注引《漢武故事》：「武帝數歲，長公主抱置膝上問曰：『兒欲得婦否？』指左右長御百餘人，皆曰：『不用。』指其女：『阿嬌好否？』笑對曰：『好，若得阿嬌作婦，當作金屋貯之。』」這裏借指瑤芳公主所居脩儀宮。

〔23〕朝珂——大臣上朝所乘之車馬。珂，馬籠頭上的飾物。《爾雅翼》：「貝，大者珂，皮黃黑，骨白，可飾馬具。」唐·李商隱《鏡檻》詩：「豈能拋斷夢，聽鼓事朝珂。」馮浩箋注：「《隋書·志》曰：馬珂，三品以上九子，四品七子，五品五子。」

第十四齣　伏　戎〔1〕

【賀聖朝】〔檀蘿王赤臉引隊衆上〕大地非常變化，成團佔住檀蘿。黃頭赤腳瘦挼莎〔2〕，牛斗看成兩下〔3〕。

草昧成中國〔4〕，城池隔外邊。豈無刀畫地？仍有氣沖天。自家乃槐安國東檀蘿國主是也。我國東盡白檀，西連紫邁；子孫分九溪八洞，門戶有百孔千窗。藤薜同朝，山有木而誰能爭長〔5〕？槐檀一火，天有時而豈可鑽先〔6〕？止因他是玄駒，咱形赤駁〔7〕；遂分中外，致有高低。憤他如赤象〔8〕之雄，覷我如黍米之細。近日得他文書，於槐安國上，加了一個大字，好不小視〔9〕人也？隔江是他南柯郡，地方魚米，不免聚集部落，搶他一番。〔衆演介〕

【豹子令】同是蟻兒能大多？分土分兵等一窩。欺負俺國小空虛少糧食，不知俺穿營驀澗走如梭。〔合〕安排個個似嘍囉〔10〕。

【前腔】隔江西畔有一郡南柯〔11〕，他聚積的羶香可奈何？要那槐安安不的，俺征西旗上也寫著個大檀蘿。〔合前〕

地接羅施〔12〕鬼，人稱藤甲兵。

南柯堪一葦〔13〕，同去覓膻腥〔14〕。

校　注

〔1〕伏戎——指隱伏伺機以圖作亂的武人。這裏指檀蘿王。

〔2〕挼莎（ruó suō）——亦作「挼挲」。揉搓、搓摩。《禮記・曲禮上》「共飯不擇手」漢・鄭玄注：「擇，謂挼莎也。」這裏形容檀蘿王形體瘦弱，像被挼莎過一樣。

〔3〕牛斗看成兩下——謂看兩下蟻相鬥。《晉書・殷仲堪傳》：「仲堪父嘗患耳聰，聞床下蟻動，謂之牛斗。」

〔4〕草昧中國——謂草創國家。草昧，猶創始，草創。宋・陳亮《門答上》：「當草昧之時，欲以禮義律之，智勇齊之，而不能與天下共其利，則其勢必分裂四出而不可收拾矣。」中國，猶國家，朝廷。《禮記・檀弓》：「今之大夫交政於中國，雖欲勿哭，焉得而弗哭。」

〔5〕「滕薛同朝」二句——謂藤樹與薛草同生一山，競相爭長。喻指檀蘿國欲與槐安國決以長次。藤，本為蔓生植物，有白、紫等種。薛，本為草名，即賴蒿。「藤薛」暗用「滕薛爭長」的典故。《左傳・隱公十一年》：「春，滕侯、薛侯來朝，爭長。公使羽父請於薛侯曰：『周諺有之曰，山有木，工則度之；賓有禮，主則擇之。周之宗盟，異姓為後；寡人若朝于薛，不敢與諸任齒。君若辱貺寡人，則願以滕君為請。』薛侯許之，乃長滕侯。」

〔6〕「槐檀一火」二句——謂四時取火原有政令，槐檀豈能隨意爭光？喻指槐安國豈能與檀蘿國爭先。《周禮・夏官・司爟》：「司爟掌行火之政令。」漢・鄭玄注：「春取榆柳之火，夏取棗杏之火，季夏取桑柘之火，秋取柞楢之火，冬取槐檀之火。」

〔7〕赤駁——紅色斑駁貌。《爾雅・釋蟲》：「䗝，杆蟻。」晉・郭璞注：「赤駁蚍蜉。」邢昺疏：「（蟻）大而赤色斑駁者名䗝，一名杆蟻。」

〔8〕赤象——赤色的大象，喻指大蟻。《楚辭・招魂》：「赤蟻若象，玄蜂若壺些。」《拾遺記》：「旃塗國獻鳳雛，載瑤華之車，節五色之玉，駕赤象，至於京師。」

〔9〕小視——輕視、瞧不起之意。亦作小覷、小看。今口語仍習用，亦作「小瞧」。明・無名氏《八仙過海》三〔金蕉葉〕白：「你怎敢將吾神小覷低微？」

〔10〕嘍囉——伶俐能幹，有本領。《緗素雜記》作「摟羅」，云：「摟者，攬也；羅者，縮也。言人善當荷幹辦於事者也。」唐・鄭綮《題中書壁》詩：「側坡蛆蜫輪，蟻子競來拖。一朝白雨中，無鈍無嘍囉。」

〔11〕有一郡南柯——葉《譜》作「一郡號南柯」。

〔12〕羅施——梵語音譯，亦作羅刹（chà）。佛教中指食人之惡鬼。唐・慧琳《一切經音義》卷二五：「羅刹，此云惡鬼也，食人血肉，或飛空或地行，捷疾可畏也。」同書卷七又說：「羅刹娑，梵語也，古云羅刹，訛也……乃暴惡鬼名也。男即極醜，女即甚姝美，並皆食啖於人。」

〔13〕一葦——意謂一葦可渡。《詩・衛風・河廣》：「誰謂河廣，一葦杭之。」一束蘆葦若桴筏即可渡過黃河，極言渡河之易。另宗教故事，傳說達摩祖師渡過長江時，並不是坐船，而是在江岸折了一根蘆葦，立在葦上過江的。現在少林寺尚有達摩「一葦渡江」的石刻畫碑。

〔14〕膻（shān）腥——葷腥。亦指魚肉類食物。唐・高適《送郭處士往萊蕪兼寄苟山人》詩：「身上未曾染名利，口中猶未知膻腥。」

第十五齣　侍　獵

【寶鼎現】〔王引眾上〕綠槐風小，止絳臺清暇，日華低照。巧江山略似人間，立草昧暗憑天道。〔生同右相上〕且喜君臣遊宴好，南郡偶然邊報。〔合〕看尺土拳山，寸人豆馬，一樣打圍花鳥。

〔見介〕【玉樓春】〔王〕吳頭楚尾我家國，臺殿玲瓏秋瑟瑟。〔生〕萬年枝上蚤聲多，報道蚤寒清露滴。〔右〕日高風細爐煙直，洞繫朝天天咫尺。〔合〕諸邦蟻伏盡無虞，惟有檀蘿費裁劃〔1〕。〔王〕昨日覽奏，檀蘿侵攪南柯郡界。國久無事，人不知兵，右相欲請寡人畋獵龜山，以講武事。不知本朝先世，曾有征戰之事乎？〔右〕有祖宗朝的故事：漢乾封元年，曾在河內人家，千人萬馬，從朝至暮而往來〔2〕；晉太原中，曾在桓謙之家，披甲持槊，沿几登竈而飲食〔3〕；元魏天安元年，在兗州赤黑相鬥，赤者斷頭而死〔4〕；東魏武定四年，在鄴都黃黑交戰，黃者班師而蒐〔5〕；此吾國征伐之故事也。〔王〕先朝可有畋獵之事乎？〔右〕南齊朝，曾在徐玄之家，武士數千，縱橫於花氈之上，不止火獵，兼之水嬉，網罟數百，釣於硯山之池，獲魚數百千頭〔6〕；此我國畋獵之故事也。〔王〕獵於龜山者，何也？〔右〕天上星宿，龜為玄武〔7〕，以此國家講武，應向龜山。〔王〕右相言之有理。陪從官員可已齊備？〔生〕已著司隸校尉臣周弁掌武，處士臣田子華掌文，臣棼與右相段功護駕。〔王〕這等，就此駕行。〔行介〕

【好事近】遊踐海西郊，擺鸞輿天開黃道〔8〕。陣旗花鳥，閃開了獸喧禽噪。連天金鼓，山川草木驚飛跳。揀良時，奏旨施行，圍子內聽號頭〔9〕高叫。

〔到介、王〕此所謂龜山乎？上隆法天，下平法地，背有盤文以法星宿〔10〕，昔人九月登龜伐黿〔11〕，良有以也。且是豐草茂林，禽多獸廣，長楊上林〔12〕，可以方矣。分付六軍〔13〕，大煞手〔14〕打圍。〔眾應領旨介、擂鼓殺介、射作擒虎介、射雁介〕

【千秋歲】展弓刀，便有翅飛難道，看紛紛驚彈飛炮。地網天牢，地網天牢，索撞著掘海爬山神道。接著的剽，踏著的搗，騎和步，橫叉直鈔。〔眾喊介〕拿倒穿山甲。〔王大笑介〕此俺國世仇也〔15〕。〔眾〕任你穿山攪，這風毛雨血〔16〕，天數難逃。

〔田〕處士臣田子華，文墨小臣，躬逢盛典，謹撰《大槐安國龜山大獵賦》奏上。〔王〕奏來。〔田跪念介〕幽哉！大槐安之為國也，前衿龍嶺〔17〕，後枕龜山。龜山者，玄武之精也。西望則有西王母之龜峰〔18〕焉，東顧則有東諸侯之龜蒙〔19〕焉。爾其為山也，其上穹窿，其中空同。形如巴丘之蛻骨〔20〕，勢似鰲山之頂蓬〔21〕。草木生其背，禽獸穴其胸。文有河洛之數〔22〕，武有介冑之容。駙馬都尉臣淳于棼、右丞相段功等仰首歎曰：丕休〔23〕哉！龜山鬱鬱蒽蒽。吾王不遊，虎兕出於匣外；今日不樂，龜玉毀於櫝中〔24〕。君王感焉，武功其同〔25〕。是月也，涼風至，草木隕，鷹擊鳥〔26〕，豺祭獸〔27〕。君王乃冠通天之冠〔28〕，被玄袞〔29〕之袍，佩干將〔30〕，登華芝〔31〕。雨師〔32〕灑道，風伯〔33〕清塵。因是以左丞侯、右淳侯，率其蟻附之屬，若大若小，紛紛蟄蟄〔34〕，乘玄駒而綴步趨者，殆以萬計。金鼓震天，旌旗耀日，雷炮霜刀，風繒雨畢，周圓而陣於七十二鑽之上〔35〕。時至令起，人喧物華〔36〕，掛飛猿，趾長蛇，碎熊掌，麋象牙，咀豹文，喋犀花〔37〕，髓天雞，腦神鴉〔38〕。至於雉兔數萬，他他藉藉〔39〕，君王未之顧也。最後得一甲獸，蓋鯪鯉云。帶穿山之甲，露浮水之嘴，舐啖至毒，不可勝紀。穴於山腹，火而獻之。君王欣然，仰天而嬉曰：龜山有靈，此其當之矣。寡人鄙小，其敢朵頤〔40〕？蓋茲山以土石為玄殼，以草樹為綠毛，今此之獵盡矣。乃遂收旗割鮮，鳴鐘舉酒，凱歌而旋。既醉既飽。微臣授

簡作頌，獻於座右。頌曰：隆隆龜山，龍岡所蔽。玄玄〔41〕我王，卜獵斯至。非虎非羆，曰雨曰霽〔42〕。服〔43〕猛示武，遺膻去智〔44〕。願以龜山，卜年卜世〔45〕。螻蟻微臣，願王千歲千千歲。〔王大笑介〕妙哉！賦也。昔漢武皇見司馬相如《子虛賦》，歎恨不得與他同時〔46〕。今寡人與子同時，幸哉！

【好事近】一聲驚破紫霞毫，賦就《上林》〔47〕分曉。堂堂一貌，好個田郎京兆〔48〕。**飄飄，淩雲氣色爭高**〔49〕。駙馬，這田子華才子之文，不可泯滅。可雕刻在金鑲玉板之上，顯的俺國中有人。**添故事與龜山榮耀**。**賞他何官則好，笑子虛烏有**〔50〕，**寡人得侍同朝**。

　　右侯，今日之獵樂乎？〔右〕今日以南柯有警，講武茲山，非樂也。臣已於國史之上書了一行。〔王〕怎麼書？〔右〕大槐安國義成元年秋八月，大獵於龜山，講武事也。〔王〕這等，可傳旨再講武一番。〔鼓吹演介〕

【千秋歲】演《龍韜》〔51〕，把猛獸似誅強暴，密札札做勢兒圍繞。〔演介〕一點旗搖，看一點旗搖，齊聲殺上，休教流落。鈀兒罩，槍兒照〔52〕。前頭跳，後頭撲著，就裏把兵機討。看臂鷹老手，汗馬功勞。

　　〔王〕傳旨眾軍，罷獵回朝。〔眾應介、鼓吹介〕

【越恁好】大打圍歸去，打圍歸去，畢崩崩鼓細敲，迸鉦鉦點鐃。齊悉索〔53〕，齊獲鐸〔54〕，喞喳喳玉簫，玉簫，間著匹喇喇笛聲兒，嚌嘈嘈唳嘹。翦茸茸翠稍，齊臻臻馬道兒立著隊梢。盝纓繳〔55〕，撒袋兒〔56〕搖，一個個把歸鞭裊裊。順西風揚疾〔57〕，馬上調笑。〔傳旨趲行介〕

【前腔】灑風塵故道，風塵故道。呆咍咍狡獸挑〔58〕，喘吁吁想逃。狗兒載，鷹兒套。窄泠泠樹梢，蘸著濕漯漯〔59〕獸巢兒暫蕭條這遭。鬧炒炒氣淘，打孩孩〔60〕順哨兒前喝後邀。觀禽貌，揣獸膘〔61〕，猛〔62〕說山川小。有這些殺獲，不算窮暴〔63〕。

　　〔右〕奏知俺王，已到都門了。

【紅繡鞋】聽諸軍肅靜囉嗶〔64〕，囉嗶。賀君王〔65〕多得腥臊，腥臊。有分例，大賞犒。毛赤剝，肉生燒。沾老小，祭槍刀。

【尾聲】倚長空秋色打圍高，暗藏著觀兵演哨。〔眾〕願萬萬歲龜山鎮國寶。

〔王〕國家大閱禮成，駙馬中宮留宴。右相可陪眾國公王親以下，賜宴槐角樓，商議南柯一事。〔眾應介〕

曾濟齊師學陣圖〔66〕，千人萬馬出郊墟。

吾王所饌能多少，一獵歸來滿後車。

校　注

〔1〕裁劃——猶心思、考慮、打算。明·陳大聲散套《好事近·怨別》：「托香腮，懶梳粧，慵臨鏡臺，無語自裁劃，正芳年，又不道，色減容衰。」

〔2〕「漢乾封元年」四句——事見晉·崔豹《古今注》卷下：「牛亨問曰：『蟻名玄駒者，何也？』答曰：『河內人並河而見人馬數千萬，皆如黍米，遊動往來，從旦至暮。家人以火燒之，人皆是蚊蚋，馬皆是大蟻。故今人呼蚊蚋曰黍民，名蟻曰玄駒也。』」原書並未說明年代，這裏謂「漢乾封元年」，不知何據？當爲劇中假託之詞。漢代年號有「元封」，而無「乾封」；「乾封」乃唐高宗年號。此乃作者誤筆。

〔3〕「晉太元中」四句——宋·劉敬叔《異苑》：「桓謙，字敬祖，太元中，忽有人皆長寸餘，悉被鎧持槊，乘具裝馬，從坳中出，遊走宅上，數百爲群，部陣指麾，更相撞刺。馬既輕快，人亦捷能。緣幾登竈，尋飲食之所。或有切肉，輒來叢聚。力所能勝者，以槊刺取，逕入穴中。蔣山道士朱應子令作沸湯澆所入處，因掘之，有斛許大蟻死在穴中。」太元，即大元，東晉孝武帝年號（公元 376～396 年）。

〔4〕「元魏天安元年」三句——事見《魏書·靈徵志》。元魏，北魏爲拓跋氏所建，後改姓拓跋爲元，故史稱「元魏」。天安元年，即北魏獻文帝拓跋弘天安元年（公元 466 年）。

〔5〕「東魏武定四年」三句——事見《古今五行記》。武定，爲東魏孝靜帝元善見年號（公元 543～550 年）。

〔6〕「南齊朝」九句——《太平廣記》引《纂異記》，略云：「有徐玄之者，夜讀書，見武士數百騎，升自床之西南隅，於花氈上置繒繳，縱兵大獵，飛禽走獸，不

可勝計。中軍有錯彩信旗，擁赤幘紫衣者，侍從數千，至案之右。赤幘者下馬，與左右數百，升玄之石硯之上，北設紅拂爐帳，更歌疊舞，俳優之目，不可盡記。赤幘顧左右曰：『索漁具。』復有捨綱網籠罩之類，凡數百，齊入硯中，未頃，獲小魚數百千頭。赤幘謂諸客曰：『予請爲渭濱之業以樂賓。』乃持釣於硯中之南灘，獲魴、鯉、鱅、鱖百餘，遽命操鱠促膳。玄之忽乃以書卷蒙之，執燭以爇，一無所見。既明，乃召家僮於西牖掘地五尺餘，得蟻穴如三石缶，因縱火以焚之，靡有孑遺。」原文未說事件的年代，此處謂「南齊朝」，蓋劇中假託之詞。

〔7〕「天上星宿」二句——謂二十八宿中北方七宿（斗、牛、女、虛、危、室、壁）排列之形如龜，合稱玄武。《史記・天官書》：「北宮玄武。」司馬貞索引：「南斗六星，牽牛六星，並北宮玄武之宿。」玄武，古代神話中的北方之神，其形爲龜，或龜蛇合體。《後漢書・王梁傳》：「《赤伏符》曰：『王梁主衛作玄武。』」李賢注：「玄武北方之神，龜蛇合體。」

〔8〕黃道——本指太陽在天空運行的路線，後喻指帝王出遊時所走的道路。唐・李白《上之回》詩：「萬乘出黃道，千騎揚彩虹。」王琦注：「蕭士賞曰：《前漢書・天文志》：口有中道。中道者，黃道也。日，君象，故天子所行之道亦曰黃道。」這裏指蟻王出遊時所行之路。

〔9〕號頭——號角的別稱。當指「號筒」，軍中吹器，以傳號令。《二刻拍案驚奇》卷二七：「只見大漢也下山來，口裏一聲胡哨，左邊一隻船隻，吹起號頭答應。」

〔10〕「上隆法天」三句——形容龜山的上圓下平、樹木蔥鬱景色。賀述《禮統》：「神龜之象，上圓法天，下方法地，背上有盤法丘山。黝文交錯，以成列宿。」這裏化用其意。

〔11〕「昔人九月」句——《禮記・月令》：「季夏之月，命漁師伐蛟，取鼉，登龜，取黿。」季夏，即夏曆七月。昔人九月，當指周曆九月，正與夏曆七月相應。

〔12〕長楊上林——宮苑名。長楊宮本秦舊宮，至漢修飾之以備行幸。宮中有垂楊數畝，因爲宮名；門曰射熊館。爲秦漢遊獵之所。唐・杜牧《杜秋娘》詩：「長楊射熊罷，武帳弄啞唧。」上林苑，是漢武帝劉徹在秦代的一箇舊苑址上擴建而成的宮苑，規模宏偉，宮室眾多，地跨五縣，縱橫300里。是秦漢時期建築宮苑的典型，亦是當時漢武帝尚武之地。

〔13〕六軍——天子所統領的軍隊。《周禮・夏官・序官》：「凡制軍，萬有二千五百人爲軍。王六軍，大國三軍，次國二軍，小國一軍。」《左傳・襄公十四年》：「周爲六軍，諸侯之大者，三軍可也。」後因以爲國家軍隊的統稱。

〔14〕大煞手——俗語，猶謂放開手腳，無拘無束。

〔15〕「拿倒穿山甲」二句——意謂穿山甲是蟻的「世仇」。《爾雅翼》：「（穿山甲）能陸能水，出岸間，鱗甲不動如死，令蟻入；蟻滿，便閉甲入水，開之，蟻皆浮

出，因接而食之。」因穿山甲食蟻，故蟻王云之世仇。穿山甲，身體和尾部有
覆瓦狀角質鱗片，像鯉魚鱗，故又稱「鯪鯉」。舌細而長，能舐食白蟻、螞蟻
等昆蟲。爲國家二級保護動物。

〔16〕風毛雨血──指狩獵時禽獸毛血紛飛的情狀。漢·班固《西都賦》：「颺颺紛紛，
　　　 矰繳相纏，風毛雨血，灑野蔽天。」張銑注：「風毛雨血，言毛血雜下如風雨。」
　　　 清·陳維崧《念奴嬌·酬歸德侯仲衡》詞：「耳後弓弦聲霹靂，一片風毛雨血。」

〔17〕龍嶺──像龍盤臥的山嶺，指金陵鍾山。唐·李白《金陵歌送別范宣》：「鍾山
　　　 龍盤走勢來，秀色橫飛歷陽樹。」

〔18〕西王母之龜峰──指西王母居住的龜山。《太平廣記》引《集仙記》：「西王母
　　　 者，九靈太妙龜山金母也，一號太虛九光龜臺金母元君。」又云：「所居宮闕，
　　　 在龜山、春山、西那之都。」龜峰，即龜山，爲避免與前「龜山」重複，故稱
　　　 「龜峰」。

〔19〕東諸侯之龜蒙──指山東省泗水縣東北的龜山和蒙山。《詩·魯頌·閟宮》：「奄
　　　 有龜蒙。」孔穎達疏：「魯境又同有龜山、蒙山，遂包有極東之地。」山在魯
　　　 國，故曰「東諸侯」。

〔20〕形如巴丘之蛻骨──意謂龜山的形狀猶如巴蛇蛻出的象骨。巴地有大蛇，能吞
　　　 象，《山海經·海內南經》：「巴蛇吞象，三歲而出其骨。」晉·左思《吳都賦》：
　　　 「屠巴蛇，出象骼。」

〔21〕勢似鰲山之頂蓬──意謂龜山上的草木就像鰲山上蓬勃的草木一樣茂盛。鰲
　　　 山，神話傳說中海上以鼈背負載的神山。

〔22〕文有河洛之數──意謂龜山上有河洛一樣的圖像。河洛，指「河圖洛書」，係
　　　 古代儒家關於《周易》卦形來源及《尚書·洪範》「九疇」創作過程的傳說。《易
　　　 經·繫辭上》：「河出圖，洛出書，聖人則之。」河，黃河。洛，洛水。據漢儒
　　　 孔安國、劉歆等解說：伏羲時有龍馬出於黃河，馬背有旋毛如星點，稱作龍圖。
　　　 伏羲取法以畫八卦生著法。夏禹治水時有神龜出於洛水，背上有裂紋，紋如文
　　　 字，禹取法而作《尚書·洪範》「九疇」。古代認爲出現「河圖洛書」是帝王聖
　　　 者受命之祥瑞。

〔23〕丕休──謂極其善美。宋·范仲淹《明堂賦》：「頒金玉之宏度，集神人之丕
　　　 休。」

〔24〕吾王不遊四句──意謂吾王未遊美麗的龜山，責任在於駙馬和丞相。《論語·
　　　 季氏》：「虎兕出於柙，龜玉毀於櫝中，是誰之過與？」這裏化用其意。

〔25〕武功其同──君臣民共同畋獵習武。《詩·豳風·七月》：「二之日其同，載纘
　　　 武功。」這裏化用其意。

〔26〕涼風至、鷹擊鳥──《禮記·月令》：「孟秋之月……涼風至……鷹乃祭鳥。」

〔27〕豺祭獸──豺殺獸而陳之若祭。《逸周書·時訓》：「霜降之日，豺乃祭獸。」
　　　 朱右曾校釋：「豺似狗，高前廣後，黃色群行，其牙如錐，殺獸陳之若祭。」

《禮記・月令》：「（季秋之月），豺乃祭獸戮禽。」

〔28〕通天之冠——即通天冠。皇帝戴的一種帽子。漢・蔡邕《獨斷》卷下：「天子冠通天冠，諸侯王冠遠遊冠。公侯冠進賢冠。」

〔29〕玄袞（gǔn）——古代帝王及上公所穿的一種繡著卷龍的黑色禮服。《詩・小雅・采菽》：「又何予之，玄袞及黼」毛傳：「玄袞，卷龍也。」鄭玄箋：「玄袞，玄衣而畫以卷龍也。」

〔30〕干將——古劍名。漢・趙曄《吳越春秋・闔閭內傳》載春秋吳有干將、莫邪夫婦善鑄劍，爲闔閭鑄陰陽劍，陽曰「干將」，陰曰「莫邪」。干將藏陽劍而獻陰劍。吳王視爲重寶。

〔31〕華芝——華蓋。這裏指配有華蓋的乘輿。《文選・揚雄〈甘泉賦〉》：「於是乘輿乃登夫鳳凰兮，而翳華芝。」李善注引服虔曰：「華芝，華蓋也。」

〔32〕雨師——古代傳說中掌管雨的神。《周禮・春官・大宗伯》：「以槱燎祀司中、司命、風師、雨師。」這裏用以指雨。

〔33〕風伯——神話中掌管風的神。又稱風神、風師、箕伯。《楚辭・遠遊》：「風伯爲余先驅兮，氛埃辟而清涼。」唐宋以後，風伯曾作「風姨」、「封姨」和「風后」，即曾作女神。但以箕星作風伯之說，一直佔據主導地位。

〔34〕蟄蟄——眾多貌。《詩・周南・螽斯》：「螽斯羽，揖揖兮，宜爾子孫，蟄蟄兮。」朱熹集傳：「蟄蟄，亦多意。」唐・李賀《感諷》詩之五：「侵衣野竹香，蟄蟄垂葉厚。」

〔35〕陣於七十二鑽之上——指在龜甲上列陣。七十二鑽，指龜甲。古代龜卜，在龜甲上先加鑽、鑿，然後用火灼之，視其裂紋，以判吉凶；一甲可用數十次，故謂。

〔36〕華——疑當作「嘩」。

〔37〕「掛飛猿」六句——掛，懸掛。趷，踩，踏。碎，擊碎。糜，爛。咀，品味，細嚼。嘬，chuài，動詞，大口吞食。

〔38〕「髓天雞」二句——意謂取天雞的髓，取神鴉的腦。天雞，傳說中的神雞，居東南桃都山大桃樹上，率天下之雞報曉。唐・李白《夢遊天姥吟留別》詩：「半壁見海日，空中聞天雞。」神鴉，爲巴陵附近逐舟覓食的烏鴉。《岳陽風土記》：「巴陵鴉甚多，土人謂之神鴉。」唐・杜甫《過洞庭湖》詩：「護堤盤古木，迎櫂舞神鴉。」「髓」、「腦」俱作動詞。

〔39〕他他藉藉——縱橫錯雜貌。《文選・司馬相如〈上林賦〉》：「不被創刃而死者，他他藉藉，塡阬滿谷，掩平彌澤。」藉，通藉。

〔40〕朵頤——鼓腮嚼食。《易經・頤卦》：「初九舍而靈龜，觀我朵頤，凶。」唐・柳宗元《遊南亭夜還敘志七十韻》詩：「朵頤進芰實，擢手持蟹螯。」

〔41〕玄玄——本意爲深玄幽遠貌。漢・蔡邕《翟先生碑》：「挹之若江湖，仰之若華

光，玄玄焉測之則無源，汪汪焉酌之則不竭。」這裏引申爲偉大的意思。

〔42〕「非虎非羆（pí）」二句——指蟻王出獵時的卦辭。非虎非羆，《六韜·文師》載：文王將往渭水邊打獵，行前占卜，卜辭曰：「田於渭陽，將大得焉，非龍非彲，非虎非羆，兆得公侯。天遣汝師以之佐昌。」後果見太公坐渭水邊垂釣，與之語而大悅，遂同車而歸，拜爲師。曰雨曰霽，語出《尚書·洪範》：「乃命卜筮，曰雨曰霽。」這兩句言卜事，乃承上「卜獵」來。並用西伯事，隱含恭維蟻王之意。

〔43〕服——用，使用。元·高明《琵琶記》四二〔六么令〕七：「服此休嘉，慰汝悼念。」

〔44〕遺膻去智——謂不慕貨利，不苛擾百姓。遺膻，化用《莊子·徐无鬼》：「蟻慕羊肉；羊肉，膻也。」語意，謂不謀貨利。去智，語出《管子》：「恬愉無爲，去智與故。」謂不苛擾百姓。

〔45〕「願以龜山」二句——意謂願槐安國運，與龜山一樣長久。《左傳·宣公三年》：「成王定鼎於郟鄏，卜世三十，卜年七百。」

〔46〕「昔漢武皇」二句——語出《史記·司馬相如列傳》。當時漢武帝尚未見到相如，不知相如與他同時，誤當古人，故有此話。

〔47〕上林——即《上林賦》，爲司馬相如的代表作之一，內容言畋獵之事。

〔48〕京兆——上文田子華自稱「處士」，可見並未做官；後來也只做南柯司農，代理太守，並未做京尹。這裏稱他「京兆」，不知何故？

〔49〕「飄飄」二句——《史記·司馬相如列傳》：「相如既奏《大人》之頌，天子大說，飄飄有淩雲之氣，似遊天地之間。」

〔50〕子虛、烏有——爲司馬相如《子虛》、《上林》二賦中的虛擬人物。

〔51〕龍韜——太公望兵法《六韜》之一。泛指兵法，戰略。

〔52〕鈀（bǎ）兒罩，槍兒照——意謂用箭射殺、用槍挑驗。鈀，箭頭的一種。《方言》第九：「（箭鏃）其廣長而薄鐮，謂之錍，或謂之鈀。」罩，籠罩；此處形容箭簇之多。照，察看。

〔53〕悉索——象聲詞。形容細敲鼓鉦的聲響。清·潮聲《記栗主殺賊事》：「夜半有偷兒穴壁入，摸得栗主籠，意爲奇貨，攝之欲行。婦聞悉索聲，疑爲栗主爭風而相鬥也。」

〔54〕獲鐸（duó）——喧鬧聲。獲，亦通用爲「鑊」。元·關漢卿《普天樂·崔張隨分好事》曲：「猛見了傾國傾城貌，將一個發慈悲臉兒朦著，葫蘆啼到曉，酩子裏家去，只落得兩下裏獲鐸。」

〔55〕盔纓繳——頭盔上纏繞著長纓。繳，纏繞貌。元·馬致遠《任風子》三〔石榴花〕：「每日把轆轤直繳到眾星稀，我可甚愛月夜眠遲？」

〔56〕撒袋兒——撒袋，即櫜鞬（gāo jiàn），是古代盛裝弓箭的器物，櫜盛箭，鞬裝

弓，多以皮革製作。弓囊爲上寬下窄的袋形，箭囊爲長方包形，二物合稱爲撒袋。元‧關漢卿《五侯宴》二〔隔尾〕白：「左右，與我拾將那枝箭來，插在我這撒袋中。」

〔57〕揚疾——意猶呼喊。金元方言有「唱叫揚疾」、「暢叫揚疾」、「出醜揚疾」等，均爲吵鬧相罵之意。「唱叫」、「暢叫」，吵鬧之意；「揚疾」，亦吵鬧之意。元‧關漢卿《陳母教子》三〔醉高歌〕：「我可也不和你暢叫揚疾，誰共你磕牙料嘴。」

〔58〕呆咍咍狡獸挑——此言士兵肩挑獵物之狀態。呆咍咍，形容獵物呆板無助之神態；咍咍，用作狀詞，表程度；亦作助音，無義。

〔59〕濕漭漭（ji）——形容濕潤、浸透的樣子。也作濕浸浸、濕津津等。元‧尚仲賢《氣英布》二〔梁州第七〕：「咱也曾濕浸浸臥雪眠霜。」

〔60〕打孩孩——即金元方言的「臺孩」。形容器宇軒昂，精神煥發。金‧董解元《西廂記諸宮調》卷三〔大石調‧紅羅襖〕：「都不到怎大小身材，暢好臺孩，舉止沒俗態。」

〔61〕臕——主要指畜獸肥壯，亦以指人的肥胖。宋‧李新《與馮德大書》：「馬無他損，特臕稍落，微磨破耳。」

〔62〕猛——猶云「無」、「勿」。

〔63〕窮暴——意謂貧困、貧乏。亦作「窮薄」、「暴」。「暴」，空無所有之意。《詩‧鄭風‧大叔于田》：「禮袒暴虎，獻於公所。」毛傳云：「空手以搏之。」《論語‧述而》：「暴虎馮河，死而無悔者，吾不與也。」朱熹注：「暴虎，徒博也。」

〔64〕囉唕（zào）——騷擾；吵鬧。湯顯祖《邯鄲記‧度世》：「那先生被我們囉唕的去了，我們也去罷。」清‧孔尚任《桃花扇》十四〔高陽臺〕：「就父與鳳撫家人，早閉宅門，不許再來囉唕。」

〔65〕「賀君」下原奪「王」字，據暖紅室本補。

〔66〕曾濟齊師學陣圖——「濟齊師」，向齊軍增援部隊。所據何事不詳，疑是司馬穰苴事。《史記》在他的傳裏說，曾爲齊景公抵抗燕晉的侵略。陣圖，軍陣之圖。世傳諸葛亮曾作八陣圖，以四川奉節長江灘中最有名，另外陝西沔縣、四川新都亦有之。據載，宋太宗雍熙三年曾賜諸將陣圖，則古有陣圖傳世，今則不聞。唐‧章孝標《諸葛武侯廟》詩：「木牛零落陣圖殘，山姥燒錢古柏寒。」

第十六齣　得　翁

【驀山溪】〔生上〕人間此處，有得神仙住。春色錦桃源，蚤流入秋光殿宇。〔旦〕細腰〔1〕輕展，漸覺水遊魚。嬌波瀲灩橫眉宇，翠壓巫

山雨〔2〕。

　　【阮郎歸】〔生〕藕絲吹軟碧羅衣〔3〕，縷金香穗歸。〔旦〕綠窗槐影翠依微，出花宮漏〔4〕遲。〔生〕穿玉境，侍瑤姬，微生遭際奇。〔旦〕駙馬呵，和你歡多怕忘卻蚤朝時，歸來人畫眉〔5〕。駙馬到此月餘，情義日深，榮華日盛；出入車服，賓御遊宴，次於王者，意亦可矣。然竊觀駙馬，常有蹙眉之意，如聞嗟嘖之聲，含愁不語，卻是爲何？〔生〕小生落魄多年，榮華一旦。不說傾宮羅綺，盡世膏粱〔6〕；且說貴主嬌姿，盡我受用；有何不足？致動尊懷。所以然者，遇貴主有天生之樂，想亡親有地下之悲耳。〔旦〕這等，公婆前過幾年了？〔生〕婆婆葬在家山，禪智橋邊好墓田。則你公公可憐也。〔旦〕駙馬，試說其情。

　　【白練序】〔生〕心中事，待說向妝臺，自歎吁。吾先父爲將佐，邊頭失誤……〔旦〕原來老老爺用兵失利，可得生還？〔生歎介〕身歿。〔旦〕歿在何地？〔生〕他歿在胡。〔旦〕幾年上有音信？〔生〕可十數年來無寄書。近來卻是古怪。〔旦〕怎的來？〔生〕前日成親，蒙千歲親口分付，係俺父親之命，那時好不疑惑。〔旦〕便好問俺父王所在了。〔生〕以前未敢造次〔7〕，直待龜山罷獵，留宴內庭，纔敢動問：千歲既知臣父親所在。臣請敬往問安。那時千歲劈口應說：親家翁職守北土，音問不絕。卿但具書相問，未可便去。公主呵，何緣故？教人平白地，暗生疑慮。

　　【醉太平】〔旦〕聽語，你少年孤露。這遇妻所，拾得親父。〔生泣介〕知他北土怎的？〔旦〕既然守土，知他那裏歡娛。〔生又泣介〕俺待稟過公主，潛去北土，打聽父親消息。〔旦〕模糊，那胡沙如夢杳如無，不明白怎尋歸路？〔生〕待俺再奏過千歲，分明而去。〔旦〕他眼前兒女，幾日成親，便教卿去？

　　【白練序】〔生〕難圖，怎教他在北土，天寒草枯〔8〕？似俺這洞府，比他何如？〔旦〕且依父王旨，先寄問安書。〔生〕蹰躇，空寄書，〔旦〕寄些禮物去。〔生泣介〕要報陽春寸草無〔9〕。〔旦〕這等怎好？〔生〕賢公主，似這般有子，等如無物。

【醉太平】〔旦背介〕眞苦，他身爲贅婿。要高堂禮節，內家區處〔10〕。〔回介〕駙馬，想起來你在俺國中，豈可空書問候？奴家早已做下長生襪一雙，福壽鞋一對，可同書寄去。〔生〕這等，生受〔11〕了。〔旦〕些微針指，也見俺一房兒婦。〔生〕有誰將去？〔旦〕你修書，俺依然送與父王知，便千里一時將去。〔生〕這等，俺即封了書禮。只煩公主入宮，轉達下情。〔旦〕使得。奴便與繫書胡雁〔12〕，怎教駙馬不報慈烏〔13〕？

〔旦〕還一件，請問駙馬，你如今可想做甚麼樣官兒？〔生〕俺酣蕩之人，不習政務。〔旦〕卿但應承，妾當贊相。

【尾聲】俺入宮闈取禮和你送家書，見父王求一新除〔14〕。〔生〕這等，做老婆官了。〔旦〕便做老婆官，有甚麼辱沒你這于家七代祖〔15〕。

驥子〔16〕書有隔，鸞儔鏡〔17〕乍輝。

綠槐無限好，能借一枝棲。

校　注

〔1〕細腰——纖細的腰身。《墨子・兼愛中》：「昔者，楚靈王好士細腰，故靈王之臣皆以一飯爲節。」

〔2〕巫山雨——巫山雲雨的略稱。戰國楚・宋玉《高唐賦序》：「昔者先王嘗遊高唐，怠而晝寢。夢見一婦人，曰：『妾巫山之女也，爲高唐之客。聞君遊高唐，願薦枕席。』王因幸之。去而辭曰：『妾在巫山之陽，高丘之阻，旦爲朝雲，暮爲行雨，朝朝暮暮，陽臺之下。』」後遂用爲男女歡合的典實。

〔3〕碧羅衣——天藍色的羅綢衣裙。羅衣，輕軟絲織品製成的衣服。五代・歐陽炯《浣溪沙》詞：「天碧羅衣拂地垂，美人初著更相宜，宛風如舞透香肌。」據說當時蜀地女衣以天藍色爲美。

〔4〕宮漏——古代計時器，即漏壺。宮漏則指元朝順帝製造的一種漏壺。這種漏壺因爲有日、月兩宮，故名「宮漏」，其構思奇妙，精巧絕倫，非常罕見。宋・司馬光《宮漏謠》：「宮漏清高處處聞，六待寂寂夜將分。」

〔5〕畫眉——用黛色描飾眉毛。漢代京兆尹張敞親自爲妻子畫眉，人稱張尹眉。後用以比喻夫妻感情融洽。《漢書・張敞傳》：「然敞無威儀，時罷朝會，過走馬章臺街，數又爲婦畫眉，長安中傳張京兆眉嫵。有司以奏敞。上問之，對曰：『臣聞閨房之內，夫婦之私，有過於畫眉者。』上愛其能弗備責也。」唐・王昌齡《朝來曲》：「盤龍玉鏡臺，唯待畫眉人。」唐・李頻《春閨怨》詩：「紅妝女兒

燈下羞，畫眉夫婿隴西頭。」

〔6〕膏粱——肥肉和細糧，泛指美味的飯菜，代指富貴生活。《紅樓夢》第四回：「所以這李紈雖青春喪偶，且居於膏粱錦繡之中，意如槁木死灰一般。」膏粱、錦繡形容吃喝穿戴奢侈華貴。

〔7〕造次——輕率，隨便。《宋書·建平宣簡王宏傳》：「驅烏合之眾，隸造次之主，貌疏情乖，有若胡越。」

〔8〕天寒草枯——天氣寒冷，塞草乾枯。語出宋·張炎《解連環·孤雁》詞：「自顧影，欲下寒塘，正沙淨草枯，水平天遠。」

〔9〕要報陽春寸草無——意謂無法報答父母之恩。唐·孟郊《遊子吟》詩：「誰言寸草心，報得三春暉？」此處化用詩意。

〔10〕內家區處——意謂需要我公主處理安排。內家，本指宮女。唐·薛能《吳姬》詩之十：「身是三千第一名，內家叢裏獨分明。」此為公主瑤芳自指。區處，處理；籌劃安排。《漢書·循吏傳·黃霸》：「鰥寡孤獨有死以無以葬者。鄉部書言，霸具為區處。」

〔11〕生受——在戲曲賓白中，「生受」用在句首，多為道謝語，猶云煩勞，多謝。元·無名氏《凍蘇秦》三〔梁州第七〕白：「生受哥哥，替我報復去，道有蘇秦在於門首。」

〔12〕繫書胡雁——意謂寄書。事本《漢書·蘇武傳》：「後漢使復至匈奴。常惠請其守者與俱，得夜見漢使，具自陳道。教使者謂單于，言天子射上林中，得雁，足有繫帛書，言武等在某澤中。使者大喜，如惠語以讓單于。單于視左右而驚，謝漢使曰：『武等實在。』」

〔13〕慈烏——本為烏鴉的一種。相傳此鳥能反哺其母，故稱。明·李時珍《本草綱目·禽三·慈烏》：「此鳥初生，母哺六十日，長則反哺六十日，可謂慈孝矣。」這裏引申其意指慈父。

〔14〕新除——謂新拜官職。《舊唐書·文宗紀下》：「丙午，以新除興元節度使李德裕為兵部尚書。」

〔15〕七代祖——七代先靈，泛指遠祖。古人提到祖宗，往往說到七代，以示祖宗輩分越高，越有權威。宋·釋普濟《五燈令元》卷十九《徑山宗杲禪師》：「師室中問僧：『不是心，不是佛，不是物。你作麼生會？僧曰：『領。』師曰：『領你屋裏七代先靈。』」

〔16〕驥子——唐·杜甫《憶幼子》詩：「驥子春猶隔，鶯歌暖正繁」自注：「子驥子時隔絕在鄜州。」這裏化用其意，謂淳于棼與其父相隔兩地。

〔17〕鸞儔（chóu）鏡——以鸞鏡為伴。鸞鏡，裝飾有鸞鳥圖案的銅鏡。鸞鳥是古代傳說的神鳥。傳說西域罽賓國王網獲一隻鸞鳥，裝在金絲籠中，三年不鳴。後於鏡中自顧身影，哀鳴而死。見《藝文類聚》引范泰《鸞鳥詩序》及南朝

宋劉敬叔《異苑》。古代詩文中多以鸞鏡表示臨鏡而生悲。唐·駱賓王《代女
道士王靈妃贈道士李榮》詩：「龍飆去去無消息，鸞鏡朝朝減容色。」儔，伴
侶。

第十七齣　議　守

【繞池遊】﹝1﹞﹝右相上﹞金章紫綬﹝2﹞，獨步三臺宿﹝3﹞，正朝下日
移花毿﹝4﹞。看簪髮絲稠，帶腰圍瘦，無非爲國機謀。

平明登紫閣，日晏下彤闈。未奉君王召，高槐畫掩扉。﹝5﹞自家右相武
成侯段功，忝掌朝綱，留心邊計。昨因檀蘿數爲邊患，我主賜宴槐角樓，
與一眾科道商議，奏選南柯太守，未知意屬何人？紫衣官苫到也。﹝紫
上﹞畫漏希傳高閣報，君顏有喜近臣知。﹝見介﹞段老先生，早朝辛苦。
﹝右﹞恰侍文書房相問，奏補南柯郡太守一事，旨意司下了？﹝紫﹞右
侯不得知，恰好此本上去，正直公主入宮，一來替駙馬寄書令尊，二來
替駙馬求官外郡，則怕就點了南柯之缺。也未可知？﹝右﹞這卻難道。

【剔銀燈】論南柯跨踞雄州，近檀蘿要習邊籌﹝6﹞。那淳于貴婿，
性豪杯酒，怎生任得邊州之守？﹝合﹞許否？心中暗憂，宮庭事又難執
奏。

【前腔】﹝紫﹞論朝綱須問君侯，大地方有得干求。則一件，君侯
疏不間親﹝7﹞了。他與玉人金屋，並肩交肘，怎佩不得黃金如斗。﹝合
前﹞

﹝右﹞許他也索﹝8﹞罷了。則怕此君權盛之後，於國反爲不便。且是由
他。

欲除新太守，不少舊英豪。

且順君王意，相看兒女曹。

校　注

﹝1﹞池——原誤作「地」，據獨深本、葉《譜》改。
﹝2﹞金章紫綬——亦作金印紫綬。黃金印章和繫印的紫色綬帶。後用以代指高官顯

爵。古代相國、丞相、太尉、大司空、太傅、太師、太保、前後左右將軍及六
宮后妃所掌。

〔3〕三臺宿——三臺星。這裏比喻丞相的崇高地位。《晉書・天文志上》：「三臺六星，
兩兩而居……在人曰三公，在天曰二臺，主開德宣符也。」

〔4〕花甃（zhòu）——用磚砌築的花壇。甃，砌疊磚石。

〔5〕「平明登紫閣」四句——此四句據錢南揚校注本增補。

〔6〕習邊籌——熟習安邊之策。邊籌，安邊之策。宋・劉克莊《送陳戶曹之官襄陽》
詩之一：「丞相曾參督府謀，郎君今復贊邊籌。」

〔7〕疏不間親——謂關係疏遠者不介入關係親近者之間的事。間：參與。語出《管
子・五輔》：「夫然，則下不倍（背叛）上，臣不殺君，賤不逾貴，少不淩長，
遠不間親，新不間舊，小不加大，淫不破義。凡此八者，禮之經也。」亦作「疏
不間親」。清・李漁《鳳求鳳》九〔鎖南枝〕白：「自古道：『疏不間親』，你同
許家娘娘，已定了終身之約，我若還說出來，這段姻緣就有些不穩了。」

〔8〕索——猶云「須」、「應」或「得」。宋・徐鉉《柳枝》詞：「共君同過朱橋去，
索映垂楊聽洞簫。」

第十八齣　拜　郡

【西江月】〔生上〕本自將門爲將，偶來王國扶王，風流偏打內家
香〔1〕，更有甚中情未講。

　　【集唐】秦地吹簫女，盈盈照紫微〔2〕。可中〔3〕纔望見，花月倚門歸。
日前公主入宮，一來寄書禮於家尊，二來替我求一官職。這晚近一路紗
燈，公主到來也。

【前腔】〔旦引女官燈籠上〕幾夜宮闈宴賞，爹娘愛惜瑤芳。月高
燈火照成行，款蹙金蓮步障〔4〕。

　　〔見介、生〕公主入宮數晚，小生殊覺淒涼。書奉家尊，可曾寄去？〔旦〕
聽道來。

【玉胞肚】將書傳上，父王言禮儀合當。即時間人往邊鄉，臨付與
叮嚀停當〔5〕。〔生〕怕回書遲慢。〔旦〕粗將孝意表高堂，但取平安要怎
忙？

　　〔丑扮小軍上〕爲人莫做軍，做軍多苦辛。俺小軍，從北邊來，取了

駙馬老老爺平安書，不免投上。〔見叩頭介〕小人北邊送書禮，老老爺十二分歡喜。回書呈上。〔生驚喜介〕起來，起來。真個有了回書，我的親爹呵！〔捧書開看介〕平安報付男淳于棼。呀，八個字分明老父手筆。〔旦〕你且念書奴家聽。〔生念書介〕伏承大槐安國王前示，欲汝尚主。得書履襪〔6〕，知盛典成就，加以貴主有禮，喜慰發狂！別近廿載，朝夕憶念。兒以槐序〔7〕，備國肺腑〔8〕，百宜周慎〔9〕。頗憶生平，親戚里閭，存旺餘幾？宜詳再信，助展邏繢〔10〕。欲往視兒，奈彼此路道乖遠，風煙〔11〕阻絕。父子不見，抱恨重深。汝且無便來觀〔12〕，歲在丁丑，當與汝相見。〔生拍書痛哭介〕俺的爹相去十七八年，只道故了，何意今朝重見平安書迹，居然如在。不能勾往見他，要兒子何用也？〔哭倒旦扶介〕駙馬，休得過傷。

【前腔】〔生〕端然無恙，如昔年教誨不忘。問親鄰興廢存亡，敍風煙悲楚哀傷。〔旦〕約丁丑年相見，好了。〔生〕知他後會可能相見？怎得溫衾扇枕床〔13〕。

【粉蝶兒】〔14〕〔紫衣捧詔上〕詔選黃堂〔15〕，捧到秦樓開放。

令旨已到，跪聽宣讀。詔曰：昔稱華國，左戚右賢〔16〕，文武並茂。吾南柯郡政事不理，太守廢黜，欲藉卿才，可屈就之。便與小女同往。欽哉！謝恩。〔生旦起、紫見叩頭介〕恭喜公主、駙馬，黃堂之尊了。千歲還有別旨。

【玉胞肚】叫有司停當，把太守行裝備詳。掌離珠感動娘娘，出傾宮錦繡盦房。〔旦〕還有？〔眾〕〔17〕車騎僕妾都列在廣衢傍，鸞駕親身餞遠行。

【前腔】〔生喜介〕敢前希望？憶年時醉游俠場。普人間沒俺東床，湊南柯飲著瓊漿。〔合〕這是有緣千里路頭長，富貴榮華在此方。

【尾聲】〔紫〕從來尙主有輝光，你整朝衣五鼓朝廊，謝恩了辭朝做一事講。

〔眾下、生〕多謝公主擡舉，有此地方。〔旦〕惶愧，惶愧！〔生〕還

要請教。南柯大郡，難以獨理；加以小生素性酣放；意下要奏請田子華、
周弁二人，同典郡政，何如？〔旦〕但憑尊裁。

新命守南柯，恩光附女蘿。

明朝有封事〔18〕，數問夜如何。

校　注

〔1〕打內家香——意謂娶了公主爲妻。內家，指皇宮、天子的居所；此處借指公
　　主。唐·王建《宮詞》之五十：「盡送春來出內家，記巡傳把一枝花。」唐·
　　李賀《酬答詩》二首之一：「行處春風隨馬尾，柳花偏打內家香。」

〔2〕紫微——原爲原始社會時期的薩滿教占卜時的星象名詞。因爲紫微是紫微占卜
　　學中眾星之一，所以紫微也是紫微占卜簡稱。古代認爲一個人的運氣如一塊表
　　當指針走到不同的位置，人的運勢會有好差不同的表現。紫微體現一個人不同
　　時期，不同情況下結印陣在結印式的變化下對未來的影響。

〔3〕可中——猶云「恰好」，見《方言藻》。

〔4〕「月高燈火」二句——描寫公主到來的豪華儀仗及從容神態。款蹙（cù），從容，
　　不緊不慢。蹙，緊迫。金蓮，指女子的纖足。唐·吳融《和韓致光侍郎無題》
　　之二：「玉箸和妝裹，金蓮逐步新。」步障，古顯貴者出行用以遮蔽風塵或視
　　線的一種屏幕。三國·魏·曹植《妾薄命》詩之二：「華燈步障舒光，皎若日
　　出扶桑。」障，一本作「帳」。《晉書·石崇傳》：「〔崇〕舉貴戚王愷、羊琇之
　　徒，以奢靡相尚⋯⋯愷作紫絲布步障四十里，崇作錦步障五十里以敵之。」清·
　　李漁《閒情偶寄·居室·窗壁》：「天下萬物，以少爲貴，步障非不佳，所貴在
　　偶而一見。」

〔5〕停當——妥帖、妥當。下文「叫有司停當」，即「停」的意思，「當」爲語助詞，
　　無義。

〔6〕得書履襪——意謂謙恭受益。典出《史記·留侯世家》：「良（張良）嘗閒從容
　　步遊下邳圯上，有一老父，衣褐，至良所，直墮其履圯下，顧爲良曰：『孺子，
　　下取履！』良鄂然，欲毆之。爲其老，彊忍，下取履。父曰：『履我！』良業爲
　　取履，因長跪履之。父以足受，笑而去。良殊大驚，隨目之。父去里所，復還，
　　曰：『孺子可教矣。後五日平明，與我會此。』良因怪之，跪曰：『諾。』五日
　　平明，良往。父已先在，怒曰：『與老人期，後，何也？』去，曰：『後五日早
　　會。』五日雞鳴，良往。父又先在，復怒曰：『後，何也？』去，曰：『後五日
　　復早來。』五日，良夜未半往。有頃，父亦來，喜曰：『當如是。』出一編書，
　　曰：『讀此則爲王者師矣。後十年興。十三年孺子見我濟北，穀城山下黃石即我

矣。』遂去，無他言，不復見。旦日視其書，乃《太公兵法》也。」

〔7〕以槐序——因與槐樹的關係而得官。序，舊指按等級次第授官。宋·王安石《賀
　　致政趙少保啓》：「由西省諫諍之官，序東宮師保之位。」

〔8〕肺腑——比喻帝王的宗室近親。參見第三十六齣注〔23〕。

〔9〕慎——原誤作「盛」，據暖紅室本改。

〔10〕助展遐（xiá）繾（qiǎn）——意謂無奈鄉里輾轉外地，令人牽掛。助，愛莫能
　　助，引申爲無奈。展，同「輾」，輾轉。遐，本義爲遠走外地、借居異域；引
　　申指遙遠。繾，緊束，牽住。

〔11〕風煙——喻指艱難。

〔12〕觀——《南柯太守傳》作「覲」。疑爲繁體「覲」與「觀」字形相近而誤。

〔13〕溫衾（qīn）扇枕床——亦作溫枕扇席。意謂精心侍奉父母。《東觀漢記·黃香
　　傳》：「黃香，字文強；安陸人。年九歲，失母，事父至孝。暑月則扇枕，寒則
　　身溫枕席。」元·柯丹邱《荊釵記》二〔滿庭芳〕：「親年邁，且自溫衾扇枕，
　　隨分度朝昏。」

〔14〕《粉蝶兒》——此曲僅用首兩句，以下省去。

〔15〕黃堂——古代太守衙中的正堂。《後漢書·郭丹傳》：「敕以丹事編署黃堂，以
　　爲後法。」李賢注：「黃堂，太守之廳事。」這裏指代太守。

〔16〕左戚（qī）右賢——謂蟻王左右有親戚有賢人。《漢書》卷四《文帝紀》：「昔先
　　王遠施不求其報，望祀不祈其福，右賢左戚，先民後己，至明之極也。」顏師
　　古注：「以賢爲上，然後及親也。」此處借用，與原意不同。

〔17〕眾——當是「紫」字之誤。

〔18〕封事——密封的奏章。古時臣下奏陳秘密事項，防止泄漏，用黑色口袋，貼
　　上雙重封條呈進，稱爲封事。《漢書·宣帝紀》：「上始親政事，又思報大將軍
　　功德，乃復使樂平侯山領尚書事，而令群臣得奏封事，以知下情。」唐·杜
　　甫《春宿左省》詩：「明朝有封事，數問夜如何。」

第十九齣　薦　佐

【生查子】〔紫引隊子上〕一掌瞰宮墀〔1〕，洞府晨光露。萬點正奔
趨，遍起了朱門戶。

〔眾〕將軍上殿。俺大槐安國今日駙馬辭朝，各官在此候駕。

【前腔】〔生朝服捧表上〕槐殿隱香爐，禁幄承恩處。五馬更跚蹡
〔2〕，御道〔3〕裏開賢路。

〔紫〕駙馬請上御道。〔生跪介〕新除南柯郡太守駙馬都尉臣淳于棼謝恩，即日之任，敬此辭朝。〔生三叩俯伏介、紫〕駙馬謝恩表就此披宣。

〔生〕臣此表章，不止謝辭恩寵，兼之舉薦賢才，伏望俺王聽啓：

【桂枝香】念臣將門餘子，素無材術。誠恐有敗朝章，至此心慚覆餗〔4〕。待廣求賢士，廣求賢士，備臣官屬，與臣咨助。〔紫〕駙馬所薦何人？〔生〕伏見司隸潁川周弁，忠亮剛直，有毗佐〔5〕之器；處士馮翊田子華，清慎通變，達政化之源；二人與臣有十年之舊，備知才用，可託政事。周弁請署南柯郡司憲，田子華請署南柯郡司農。庶使臣政績有聞，憲章無紊。念臣愚，願得從銓補〔6〕，南柯治有餘。

〔紫〕駙馬起候旨。〔生起介〕想令旨必然俯從。周司隸、田秀才有此遭際也。〔內〕令旨到。駙馬薦賢為國，寡人嘉悅，依奏施行。〔生叩頭呼千歲起介〕

【神仗兒】〔周、田上〕蒙恩點注，蒙恩點注；南柯太守，淳郎推舉。做司憲司農前去，來闕下，叫山呼〔7〕。

〔跪介〕新除南柯郡司憲前司隸臣周弁、新除南柯郡司農處士臣田子華，叩頭謝恩。〔叩頭呼千歲起介、相見介、生〕二君恭喜了。〔周、田〕謝堂翁〔8〕擡舉之恩。〔紫〕駙馬便當起程，國王國母蚤已關南有餞。

濯龍〔9〕門外主家親，半歲遷騰依虎臣。

卻羨二龍〔10〕同漢代，出門俱是看花人。

校 注

〔1〕一掌瞰宮墀（chí）——意謂黃門官掌管著宮廷上的一切朝奏禮節。《文獻通考·職官考四》：「梁門下省有侍中、給事黃門侍郎四人，掌侍從儐相，盡規獻納，糾正違闕，監合嘗御藥封璽書。」戲劇中朝奏之禮亦由黃門官掌之。瞰，俯視，引申為掌控。宮墀，宮廷臺階上的空地，亦指宮廷臺階；代指宮廷。

〔2〕五馬更踟躕（chí chú）——謂太守徘徊不前。五馬，五匹馬。漢時太守乘坐的車用五馬駕轅，因借指太守的車駕。俗以「五馬」稱太守，其說各異。《玉臺新

詠‧日出東南隅行》:「使君從南來，五馬立踟躕。」這裏淳于棼藉以自指。踟躕，徘徊不前。

〔3〕御道——供帝王行走或車駕通行的道路。《後漢書‧虞延傳》:「帝乃臨御道之館親錄囚徒。」

〔4〕覆餗（sù）——《易經‧鼎卦》:「鼎折足，覆公餗。」餗，鼎中的食物。覆餗，謂傾覆鼎中的珍饌。後用來比喻力不勝任而敗事。唐‧李公佐《南柯太守傳》:「臣將門餘子，素無藝術，猥當大任，必敗朝章。自悲負乘，坐致覆餗。」

〔5〕毗（pí）佐——輔助。《陳書‧蕭濟傳》:「濟毗佐二主，恩遇甚篤。」

〔6〕銓（quán）補——選補官職。《北齊書‧文宣帝紀》:「其國子學生亦仰依舊銓補，服膺師說，研習《禮經》。」《資治通鑒‧晉簡文帝咸安元年》:「新政俟才，官速銓補。」《清史稿‧兵志六》:「銀米有稽，銓補有章，訓練有規。」

〔7〕來闕下叫山呼——葉《譜》此句疊一句，應是。

〔8〕堂翁——明清時縣裏的屬員對知縣的尊稱。明‧馮夢龍《古今譚概‧無術‧邑丞通义》:「某邑一丞，素不知文，而強效聾作文語。其大令病起，自憐消瘦，水曰:『堂翁厚貌，如何得瘦。』」

〔9〕濯（zhuó）龍——漢代宮苑名。在洛陽西南角。《後漢書‧皇后紀上‧明德馬皇后》:「帝幸濯龍中，並召諸才人。」

〔10〕二龍——後漢許劭與兄虔並知名，時人稱為二龍。《後漢書‧許劭傳》:「兄虔亦知名，汝南人稱平輿淵有二龍焉。」這裏喻指周弁、田子華。

第二十齣　御　餞

〔二紫衣上〕玉樓銀榜枕嚴城，翠蓋紅旗列禁庭〔1〕。二聖忽排鸞路〔2〕出，雙仙正下鳳樓迎。今日國王、國母餞送駙馬、公主之任南柯，鸞輿蚤到。

【傳言玉女】〔王同老旦引宮娥上〕玉洞煙霞，一道晴光如畫。回首鳳城宮院，見琉璃碧瓦。〔眾〕宮娥侍長，半插貂蟬〔3〕隨駕。〔合〕送一對于飛〔4〕，鳳嬌鸞姹。

〔紫衣見介〕千歲千歲。〔王〕筵宴齊備麼？〔紫〕俱已齊備。〔丑〕已敕有司，備辦太守行李？〔生〕〔5〕行李整齊。〔宮娥〕娘娘傳旨，房奩、金玉、錦繡、車馬、人從，都要列於通衢之上，許萬民縱觀。〔紫〕知道。

【疏影】〔生旦上〕冠裳俊雅，正瑤臺鏡〔6〕裏，鳳妝濃乍。〔旦〕好夢分明，素情嬌怯，慢引香車隨馬。〔紫催介〕君王國母親臨餞，快疾著〔7〕綠槐幢下。〔合〕真乃是夫貴妻榮，一對堪描堪畫。

〔紫衣報介〕駙馬公主見。〔生旦俯伏介〕微臣夫婦沾恩，遠勞聖駕，無任誠歡誠忭！誠惶誠恐！〔王〕本不忍處卿於外，南柯有卿，免寡人南顧之憂耳。〔老旦泣介〕俺的公主兒，遠行苦也！〔旦作泣介〕俺的親娘呵！〔王〕在家為公主，出嫁為郡君〔8〕，有何所苦而泣乎？〔生旦叩頭介〕微臣恭受鴻私，願大王、國母千歲千歲千千歲。〔王〕願汝夫婦同之。〔生旦進酒介〕

【畫眉序】〔王〕晴拂御溝花，祖道〔9〕城南動杯斝。儘關南一面，借卿彈壓。憑仗你半壁門楣，看覷俺一分天下〔10〕。〔合〕南柯太守風流煞，一路裏威儀瀟灑。

〔老〕公主呵，今日南柯，便是你家了。俺宮中寶藏，盡作陪奩，你看通衢之上呵：

【前腔】雲樹玉交花，日影光輝度塵緺〔11〕。但閨房所要，盡情相把。擺天街色色珍奇，出關外盈盈車馬。〔合前〕

【前腔】〔生〕平地折宮花，大郡猥當歎才乏。便尋常餞送，敢煩鸞駕。祝太山太水〔12〕千秋，喜治國治家一法。〔合前〕

【前腔】〔旦〕生小正嬌花，酬謝東風許花發。但隨夫之任，賜妝如嫁。因夫主佔了兒家，為郡君將離膝下。〔合前〕

〔生旦跪介〕微臣何德？煩動至尊〔13〕。敢問南柯，以何而治？〔王〕〔14〕南柯，國之大郡，土地豐穰，民物豪盛，非惠政不能治之。況有周、田二卿贊治，卿其勉之，以副國念。〔生叩頭介〕微臣謹遵王命。〔老〕公主行矣，聽母親一言：淳于郎性剛好酒，加之少年；為婦之道，貴乎柔順，爾善事之，吾無憂矣。南柯雖封境不遙，晨昏有間，今日暌別〔15〕，寧不沾巾？〔老同旦泣介、旦〕謹領慈命。〔拜別介〕

【滴溜子】〔王〕南柯郡，南柯郡，弗嫌低亞。公案上，公案上，

酒杯放下。有腳的陽春五馬，休只管戀著衙，長放假〔16〕。他那裏地方，人物稠雜。

〔王〕傳旨：鼓吹旗幟，送過長亭〔17〕。〔行介〕

【鮑老催】〔眾〕街衢鬧雜，街衢鬧雜〔18〕，鸞輿直送仙郎發。秦簫吹徹鸞同跨，看乘龍〔19〕，乘的是，五花馬〔20〕。君王駙馬多歡哈〔21〕，則娘娘公主悽惶煞，留不住雙頭踏〔22〕。

〔眾〕千歲爺，過長亭了。〔王〕終須一別，駙馬、公主勉之。〔生旦俯伏介〕微臣夫婦，不敢有忘。願我王、娘娘千歲千歲千千歲。〔生旦下、王〕傳旨回宮。

【雙聲子】〔眾〕力力喇，力力喇，都是些人和馬。嘈嘈咋，嘈嘈咋，兩卜裏吹和打。嘻嘻哈，嘻嘻哈，去丁價，去丁價〔23〕。向槐陰路轉，數點宮鴉。

【尾聲】看他們時至氣化，一鞭行色透京華。似這樣夫妻人世卜寡。

雙鳳銜書〔24〕次第飛，駸駸〔25〕羽騎歷城池。

瓊簫暫卜鈞天樂〔26〕，今日河南勝昔時。

校　注

〔1〕玉樓銀榜二句——襲用唐·宗楚客《奉和幸安樂公主山莊應制》詩：「玉樓銀榜枕巖城，翠蓋紅旗列禁營」二句，只改「營」爲「庭」。玉樓，華麗的樓。銀榜，宮殿或廟宇門端所懸的輝煌華麗的匾額。

〔2〕鸞路——即鸞輅，君王所乘之車。《禮記·月令》：「天子居青陽左個。乘鸞路，駕倉龍，載青旗，衣青衣，服倉玉。」鄭玄注：「鸞路，有虞氏之車。有鸞和之節，而飾之以青，取其名耳。」

〔3〕貂蟬——喻達官顯貴。漢代侍中、中常侍等顯要官員，其冠飾有蟬文、貂尾。詳見《後漢書·輿服志》。唐·崔顥《奉和許給事夜直簡諸公》詩：「寵列貂蟬位，恩深侍從年。」

〔4〕于飛——偕飛。這裏以喻夫妻同行，恩愛和合。于，語助詞。《詩·周南·葛覃》：「黃鳥于飛，集于灌木，其鳴喈喈。」

〔5〕生——根據上下文意，此應爲「紫」。

〔6〕瑤臺鏡——喻指月亮。古代詩文意象，常以瑤臺鏡作比，生動地表現出月亮的形狀和月光的皎潔可愛，使人感到非常新穎。李白《古朗月行》：「小時不識月，呼作白玉盤。又疑瑤臺鏡，飛在青雲端。」

〔7〕快疾著——快疾，意謂迅速、趕快。疾，亦速意、快意、急意。著，猶云「到」。唐·沈佺期《雜詩》：「妾家臨渭北，春夢著遼西。」

〔8〕郡君——本爲古代婦女的封號，這裏指公主。唐代封四品官之妻爲郡君。見杜佑《通典》。

〔9〕祖道——古代爲出行者祭祀路神和設宴送行的禮儀。引申爲餞行送別。《史記·滑稽列傳》：「故所以同官待詔者，等比祖道於都門外。」杯斝（jiǎ），古代酒器。明·宋應星《天工開物·珠玉》：「所謂連城之璧，亦不易得。其縱橫五、六寸無瑕者，治以爲杯斝，此已當時重寶也。」亦泛指酒杯。

〔10〕「憑仗你半壁門楣」二句——意謂南柯之治亂，有關國家的安危；所以南柯治理得好，也就照顧了全國。半壁門楣，指女婿。俗以女婿爲半子。《新唐書·回紇傳》：「是時可汗上書恭甚，言昔爲兄弟，今婿，半子也。」故劇中將女婿形象地稱作「半壁門楣」。看覷，猶云照顧。

〔11〕塵罅（xià）——塵，喻指細小、輕微。罅，縫隙。此句意謂陪嫁眾多，車馬擁滿道路；只有細微的光輝透過縫隙。

〔12〕太山太水——亦作泰山泰水。指岳父岳母。唐·段成式《酉陽雜俎·語資》：「明皇封禪泰山，張說爲封禪使。說女婿鄭鎰因說驟遷五品，兼賜緋服。因大脯次，玄宗見鎰官位騰躍，怪而問之，鎰無詞以對，黃幡綽曰：『此乃泰山之力也。』」明·陳繼儒《群碎錄》：「又以泰山有丈人峰，故又呼丈人曰岳翁，亦曰泰山。」宋·莊季裕《雞肋編》卷上：「俗人以泰山有丈人觀，遂謂妻母爲泰水。」

〔13〕至尊——尊貴，至高無上；用爲皇帝的代稱。《荀子·正論》：「天子者執位至尊，無敵於天下。」唐·杜甫《石筍行》：「惜哉俗態好蒙蔽，亦如小臣媚至尊。」

〔14〕王——原作「生」，誤。據上下文意改。

〔15〕暌（kuí）別——分別；離別。暌，分離，不在一起。

〔16〕「有腳的陽春」三句——謂望你勤力治理南柯，做施行惠政的太守。有腳的陽春，對官吏施行德政的頌詞。典出五代·王仁裕《開元天寶遺事·有腳陽春》：「（唐）宋璟愛民恤物朝野歸美，時人感謂璟爲有腳陽春，言所至之處，如陽春煦物也。」

〔17〕長亭——古時設在路旁的亭舍，常用作餞別處。據考，亭始源於周代，皆設在邊疆要塞，作爲防衛和瞭望之用，並有亭吏管理。秦漢時，亭向內地擴延，定十里一亭，以維護地方治安。到南北朝，亭逐漸變成途中歇息、迎送賓客的場

所。《唐宋白孔六帖·館驛》:「十里一長亭,五里一短亭。」唐·李白《菩薩蠻》詞:「何處是歸程,長亭更短亭。」唐·李商隱《板橋曉別》詩:「迴望高城落曉河,長亭窗戶壓微波。」

〔18〕街衢(qú)鬧雜——此爲《鮑老催》首句,不應疊,葉《譜》刪去此疊句,是。

〔19〕乘龍——即乘龍佳婿。舊時指才貌雙全的女婿。也用作譽稱別人的女婿。唐·徐堅《初學記·鱗介部》:「黃尚爲司徒,與李元禮俱娶太尉桓溫女,時人謂桓叔元兩女俱乘龍,言得婿如龍也。」參見第三十三齣注〔13〕。

〔20〕五花馬——指珍貴的馬。唐人喜將駿馬鬃毛修剪成瓣以爲飾,分成五瓣者,稱「五花馬」。杜甫《高都護驄馬行》:「五花散作雲滿身,萬里方看汗流血。」一說,「五花馬,謂馬之毛色作五花文者」。見李白《將進酒》詩王琦注。

〔21〕歡哈——疑當作「歡洽」;蓋「哈」字形近而誤。

〔22〕雙頭踏——即雙頭花。同一枝上並開的兩朵花。比喻恩愛夫妻。明·何景明《恨功甫悼亡》詩之二:「个作雙頭花,翻爲斷腸草。」

〔23〕「力力喇」十句——描寫送行的盛況。力力喇,象聲詞,模仿喇叭吹奏的聲音。嚌嚌咋,象聲詞,模仿鈸(bó)的打擊聲;疑似弋陽腔或海鹽腔伴奏方式,喧騰熱鬧。去了價,係「走了」的意思,臨川方言。

〔24〕雙鳳銜書——喻指頒佈詔書;稱美皇帝傳詔。後趙主石虎字季龍,曾以木鳳銜詔下頒。晉·陸翽《鄴中記》:「石季龍與皇后在觀上爲詔書,五色紙著鳳口中,鳳既銜詔,侍人放數百丈緋繩,轆轤回轉,鳳凰飛下,謂之鳳詔。鳳凰以木作之,五色漆畫,腳皆用金。」唐·錢起《送張員外出牧岳州》詩:「鳳凰銜詔與何人,喜政多才寵寇恂。」唐·黃滔《賀清源僕射新命》詩:「二天在頂家家詠,丹鳳銜書歲歲來。」

〔25〕駸駸(qīn qīn)——形容馬跑得很快的樣子。《詩·小雅·四牡》:「駕彼四駱,載驟駸駸。」唐·宋之問《龍門應制》詩:「鳥旗翼翼留芳草,龍騎駸駸映晚花。」

〔26〕鈞天樂——鈞天廣樂,指天上的仙樂。詳見第十三齣注〔3〕。

第二十一齣　錄　攝〔1〕

【字字雙】〔丑扮府幕官上〕爲官只是賭身強,板障〔2〕。文書批點不成行,混帳。權官〔3〕掌印坐黃堂,旺相。勾他紙贖與錢糧,一搶。

　　自家南柯郡幕錄事官是也。關下正堂,小子權時署印。日高三丈,還不見六房〔4〕站班,可惡,可惡!

【前腔】〔吏上〕山妻〔5〕叫俺外郎郎〔6〕，猾浪。吏巾兒糊得翅幫幫，官樣。飛天過海幾椿椿，蠻放。下鄉油得嘴光光，〔揖介〕銷曠〔7〕。

〔丑惱介〕呸！幾時不上公堂望，搖搖擺擺來銷曠。莫非欺負俺老權官？教你乞拷在眉毛上〔8〕。〔吏跪介〕恩官興頭忒莽撞，百事該房識方向。〔作送雞介〕下鄉袖得小雞公，送與恩官五更唱。〔丑〕好個雞兒雞兒。〔吏〕聽得老爺好睡覺，出堂忒遲，因此告狀的候久都散了。小的想起來，老爺寸金日子，不可錯過，小的下鄉，撈的兩隻小雞，母的宰了，公的送爺報曉。一日之計，全在於寅〔9〕。〔丑〕有意思，有意思。我的都公〔10〕，請起。〔丑跪扶吏起介〕我從來衙裏，沒有本《大明律》，可要他不要？〔吏〕可有可無。〔丑〕問詞訟，可要銀子不要？〔吏〕可有可無。〔丑惱介〕不要銀子，做官麼？〔吏〕爺既要銀子，怎不買本《大明律》看。書底有黃金。〔扮報子上見介〕飛報送上。〔丑看報介〕右相府一本，南柯缺官事，奉令旨，駙馬淳于棼有點。呀，新官到了，寸金日子丟在那裏？〔報〕駙馬爺馬牌〔11〕到。〔丑〕叫各房打點迎接。〔吏〕都有舊規。〔丑〕舊規不同：要起駙馬府、公主殿。要珍珠轎、銷金傘。女戶扛擡。〔吏〕小的知道。如今事體迫了，爺兩隻手標票〔12〕兒纏好。〔丑作兩手標票介、吏〕一票，叫吏房知會官吏；一票，戶房支放錢糧；一票，兵房差點吹手、皂快、轎馬勘合；一票，禮房知會生儒、耆老、僧道，又要幾個尖嘴的教坊〔13〕。〔丑〕要他怎的？〔吏〕會吹。一票，刑房查點囚簿，送刑具；一票，工房修理府第、家火，第一要個馬子〔14〕、線香。〔丑〕這緩得些。〔吏〕奶奶下了轎，滿地跳。一票，架閣庫〔15〕整頓卷宗交代；一票，承發科寫理腳色、憲綱〔16〕；一票，雜辦吏鋪氈結綵；一票，帶辦吏送心〔17〕紅紙張；一票，各馬驛下程中火〔18〕；一票，各社總選門子，要一丈二尺長。〔丑〕太長了？〔吏〕新太爺還長一丈八〔19〕。一票，娘娘廟借珍珠八角轎傘；一票，表子鋪〔20〕借鋪陳、臙粉、馨香。〔丑〕這個使不得，要星夜製造纏是。

【亭前柳】此郡鎮南方，前任總尋常。緣何差駙馬？甚樣有輝光！〔合〕憲綱，前件開停當。分付該房，須急切要端詳。

【前腔】珠翠縷金裝，怕沒現錢糧？〔吏〕沒錢糧，有處。因公且

科派〔21〕，事後再商量。〔合前〕

　　權官纔打劫，正官便交攝。

　　支分〔22〕各色人，遠遠去迎接。

校　注

〔1〕錄攝——謂南柯郡暫由錄事官代行太守職權。攝，代理。《警世通言·唐解元一笑姻緣》：「適典中土管病故，學士令華安暫攝其事。」

〔2〕板障——本意為木板屏障，此喻威風、有勢力。

〔3〕權官——指與正職官有分別但有同樣權力的官員，即代理之官。當正官暫時不能充任時，則外加權官頂上代替。明·陸深《玉堂漫筆》：「元祐以後又置權官，如以侍郎權尚書之類。」

〔4〕六房——舊時州縣衙門設六個辦公室，分掌政務，稱為「六房」或「六案」。唐制：州、縣各設司功、司倉、司戶、司兵、司法、司士六曹。見《舊唐書·職官志三》。宋制：門下省設六房，即孔目房、吏房、戶房、兵房、禮房、刑房，有給事中分治。見《宋史·職官志一》。

〔5〕山妻——本指隱士之妻。晉·皇甫謐《高士傳·陳仲子》：「楚相敦求，山妻了算，遂嫁雲蹤，鋤丁自竄。」這裏吏用來自稱其妻。外郎，宋元以來對衙門書吏的稱呼。亦指縣府小吏。小說詞曲中多用之。元·無名氏《陳州糶米》四、白：「今日包待制大人升廳坐衙，外郎你與我將各項文卷打點停當等簽押者。」

〔6〕外郎郎——令史之俗稱，元代戲劇中常見；亦即是後世之書吏。按，原作「外郎外郎」，衍一「外」字，據葉《譜》刪。

〔7〕銷曠——消磨空閒時間。

〔8〕乞拷在眉毛上——意謂被打在眼前。乞，猶被。《水滸傳》五二回：「李逵乞宋江逼住了，只得撇了雙斧，拜了朱仝兩拜。」

〔9〕一日之計全在於寅——謂一日的計劃要在寅時考慮安排。寅，寅時，舊時計時法指凌晨三點鐘到五點鐘。古諺語云：「一年之計在於春，一日之計在於寅。」元·無名氏《白兔記》六〔傍妝臺〕白：「一年之計在於春，一生之計在於勤，一日之計在於寅。」

〔10〕都公——唐尚書省左右司的別稱。唐·李肇《唐國史補》卷下：「舊說吏部為省眼……二十四曹呼左右司為都公。」這裏為錄事官用來指稱其書吏，顯然引喻失義。

〔11〕馬牌——本指官員因公遠行，支用驛站車馬的憑證；此指管馬的兵役。清·劉嗣綰《官馬過》詩：「驅馬不前使馬鞭，馬不能言馬牌哭。」

〔12〕標票——開票，寫票。意謂發放令票。標，應爲摽。摽，本爲拋棄的意思，這裏引申爲發放。票，指官吏派遣下屬辦事的憑據，相當於軍中的令箭。

〔13〕教坊——古時管理宮廷音樂的官署。始建於唐代，專管雅樂以外的音樂、舞蹈、百戲的教習、排練、演出等事務。宋元兩代亦設教坊；明代設教坊司，隸屬於禮部，主管樂舞和戲曲。元·白樸《梧桐雨》二〔快活三〕：「囑付你仙音院莫怠慢，道與你教坊司要疊辦，把箇太眞妃扶在翠盤間。」這裏借指器樂家。

〔14〕馬子——即馬桶、便溺器。南宋·趙彦衛《雲麓漫鈔》卷四：「《西京雜記》：李廣與兄弟共獵於冥山之北，見臥虎，射之即斃，斷其髑髏，以爲枕，示服猛也；鑄銅象其形爲溲，示厭辱之也。故漢人目溺器爲虎子。鄭司農注《周禮》有是言。唐諱虎，改爲馬，今人云廁馬子者是也。」《兒女英雄傳》第九回：「請問，一個和尙廟，可那裏給你找馬子去？」

〔15〕架閣庫——宋元時代儲藏文牘案卷的機構。《宋史·職官志三》：「主管架閣庫：掌儲藏帳籍文案以備用，擇選人有時望者爲之。」

〔16〕寫理腳色、憲綱——開列官職的名稱及規章制度。腳色，官職名稱、次序。憲綱，指法紀法度。《後漢書·和帝紀》：「市道小民，但且申明憲綱，勿因科令，加虐羸弱。」

〔17〕心——應作「猩」。猩紅，指鮮紅色。猩紅色介乎紅色和橙色之間，比朱紅色深。猩紅色因猩猩血液的顏色而得名。猩紅即銀朱，參見《本草綱目·石三·銀朱》。

〔18〕中火——途中午休用飯。《京本通俗小說·拗相公》：「日光將午，到一村鎭。江居下了驢，走上了一步，稟道：『相公，該打中火了。』」

〔19〕俗諺有「丈二和尙、摸不著頭腦」語，新太守長一丈八，則頭腦更難摸了。

〔20〕表子鋪——指妓院。表子，舊時稱妓女。元·張國寶《羅李郎》三〔離調·金菊香〕：「往常時秦樓謝館飮金巵，柳陌花街占表子。」清·孔尙任《桃花扇》十七〔燕歸梁〕白：「稟老爺，小人是長班，只認的各位官府，那些串客、表子，沒處尋覓。」

〔21〕科派——意猶攤派力役、賦稅，責令負擔，或斷令出資。元·戴善夫《風光好》一〔天下樂〕：「常教他一縷兒頑涎濕不乾，丁單將科派攤，剛剛的對付難上難。」

〔22〕支分——謂支使、分派、吩咐。唐·白居易《自詠老身示諸家屬》詩：「支分閒事了，把臂向陽眠。」

第二十二齣　之　郡

　　〔隊子上〕結束征車換黑貂〔1〕，行人芳草馬聲嬌。紫雲新苑移花處，

洞裏神仙碧玉簫。請了。俺們駕上差來，護送公主駙馬爺南柯赴任去，迤邐數程〔2〕，公主駙馬起早也。

【滿庭芳】〔生旦眾上〕紫陌塵閒，畫橋風淺，鸞旗影動星躔〔3〕。〔旦〕朝雲濃淡，行色映花鈿。為問夕陽亭〔4〕餞，下鸞輿慘動離筵。〔合〕關南路，春暉綠草，何日再朝天。

【木蘭花令】宮花欲喚流鶯住，恰是南柯遷徙處。繡簾嬌馬出都城，寶蓋斜盤金鳳縷。華年得意頻相顧，笑問卿卿來幾許？綠槐風軟度行雲，回首沁園〔5〕東畔路。〔生〕公主，自拜辭了君王、國母，不覺數程，此去南柯相近了。左右趲行〔6〕。〔行介〕

【甘州歌】宮闈別餞，擺五花〔7〕頭踏，迤邐而前。都人凝望，十里繡簾高捲。四方宦遊誰得選，一對夫妻儼若仙。〔合〕青袍舊，綠鬢鮮，大槐宮裏著貂蟬。香車進，寶馬連，一時攜手笑嫣然。

〔官吏上〕南柯郡錄事，差官吏投批，迎接爺爺。〔生取看介〕發批迴；前去伺候。〔官吏應介〕

【前腔】〔生〕宮花壓帽偏，問有何能德，紫綬腰懸？玉樓人並，翠蓋綠油輕展。指揮風景遲去輦，為惜流光懶下鞭。〔合〕攜琴瑟，坐錦韉〔8〕，一條官路直如弦。遊春樣，盡世緣，秦樓簫史〔9〕弄雲煙。

〔眾〕稟爺，南柯郡界了。〔丑〕南柯郡錄事參軍〔10〕迎接老大人。〔生〕遠勞了。〔丑〕不敢。有新轎傘、兵衛、男女轎夫，齊站下班迎接。〔生〕知道了，就回。〔丑應下、內介〕合郡官吏迎接爺爺。〔生〕起去，伺候。〔內介〕生儒迎接老大人。〔生〕請起，郡中相見。〔應介內〕僧道耆老迎接爺爺。〔生〕都起去。〔內〕教坊女樂〔11〕們迎接爺爺。〔生〕趲行。〔眾妓鼓吹引介〕

【前腔】鸞鈴動翠鈿，看滿前旗影，冠佩翩聯。爭來迎跪，陌上紅塵深淺。邦君夫人鸞鳳侶，父老兒童竹馬年〔12〕。〔合〕軍民鬧，士女喧，妓衣時雜紫衣襌〔13〕。彈箏覷，擊鼓傳，錦車催怕日華偏。

〔生〕遠遠望見如煙如霧、鬱鬱蔥蔥者，是何地方？〔眾〕十里之近，

南柯郡城。〔生〕公主，真好一座城臺。

【前腔】遙遙十里前，見蔥蔥佳氣，非霧非煙。雉飛鷥舞，臺觀疊來蒼遠。似蘭亭〔14〕景幽圍翠嶺，春穀泉〔15〕鳴浸玉田。〔合〕山如畫，水似纏，自憐難見此山川。重門擁，旌旆懸，玉樓金榜洞中天。

〔內燈籠接上介、眾〕稟太爺，進城。〔生〕今夕公館休息，五鼓陞任。

【尾聲】閃紗燈一道星球轉，曜街衢棨戟〔16〕森然。公主，和你且把下馬公堂笑鋪展。

露冕新承明主〔17〕恩，山城別是武陵源〔18〕。

笙歌錦繡雲霄裏，南北東西拱至尊。

校 注

〔1〕黑貂——紫貂的別名。紫貂係食肉目、鼬科的珍貴毛皮獸。絨毛細密豐厚，針毛高爽靈活，黑潤有光，皮板堅韌輕薄，被譽為裘皮之冠。貂皮資源稀少，十分珍貴。俗語云：「頭品玄狐二品貂、三品四品穿倭刀。」（倭刀是青狐的別稱。）

〔2〕迤邐（yí lǐ）數程——謂經過曲折連綿的行程。迤邐，曲折連綿貌。南朝齊·謝朓《治宅》詩：「迢遞南川陽，迤邐西山足。」

〔3〕鷥旗影動星躔（chán）——意謂鳳凰旗飄動，旗上的星宿也隨之舞動。鷥旗，天子儀仗中的旗子；上繡鷥鳥，故稱。此次因蟻王派儀仗送駙馬、公主之任，故有此旗。星躔，本指日月星辰運行的度次，這裏指鷥旗上所繡的星宿。

〔4〕夕陽亭——亭名，故地在河南省洛陽市西。東漢延光年間，大尉楊震被譖遣歸，飲鴆死於此亭。晉賈充出鎮關中，百僚餞行於此亭。參見《後漢書·楊震傳》、《晉書·賈充傳》。唐朝也以此亭為餞送之所，改名河亭。後借指送行餞別之所。

〔5〕沁園——園林名。為東漢明帝女沁水公主所有。建初三年被竇憲所奪。後泛稱公主的園林為「沁園」。唐·儲光羲《玉真公主山居》詩：「不言沁園好，獨隱武陵花。」

〔6〕趲（zǎn）行——趕路；快行。明·徐渭《雌木蘭》一〔寄生草·么〕白：「大哥們，勞久待了，請就上馬趲行。」

〔7〕五花——謂五花馬。唐·李白《將進酒》詩：「五花馬，千金裘，呼兒將出換美酒。」詳見第二十齣注〔20〕。

〔8〕錦韉（jiān）——錦製的襯托馬鞍的坐墊。代指裝飾華美的馬匹。唐·岑參《衛節度赤驃馬歌》：「紅纓紫靽珊瑚鞭，玉鞍錦韉黃金勒。」

〔9〕蕭史——應作「蕭史」。

〔10〕參軍——官名。東漢末始有「參某某軍事」的名義，謂參謀軍事。簡稱「參軍」。晉以後軍府和王國始置爲官員。沿至隋唐，兼爲郡官。明清稱經略爲參軍。

〔11〕女樂——舊指歌舞伎，即供達官貴人娛樂享受的人。《論語・微子》：「齊人歸女樂，季桓子受之。三日不朝，孔子行。」

〔12〕竹馬年——少年。竹馬，古代兒童遊戲時當馬騎的竹竿。代指少年。

〔13〕紫衣禪——穿著紫色袈裟的僧人。唐代僧人法朗等九人重譯《大雲經》畢，武則天賜紫袈裟，銀龜袋，爲僧人賜紫之始。唐・杜荀鶴《送紫陽僧歸廬嶽舊寺》詩：「紫衣明主贈，歸寺感先師。」

〔14〕蘭亭——古代名亭之一。在浙江省紹興市西南之蘭渚山上。東晉永和九年（公元 353 年）王羲之與謝安等四十餘人同遊於此，羲之作《蘭亭集序》。蘭亭以其秀美的自然景觀、獨享的書壇盛名、豐厚的歷史文化積澱，享譽海內外。《晉書・王羲之傳》：「會稽有佳山水，名士多居之……羲之嘗與同志宴集於會稽山陰之蘭亭，羲之自爲之序。」

〔15〕春穀泉——泉名。在春穀城。《明一統志》：「春穀城，在寧國府南陵縣西一百五十里。」南朝齊・謝朓《宣城郡內登望》詩：「山積陵陽阻，溪流春穀泉。」唐・釋皎然《送李丞使宣城》詩：「夢裏春穀泉，愁中洞庭雨。」

〔16〕棨戟（qǐ jǐ）——有繪衣或油漆的木戟。古代官吏所用的儀仗，出行時作爲前導，後亦列於門庭。《漢書・韓延壽傳》：「功曹引車，皆駕四馬，載棨戟。」《舊唐書・張儉傳》：「唐制三品以上，門列棨戟。」

〔17〕明主——賢明的君主。《史記・刺客列傳》：「臣聞明主不掩人之美，而忠臣有死名之義。」

〔18〕武陵源——即桃花源。晉・陶潛《桃花源記》，稱晉太元年間武陵郡漁人入桃花源，所見洞中居民及生活情景，儼然另一世界。故桃花源又稱武陵源。古詩文中多泛指清淨優美的世外仙境或幽深的避世隱居之地。唐・王維《桃源行》：「居人共住武陵源，還從物外起田園。」參見《陶淵明集》卷六。

第二十三齣　念　女

　　【夜遊湖】〔老旦引眾上〕窣地〔1〕榮華開內苑，紫雲袍花勝朝天。〔眾〕扇影斜分，宮娥慢擁，望南柯阿嬌〔2〕仙眷。

　　【憶秦娥】〔老〕屏山列，香風暗展青槐葉。〔眾〕青槐葉，洞天深處，彩雲明滅。〔老〕女兒十五辭宮闕，南柯婉睇西樓月。〔合〕西樓月，南

飛鵲影，照人離別。自家大槐安國母，一女遠在南柯，將二十年。昨有書來，說他兒女累多，肌瘦怕熱，近於灄江城清涼地面，築一座瑤臺城避暑，要請佛王經千卷供養。已著郡主去禪智寺，請問契玄師父，還未到來。

【玩仙燈】〔貼持經上〕禪智談玄，又請下的法王經卷。

〔見叩頭介〕郡主瓊英叩頭，千歲。〔老〕平身。手中所進，是何經卷？〔貼〕到問契玄禪師，他說，凡生產過多，定有觸污地神天聖之處。可請一部《血盆經》[3]去，叫他母子們長齋三年，總行懺悔，自然災消福長，減病延年。娘娘聽啓：

【玉山頹】這《血盆經卷》，大慈悲孩兒目連。〔老〕因何？〔貼〕目連尊者爲救母走西天，經過羽州追陽縣。曠野之中，見一座血盆池地獄，有多少女人，散髮披枷，飲其池中污血。目連尊者動問獄主，此是因何？獄主言道，這婦人呵，**生產時血污了溪河，煎茶供厭污了良善**。〔老〕是了，供奉三寶[4]的茶水，被血水污。因此果報。後來？〔貼〕目連尊者聽見，大哭起來：俺母親也應受此苦楚了。竟以神通，走向佛所，致心頂禮：願祈世尊爲我等開示，云何報答慈親，脫離此苦？佛言，善哉。**待酬恩眷**[5]，則三年內長齋拜懺，**聲聲把彌陀念**。〔老〕念了怎的？〔貼〕有好處。**渡河船，便是血盆池上產金蓮**。

【前腔】〔老〕佛爺方便，向諸天把眞言示宣。想來則有婦女苦，生男種女大家的；便是產時昏悶，傾污水於溪河，也是丈夫之罪。怎那經文呵，**明寫著外面無干，偏則是女人之譴**[6]？便宣紫衣官一員，分付馬上捧持此經一千部，星夜前去。**紫衣乘傳，直齎**[7]**到瑤臺宮院，冤到追陽縣**。說與公主呵，**教他廣流傳，把俺老娘三世也帶生天**。

古來兒女得娘憐，女病娘愁各一天。
惟有受經勤懺悔，南柯應產玉池蓮。

校 注

〔1〕窣（sū）地——猶云垂地。窣，下垂貌。宋·高觀國《御街行·賦簾》詞：「香波半窣深深院，正日上花陰淺。」

〔2〕阿嬌——對女兒的昵稱。《漢武故事》：「後長主還宮，膠東王數歲，公主抱置膝上問曰：『兒欲得婦否？』長主指左右長御百餘人，皆云：『不用。』指其女：『阿嬌好否？』笑對曰：『好。』」

〔3〕《血盆經》——《目連正教血盆經》的簡稱。又名《女人血盆經》。舊時在民間流傳甚廣，但不載於《大藏經》，載於唐建陽書林范氏版本《大乘法寶諸品經經咒》和《諸經日誦》。相傳為婦女生育過多，會觸污神佛，死後下地獄，將在血盆池中受苦。若生前延僧誦此經，則可消災受福。《紅樓夢》第十五回：「胡老爺府裏產了公子……叫請幾位師父念二口《血盆經》。」以下《玉山頹》一段曲白，即檃括此經而成。

〔4〕三寶——佛教語。指佛、法、僧。《釋氏要覽·三寶》：「三寶謂佛、法、僧。」三國吳·康僧會《安般守意經序》：「佛教三寶，眾冥皆明。」後以指佛教。

〔5〕恩眷——皇帝的恩寵眷顧。《魏書·李彪傳》：「案臣彪昔於凡品，特以才拔……綢繆恩眷，繩直憲臺。」

〔6〕譴——罪；過錯。《新唐書·張廷珪傳》：「御史有譴，當殺殺之，不可辱也。」

〔7〕齎（jī）——攜帶著（經卷）。

第二十四齣　風　謠〔1〕

【清江引】〔紫衣走馬捧經背敕上〕紫衣郎走馬南柯下，一軸山如畫。公主性柔佳，駙馬官瀟灑。俺且在這裏整儀容權下馬。

事有足差，理有果然〔2〕。自家紫衣官是也。承國王、國母之命，送佛經與公主供養，並加陞駙馬官爵門蔭〔3〕。繞入這南柯郡境，則見青山濃翠，綠水淵環；草樹光輝，鳥獸肥潤。但有人家所在，園池整潔，簷宇森齊。何止苟美苟完〔4〕，且是興仁興讓〔5〕。街衢平直，男女分行。但是田野相逢，老少交頭一揖。曾遊幾處，近見此邦。且住，待俺借問公主平安，看百姓怎生議論？前面幾個父老來了。

【孝白歌】〔眾扮父老捧香上〕征徭薄，米穀多，官民易親風景和。老的醉顏酡〔6〕，後生們鼓腹歌。你道俺捧靈香，因甚麼？〔紫前問介〕

敢問老官人，公主好麼？〔父老歎介、唱前〕你道俺捧靈香，因甚麼？

〔下、紫〕這些父老們歡歡喜喜，唱個甚的？又邀的幾個秀才來了。

【前腔】〔眾扮秀才捧香上〕行鄉約，制雅歌，家尊五倫人四科〔7〕。因他俺切磋，他將俺琢磨。你道俺捧靈香，因甚麼？〔紫〕敢問秀才，公主好麼？〔秀才歎、唱前〕你道俺捧靈香，因甚麼？〔下〕

【前腔】〔扮村婦女捧香上〕多風化〔8〕，無暴苛，俺婚姻以時歌《伐柯》〔9〕。家家老小和，家家男女多。你道俺捧靈香，因甚麼？〔紫〕敢問女娘們，公主好麼？〔婦歎介、唱前〕你道俺捧靈香，因甚麼？〔下〕

【前腔】〔扮商人捧香上〕平稅課，不起科，商人離家來安樂窩。關津任你過，晝夜總無他。你道俺捧靈香，因甚麼？〔紫〕大哥幾分面善〔10〕。〔商〕俺是京師人，在此生意。〔紫〕正是，聽見公主可好？〔商〕俺們正去太爺生祠〔11〕進香，保祝駙馬、公主二人千歲千歲。〔紫〕你又不是這境內人民，保他則甚？〔商〕淳于爺到任二十年，人間夜戶不閉，狗足生毛〔12〕。便是俺們商旅，也往來安樂，知恩報恩。〔紫〕前面一夥老的，一夥秀才，一夥婦女，都捧著香往那裏去？唱些甚麼？〔商〕你是不知。這南柯郡，自這太爺到任以來，雨順風調，民安國泰，終年則是遊嬉過日，口裏都是德政歌謠。各鄉村多寫著太爺牌位兒供養，則這是大生祠，祠宇前後九進，堂高三丈，立有一丈五尺高的幾座德政碑，碑上記他行過德政。二十年中，便一日行一件，也有七千二百多條，言之不盡。〔紫〕想是學霸刁民胡弄的。〔商作惱介、唱前〕咳，你道俺捧靈香，因甚麼？

〔下、紫〕奇哉！奇哉！真個有這等得民心的官府。

二十年事事循良〔13〕，偏歌謠處處焚香。

立生祠字字紀實，詔書中一一端詳。

校　注

〔1〕風謠──指反映風土民情的歌謠。《後漢書・方術傳上・李郃》：「和帝即位，分

遣使者，皆微服單行，各至州縣，觀采風謠。」

〔2〕「事有足差」二句——謂事物的發展變化有它內在的必然規律。《戰國策·齊策四》：「譚拾子曰：『事有必至，理有固然。』君知之呼？」此爲宋元話本及戲劇中常用語，一般寫作「事有足吒，理有固然。」

〔3〕門蔭——謂憑藉祖先的功勳循例做官。《晉書·儒林傳·范弘之》：「石（謝石）階藉門蔭，屢登崇顯。」清·毛祥麟《對山餘墨·田與傳》：「公第以門蔭得官，雖嘗納粟獻錢，要無大功於朝。」

〔4〕苟美苟完——猶言差不多算美好，大致完備。語出《論語·子路》：「子謂衛公子荊：善居室。始有，曰『苟合矣。』少有，曰『苟完矣。』富有，曰『苟美矣』。」邢昺疏：「富有曰苟美者，富有大備，但曰苟且有此富美耳，終無泰侈之心也。」

〔5〕興仁興讓——謂提倡仁義和禮儀。語出《禮記·大學》：「一家仁，一國興仁；一家讓，一國興讓。」

〔6〕醉顏酡（tuó）——意謂滿面紅光。醉顏，醉後的面色。酡，飲酒臉紅貌。宋·歐陽修《定風波》詞：「把酒花前欲問他。對花何合醉顏酡。」陳毅《泗宿道中》詩：「古邳解鞍馬，煮酒醉顏酡。」

〔7〕五倫、四科——五倫，舊指君臣、父子、兄弟、夫妻、朋友之間五種倫理關係。《孟子·滕文公》：「父子有親，君臣有義，夫婦有別，長幼有敘，朋友有信。」四科，指孔門的四種科目，即德行、言語、政事、文學。見《論語·先進》。後世「四科」的內容多有不同。此處「四科」因與「五倫」並舉，當指孔門四科。

〔8〕風化——教育感化。語出《詩序》：「上以風化下，下以風刺上。」鄭玄箋：「風化、風刺皆謂譬喻不訴言也。」

〔9〕《伐柯》——《詩·豳風》篇名，主要內容謂男女都能遵從封建禮教，憑媒婚嫁，而無越禮之事。

〔10〕面善——猶「面熟」。

〔11〕生祠——爲活人建立的祠廟。《漢書·于定國傳》：「其父于公爲縣獄史，郡決曹，決獄平。羅文法者于公所決皆不恨。郡中爲之生立祠，號曰于公祠。」

〔12〕狗足生毛——喻指夜不閉戶，世風改變；狗亦養尊處優，無須看家護院。

〔13〕循良——舊稱官吏奉公守法又有治績的，叫做「循良」。《北史·孫搴等傳論》：「房謨忠勤之操，始終若一。恭懿循良之風，可謂世有人矣。」元·李壽卿《伍員吹簫》一〔混江龍〕：「俺本是個掌三軍的帥首，今做了撫百姓的循良。」

第二十五齣　玩　月

〔錄事官上〕官居錄事尊崇，放支帳曆粗通。再不遇缺官看印，教我錄事衙門嗑風〔1〕。新近一場詫事：公主生長深宮，二十年南柯地方怕熱，訪知瀲江城西北涼風；築一座瑤臺城子，單單一個公主避暑其中；周田二公督造，果然不日成功。怎生喚做瑤臺城子？四門有高臺玉石玲瓏。駙馬、公主到來便待賞月，那頭行的正是周田二公。〔虛下〕〔2〕

【繞池遊】〔扮周田上〕人間怎麼？地下爲參佐〔3〕，乘公暇得從深座。玉鏡臺移，絳橋星度〔4〕，下秦樓雙鳴玉珂〔5〕。

〔周〕下官司憲周弁。〔田〕下官司農田子華。〔周〕蒙太老先生提挈，贊相〔6〕有年。近因公主避暑於瀲江西畔，築了座瑤臺城。今夕駙馬、公主駕臨，正當明月三五，良可賀也。〔田〕以下官所言，瑤臺雖則壯麗，江外切近檀蘿，公主移居，深所未便。〔周〕有瀲江城一衛兵馬，可保無危。〔內響道介、田〕駙馬、公主蚤來，我們且須迴避。〔虛〔7〕下〕

【破齊陣】〔生旦引眾上〕繞境全低玉宇，當窗半落銀河。月影靈娟，天臨貴婿，清夜暫迴參佐。同移燕寢幽香遠，並起鴛駕暮靄多，何處似南柯？

〔周田上、吏進稟介〕司憲司農稟見。〔生〕叫該房〔8〕稟知，公主在此，不便請見，請二位老爺先回。〔吏應介、周田下、生〕我爲公主造此一城，都是白玉砌裏，五門十二樓，真乃神仙境界也。今夜月明如洗，傾倒一杯。〔老旦酒上〕金屋人雙美，瑤臺月一輪。酒到。

【普天樂犯】〔9〕〔生〕碾〔10〕光華城一座，把溫太真裝砌的嵯峨〔11〕。自王姬寶殿生來，配太守玉堂深坐。瑞煙微，香百和，紅雲度，花千朵。有甚的不朱顏笑呵？眼見的眉峰皺破。對清光滿斟，一杯香糯。

〔旦歎介〕甚般〔12〕好景，苦沒心情，奈何？奈何？〔生〕是了，你飲興欠佳，叫孩子們勸你。請王孫、貴女出來。〔雜扮二小男小女上〕月兒光，月兒光，婆婆樹下好燒香。老爺，親娘，喫一杯酒兒麼？〔灌旦酒、旦笑介〕我喫我喫。

【雁過沙犯】〔旦〕姮娥〔13〕，自在爭多，養孩兒恁個？那些兒不病過〔14〕？念載〔15〕光陰一擲梭，大的兒攻書課；次的兒敢聰明似哥，小丫頭也會梳裹。㜑兒間，眼前提著，又校得心頭活。

【傾杯序】〔16〕〔生〕嬌波，倚瑤臺，新鏡磨，嵌青天，人負荷〔17〕。〔雜〕消〔18〕多，幾陣微風，一莖清露，半縷殘霞，淡寫明抹。稱道你洞府仙人，清涼無暑，愛弄娑婆〔19〕。〔合〕好大槐安，團圓桂影〔20〕，今夜滿南柯。

〔旦〕夫妻兒女，眞是團圞〔21〕，只爲哥兒們長成，親事未定，熱我心懷。〔雜〕娘住這瑤臺之上，怕忒高寒些兒？

【山桃紅犯】〔22〕〔旦〕一些些思量過，悶喲喲怎題破？看這座瑤臺是不比其他，界斷銀河冷濟些兒個。便似背兒大竊藥向寒宮躲，念瑤芳怎學的姮娥〔23〕。

〔內介〕報，報，報。令旨到。〔紫衣上宣旨介〕令旨到，跪聽宣讀。制曰：寡人聞之，治國之法，一曰賢賢，二曰親親〔24〕。恩禮之施，用此爲準。咨汝公主瑤芳、厥配南柯郡太守駙馬都尉淳于棼，自下車以來，將二十載，仁風廣被，比屋歌謠，寡人心甚重之。茲特進封食邑三千戶，爵上柱國〔25〕，集議院大學士、開府儀同三司〔26〕，仍行南柯郡事。二男一女，俱以門蔭授官，許聘王族，與國咸休。欽哉！謝恩。〔生旦叩頭〕千歲千歲千千歲。〔紫衣叩頭見生旦介〕恭喜駙馬公主高陞。〔生扯紫介〕勞了。〔紫〕娘娘還有懿旨：請下《血盆經》千卷，送與公主供養流傳，消災長福。〔生〕齊家治國，只用孔夫子之道。這佛教全然不用。〔旦〕奴家一向不知，怎生是孔夫子之道？〔生〕孔子之道，君臣有義，父子有親，夫婦有別，長幼有序，朋友有信〔27〕。〔旦〕依你說，俺國裏從來沒有孔子之道，一般立了君臣之義，俺和駙馬一般夫婦有別，孩兒們一樣與你父子有親，他兄妹們依然行走有序。這卻因何？〔生笑介〕說是這等說，便與公主流傳這經卷罷了。

公主瑤臺養病身，一天恩詔滿門新。

但願福隨長命女，相依佛度有緣人。

校 注

〔1〕嗑風（hē fēng）——比喻沒有東西吃，挨餓之意。《儒林外史》第三回：「我一人殺一個豬還賺不得錢把銀子，卻把與你去丟在水裏，叫我一家老小嗑西北風。」

〔2〕虛下——傳奇戲舞臺演出術語。某一腳色，暫時沒有戲，可以下場，而又當他未下場，不敲下場鑼，叫做「虛下」。再出場參加唱演時，戲本上不必再說「某某上」，也不敲上場鑼。

〔3〕參佐——部下；僚屬。宋・蘇軾《御試制科策》：「及兵興之後，始立使額，參佐既眾，簿書益繁，百弊之源，自此而始。」

〔4〕玉鏡臺——晉代溫嶠北征劉聰，得玉鏡臺，後與姑表妹爲婚以之爲聘禮，遂被看成風流韻事，並見於戲曲。詳見《世說新語・假譎》。唐・張紘《行路難》詩：「君不見溫家玉鏡臺，提攜抱握九重來。」

〔5〕玉珂——馬絡頭上的裝飾物。多爲玉製，也有用貝製的。振動則有聲，貴官用之。也用以指馬。晉・張華《輕薄篇》：「文軒樹羽蓋，乘馬鳴玉珂。」唐・杜牧《汴河阻凍》詩：「千里長河初凍時，玉珂瑤珮響參差。」

〔6〕贊相——輔佐。明・李東陽《楚觀樓記》：「若布政、按察諸公，皆能贊相先後，以成嘉績。」

〔7〕虛——此係衍文，蓋涉上「虛下」而衍。白中明說「且須迴避」，下文又明說「周、田上」，則非虛下甚明。

〔8〕該房——本謂值班，此處爲動詞轉作名詞，指值班人。舊時把官署及辦公處叫做房。《新唐書・百官志一》：「改政事堂號『中書門下』，列五房於其後；一曰吏房，二曰樞機房，三曰兵房，四曰戶房，五曰刑禮房，分曹以主眾務焉。」

〔9〕《普天樂犯》——此係《普天樂》本調，不犯他調。葉《譜》無「犯」字，是。

〔10〕碾（niǎn）——原誤作「蹍」，據暖紅室本、葉《譜》改。

〔11〕「把溫太眞」句——溫太眞，名嶠，《晉書》有傳。嶠曾爲劉越石長史，北征劉聰，得玉鏡臺一枚，用以聘姑女，見《世說新語・假譎》。這裏藉以指玉鏡臺。嵯峨，山高峻貌；意謂瑤臺城高大雄偉。明・梁辰魚《浣紗記・投吳》：「寶殿嵯峨對紫宸，簾櫳映碧雲。」

〔12〕甚般——猶云「是樣」。「甚」，猶云「是」。

〔13〕「姮娥（héng é）」二句——謂自己的自在比姮娥相差很多。姮娥，嫦娥。爭，相差。唐・杜荀鶴《自遣》詩：「百年身後一土丘，貧富高低爭幾多？」

〔14〕病過——猶云苦於應付。過，「過從」之省文；猶雲應付。

〔15〕念載——二十年。念，爲「廿（niàn）」字的讀音。

〔16〕【傾杯序】——原爲【傾杯犯】，此係【傾杯序】本調，不犯他調，「犯」字衍。據葉《譜》改。

〔17〕「新鏡磨」三句——謂一輪明月像新磨的鏡面鑲嵌在天空，月中彷彿有人背負、肩擔在行走。負荷，意謂擔負、承擔。

〔18〕消——猶云「須」。宋・蘇軾《六月乙會稽將去》詩：「斷送一生消底物，三年光景六篇詩。」

〔19〕娑婆——即「娑婆世界」，又名「忍土」。詳見第八齣注〔26〕。下句「年少也娑婆」之「娑婆」意爲從容優遊。

〔20〕桂影——唐・段成式《酉陽雜俎》載：月中有桂，高五百丈，下有一人常斫之，樹創隨合。其人姓吳，名剛，學仙有過，謫伐桂。這裏借月中桂樹以指月亮。

〔21〕團圞（luán）——團欒，團聚、環繞貌。元・趙孟頫《題耕織圖》詩：「相呼團圞坐，聊慰衰莫齒。」明・邵璨《香囊記》二三〔一封書〕：「但願他時雙喜慶，母子團圞得保寧。」

〔22〕《山桃紅犯》——葉《譜》作《小桃紅》，是。

〔23〕「便似背兒夫」二句——典出《淮南子・覽冥訓》：「羿請不死之藥於西王母，姮娥竊以奔月。」高誘注：「姮娥，羿妻。羿請不死之藥於西土母，未及服之，姮娥盜食之，得仙，奔入月中，爲月精也。」姮娥，本作「恒娥」，俗作「姮娥」。漢代因避文帝劉恒諱，改稱常娥，通作嫦娥。

〔24〕「一曰賢賢」二句——意謂治國者要尊重有才能的人，要愛護自己的親屬。《禮記・中庸》：「凡爲天下國家有九經，曰：修身也，尊賢也，親親也……尊賢則不惑，親親則諸父昆弟不怨。」

〔25〕上柱國——官名。戰國楚制，凡立覆軍斬將之功者，官封上柱國，位極尊寵。北魏置柱國大將軍，北周增置上柱國大將軍，唐宋也以上柱國爲武官勳爵中的最高級，柱國次之。歷代沿用，清廢。

〔26〕開府儀同三司——魏晉南北朝時期的一種高級官位，隋唐至元文散官的最高官階，從一品。三司即三公。漢稱太尉、司徒、司空爲三司。「儀同三司」謂非三司而儀制等同。北周改開府儀同三司爲開府儀同大將軍。隋文帝時爲散官，唐、宋、元因之，明廢。

〔27〕「孔子之道」六句——「君臣有義」云云，本爲孟子語，見第二十四齣注〔7〕。因爲孟子是孔子的繼承者，故將孟子之道以「孔子之道」代之。

第二十六齣　啓寇 〔1〕

【梨花兒】〔丑扮賊太子上〕小小的檀蘿生下咱，生下咱太子好那查〔2〕。沒有了老婆較子傻〔3〕，嗏，但婆娘好把咱檀郎打。

自家檀蘿國王位下四太子是也。小名檀郎〔4〕，性格風瀟。父王分下咱

三千赤駁軍，鎮守全蘿西道。日昨喪了房下〔5〕，急切要尋個填房。恰好一場天大姻緣，那大槐安國金枝公主，嫁了南柯郡守，隨夫之任，怕府裏地方燥熱，單築瑤臺城一座，在瀣江地方，與俺國相近。老天，老天，他那裏是怕熱，是不耐煩，要撇開漢子，自由自在，分明天賜我姻緣也。我待點精兵一千，打破瑤臺城，搶了公主。則未知他意思如何？早已差小卒兒扮作賣花郎打看〔6〕去，早晚到來。〔貼扮報子花鼓上〕報，報，報，好事到。〔丑〕快說來。

【北調脫布衫】〔7〕〔報〕小番兒蚤離了檀蘿，無明夜打聽南柯。做探子的精細無過，橫直著貨郎兒那些貨〔8〕。

好一座瑤臺城。〔丑〕怎見得？

【中呂小梁州】〔報〕**眞乃是玉砌金裝巧甃羅**〔9〕**，繞殿宮娥，珍珠壘就翠銀河，無彈破**〔10〕**，一曲錦雲窩**〔11〕。

〔丑〕可到得公主跟前？〔報〕小的賣花。宮娥引見。

【么】賣花聲斜抹著宮牆過，那穿宮引見俺妝標垛〔12〕。〔丑〕公主可要了些花兒？〔報〕便叫貨郎，有甚妝花名數？小的應說，有，有，有。絨線花，通草花，縷金花，攢翠花，數上百十樣，他府中都有。則留下兩種兒。〔丑〕那兩種？〔報〕**是寶檀絲粟點香和**〔13〕**，小裝窩那翠蒻蘿**〔14〕**，春纖兩朵，斜插笑鏡兒脧**。

〔丑作昏跌介〕妙也！妙也！寶檀花，翠蘿花，正是檀蘿二字，公主接下這花，天緣也。報子，還則怕他漢子守著？〔報〕一個駙馬，回南柯管事去了。〔丑〕有這等一個鬆駙馬。

【耍孩兒三煞】〔報〕駙馬呵，他守著個鬧喳喳的**畫卯堂著甚科**〔15〕？倒把個翠臻臻**畫眉臺脫了窩。俺偷風斫砢**〔16〕**尋閒貨，則要俺蛇皮鼓再打向花廊過，少不的會溫存的飛虎把河橋坐**〔17〕**，少不得怕聒炒的昭君出塞和**〔18〕。是惹起**風流禍，爲一個觀音菩薩**〔19〕，起三千拚命嘍囉。

【尾聲】太子呵，你先把**撞門羊**〔20〕宰了大犒賀，把拖地錦做征旗

尾後拖。搶到公主呵,偏背那**撲楞**生〔21〕老淳于干**別**煞了**他**,成就這悄**不刺**〔22〕**小檀郎快活**煞了**我**。

〔下、丑弔場介〕好稱心的事兒也!就分一枝兵,蘸〔23〕住灃江城,俺親自搶公主去。正是:他要伐檀來不得,咱自無媒去伐柯〔24〕。

校 注

〔1〕啓寇——招致敵人侵擾。《左傳·文公七年》:「今臣作亂,而君不禁,以啓寇讎若之何?」

〔2〕那查——即「波查」。意爲口舌,爭吵不休。錢南揚校注:「那查,即『波查』。『那』、『波』,都是語句中間之襯字,不爲義。所以二字可以互用。」明·徐渭《南詞敍錄》:「波查,猶言『口舌』。北音凡語畢必以『波查』助詞,故云。」

〔3〕沒有了老婆較子傻——意謂沒有了老婆相差些什麼?只有「傻」而已。較,意爲「相差」。宋·蘇軾《論時政狀》:「比之未悟,所較幾何?」子,表示限制,相當於「只」。元·王實甫《西廂記》一本二折〔耍孩兒〕:「本待要安排心事傳幽客,我子怕漏泄春光與乃堂。」

〔4〕檀(tán)郎——晉朝潘安小字檀奴,姿儀秀美,人稱檀郎。後以檀郎爲美男子或所愛慕的男子的代稱。此處爲檀蘿國四太子自稱。南唐·李煜《一斛珠》詞:「繡床斜憑嬌無那,爛嚼紅茸,笑向檀郎唾。」

〔5〕房下——舊時謂妻曰「房下」。元·陶宗儀《輟耕錄》卷十四「房中術」條引《禮記·曾子問》:「眾主人、卿大夫、士、房中皆哭。注:房中,婦人也。」

〔6〕打看——意猶打探。

〔7〕北調《脫布衫》——錢南揚先生案:以下整套都是北曲,都屬《中呂宮》。《脫布衫》、《小梁州》又可入《正宮》,故在下曲《小梁州》上特標明《中呂》。實則此《中呂》二字應加在《脫布衫》之上。

〔8〕橫直著貨郎兒那些貨——意謂橫豎依靠貨郎兒那些貨物到瑤臺城中去打探。橫直,猶反正,橫豎。貨郎兒,是挑擔、手執鼗鼓、叫賣閨閣用品、小兒玩具等的小商人,始見於宋代,見宋·王明清《揮麈三錄》卷二。元·石君寶《秋胡戲妻》二〔滾繡球〕白:「等那貨郎兒過來,你買些胭脂粉搽搽臉。」

〔9〕巧甃(zhòu)羅——喻指城池精美。甃,用磚砌(城、池等)。

〔10〕無彈破——意謂完美無缺,不易損毀。清·李綠園《歧路燈》第七七回:「果然白雪團兒臉,泛出桃花瓣顏色,眞乃吹彈得破。」

〔11〕錦雲窩——極言瑤臺之美,有如僊人所居,彩雲繚繞。錦雲,彩雲。《海內十洲記·聚窟洲》:「紫翠丹房,錦雲燭日。」

〔12〕那穿宮引見俺妝標垛——意謂宮娥向公主引見我這個裝做貨郎的探子。妝標

垛，亦即裝體面。標垛，猶言體面。明・賈仲名《對玉梳》二〔倘秀才〕：「話不投機一句多，你待要裝標垛，下鍬钁，哎，罷呵！」

〔13〕寶檀絲粟點香和——指寶檀花。

〔14〕小裝窩那翠翦蘿——指翠蘿花。

〔15〕「他守著」句——意謂駙馬每天守在嘈雜的官署有什麼用？畫卯堂，指官署。舊時官署規定卯時（上午五至七時）開始辦公。吏胥差役按時赴官署簽到，聽候差使，稱「畫卯」（今人俗謂「點卯」）。差甚科，意謂憑什麼手段，這裏引申為「有什麼用呢？」

〔16〕偷風斫砦（zhuó zhài）——刺探軍情，搶奪營寨。偷風，指刺探軍情的人。《中國歌謠資料・發巡風令》：「將令飄飄誰不尊，盟兄出外把風巡，若有偷風來到此，拿來到此把屍分。」斫，用刀斧砍。砦，同寨。

〔17〕飛虎把河橋坐——用元代王實甫《西廂記》雜劇中河橋鎮守孫飛虎事。該劇二本一折云：「自家姓孫，名彪，字飛虎。因主將丁文雅失政，俺分統五千人馬，鎮守河橋。」後來兵圍普救寺，索取鶯鶯。

〔18〕昭君出塞和——即王昭君出塞和親的故事。昭君，西漢南郡秭歸（今屬湖北）人，姓王名嬙（《漢書・元帝紀》作「檣」，《匈奴傳下》作「牆」），字昭君。元帝時被選入宮，竟寧元年（公元前33年），匈奴呼韓邪單于入朝求和親，昭君自請嫁匈奴。入匈奴後，被稱為寧胡閼氏。

〔19〕觀音菩薩——葉《譜》作「巫山仙子」。

〔20〕撞門羊——舊時婚禮迎娶時男家所送的迎親禮物。宋・吳自牧《夢粱錄》卷二十「嫁娶」：「議定禮，往女家報定。若豐富之家，以珠翠、首飾、金器、銷金裙褶，及段匹茶餅，加以雙羊牽送，以金瓶酒四樽或八樽……酒擔以紅彩繳之。」元・戴善夫《風光好》二〔牧羊關〕：「我等駙馬車為把定物，五花誥是撞門羊。」拖地錦，即「拖地紅」，指女子結婚時的披紅。元・喬吉《兩世姻緣》四〔雙調・新水令〕：「拖地錦是鳳尾旗，撞門羊是虎頭牌。」

〔21〕「偏背那撲楞生」句——意謂讓那呆笨的老淳于干氣煞。撲楞生，與下文「悄不剌」相對，當是「呆笨」之意。生，語氣詞。干別煞，猶云「干氣煞」。別，也作「憋」、「鱉」，意為「鱉氣」。

〔22〕悄不剌——猶云俊俏伶俐。悄，通俏。不剌，句中襯字，起加強語氣作用，無實義。

〔23〕蘸——「牽扯」之意。參見第六齣注〔15〕。

〔24〕「他要伐檀」二句——伐檀、伐柯，這裏表面字義「檀」指檀蘿，「柯」指南柯。而二者又都是《詩經》篇名：《伐檀》見《魏風》；《伐柯》見《豳風》。伐檀，這裏借指討伐檀蘿國。無媒伐柯，意謂雖沒有媒人，也要去取南柯的公主。《伐柯》篇，主要內容謂男女都能遵從封建禮教，憑媒婚嫁，而無越禮之事。這裏反其意而用之。

第二十七齣　閨　警

【好事近前】〔老旦貼扮宮娥上〕秋影動湘荷，風定瑞爐香過。簾外呢喃歸燕，怪瑣窗〔1〕人臥。

我們公主位下〔2〕宮娥是也。公主貴體，原自嬌柔；加以兒女累多，心煩怕熱；因此避暑瑤臺，這早〔3〕還睡也。

【好事近後】〔旦上〕弄涼微雨隱秋河，殘暑殢人〔4〕些個。好夢暗隨團扇〔5〕，再朱顏來麼？

【清平樂】〔旦〕陰陰院宇，枕上昏涼雨。〔老〕風動槐柯交翠舞，恰恰畫牆低午。〔旦〕一簾幽夢悠揚，金爐旋注沉香。〔合〕鳳吹幾年都尉，病慵休殢宮妝。〔旦〕宮娥，這瑤臺風景，比南柯郡涼些。〔老〕也是新秋了。〔旦〕你知我有病在身麼？〔老〕便是，駙馬爺在南柯，這些時不來相看。〔旦〕他正事在身，何暇到此？好悶呵！

【六犯宮詞】〔6〕落紅凝院，暮雲沉閣，秋動繡簾猶臥。起來無力，金釵半墜雲窩〔7〕。〔老〕瑤臺城過了一夏哩。〔旦〕俺汗減了湘文簟〔8〕，螢低了扇影羅。〔老〕公主也忒嬌怯。〔旦〕多嬌處，忒病多，年來無奈睡情何？〔老〕天氣早涼些。〔旦〕我一時間如涼便得沾羅幙〔9〕，一會間似熱又尋思浴翠波〔10〕。〔老〕午膳哩。〔旦〕沒些時個，花陰午殢〔11〕，蚩盒人的茶飯沾唇過。〔老〕公主有了王孫、貴女，還悶甚麼？〔旦〕你休波，眼前兒女，風月暗消磨。

〔老〕整辦酒筵解悶，公主只是想駙馬爺。

【前腔】蚩則是瑣窗人喚，夢雲初斷〔12〕，一線枕痕無那。遲遲媚嫵，還留人畫雙蛾。〔宮娥送酒介、老〕一盞心頭過，胭脂暈臉渦。〔旦〕怕飲。〔老跪勸，旦略飲介、老〕三回勸，半口多，朱顏怎得個笑微酡〔13〕？〔老〕有方法，叫小宮娥吹彈歌舞。〔內吹彈上介、旦〕聒〔14〕人那！〔老〕怎人偏喜處生嫌渦〔15〕？再有消愁似舞和歌？〔背唱介〕他鳳腮微托，長裙半拖，病稍兒覷不的愁痕破。〔旦照鏡歎介、老回身〕事多磨，淹淹鏡裏，有得氣兒呵。

〔末扮大兒子上〕秦樓通戍火，漢苑入邊愁。報知母親，檀蘿兵起，逼近瑤臺，如何是好？〔旦泣介〕這等，怎好？我的兒那，你星夜往南柯，報知父親，我一邊督率城中男女，守城防備。

【風入松】原來只合住南柯，有甚麼清涼不過？下場頭都是俺之錯。到如今惹下了干戈，知他那意兒怎麼？〔合〕男共女，守臺坡。

【前腔】〔末〕喜的是親娘身子減沉痾〔16〕，兒去也俺娘掙挫〔17〕，急忙間打不的這瑤臺破。怕你這娘子軍沒得張羅〔18〕，俺那父子兵登時救活。〔合前、旦末哭別介〕

【尾聲】從來不說有干戈，俺小膽兒登時嚇破。別將領兵不濟事，須則駙馬親來纏救的我。

〔旦眾下、末弔場急馬走上〕手下趲行。

【滴溜子】邊報急，邊報急，怎生煞和？流星去，流星去，塵飛不過。心急馬行遲，那把三百里老南柯，做一會子抹。遲誤兵機，教娘怎麼？教娘怎麼？〔下〕

【前腔】〔雜扮婦女插旗守城上〕邊報急，邊報急，怎生煞和〔19〕？輪班去，輪班去，挨查不過。心急步行遲，那把三百個錦城窩，做一會子邏。失誤城池，教娘怎麼？教娘怎麼？

〔丑笑介〕奇怪，奇怪，一座瑤臺城，砌的蟻子縫也沒一個，甚鳥〔20〕報道，有甚鑽城賊。公主下令：瑤臺一衛老軍丁男，出弔橋迎賊；軍妻守垛四門，四個女小旗總領。奴家是王大姐，平日有些手面，領了東門女小旗。哎喲，陳姥姥，趙姨姨，你也來了。〔老〕老身領了西門。〔貼〕奴家領了北門。只南門小總不到。〔雜扮小廝插旗上〕列位大娘拜揖。〔丑〕一個俊哥兒。〔雜〕我母親是南門女小旗，病了，小子替領。〔丑〕南風發了。也罷，公主號令，旗婆們都要演習武藝。咄！陳姥姥看把勢。〔踢老跌介、老〕哎，我老人家了。〔丑〕趙姨姨看跌。〔小跌介〕哎，王大姐饒了罷那。〔丑〕小哥看飛尖。〔貼放丑倒介、丑〕不信老娘倒了架，再三打。〔丑跌介、丑〕我的哥，跌打〔21〕你不過，

和你耍槍。〔槍殺，貼勝，丑怕介、貼〕王大姐，這等手面，怎麼防賊。

〔丑〕奴家有計，賊上城，熱屎熱尿淋頭撒下去。我連馬子〔22〕、煮粥鍋都搬上城來了。〔老、小〕休囉唪，我們繞城走一遭，回報公主去。

【醉羅歌】一垜〔23〕兩垜城臺座，一個兩個鋪團窩。密箚箚穿針縫沒過，槍和炮城堆垜。軍妻姥姥這些老婆；軍餘舍舍〔24〕這些小哥。斗兒東唱到參兒趁〔25〕。〔內鑼鼓馬嘶上介〔26〕〕把塵頭望，路腳那，傍城牆走馬那數聲鑼。

〔內緊鼓報介〕檀蘿賊兵來了。〔貼〕邊報來緊，且催集民家老小上城。

瑤臺城四面，炮眼槍頭箭。

但有賊星兒，女兵先綽戰〔27〕。

校　注

〔1〕瑣窗——鏤刻有連瑣圖案的窗櫺。宋・辛棄疾《賀新郎・賦琵琶》詞：「瑣窗寒，輕攏慢撚，淚珠盈睫。」

〔2〕位卜——元代對皇室的后妃、諸王、公主等貴戚的稱呼。本劇二十九〔罵玉郎〕：「說知他我國王位下無了尊愛。」義同。又本劇四十二〔尾聲〕：「我待把割不斷的無明向契玄禪師位下請。」此「位下」是對禪師的尊稱。

〔3〕早——「早晚」的省稱，猶云時候。

〔4〕殢（tì）人——猶云使人乏困。殢，困擾，糾纏。唐・李山甫《柳》詩之九：「強扶柔態酒難醒，殢著春風別有情。」下文《清平樂》「休殢宮妝」之「殢」，意為「留戀」。

〔5〕團扇——圓形有柄的扇子，古代宮內多用之，又稱宮扇。唐・王昌齡《長信秋詞》之三：「奉帚平明金殿開，且將團扇共徘徊。」

〔6〕《六犯宮詞》——錢南揚先生案：此調本名《六犯清音》。明人有以此調作《宮詞》者（見《九宮正始》引），湯氏蓋即以《六犯宮詞》名之。《九宮大成》作《六律清音》，《葉譜》作《六奏宮詞》，都不過巧立名目罷了。

〔7〕金釵半墜雲窩——金釵斜插在頭頂上。雲窩，喻指蓬鬆的秀髮。南唐・李煜《浣溪紗》詞：「佳人舞點金釵溜，酒惡時拈花蕊嗅，別殿遙聞簫鼓奏。」

〔8〕湘文簟（diàn）——用湘竹編製的席子。湘文，湘竹的花紋。清・吳偉業《子夜歌》之十二：「玉枕湘文簟，金爐鳳腦煙。」

〔9〕羅幙（mù）——即羅幕；喻指圍擋、屏風。唐・李商隱《蠅蝶雞麝鸞鳳等成

篇》：「韓蜨翻羅幙，曹蠅拂綺窗。」蘇曼殊《無題》詩：「羅幙春殘欲暮天，四山風雨總纏綿。」

〔10〕浴翠波——指沖涼、洗澡。

〔11〕殌（cuō）——同「趖」（suō），謂走。引申指太陽西斜、落山。《說文·走部》：「趖，走意。」段玉裁注：「今京師人謂日跌爲晌午趖。」後蜀·歐陽炯《南鄉子》詞：「鋪葵席，荳蔻花間趖晚日。」

〔12〕軃（duǒ）——下垂的樣子。唐·岑參《送郭乂雜言》詩：「朝歌城邊柳軃地，邯鄲道上花撲人。」

〔13〕笑微酡——笑得開心、好看。參見二十四齣注〔6〕。

〔14〕聒（guō）——謂嘈雜的聲響使人心煩。《水滸傳》第五八回：「眾人說他的名字，聒得灑家耳朵也聾了。」

〔15〕怎人偏喜處生嫌渦——意謂你這人怎麼偏偏喜歡處在生嫌的漩渦中，對什麼事都討厭呢？嫌，討嫌，討厭。

〔16〕沉痾——難於治療、久治不愈的病。《晉書·樂廣傳》：「客豁然意解，沉痾頓愈。」

〔17〕掙挫——支撐、振作。元·關漢卿散曲《雙調·碧玉簫》：「醉魂兒難掙挫，精彩兒強打捱。」

〔18〕沒得張羅——沒有辦法。

〔19〕煞和——即「撒和」，蒙古語。多引申指以飲食款客或喂飼驢馬。元·楊瑀《山居新話》卷四：「都城豪民，每遇假日，必有酒食，招致省憲僚吏翹桀出群者款之，名曰撒和。凡人有遠行者，至巳午時，以草料飼驢馬，謂之撒和，欲其致遠不乏也。」此處用本義，指喂馬。在金元劇中亦都作「喂飼牲畜」解。下曲的「煞和」則指讓人吃飯。

〔20〕鳥（diǎo）——人、畜的雄性生殖器。多用爲詈詞，《水滸傳》中常見。

〔21〕跌打——指打架鬥毆、角力比武或擂臺相撲。清·褚人獲《堅瓠秘集·舞態》：「今優人走三方、擺陣、跌打之類，皆其遺意。」

〔22〕馬子——即馬桶、便溺器。詳見第二十一齣注〔14〕。

〔23〕垛——堆積之義。一垛，即一堆。元·王實甫《西廂記》二本三折〔折桂令〕：「他那裏眼倦開，軟癱做一垛；我這手難擡，稱不起肩窩。」

〔24〕舍舍——宋元時稱富貴人家子弟曰「舍人」、「小舍」，戲劇小說中常見。猶下文所言「這些小哥」。這裏泛指年青人。

〔25〕斗兒東唱到參兒趖（suō）——意謂從黃昏守望直到黎明。斗，指北斗。參，星宿名，二十八宿之一。趖，同「殌」。錢南楊校注云：「然立秋之後，黃昏時斗柄南指，並非東指；參星在夜半二時之後見於東方，下午五時之後西沒，並非在黎明時西沒。湯氏蓋偶未深考，致有此誤。」

〔26〕馬嘶上介——此處並無人物上場，疑「上」字衍。

〔27〕綽戰——開戰。綽，開。《京本通俗小說·西山一窟鬼》詠風詩云：「無形無影透人懷，二月桃花被綽開。」

第二十八齣　雨　陣

【逍遙樂】〔生引眾上〕池上秋聲響，還把彩鸞雙扇掌。老槐陰新雨碧油幢〔1〕，獨坐黃堂，閒燕寢，凝幽香。

吾在南柯有歲華，麗譙清晝卷高牙〔2〕。刑書日省三千牘〔3〕，民版秋登百萬家。自家出守南柯，物阜民安，辭清盜寨，皆周田二君贊相之方。杯酒爲歡，缺然未舉。近因公主避暑瑤臺城，衙內孤寂，此中舊有一所審雨堂〔4〕，審的地氣濕熱將雨之候，采然做雨，應此新秋。分付置酒，與二君聽雨。左右伺候。〔周田上〕太府成容盛，同官禮數親。祗候的，通稟。〔丑〕田爺周爺見。〔見介、生〕三匝南枝總舊遊，〔田〕雙攀玉樹此庭幽。〔周〕偏因聽雨承恩澤，〔合〕共看郊原作好秋。〔看酒介、生〕今夕之酒，專爲聽雨而設。

【啼鶯兒】偶然西風吟素商〔5〕，雲煞幾般疏響。悉闌珊〔6〕玉馬叮噹，忽弄的冰壺〔7〕溜亮。倒簷花碎影琳琅，敲鴛瓦〔8〕跳珠兒定蕩。猛端相，斷魂何處，環佩赴高堂〔9〕？

【前腔】銀河濕雲流素光，點滴翠荷盤上。吉琤琤打鴨銀塘，撒喇喇〔10〕破萍分浪。清切在梧桐井床〔11〕，颭答在芭蕉翠幌〔12〕。隱垂堂，珠簾暮捲〔13〕，長似對瀟湘〔14〕。

【啄木鸝】華堂靜，好對觴，細雨紗廚今夜涼。怕攪他蝴蝶飛雙，聒醒我鴛鴦睡兩。更那畫船〔15〕眠處沙鷗望，屏山〔16〕醉後餘香漾。弄悠揚，人間此際，別有好思量。

【前腔】催花緊，鈔燕的忙，一陣陣黃昏愁雁行。偏有他側耳空房，閃窗紗半滅銀缸〔17〕。一般兒天涯薄宦〔18〕窮途況，洞庭歸客孤篷上。數天長，十年心事，和淚隔秋窗。

〔生〕司農，我晝寢忽然一夢，大兒子誦《毛詩》二句：鸛鳴於垤，婦歎於室〔19〕。是何祥也？〔田想介〕依下官愚見，詩云：天將雨而蟻出於垤，鸛喜食蟻〔20〕，故飛舞而鳴。婦歎於室，似是公主有難，要於老堂尊相見。此乃《東山》之詩，主有征戰之事〔21〕。〔生〕多謝指教，當謹防之。〔內鼓介、生〕問報鼓爲甚而忙？〔末打馬急走上〕風傳流賊起，火速報君知。報爹爹，檀蘿兵起，一半攻打瀯江城，一半向瑤臺城來了。〔生慌介〕怎了？怎了？瑤臺，公主所居；瀯江，邊城要路；賊兵兩路而進，其意難量。我與田司農領兵去解公主之圍；別遣周司憲守禦瀯江城一帶；孩兒把守南柯，暫且休息去。〔末〕要活娘兒命，無過子父兵。〔下、生〕司農，司農，夢之響應如此。〔周田〕便是。公主在圍，須得星夜前進。〔眾軍上〕瑤臺先救月，別騎見臨江。〔生〕聽吾號令，五千兵跟周爺救瀯江城；選鋒三千名，跟我星夜前救公主。〔眾〕稟太爺：演陣。〔田〕稟堂尊：救瀯江只排個尋常蟻陣〔22〕；救公主的，要依詩云，排一個老鸛陣〔23〕。〔眾應排陣走介〕蟻陣完。〔排陣舞叫介〕老鸛陣完。〔生〕我與周司憲分兵前去。〔周〕稟堂尊：三軍鼓氣，全在於酒；周弁一生，全仗酒力；望主公大施恩波。〔生〕五千名軍，賞他五千個泥頭酒〔24〕去。則一句話，司憲在心：小生昔爲淮西裨將，使酒誤事，二君所知。自拜郡以來，戒了這酒，司憲平日頗有酒名，既掌兵機，記吾囑付，酒要少飲，事要多知。就此起行了。

【刮鼓令】〔生田〕沖星〔25〕一劍忙，向瑤臺相對當。公主呵，他煙花陣怎生圍向？那檀蘿眞掘強〔26〕。築下個粉壇場，良時吉方陣頭安上。〔合〕聽楚天秋雨過殘陽，倒做了金鏡響玎璫。〔生田下〕

【前腔】〔周〕孤城號瀯江，敢囊沙聚米糧〔27〕。看仔細檀蘿模樣，望江鄉策應忙。杯酒襯戎妝，他居中主量，我從邊兒趕上。〔合前〕

瑤臺城傍月兒邊，爲惹兵戈破鏡懸。

此日相逢洗兵雨〔28〕，一天長塹凱歌旋。

校　注

〔1〕碧油幢——隋唐以來高級官員舟車上張掛的以青油塗飾的帷幔。此指青綠色軍

帳。唐·張仲素《塞下曲》詩:「獵馬千行雁幾雙,燕然山下碧油幢。」

〔2〕麗譙清畫卷高牙──意謂在華麗的高樓上白天飄動著高高的牙旗。麗譙,華麗的高樓。《莊子·徐无鬼》:「君亦必無盛鶴列於麗譙之間。」郭象注:「麗譙,高樓也。」清畫,白天。唐·李白《秦女休行》:「手揮白楊刀,清畫殺仇家。」牙,指牙旗。《文選·張衡〈東京賦〉》:「戈矛若林,牙旗繽紛。」李善注:「《兵書》曰:牙旗者,將軍之旄。謂古者天子出,建大牙旗,竿上以象牙飾之,故云牙旗。」

〔3〕刑書日省三千牘──意謂獄訟清簡,公務閒暇。省,減省、省少之意。三千,極言減省的獄訟之多。

〔4〕審雨堂──喻指虛幻之事。《太平廣記》卷四七四引《妖異記·盧汾》載:北魏夏陽人盧汾與友人夜飲,忽聞廳前槐樹空中有笑語絲竹之音,俄見衣青黑衣女子出槐,與相問答,引其入穴。汾歡訝之,見宮宇豁開,數十人立屋之中,其額號為「審雨堂」。正歌宴間聞大風至,堂梁傾折。醒後見庭中古槐為風折大枝,中有一大蟻穴。元·方回《老悔》詩:「即令安在凌煙閣,畢竟無非審雨堂。」

〔5〕素商──秋季。《禮記·月令》孟、仲、季三秋皆云「其音商」。又五行以金配秋,其色尚白。故稱秋為素商。《初學記》卷三引南朝梁元帝《纂要》:「秋日白藏,亦曰收成,亦曰三秋、九秋、素秋、素商、高商。」

〔6〕闌珊──零亂;歪斜。唐·李賀《李夫人歌》:「紅壁闌珊懸佩璫,歌臺小妓遙相望。」清·納蘭性德《一叢花·詠並蒂蓮》詞:「闌珊玉佩罷霓裳,相對縮紅妝。」

〔7〕冰壺──盛冰的玉壺,夏天用以降溫。此借指明月。杜甫《寄裴施州》:「金鐘大鏞在東序,冰壺玉衡懸清秋。」

〔8〕鴛瓦──互相成對的瓦。一說屋瓦一俯一仰為鴛鴦瓦。省作鴛瓦。曹丕夢兩瓦墮地化為鴛鴦,周宣解夢說,後宮有暴死者。言未畢,而傳來宮人相殺的消息。詳見《三國志·魏志·周宣傳》。人們通稱瓦之成偶者為鴛鴦瓦,詩文中每暗喻夫妻。唐·劉滄《題秦女樓》詩:「珠翠香銷鴛瓦墮,神仙曾向此中游。」

〔9〕環佩赴高堂──用巫山神女事。相傳赤帝之女名姚姬,未嫁而卒,葬於巫山之陽,楚懷王遊高唐,晝寢,夢與其神相遇,自稱「巫山之女」。事見《文選·宋玉〈高唐賦〉》。高堂,即高唐,戰國時楚國臺觀名。在雲夢澤中。

〔10〕撒喇喇──象聲詞,狀風聲、雨聲及雷聲。此處指雨聲。

〔11〕梧桐井床──梧桐,木名。落葉喬木,種子可食,亦可榨油,供製皂或潤滑油用。木質輕而韌,可製傢具及樂器。古代以為是鳳凰棲止之木。《詩·大雅·卷阿》:「鳳凰鳴矣,于彼高岡。梧桐生矣,于彼朝陽。」孔穎達疏:「梧桐可以為琴瑟。」《莊子·秋水》:「夫鵷鶵發於南海,而飛於北海,非梧桐不止。」

井床，即井欄。語本《樂府詩集》卷五四《淮南王篇》：「後園鑿井銀作床，金瓶素綆汲寒漿。」唐・唐彥謙《紅葉》詩：「薜荔垂書幌，梧桐墜井床。」宋・陸游《秋思》詩：「黃落梧桐覆井床，莎根日夜泣寒螿。」

〔12〕芭蕉翠幌（huǎng）——芭蕉，多年生草本植物。葉長而寬大，花白色，果實跟香蕉相似，可以吃。宋・李清照《添字醜奴兒》詞：「窗前誰種芭蕉樹，陰滿中庭。」翠幌，綠色的帷幔。唐・駱賓王《帝京篇》：「翠幌珠簾不獨映，清歌寶瑟自相依。」

〔13〕珠簾暮卷——語出唐・王勃《滕王閣詩》：「畫棟朝飛南浦雲，珠簾暮卷西山雨。」

〔14〕瀟湘——猶言清深的湘水。《水經注・湘水》：「瀟者，水清深也。」舊詩文中多稱湘水爲瀟湘。一說，瀟水源於九疑山，至湖南省零陵縣流入湘江，合稱瀟湘。唐・劉禹錫《浪淘沙詞九首》：「令人忽憶瀟湘渚，回唱迎神三兩聲。」傳說堯的兩個女兒居住在洞庭山上，常遊於瀟湘之淵，出入必以飄風暴雨。見《山海經・中山經》。

〔15〕畫船——裝飾華美的遊船。宋・仲淹《獻百花洲圖上陳州晏相公》詩：「步隨芳草遠，歌逐畫船移。」

〔16〕屏山——指屏風。宋・歐陽修《蝶戀花》詞：「枕畔屏山圍碧浪，翠被華燈，夜夜空相向。」清・龔自珍《太常行》詞：「月子下屏山，算窺見瑤池夢還。」

〔17〕銀缸——銀白色的燈盞、燭臺。南朝・梁元帝《草名》詩：「金錢買含笑，銀缸影梳頭。」宋・晏幾道《鷓鴣天》詞：「今宵剩把銀缸照，猶恐相逢是夢中。」

〔18〕薄宦——卑微的官職。《宋書・陶潛傳》：「潛弱年薄宦，不潔去就之際，自以曾祖晉世宰輔，恥復居身後代，自高祖（劉裕）王業漸隆，不復肯仕。」

〔19〕「鸛（guàn）鳴於垤（dié）」二句——語出《詩・豳風・東山》。《注》：「垤，蟻冢也；將陰雨，則穴處先知之矣。鸛好水，長鳴而喜也。」《箋》：「行者於陰雨尤苦，婦念之，則歎於室也。」

〔20〕鸛喜食蟻——語出《詩經》朱熹注。這裏田子華借來敷衍夢的兆頭。錢南揚先生案：鸛爲水鳥，以魚爲食，他書也未見食蟻之事；蓋朱熹誤注，而湯氏又誤用之。

〔21〕「此乃《東山》」二句——語出《詩序》：「《東山》，周公東征也。」故云。

〔22〕蟻陣——螞蟻戰鬥時的陣勢。明・康海《中山狼》一〔混江龍〕：「誰弱誰強排蟻陣，爭甜爭苦鬧蜂衙。」

〔23〕鸛陣——軍陣名。《左傳・昭公二十一年》：「鄭翩願爲鸛，其御願爲鵝。」注：「鸛、鵝，皆陣名。」唐・孟郊《寄洛州李大夫》詩：「鸛陣常先罷，魚符最晚分。」

〔24〕泥頭酒——用泥封口的罎子裏存放的陳酒。元・無名氏《舉案齊眉》一、白：

「我是豪家張員外，一氣吃瓶泥頭酒，則嚼肉鮓不吃菜。」

〔25〕沖星——猶沖斗。晉司空張華，望見斗牛之間常有紫氣，問之道術家雷煥。煥謂寶劍之精，上徹於天，其地當在豫章豐城間。因補煥爲豐城令，掘地果得龍泉、太阿兩寶劍。見《晉書·張華傳》。後因以「沖斗」比喻人的志氣超邁或才華英發。明·唐順之《送莫子良擢第東歸》詩：「沖星看劍氣，逼歲換貂衣。」參見本劇第二齣注〔3〕。

〔26〕掘強（jué jiàng）——同倔強；謂固執、頑強、不屈於人。

〔27〕囊沙聚米糧——謂用布囊、草囊裝沙土構築防禦工事，並聚集糧米以做長期防守。囊沙，典出韓信囊沙破敵之計。韓信與楚將龍且隔濰水而陣。韓信夜令人以萬餘囊盛沙，壅水上流，然後引軍半渡，進擊龍且。既戰，佯敗退走。龍且緊追不捨，韓信使人決壅囊，水大至，龍且軍大半不得渡，韓信乘機擊殺龍且，大破楚軍。見《史記·淮陰侯列傳》。聚米，比喻指劃形勢，運籌決策。典出《後漢書·馬援傳》：「又於帝前聚米爲山谷，指畫形勢，開示眾軍所從道徑往來，分析曲折，昭然可曉。」

〔28〕洗兵雨——周武王伐紂，遇大風暴雨，武王認爲此天雨爲義師洗兵器，後果擒紂滅商，平息戰爭。事見漢·劉向《說苑·權謀》。後因以洗兵表示戰爭勝利結束，社會安定。詩文中借喻還師或凱旋。唐·李白《戰城南》詩：「洗兵條支海上波，放馬天山雪中草。」

第二十九齣　圍　釋

【金錢花】〔賊太子引眾行上〕俺們太子是檀蘿，檀蘿。日夜尋思要老婆，老婆。瑤臺城子裏有一個，咱編橋渡過小銀河，要搶也波〔1〕，搶得麼？赤剌剌的笑呵呵。

好了，好了，圍了瑤臺城。你看城子，高接廣寒〔2〕，明如閬苑〔3〕，便待一鼓破了瑤臺，何難之有？又怕驚了公主，不成其事。昨日打了戰書入城，他那裏敢回話？想只等駙馬來救。我別遣一枝兵馬，攻取漷江城，直逼南柯，看那駙馬怎生來得？公主，公主，眼見的到手也。今日故意再把城子緊圍，他問時，叫公主親自上城打話，待小子飽瞧一會。眾把都〔4〕，緊圍，緊圍。〔內鼓譟介〕緊圍了。〔內使女官忙泣上〕哎喲！檀蘿兵緊上來了，眼見的無活的也。快請公主升帳。〔旦引隊子上〕天呵，天呵，怎了也？瑤臺試一臨，賊子逼城陰。膽破青鸞色，情傷駙馬心。女牆邊月近，孤枕陣雲〔5〕深。怎得南柯去，高樓橫笛〔6〕音？〔內

鼓介、旦眾哭介〕如何是好？

【南呂一枝花】〔旦〕冷落鳳簫樓〔7〕，吹徹胡笳〔8〕塞。是甚男心多，偏算計這女喬才〔9〕。避暑迎涼，甚月殿清虛界？倒惹他西施兵火到蘇臺〔10〕，遭勞擾兩月幽閒，養病患又一天驚駭。

〔內鼓介、旦〕天，天，天，怎生來？這瑤臺城內，錢糧不多，賊子因何圖此？昨日打下戰書，思量起來，男女不交手，怎生輕敵而戰？專等駙馬到來。如今著人問他，或是要些小財物，捨些他去，免得攪擾一番。叫通事〔11〕問他，此來主何意思？〔內問介、太應介〕要問俺起兵主意，請公主自來打話。〔通回稟介〕他要請公主打話。〔旦歎介〕我乃一國之貴主，這些毛賊，怎敢對話？〔通回太介〕公主乃一國之貴主，怎與你們打話？〔太〕俺非以下將佐，乃是本國四太子，叫你公主就是姐姐一般，請來打話。〔通回旦介〕他說是本國四太子，叫公主就是姐姐一般，可以打話。〔旦〕這等只得扶病而去，倘然三兩句言詞，退了他兵，也未可知？〔眾〕賊意難知，公主須得戎裝，城樓一望。〔旦〕然也。〔旦換戎裝弓箭介〕

【梁州第七】怎便把顫巍巍兜鍪〔12〕平戴？且先脫下這軟設設的繡襪弓鞋〔13〕，小靴尖忒逼的金蓮〔14〕窄。把盔纓一拍，臂韝〔15〕雙擡。宮羅細揣，這繡甲鬆裁〔16〕。明晃晃護心鏡月偃分排〔17〕，齊臻臻茜血裙風影吹開。少不得女天魔排陣勢〔18〕，撒連連金鎖槍檑〔19〕；女由基〔20〕扣雕弓，廝琅琅金泥箭袋；女孫臏〔21〕施號令，明朗朗的金字旗牌。〔眾喝綵介、旦〕奇哉！你待喝綵。小宮腰控著獅蠻帶〔22〕，粉將軍把旗勢擺。你看我一朵紅雲上將臺，他望眼孩咍〔23〕。

〔內鼓譟、旦驚介〕來的好不怔忡〔24〕也！權請他太子打話。〔太笑介〕妙也！妙也！真乃是月殿姮娥，雲端裏觀世音。姐姐請了。〔旦〕太子請了。太子，君處江北，妾處江南，風馬牛不相及也〔25〕，不意太子之涉吾境也，何故？〔太〕公主，你把我的主意猜一猜來。

【牧羊關】〔旦〕看他蟻陣紛然擺，風電亂下篩〔26〕，他待碗兒般打破這瑤臺。我好看不上他嘴腳兒，赤體精骸〔27〕。小心腸心腸兒多大，

則不過領些須魚肉塊，覓些小米頭柴。怎做作過水興營岇〔28〕？太子，你敢拚殘生來觸槐〔29〕？

〔通〕四太子，我公主說，你止要些米頭魚骨，犒賞你些去便了。〔太笑介〕小子非為哺啜〔30〕而來，好不欺負人也！只擂鼓緊圍罷了。〔旦〕通事，你說與他：

【四塊玉】逐些兒打話來，則把你盧脾賣〔31〕。敢要生口〔32〕？〔太〕不要。〔旦〕要些金銀？〔太〕不要。〔旦〕為甚麼錢糧生口都不在懷？〔太〕你不知，俺那國裏，少些女人，故此而來。〔旦〕原來女人國〔33〕不近你那檀蘿界。〔太〕不是以次女人，近來小子親自斷了弦〔34〕。〔旦〕咳。則道少甚麼粉尘尘女將材〔35〕，原來要帽光光〔36〕你個令四太〔37〕。〔內鼓譟介、太〕快回將話來，俺要媳婦兒緊。〔旦〕奇哉，這賊忒急色〔38〕！

〔旦〕說與他，待我奏知國王，選個女兒送他，著他休了兵去。〔太〕吾乃太子，要與國王為女婿哩。〔旦〕他是不知。

【罵玉郎】說知他我國王位下無了尊愛。〔太〕公主是他尊愛。〔旦〕噤聲，蚤有了駙馬養下了嬰孩。〔太〕公主還嫩嫩的。〔旦〕便做你看不出也三十外。〔太〕駙馬在那裏？〔旦〕他，他，他〔39〕，去南柯選將材。來，來，來，那時節替你擔利害。

〔太〕管駙馬來不來，公主會了俺的人，插了俺的花，難道不容我做夫妻一夜兒？

【哭皇天】〔旦〕呀，呀，呀，這風魔也似九伯〔40〕，使材沙惡茶白賴〔41〕。宮娥，問他那裏會他的人？插了他的花？〔太〕前日寶檀絲、翠剪羅，都是俺送你公主插戴的，你接下了約我來。〔旦惱介〕哎喲！原來到為此賊所算〔42〕了。宮娥，快取花來碎了，撒下城去。〔旦碎花介〕哎！原來土查兒生扭做檀郎賣，女絲蘿到被你臭纏歪，小覷我玉葉金枝胡揣。〔擲花著太惱介〕你俺一般金枝玉葉，作踐我的花，氣死俺也！一枝冷箭，去嚇死花娘。〔射介〕公主看箭！〔箭響介、旦作袖閃半跌介〕哎也！撲琅

生射中了八寶攢盔金鳳釵，險些兒翎拴了鳳髻，鉤掛住蓮腮。

〔內鼓響介、太慌問盧下介、內呼〕駙馬兵到。〔卒報旦介〕賊兵紛紛解散，鼓聲振天，駙馬救兵到也。〔旦喜介〕

【賺尾】紛紛蟻隊重圍解，冉冉塵飛殺氣開。駙馬征西大元帥，馬踐征埃，花攢戰鎧。我呵，城臺上助鼓三鼕與他大喝采。

〔下、生領眾上〕將軍不戰他人地，殺伐盧悲公主親。〔太子眾上介、生〕檀蘿小賊，何不蚤降？〔太〕俺乃檀蘿四太子，纔與公主打話片時，你便吃醋怎的？〔戰介、生問介〕他是蟻陣，我三軍飛舞作老鸛陣，方可破他。〔再戰，太敗走介、旦眾上〕謝天謝地！駙馬得勝而回，眾三軍，開城迎接。〔見介、生〕好不嚇殺我也！〔旦〕真個嚇死人也！

【烏夜啼】奴本是怯生生病容嬌態，蚤戰兢兢破膽驚駭。怎虞姬獨困在楚心垓〔43〕，為鶯鶯把定了河橋外。射中金釵，嚇破蓮腮。咱瞭高臺是〔44〕做望夫臺，他連環砦打煙花砦。爭些兒一時半刻，五裂三開。

〔生〕三軍城外犒賞。酒來，與公主壓驚。〔旦〕瑤臺新破，不可久居，星夜起程，往南柯郡去。

【尾煞】〔45〕臥番羊〔46〕拜告了轅門宰，聽金鼓喧傳拜將臺，多少笙歌接至珠簾外。不是你親身自來，紅雲陣擺，險些兒把這座小瑤臺做樂昌家鏡兒摔〔47〕。

　　腳揣鴛鴦陣，頭頂鳳凰盔。

　　馬敲金鐙響，人唱凱歌回。

校　注

〔1〕也波——語句中間之襯字，無義。元·王曄《桃花女》四〔得勝令〕：「我如今從也波容，也等他一家兒似夢中。」

〔2〕廣寒——即廣寒宮，神話傳說的月中仙宮。傳說唐明皇遊月宮，宮府榜曰「廣寒清虛之府」；見舊題唐·柳宗元《龍城錄·明皇夢遊廣寒宮》。唐·鮑溶《宿水亭》詩：「夜深星月伴芙蓉，如在廣寒宮裏宿。」

〔3〕閬（làng）苑——閬風苑之省文。傳說中僊人的住處。元·李好古《張生煮海》

二〔梁州第七〕：「你看那縹緲間十洲三島，微茫處閬苑、蓬萊。」

〔4〕把都——把都兒，蒙古語「勇士」、「武士」的音譯。在戲劇中往往作兵士解。元・馬致遠《漢宮秋》三〔鴛鴦煞〕白：「把都兒！把毛延壽拿了解送漢朝處治。」

〔5〕陣雲——濃重厚積形似戰陣的雲。古人以爲戰爭之兆。《史記・天官書》：「陣雲如立垣。」唐・高適《燕歌行》：「殺氣三時作陣雲，寒聲一夜傳刁斗。」

〔6〕橫笛——竹笛。古稱橫吹，對直吹者而言。今稱七孔笛。唐・李益《從軍北征》詩：「天山雪後海風寒，橫笛偏吹行路難。」宋・李清照《滿庭霜》詞：「難堪雨藉，不耐風柔。更誰家橫笛，吹動濃愁。」

〔7〕鳳簫樓——指蕭史弄玉故事。蕭史，傳說爲秦穆公時人，善吹簫，能致孔雀、白鶴於庭。穆公有女名弄玉好之，遂妻之。蕭史日教弄玉吹簫作鳳鳴，後來鳳凰來集其屋。穆公築鳳臺，使蕭史夫婦居其上，數年後，皆隨鳳凰飛去。見漢・劉向《列仙傳》。

〔8〕胡笳——我國古代北方民族用的管樂器。傳說由漢張騫從西域傳入，其音悲涼。武帝時李延年因其曲造新聲二十八解，以爲武樂。唐・顧況《劉禪奴彈琵琶歌》：「明妃愁中漢使迴，蔡琰愁處胡笳哀。」元・關漢卿《五侯宴》第三折：「韻悠悠胡笳慢品，阿來來口打番言。」

〔9〕喬才——罵詞，猶無賴、惡棍。元・關漢卿《竇娥冤》四〔得勝令〕：「端詳這文冊，那廝亂綱常當合敗。便萬剮了喬才，還道報冤讎不暢懷。」這裏因怨恨無奈而自言爲「喬才」。

〔10〕西施兵火到蘇臺——意謂西施給蘇臺引來了戰火。此處公主藉以比喻因自己在瑤臺，引起檀蘿的覬覦，以致入寇。西施，春秋越國美女，別名夷光，亦稱西子。越王句踐敗於會稽，范蠡取西施獻吳王夫差，使其迷惑忘政。吳王築姑蘇臺以居之。後越兵入吳，吳遂亡。蘇臺，即姑蘇臺。唐・陸龜蒙《吳宮懷古》詩：「吳王事事堪亡國，未必西施勝六宮。」

〔11〕通事——舊指翻譯人員。《新五代史・晉出帝紀》：「甲辰，契丹使通事來。」《茶香室叢鈔》卷六「通事」條：「《癸辛雜識》云：『譯者之稱……北方謂之通事，南番海舶謂之唐帕。』」

〔12〕兜鍪（dōu móu）——古代戰士戴的頭盔。秦漢以前稱胄，後叫兜鍪。《東觀漢記・馬武傳》：「〔武〕身被兜鍪鎧甲，持戟奔擊。」亦作「兜牟」。《新五代史・雜傳・李金全》：「晏球攻王都於中山，都遣善射者登城射晏球，中兜牟。」

〔13〕軟設設——猶軟綿綿。設設，副詞，加強語勢。弓鞋，詳見第九齣注〔4〕。

〔14〕金蓮——指女子的纖足。《醒世恒言・賣油郎獨佔花魁》：「將美娘繡鞋脫下，去其裏腳，露出一對金蓮，如兩條玉筍相似。」

〔15〕臂鞲（gōu）——革製的臂套。唐・杜甫《即事》詩：「百寶裝腰帶，眞珠絡臂

韝。」明‧楊愼《各調犯七犯玲瓏‧四季閨情》套曲:「有信書難寄,無言淚暗流,寬腰帶,脫臂韝,闌干劃損玉搔頭,何日再綢繆。」

〔16〕繡甲鬆裁——意謂穿上寬大的鎧甲。裁,剪裁;此處指穿戴。

〔17〕月偃(yǎn)分排——意謂似半弦月橫臥狀排列。偃,仰面倒下,放倒。清‧平步青《霞外攟屑‧里事‧寒蘭蕩》:「田畛細流,入池如偃月。」

〔18〕女天魔排陣勢——喻指公主神通廣大,有如天魔。天魔,佛教語,「天子魔」之略稱。爲欲界第六天主,常爲修道設置障礙。

〔19〕櫑(lěi)——櫑具劍的省稱。古長劍名。明‧胡翰《擬古詩》之一:「手提櫑具劍,拂拭萍鵝膏。」

〔20〕由基——養由基,春秋時楚國名將,我國古代著名的射箭能手。《戰國策‧西周策》:「楚有養由基者,善射,去柳葉百步而射之,百發百中。」

〔21〕孫臏——戰國時齊國軍事家。早年與龐涓同學兵法。後龐涓爲魏惠王將軍,忌妒孫臏的才能,誑他到魏國,施以臏刑。後孫臏秘密回到齊國,任齊威王軍師,設計大敗魏軍於馬陵。龐涓自刎而死。見《史記‧孫子吳起列傳》。

〔22〕獅蠻帶——古代高級武官用的腰帶,因帶鈎上飾有獅子蠻王的形象,故名。亦省作獅蠻。元‧鄭廷玉《楚昭公》二〔金蕉葉〕:「那一個錦征袍窄窄的把獅蠻款兜。」

〔23〕孩咍——憨笑。明‧寓山居士《魚兒佛》二〔逍遙樂〕:「湊著個騎鯨客,醉得孩咍,把一座龍門險撞歪。」

〔24〕怔忡(zhēng chōng)——謂驚恐不安。中醫指心悸。清‧蒲松齡《聊齋誌異‧翩翩》:「突突怔忡間,衣已化葉。」

〔25〕「君處江北」三句——意謂互相之間沒有利害關係。語本《左傳‧僖公四年》:「君處北海,寡人處南海,唯是風馬牛不相及也。」

〔26〕風雹亂下篩——形容氣勢洶洶的樣子。風雹亂下,即亂施威風、大發雷霆。元‧關漢卿《單刀會》一〔那吒令〕:「關將軍聽的又鬧,敢亂下風雹。」

〔27〕赤體精骸(hái)——意謂行尸走肉一般。含不屑之意。赤體,光身,不穿衣服。骸,骨頭,多指屍骨。

〔28〕營砦(zhài)——營寨。古時駐兵的地方;軍營。《明史‧何卿傳》:「乃會巡撫張時徹討擒渠惡數人,俘斬九百七十有奇,克營砦四十七。」

〔29〕觸槐——觸槐而死。全句謂你怎敢與我碰撞?是來找死。《左傳‧宣公二年》:「趙宣子驟諫,公使鉏麑賊之……麑曰:『賊民之主不忠,棄君之命不信。』觸槐而死。」

〔30〕哺啜——飲食;吃喝。宋‧蘇轍《臘雪》詩之四:「耕耘終亦飽,哺啜定誰邀?」

〔31〕虛脾賣——意謂賣弄虛情假意。明‧徐渭《南詞敘錄》:「虛脾,虛情也;五臟

惟脾最虛。」金・董解元《西廂記諸宮調》卷七〔中呂調・古輪臺〕:「說盡虛脾,使盡局段,把人贏勾斯欺謾,天須開眼。」

〔32〕生口——古代指俘虜、奴隸。清・趙翼《陔餘叢考》卷四三「生口」條云:「生口本軍前生擒之人。」劇意似指敵強我弱,迫於壓力,出獻生口爲奴。《後漢書・東夷傳》:「倭國王帥升等獻生口六百十人,願請見。」

〔33〕女人國——傳說中的女子國。《山海經・海外西經》:「女子國在巫咸北。」《南史・夷貊傳》:「扶桑東千餘里有女國,容貌端正,色甚潔白……至二三月競入水,則任娠。」

〔34〕斷了弦——謂失去妻子。古以琴瑟調和喻夫婦和諧,故謂喪妻爲斷弦。明・葉憲祖《鸞鎞記》七、白:「我有個兄弟新來斷弦,不如把來嫁與我兄弟。」

〔35〕粉丕丕女將材——喻指脂粉佳人。丕丕,用作狀詞,表程度;亦作助音,無義。

〔36〕帽光光——詳見第十二齣注〔14〕。

〔37〕令四太——「太」下省去一「子」字,不但爲了押韻,大概明人確有此習慣,如稱「老先生」省作「老先」,與此同例。

〔38〕「奇哉」二句——葉《譜》作:「逞狂乖,這賊奴忒急色。」並注云:「『逞狂乖』,原本作『奇哉』,因《梁州第七》曲內已有『奇哉』兩字,故從臧本。」

〔39〕他他他——原無此三字。因下句有「來來來」三字,按照句法這兩句是對稱的,據葉《譜》補入。

〔40〕風魔九伯(bǎi)——謂瘋狂癡癲。元・石君寶《風月紫雲庭》雜劇一折:「郎君每我行有十遍雨至期,除是害九伯風魔病。」九伯,亦作九百;宋、元、明時方言,譏人癡呆、瘋癲、精神失常。宋・陳師道《後山詩話》卷二三:「世以癡爲『九百』,謂其精神不足也。」元・無名氏《馬陵道》二〔倘秀才〕白:「我問你,你是風魔呵是九伯?」

〔41〕材沙惡茶白賴——粗俗的無賴。惡茶白賴,指蠻不講理、無理取鬧、耍無賴者。材,長樂鄭氏藏本作「村」。元・湯式散曲《湘妃引・解嘲》:「村沙的骨肉醜,風流的老也風流。」惡茶白賴,無賴。元・關漢卿《金線池》三〔二煞〕:「我比那俏郎君掏摸須嗓聲,那裏也惡茶白賴尋爭競。」

〔42〕到爲此賊所算——到,猶卻、反而;用作轉折詞。所算,意爲謀害、暗算。《金瓶梅》第十四回:「你成日放著正事兒不理,在外邊眠花臥柳,不著家,只當被人所算,弄成圈套,拿在牢裏。」

〔43〕虞姬獨困在楚心垓——虞姬,項羽妃。垓,即垓下。古地名,在今安徽省靈壁縣東南;漢高祖劉邦圍困項羽、虞姬於此。見《史記・項羽本紀》。

〔44〕是——猶云「試」。同音假借。元・關漢卿《望江亭》一〔賺煞尾〕:「掛起這秋風布帆,是看他碧雲兩岸。」

〔45〕尾煞——葉《譜》作「煞尾」。

〔46〕臥番羊——謂將羊放倒而殺之也。番,「翻」的省文。《說文·臥部》:「臥,
　　休也。從人、臣,取其伏也。」元明戲曲中引申爲宰殺之義。明·無名氏《黃
　　眉翁》三、白:「你如今臥番羊安排筵宴,等待孩兒來也。」

〔47〕樂昌家鏡兒摔——喻夫妻分別。南朝陳太子舍人徐德言,娶後主妹樂昌公主,
　　時陳政衰敗,德言知國破時兩人不能相保,因破鏡與妻各執一半,相約他年正
　　月十五賣於都市。及陳亡,妻果沒入楊素家。德言依期至京,見有家奴賣半鏡,
　　因引至其居,出半鏡合之。題詩曰:「鏡與人俱去,鏡歸人未歸。無復姮娥影,
　　空留明月輝。」樂昌得詩,悲泣不食。楊素知之,即召德言,還其妻。見唐孟
　　棨《本事詩·情感》。後以破鏡重圓比喻夫妻離散或離婚後重又團聚。唐·羅
　　虬《比紅兒詩》:「紅兒若向隋朝見,破鏡無因更重尋。」

第三十齣　帥　北

　　【六么令】〔賊太衆〔1〕上〕檀蘿饑渴,出山來覓食爲活。藤編鐵甲
樹兵戈,穿東澗,搶南柯。**塹江城塹**〔2〕的住江兒麼?

　　　把都們,好了,好了。俺檀蘿太子去搶瑤臺城,著咱這一枝徑搶塹江城,
　　　望南柯征進。前面便是,快搶上去〔3〕。

　　【前腔】〔守城軍上〕南來烽火,一星星報去南柯府。堂中備禦計
如何?呀!那前來的,是檀蘿。**塹江樓**那位將軍坐?

　　　俺們是把守這塹江城小軍。兄弟,檀蘿來得這般緊急,還不見守禦官來,
　　　俺們只得上城巡警。

　　【前腔】〔扮周弁領衆上〕一番兵火,一些些喚做檀蘿。俺兵半萬
出南柯,走饑渴,轉林坡。**塹江城**有得酒兒嗑。〔守城軍接介、周〕盼的
這座城到了。〔衆〕**塹江城**要得酒兒嗑。

　　　〔周〕渴了,渴了。〔衆〕是渴了,爺。〔周〕叫守城軍,司農爺運的犒
　　　賞酒可到哩?〔守軍應介〕到了。但一名軍一個泥頭酒,五千軍五千個
　　　泥頭。大河清,小河清,配著南京眞正一寸三分高堆花老燒酒。稟爺:
　　　起用那一號?〔周〕便取一半水酒,一半燒酒,取名水火既濟〔4〕,都
　　　堆上這城門首來。〔衆軍取酒上介〕算泥頭:一百一百又一百,二三而
　　　五五個百,五個五百兩個百,兩個五百五個百〔5〕。〔周〕五千個酒勾了
　　　儘著喫。泥頭都丟在戰場上去。衆軍喫水酒,俺喫燒酒,不論量,以渴

止爲度。〔眾作飲介〕渴哩，渴哩。〔去泥頭介、周〕俺從來好酒，則因府主相拘，怕官箴有玷〔6〕。這纔是俺顯量時節也。〔飲酒眾醉介、內鼓介〕報！報！檀蘿賊到城下了。〔周〕由他，且飲酒。〔內急鼓介〕報！報！報！檀蘿賊先鋒挑戰。〔周作惱介〕這賊好無禮，酒剛喫到一半，則管衝席〔7〕。眾軍，乘酒興殺出城去。〔眾應介〕臉從醉後如關將，酒尚溫時斬華雄〔8〕。〔下‧賊唱介〔9〕前上〕把都們搶進瀠江去。〔周領眾上〕來者莫非檀蘿賊乎？〔戰介、周眾作醉不敵賊趕下介、周急上〕眾軍，再取一大觥〔10〕燒酒來，戰的渴也。〔眾取酒上飲介、賊上〕那邊廂好不香的燒酒哩，搶上去！〔又戰，周眾又敗介〔11〕、周獨身上〕哎也，賊好無禮，便認輸了這一陣。天氣炎熱，日勢已晚，且卸下征袍，月下單騎回去也。〔下、賊上〕好，好，好，趁這番搶入南柯去。〔跌介〕哎也，爲甚跌了也？則見酒氣薰天，流涎滿地。呀，原來城門首堆著幾十個泥頭塞路也。〔作看天介〕看此天氣，必要下雨漲江，妨俺歸路。俺們且搬了這幾個餘酒，唱個得勝歌，回去也。

【前腔】旗旛搖播，擁回軍擂鼓篩鑼。骰山酒海笑呵呵，哩囉嗹〔12〕，哩嗹囉。搶南柯得勝回齊聲賀。

南柯敗損數千軍，賸得泥頭撲鼻醺。

遇飲酒時須飲酒，得饒人處且饒人〔13〕。

校 注

〔1〕太眾——據長樂鄭氏藏萬曆刻本應爲「大眾」。

〔2〕瀠江城句——葉《譜》疊。下三曲同此例。

〔3〕上去——根據文義，「上去」下應補「〔下〕」。

〔4〕水火既濟——謂水酒、燒酒都要喝。既濟，《易經》卦名，離下坎上，像水在火上，交相爲用。此處字面義與本義雙關。

〔5〕「一百一百」四句——此爲五千之數的譁語，然五千之數不誤。

〔6〕官箴（zhēn）有玷（diàn）——喻指違背做官的戒規。官箴，做官的戒規。明‧沈鯨《雙珠記‧棄官尋父》：「制行難期畫虎成，事親肯被官箴縛，盡孝何愁世網嬰。」

〔7〕衝席——別人設宴，不請自至，謂之撞席。也叫「闖席」、「沖席」，疊言曰「撞酒衝席」。明‧王子一《誤入桃源》三、白：「倘有撞席的人，休放他進來。」

〔8〕「臉從醉後」二句——謂將士們酒醉後紅了臉，就像斬華雄的關羽一樣。《三國演義》第一回描寫關羽生得面如紅棗；第五回描寫關羽溫酒斬華雄。

〔9〕賊唱介前上——暖紅室本作「賊喝介、唱前『穿東澗』三句上介」。

〔10〕觥（gōng）——盛酒或飲酒器。古代用獸角製，後也用木或青銅製。盛行於商代和西周前期。《詩·周南·卷耳》：「我姑酌彼兕觥，維以不永傷。」

〔11〕又敗介——「敗」字下應補「下」字。

〔12〕哩羅嗹——平仄不協。臧本、葉《譜》俱作「羅嗹哩」。

〔13〕得饒人處且饒人——謂對人應寬恕、容忍，事情不要做絕。元·關漢卿《竇娥冤》二、白：「既然有了藥，且饒你吧。正是：得放手時須放手，得饒人處且饒人。」

第三十一齣　繫帥〔1〕

【三臺令】〔生引眾上〕長年坐策兵機〔2〕，這幾日有些狐疑。檀蘿欲剪〔3〕快如飛，怎不見捷旌旗。

【集唐】繞到城門打鼓聲，《武陵》一曲〔4〕想南征。誰知一夜秦樓客，白髮新添四五莖。俺淳于棼，久鎮南柯，威名頗重。近乃公主避暑瑤臺，幸解檀蘿之困；只愁瀯江一帶，別遣周弁救援，顒伺〔5〕捷音。蚤已分付司農，整排筵宴，十里長亭與周弁接喜，可蚤到也。

【前腔】〔田上〕太平筵上花枝，酒旗風偃征旗。喜氣欲淋漓，這勝算兵家怎擬？

〔見介、田〕妙算老堂翁〔6〕，〔生〕協贊有司農。〔田〕準備花前酒，〔生〕來聽塞上風。司農，戰期已數日了，還不見捷報，俺心下憂疑。〔田〕一來國主洪福，二來府主威光，三來司憲英勇，定然得勝而回。〔報上〕江山看是塹，草木怕成兵〔7〕。報，報，報，周將軍單馬回城來了。〔生〕司憲先回，多應得勝，叫樂工們響動。〔內鼓吹介〕

【北醉花陰】〔周弁輻巾白袍帶劍走馬上〕俺這裏匹馬單鞭怕提起，即漸的一家兒這裏。頭直上滾塵飛，一邊廂擂鼓揚旗，那唱賀的歡天地。〔望介〕原來是太老先生與司農僚長，置酒在長亭之上。咳，他則道俺敲鐙〔8〕凱歌回，曲恭恭來壓喜〔9〕。

〔見介〕請了。〔生〕呀，周司憲得勝回來，俺同僚們安排喜酒。〔周〕好了，好了，快討酒來。

【南畫眉序】〔生〕花柳散金杯，一片驚心在眼兒裏〔10〕。當初去，有黃金鎖子甲，怎全身赤體，卸甲投盔？睹形模事體堪疑，得勝了怎單騎而至？〔田〕不瞞堂尊大人說，周司憲此來，真個可疑。〔合〕怎的意頭兒沒張致？還責取〔11〕後來消息。

【北喜遷鶯】〔周〕為甚俺裸肩揚臂？熱天頭助喊揚威。頰也麼頰〔12〕，沒個兒幫閒取勢，激的俺赤甲山〔13〕前被虜圍。〔生〕呀！被圍了，怎的出得來？〔周〕沖圍退，不是俺使些精細，險些兒頭利無歸。

快討酒來。〔生〕這等是兵敗了，還說酒哩。且問你：

【南畫眉序】當口擺兵齊，半萬個選鋒盡跟你。一個個槍來會躲，箭去能揮。如何通不見一個回來？你一家兒人馬平安，那些兒何方使費？〔合〕怎的意頭兒沒張致？還責取後來消息。

〔周〕那五千個人去時，俺是見他來。

【北出隊子】給千兵果然編配，點兵單個個齊。〔生〕戰場上可有呢？〔周〕戰時還有，戰了後，俺通不知那裏去了？〔田〕司憲公，敢是盡被檀蘿殺了？〔周〕這也難道。〔生〕則問他半萬個人頭。〔周〕**剗單鞭投至一身虧**〔14〕，甚半萬個人頭要俺賠？呀，你便是半萬個泥頭俺也賠不起。

〔生〕我說人頭，他說泥頭，是怎的？通不聽他，只以軍法從事，先斬後奏了。〔周〕誰敢無禮！〔生惱介〕敗軍之將，還敢崛強〔15〕！

【南滴溜子】敗軍的，敗軍的，全生誤國。論軍法，論軍法，難容恕你。叫正典刑是理。諸人聽指揮：將他捆執，量決一刀〔16〕，做個旁州之例〔17〕。

〔眾持刀綁，周不伏介〕

【北刮地風】〔周〕呀，忽地波〔18〕怒吽吽〔19〕壞臉皮，那些兒劉

備、張飛？大槐安國內君王婿，誰不知倚勢施為？便做著你正堂尊貴，俺可也不性命低微。〔生〕快取首級哩。〔周笑介〕俺怎生般透賊圍，掙得這首級歸，你劃口兒〔20〕開胡戲。你便申軍法，俺怎遵依？「斬」字兒你可也再休題。

〔生〕俺是掌印官，施行你不得？叫劊子手，一齊向前綁了。〔田〕稟堂尊：此事未可造次〔21〕。

【南滴滴金】〔田〕念周郎至友同鄉籍，地拆〔22〕裏相逢忒遭際。橫枝兒〔23〕住箇南柯地，是堂尊薦及，薦及他為元帥。他平生也為人今怎的？堪詳細，便消停到底爭遲疾〔24〕。

〔生〕依說便再問他。周弁，你因何犯此失機之罪？〔周〕非關小將之事，也非關五千個軍人之事，都是你堂尊半萬個泥頭酒。諸人走渴之時，一鼓而醉，忽報檀蘿索戰，一個個手軃〔25〕腳軟，只小將一個，酒量頗高，向前迎戰，獨力難加，只得棄甲丟槍，乘夜而走。你不信，有詩為證：暑往寒來春復秋，夕陽西下水東流。將軍戰馬今何在？野草閒花滿地愁〔26〕。這都是你半萬個泥頭酒之過也。

【北四門子】千不合萬不合，伊〔27〕把半萬個泥頭兌，燒不是水不是，蒙汗藥釀的醅。卻怎生軟兀剌燒蔥腿難跳踢？急麻查〔28〕扶泥臂刀怎提？〔生〕這等怎生戰的來？〔周〕還說戰哩。〔生〕這等，則怕檀蘿軍殺過塹江城這邊來了？〔周〕這到不要慌。俺留下一計，正待搶殺進城，被俺將酒泥頭盡數丟在戰場之上，把他戰馬一個個都絆倒了，不曾搶的城來。此又半萬個泥頭酒之功也。那酒瓶兒似山，泥頭似堆，黨沙場滑喇义〔29〕酬退了賊。你記他一功，贖他一罪，道的個君當恕、人之醉〔30〕。

〔生〕周弁，你去時俺怎生說來？酒要少吃，事要多知，你都不在意。一定要正軍法。〔周〕哎！從古來誰不飲酒？天若不愛酒，天應無酒星；地若不愛酒，地應無酒泉〔31〕。天地都愛酒，俺飲酒是兵權。漢樊噲〔32〕，三國周公瑾〔33〕、關雲長〔34〕，都也貪杯，希罕於俺一人乎？

【南鮑老催】〔生〕你攀今比昔，那樊將軍他羳酒〔35〕把鴻門碎；關大王面赤非干醉；比周瑜，飲醇醪，量難及。也罷，俺念你一是同鄉，

二是同僚，停了軍法，且把你牢固監候，奏請定奪。**把你貪杯子反** [36] **的頭權寄，上丹青于禁** [37] **身牢繫，忙奏請隨寬急。**

〔生〕兵快們，拿周弁監了。〔眾綁周不伏介〕

【北水仙子】〔周〕呀，呀，呀，放你的哑 [38]！〔生惱介〕拿也！〔周取劍舞介〕拿，拿，拿，拿的俺怒氣沖大舞劍暉 [39]。〔生〕住了！你道俺拿不的你麼？掛起令旨旗牌 [40] 來。〔掛起旗牌介、田〕司憲公，酒放醒些，攦眼哩。〔周看作怕背介〕他，他，他，他叫俺掙著迷奚 [41]。〔抹眼介〕我，我，我，打些兒抹昧 [42]。〔回斜看介〕可，可，可，可怎生掛起了老君王令旨旗？你，你，你，你敢有甚麼密切欽依？〔眾〕周司憲，掛了令旨，不跪是何道理？〔周反手介〕火，火，火，火的俺闌外將軍向闌內歸 [43]。少，少，少，少不的拖番 [44] 硬腿隨朝跪。〔跪介、生〕周司憲，可伏綁了。〔周〕周弁不是伏別人，這，這，這，這是俺為臣子識高低。

〔生〕這等送你收監去。〔行介〕

【南雙聲子】前日裏，前日裏，曾勸你酒休喫。全不記，全不記，鬼弄送胡支對 [45]，輸到底。輸到底。倒了嘴，倒了嘴。看君王發落，權時監裏。

〔丑上〕司獄官接爺。〔生〕周司憲敗軍，暫請此中寬坐數日。〔周惱介〕咳，周弁何等英雄，今日到此。

【北尾】俺透重圍透不出這牢牆內。背膊上好不疼也！好歹和俺瞧一瞧哩。〔眾看笑介〕一個酒刺兒，大紅疙瘩。〔周〕罷了，罷了。敢氣的俺周亞夫疽生背 [46]。俺氣死不怨別的，則怨著半萬個酒堆兒也。悔不當初，悔不當初枕著個破泥頭，做一個醉臥沙場征戰鬼 [47]。〔下〕

三軍斬首為貪杯，一面權收寄劍才。

今朝酒醒知寒色，悔不當初奏凱回。

校　注

〔1〕繫帥——拘禁元帥。繫，拘囚、拘禁。《史記·越王句踐世家》：「湯繫夏臺，文王囚羑里。」帥，指周弁。

〔2〕坐策兵機——即坐運籌策；謂坐在軍帳內策劃軍事方略。《漢書·項籍傳》：「夫擊輕銳，我不如公；坐運籌策，公不如我。」

〔3〕翦（jiǎn）——消滅。《左傳·成公二年》：「余姑翦滅此而後朝食。」

〔4〕武陵一曲——唐·杜甫《吹笛》詩：「胡騎中宵堪北走，武陵一曲想南征。」《武陵曲》，即指《武溪深》。《古今注》：「《武溪深》，乃馬援南征之所作也。」此處化用杜詩表示想念周弁的南征。

〔5〕顒（yóng）俟——即顒候。恭敬地等候。宋·葉紹翁《四朝聞見錄·光皇命駕北內》：「陳氏傅良，時爲中書舍人，於百官班中顒俟上出。」

〔6〕堂翁——明清時縣裏的屬員對知縣的尊稱。參見第十九齣注〔8〕。

〔7〕「江山看是塹」二句——意謂江山有險可守而不能守，以致大敗而逃，草木皆兵。語本《晉書·苻堅載記》：「堅與苻融登城而望王師，見部陣齊整，將士精銳；又北望八公山上，草木皆類人形，顧謂融曰：『此亦勍敵也。』憮然有懼色。」

〔8〕敲鐙——葉《譜》作「敲金鐙」。

〔9〕曲恭恭來壓喜——曲恭恭，音義同曲躬躬。曲躬，謂折腰，形容恭順。曲躬躬，蓋強調躬身有禮的樣子。漢·王符《潛夫論·本政》：「而欲使志義之士匍匐曲躬以事己，毀顏諂諛以求親，然後仍保持之。」壓喜，諢語，猶壓驚。用酒食、財物安慰受驚嚇、擾動的人。

〔10〕「花柳散金杯」二句——意謂楊花柳絮落滿了酒杯，爲什麼眼前一片驚慌的景象！以此二句起興，引起下面的問話。故下句云「怎全身赤體，卸甲投盔」云云。

〔11〕責取——即取責，意謂招罪、問罪。對犯人來說曰招罪，對問官來說曰問罪。責取後來消息，即謂審問犯罪的後來情由。《元典章·刑部二·繫獄》：「司縣罪囚既然事發到官，必須磨問曲責，追勘明白。」

〔12〕頹也麼頹——即頹氣，猶云晦氣、倒楣。元·張國賓《薛仁貴》一〔那吒令〕白：「偏我這等頹氣，我怎麼肯伏？」也麼，語句中間之襯字，無義。

〔13〕赤甲山——亦作赤岬山。在四川奉節東。《水經注》云：「山甚高大，不生樹木，其石悉赤。土人云如人袒胛，故謂之赤岬山。」這裏周弁因裸肩揚臂，故借喻其狼狽相。

〔14〕剗（chǎn）單鞭投至一身虧——意謂無端地孤另另弄到我一人吃虧。剗，猶云無端，平白。元·馬致遠《陳摶高臥》三〔滾繡球〕：「本居林下絕名利，自不合剗下山來惹是非，不如歸去來兮。」投至，猶云到。

〔15〕崛強——意猶桀驁不馴。唐・陸龜蒙《襲美先輩以龜蒙所獻五百言既蒙見和再抒鄙懷用伸酬謝》詩：「諸侯恣崛強，王室方淩遲。」

〔16〕量決一刀——謂按律處斬之意。量決，謂量刑判決，即根據法律做出判罪決定，猶今云「量刑」。《魏書・世祖紀下》：「詔：諸有疑獄，皆付中書，以經義量決。」

〔17〕旁州之例——猶云榜樣。「旁」通「傍」、「榜」。元・關漢卿《竇娥冤》二〔罵玉郎〕：「勸普天下前婚後嫁婆娘每，都看取我這般傍州例。」

〔18〕波——語句中間之襯字，與用於語尾義如「呵」字、「罷」字者異。元・張國賓《合汗衫》三〔中呂粉蝶兒〕：「叫花些剩湯和這殘荣，我受盡了雪壓波風篩。」

〔19〕怒吽吽（hōng）——怒吼，高叫。宋・曾鞏《寄王介卿》詩：「群兒困不酬，吽頻聚譏摘。」

〔20〕剗口兒——開口，引申爲開裂。「剗」通「綻」，音近假借。兒，助詞，無義。清・洪昇《四嬋娟》〔上馬嬌〕：「也不須紫兔毫，也不索玉版箋，剗口兒取次把句兒聯。」

〔21〕造次——倉猝，匆忙。《論語・里仁》：「君子無終食之間違仁，造次必於是，顛沛必於是。」

〔22〕地拆——「拆」與「坼（chè）」通。「地坼」，土地的裂縫。這裏借指蟻穴。「拆」原本作「括」，據錢南揚校注長樂鄭氏萬曆藏本改。

〔23〕橫枝兒——謂無端、無緣無故。

〔24〕便消停到底爭遲疾——意謂暫把事情緩一緩，以便仔細調查，以免錯失。處理的快和慢到底是有差別的。

〔25〕嚲（duǒ）——下垂的樣子。

〔26〕「暑往寒來」四句——宋無名氏詩。宋・孔傳《東家雜記》：「夫子車從出國東門，因觀杏壇，歷級而上，顧弟子曰：『非臧文仲誓將之壇乎？』睹物思人，命琴而歌曰云云。」

〔27〕伊——第二人稱代詞，猶云「君」或「你」，與普通用如「他」字者異。元・無名氏《馬陵道》三〔掛玉鈎〕：「我這裏吐膽傾心說與你，難道你不解其中意。」

〔28〕兀剌、麻查——「兀剌」，語句中襯字或話搭頭（口頭語）。「麻查」，現代方言中尚有此詞，即急速之意。

〔29〕黨、乂（yì）——暖紅室本「黨」作「擋」。長樂鄭氏萬曆本「乂」作「叉」。

〔30〕君當恕、人之醉——化用晉・陶潛《飲酒》詩「君當恕醉人」句意。

〔31〕「天若不愛酒」四句——意謂天地都愛飲酒。酒星，古星名。也稱酒旗星。酒泉，古郡名，在甘肅；以城有金泉，泉味如酒，故名。漢・孔融《難曹公表製酒禁書》：「故天垂酒星之耀，地列酒泉之郡，人著旨酒之德。」唐・李白《月

下獨酌》詩之二：「天若不愛酒，酒星不在天。」

〔32〕樊噲（kuài）——漢初將軍。鴻門宴上，范增預謀殺劉邦。樊噲聞事急，乃持鐵盾入。項羽問爲誰？張良曰：「沛公參乘樊噲。」項羽曰：「壯士。」賜之卮酒彘肩。問：「復能飲乎？」噲曰：「臣死且不辭，豈特卮酒乎？」卒護劉邦同出。《史記・項羽本紀》、《史記・樊噲傳》均載此事迹。故下曲云「樊將軍他殢酒把鴻門碎」。碎，謂粉碎范增害劉邦之謀。

〔33〕周公瑾——即周瑜。《三國志・吳志・周瑜傳》，不載周瑜好酒事，僅《注》引《江表傳》云：「程普頗以年長數陵侮瑜，瑜折節容下，終不與校。普後自敬服而親重之，乃告人曰：『與周公瑾交，若飲醇醪，不覺自醉。』故下曲云「比周瑜飲醇醪量難及」，正指此事，則與好酒無關，湯氏不過隨意點綴而已。

〔34〕關雲長——即關羽。《三國志・蜀志・關羽傳》及《三國演義》都沒有載關羽好酒事，僅本傳記他伸臂括骨去毒之時，「割炙引酒、言笑自若」而已。故下曲云「關大王面赤非干醉」。這裏指周弁用裝醉酒而故意胡謅。

〔35〕殢（tì）酒——沉湎於酒，醉酒。宋・劉過《賀新郎》詞：「人道愁來須殢酒，無奈愁深酒淺。」

〔36〕子反——春秋時楚國公子，名側，字子反。《史記・楚世家》：「共王救鄭，與晉兵戰鄢陵，晉敗楚，射中共王目。共王召將軍子反，子反嗜酒，從者豎陽谷進酒醉，王怒，射殺子反。」又，《左傳・成公十六年》謂子反兵敗自殺，與《史記》異。

〔37〕于禁——《三國志・魏志・于禁傳》載，于禁本爲魏將，後降於關羽；羽敗，入吳；曹丕稱帝，始還，拜爲安遠將軍。欲遣使吳，令先北詣鄴，謁操陵。丕使預於陵屋畫關羽戰克、龐德憤怒、于禁降服之狀。禁見，慚恚，發病而卒。這裏的「丹青」，正指陵屋壁畫，惟傳中並無「牢繫」之事。

〔38〕呸——「屁」字的轉音。

〔39〕舞劍暉——舞動寶劍揮殺。「暉」通「揮」。

〔40〕旗牌——即「旗」和「牌」，上寫有「令」字，爲軍中發令之具，是舊時封建朝廷頒發給封疆大吏或欽差大臣便宜行事的憑證。明・唐順之《祭刀文》：「某欽差承朝命，給有旗牌。」

〔41〕掙著迷奚——意謂睜開眼睛。「掙」與「睜」通。「迷奚」本作「謎瞸」，此爲省寫。形容眼睛半睜半閉、睜不開的樣子。金・董解元《西廂記諸宮調》卷一〔般涉調・尾〕：「道著睬也不睬，瞧也不瞧，眼謎瞸地佯呆著。」

〔42〕打些兒抹昧——裝些個癡迷。抹昧，亦作「抹媚」；意爲癡迷，迷糊。元・王實甫《西廂記》三本一折〔天下樂〕：「他害的有抹媚，我遭著沒三思，一納頭安排著憔悴死。」

〔43〕閫（kǔn）外將軍向閫內歸——意謂朝廷外的將軍因罪向朝廷自首。閫外，指京城或朝廷以外，亦指外任將吏駐守管轄的地域，與朝中、朝廷相對。《史

記‧張釋之馮唐列傳》:「臣聞上古王者之遣將也,跪而推轂曰:『閫以內者,寡人制之;閫以外者,將軍制之。』」歸,有罪自首。《史記‧張丞相列傳》:「錯恐,夜入宮上謁,自歸景帝。」

〔44〕拖番——謂扯倒、放翻。也作拖翻。元‧高明《琵琶記》十七〔普賢歌〕:「身充里正實難當,雜泛差徭日夜忙。官司點義倉,並無些子糧,拚一頓拖翻吃大棒。」

〔45〕攴對——意爲支吾答對、對答。亦作「衹對」。支、衹同音通用,一般說來,唐宋以前多用「衹」,元以來多用「支」。宋‧陳瓘《卜算子》詞:「夢裏不知眠,覺後眠何在?試問眠身與夢身,那個能衹對?」元‧關漢卿《竇娥冤》二〔牧羊關〕:「不是妾訟庭上胡支對,大人也,卻教我平白地說甚的?」

〔46〕周亞夫疽(jū)生背——周亞夫,西漢名將周勃子。景帝時任大尉,平定吳楚七國之亂,遷爲丞相。後以其子私買御物下獄,絕食五日而死。見《史記‧絳侯周勃世家》。傳中並無「疽生背」事。這裏爲周弁的讖語;因爲二人同姓周,同爲武將,故用周亞夫來自比。

〔47〕醉臥沙場征戰鬼——化用唐‧干翰《涼州曲》:「醉臥沙場君莫笑,古來征戰幾人回」詩意。

第三十二齣　朝　議

【小蓬萊】〔王引眾上〕世界於今幾變,精靈自古如常。槐國爲王,柯庭遣將,近事堪惆悵。

【集唐】隋朝楊柳映堤稀,臺殿雲涼秋色微。聞道王師有轉戰,黃龍〔1〕戍卒幾時歸。寡人槐安大國,素與檀蘿小仇。近乃公主困圍,僥倖駙馬救解。別遣周弁往援瀍江,捷書未見飛傳,右相必知消息。

【前腔】〔右相持表文上〕儼爾尊爲右相,居然翼戴君王。咳,立下朝綱,壞了邊防,奏到星忙上〔2〕。

吾爲右相,每念南柯重地,駙馬王親在郡二十餘年,威權太盛。常愁他根深不翦,尾大難搖〔3〕。偶值公主困圍,瀍江失事,得他威名少損,此亦不幸中之幸也。星夜駙馬奏來,請正將軍周弁之罪。俺將表文帶進,相機而行。〔見介〕臣右相段功見。〔王〕右相外來,頗知檀蘿用兵勝算乎?〔右〕駙馬飛傳表文,臣謹奏上。

【瑣窗郎】〔右〕念臣悚誠恐誠惶,瀍江城遭寇與攔當〔4〕。〔王〕有

周弁領兵去。〔右〕誰料三軍出境，止得一將還鄉。〔王〕這等，大敗了。
〔右〕臣婪肺腑，理難欺誑。望我王將臣削職隨欽降，還議罪周弁將。

　　〔王〕論我國家氣勢，得時而羽翼能飛〔5〕，失水則蛟龍可制〔6〕。瑣瑣
檀蘿，遭其挫敗。咳！駙馬好不老成也。

　　【前腔】倚南柯鎮鑰疆場，那檀蘿多大勢難當。怎提兵數萬，戰死
殘傷？這風聲外敵把吾輕相。可惱！可惱！駙馬在中軍帳，怎用的周弁
將？

　　【前腔】〔右〕論邊機失誤非常，則二十年爲駙馬也星霜〔7〕。〔王〕
正是，俺也念駙馬在邊年久，加以公主屢請還朝，止爲南柯太守難得其人，
因此暫止。〔右〕駙馬取回，還有田子華在彼。看田生知略〔8〕，可代淳郎。
堪取回公主，到京調養。〔王〕春秋喪師，責在大夫〔9〕，今日駙馬之過也。
〔右〕妨親礙貴宜包獎，權坐罪周弁將。

　　〔王〕這等，周弁失機應斬。〔右〕周弁乃駙馬至交，兩次薦舉，斬周
　　弁恐傷駙馬之心，不如免死，立功贖罪。〔王〕依奏。

　　周弁免死且饒他，接管南柯田子華。

　　公主驚傷同駙馬，即時欽取到京華。

校　注

〔1〕黃龍——城名，古龍城又名黃龍城，故址在今遼寧朝陽。唐・沈佺期《雜詩》
　　之四：「聞道黃龍戍，頻年不解兵。可憐閨裏月，長照漢家營。」《宋書・東夷
　　高句驪國傳》：「先是鮮卑慕容寶治中山，爲索虜所破，東走黃龍。義熙初，寶
　　弟熙爲其下馮跋所殺，跋自立爲主，自號燕王。以其治黃龍城，故謂之黃龍國。」
　　這裏用來指塹江邊塞。
〔2〕奏到星忙上——意謂大臣的奏章送到朝廷，丞相就迅速獻上國君。星，像流星
　　一樣，形容迅疾。
〔3〕尾大難搖——猶言尾大不掉。比喻臣下勢力強大，不聽從調度指揮。《左傳・昭
　　公二十年》：「末大必折，尾大不掉。」不掉，即「難搖」之意。
〔4〕攔當——攔擋，阻擊。
〔5〕得時而羽翼能飛——意謂螞蟻長出翅膀也能飛翔。語本《爾雅・釋蟲》「飛螘

（yì）」《疏》：「有翅而飛者名『蟁（wèi）』，即飛螘也。」螘，同蟻。

〔6〕失水則蛟龍可制——意謂螞蟻可制伏失水的蛟龍。語本《資治通鑑・後唐莊宗同光二年》：「（郭）崇韜鬱鬱不得志，與所親謀赴本鎮以避之。其人曰：『不可，蛟龍失水，螻蟻足以制之。』」

〔7〕星霜——星晨霜露，謂艱難辛苦。宋・范仲淹《上執政書》：「又使少歷星霜，不至驕惰。」

〔8〕知略——智識謀略。

〔9〕春秋喪師責在大夫——如《左傳》所記：僖公二十八年，晉敗楚於城濮，楚殺其大夫得臣；宣公十二年，楚敗晉於泌，荀林父歸請死。

第三十三齣　召　還

【意遲遲】〔1〕〔貼扶病旦上〕一自瑤臺耽怕恐，愁絕多嬌種。淚濕枕痕紅，秋槐落葉時驚夢。〔貼〕倚妝臺掠鬢玉梳慵，盼宮閨个斷眉山〔2〕聳。

【古調笑】〔旦〕魂去，魂去，夢到瑤臺秋意。醒來依舊南柯，折抹嬌多病多〔3〕。多病，多病，富貴叢中薄命。自家生成弱體，加以圍困驚傷；又聽周弁敗兵，駙馬惶愧，奴家一發傷心。曾驚幾度啟請回朝，圖見父王、母親，一來奴家得以養息；二來駙馬久在南柯，威名太重，朝臣豈無妒忌之心？待俺歸去，替他牢固根基；三來替兒女完成恩蔭〔4〕之事：未知令旨蚤晚何如？

【步蟾宮】〔生上〕一片愁雲低畫棟，掛暮雨珠簾微動。倚雕欄和淚折殘紅〔5〕，消受得玉人情重。

〔見介〕公主，貴體若何？〔旦〕多分是不好了。且問駙馬，來此多年？〔生〕整整二十年了。〔旦歎介〕淳郎夫，聽奴一言：奴家生長王宮，不想有你姻緣，成其匹配。俺助你南柯政事，頗有威名。近日檀蘿敗兵，你威名頓損；兼之廿年太守，不可再留。俺死為你先驅螻蟻耳。〔泣介、內作樹聲清亮生問介〕此聲何也？〔兒上介〕稟爹娘：是槐樹作聲。〔旦笑介〕駙馬，這樹音清亮，可喜。〔生〕難得公主這一喜。〔旦〕你不知，此中槐樹，號為聲音本，我國中但有拜相者，此樹即吐清音〔6〕。看此佳兆，駙馬蚤晚入為丞相矣。則恐我去之後，你千難萬難那！

【集賢賓】〔旦〕論人生到頭難悔恐，尋常兒女情鍾，有恩愛的夫妻情事冗。奴家並不曾虧了駙馬，則我去之後，駙馬不得再娶呵，累你影淒淒被冷房空。淳于郎，你回朝去不比以前了。看人情自懂，俺死後百凡尊重。〔合〕心疼痛，只願的鳳樓人永。

【前腔】〔生泣介〕公主呵。聽一聲聲慘然詞未終，對杜宇啼紅〔7〕。你去後俺甘心受啁噥〔8〕，則這些兒女難同。公主呵，你的恩深愛重，二十載南柯護從。〔合前〕

【琥珀貓兒墜】〔9〕〔旦泣介〕如寒似熱，消盡了臉霞紅。那宮女開函俺奏幾封，蚤些兒飛入大槐宮。〔生拜介〕天公，前程緊處，略放輕鬆。

〔旦〕病到此際，也則索罷〔10〕了。〔生〕怎說這話？

【前腔】〔生〕香肌弱體，須護好簾櫳〔11〕。裙帶留仙〔12〕怕倚風，把異香燒取明月中。〔旦〕惺忪，斷魂一縷，分付乘龍〔13〕。

〔兒上〕〔14〕報，報，報，令旨到。爹爹，娘病了，怎生接旨？〔生〕兒子，扶著母親拜便了。〔紫讀詔介〕令旨已到，跪聽宣讀。大槐國王令旨：公主瑤芳同駙馬淳于棼，南柯功高歲久，欽取回朝，進居左丞相之職。其南柯郡事，著司農田子華代之。欽哉！謝恩。〔眾呼千歲起介、旦〕恭喜駙馬，拜相當朝。槐樹清音，果成佳兆。〔生〕多謝公主擢舉。〔紫叩頭介、生〕周弁作何處置？〔紫〕有旨了，駙馬分上，免死立功。〔生〕天恩浩大哩！且請皇華館筵宴。〔紫〕詔許王人會〔15〕，恩催上相歸。〔下、生〕公主，我在此多年，一朝離去，應有數日周詳善後之事。待著孩兒送你先行，到朝門之外，候俺一齊朝見。〔旦〕正是。則這二十年南柯郡舍，一旦拋離，好感傷人也！〔生〕人生如傳舍〔16〕，何況官衙？則你將息貴體。孩兒看酒。〔酒上介〕

【皂鶯兒】〔生〕杯酒散愁容，病宮在小桂叢〔17〕。我兒呵，你長途細把親娘奉，調和進供，溫涼酌中。你烏紗綽鬞非無用〔18〕。〔末〕承爹厚命，丁寧在胸；奉娘前進，寒溫必躬；管平安〔19〕遇有人傳送。〔合〕

靠蒼穹，一家美滿，排備禦筵紅。

〔貼報介〕啓公主、駙馬：外間官屬、百姓等，聞的公主回朝，都在府門外求見。〔旦〕宮婢，你說公主分付，生受〔20〕你南柯百姓二十年，今日公主扶病而回，則除是來生補報了。〔内哭介、生〕叫不要感傷了公主。看轎來。

金枝玉葉病委葹〔21〕，廿載南柯寄一枝。

不是大家〔22〕隨子去，爭看貴主入宮時。

校　注

〔1〕《意遲遲》——此調不見舊譜，蕭湯氏所創造。

〔2〕眉山——《西京雜記》卷二：「文君（卓文君）姣好，眉色如望遠山，臉際常若芙蓉。」後因以「眉山」形容女子秀麗的雙眉。宋・陳師道《菩薩蠻》詞：「鬢釵初上朝雲捲，眼波翻動眉山遠。」

〔3〕「醒來」二句——此爲倒裝句式，即「折抹嬌多病多，醒來依舊南柯」。折抹，也作折末、折麼；義爲儘管、任憑。元・費唐臣《貶黃州》一〔么篇〕：「臣折麼流儋耳，臣折麼貶夜郎，一個因書賈誼長沙放，一個因詩杜甫江邊葬。」

〔4〕恩蔭——因上輩有功而給予下輩入學任官的待遇；得到恩惠，受到蔭庇。《聊齋誌異・促織》：「遂使撫臣、令尹，並受促織恩蔭。」

〔5〕雕欄、殘紅——雕欄，亦作「雕闌」。雕花彩飾的欄杆；華美的欄杆。南唐・李煜《虞美人》詞：「雕闌玉砌應猶在，只是朱顏改。」宋・蘇軾《法惠寺橫翠閣》詩：「雕欄能得幾時好？不獨憑欄人易老！」殘紅，凋殘的花；落花。唐・王建《宮詞》之九十：「樹頭樹底覓殘紅，一片西飛一片東。」宋・李清照《怨王孫》詞：「門外誰掃殘紅？夜來風。」

〔6〕「此中槐樹」四句——唐・趙璘《因話錄・徵》：「都堂南門東道，有古槐垂陰至廣。相傳夜驚聞絲竹之音，省中即有人入相者，俗謂之音聲樹。」又，《類說》引《秦京雜記》：「都省後都堂門外大槐樹，謂之音聲樹，欲除拜僕射，此槐必有聲如歌曲。」

〔7〕杜宇啼紅——猶杜鵑啼血。杜宇即杜鵑鳥，又稱子規、望帝，啼聲悲切。傳說，杜鵑爲戰國時蜀王望帝杜宇魂魄所化。又說，聞杜鵑初鳴的人，將有傷別之事。參見《太平御覽・揚雄・蜀王本紀》、晉・闞駰《十三州志》。唐・顧況《子規》詩：「杜宇冤亡積有時，年年啼血動人悲。」

〔8〕唧噥——背後議論，小聲說話。明・朱有燉《善知識苦海回頭》三：「你道是九

重邊有誰唧噥，苦口難諧，甘言易哄。」

〔9〕琥珀貓兒墜——原作「貓兒墜」。曲牌不應省改，故據葉《譜》作「琥珀貓兒墜」。

〔10〕則索——猶云「只得」。索，猶云「得」。

〔11〕簾櫳——窗簾和窗牖。此指閨閣的門窗。宋‧史達祖《惜黃花‧定興道中》詞：「獨自捲簾櫳，誰為開尊俎！恨不得御風歸去。」

〔12〕裙帶留仙——意謂繫好裙帶免受風寒。漢‧伶玄《趙飛燕外傳》載：成帝於太液池作千人舟，號合宮之舟，後歌舞《歸風》、《送遠》之曲，侍郎馮無方吹笙以倚後歌。中流，歌酣，風大起。後揚袖曰：「仙乎，仙乎，去故而就新，寧忘懷乎？」帝令無方持後裙。風止，裙為之縐。「他日，宮姝幸者，或襞衣裙為縐，號『留仙裙』。」此處化用其意。

〔13〕乘龍——乘龍佳婿的省稱。本指得佳婿，這裏代指夫婿。《藝文類聚‧楚國先賢傳》：「孫雋字文英，與李元禮俱娶太尉桓焉女。時人謂桓叔元兩女俱乘龍，言得婿如龍也。」參見第二十齣注〔19〕。

〔14〕兒上——暖紅室本作「外扮紫衣官捧詔上、末扮大兒雜扮女兒同上」。

〔15〕詔許王人會——意謂君王下詔允許大臣入朝會面。王人，君王的臣民。此指淳于棼。唐‧李德裕《論太和五年八月悉怛謀狀》：「諸羌久苦蕃中徵役，願作王人。」會，會見，會面。《左傳‧文公八年》：「冬，襄仲會晉趙孟於衡雍，報扈之盟也。」

〔16〕傳舍（zhuàn shè）——古時供來往行人休息住宿的地方，猶今之客店、旅館。《漢書‧酈食其傳》：「沛公至高陽傳舍。」顏師古注：「傳舍者，人所止息，前人已去，後者復來，轉相傳也。」金‧董解元《西廂記諸宮調》卷一〔仙呂調‧尾〕：「惡傳舍冗雜，故寓此寺。」

〔17〕病宮在小桂叢——長樂鄭氏萬曆藏本作「病宮花小桂叢」。意謂瑤芳公主在瑤臺城受驚得病。宮花，指瑤芳公主。桂叢，本指月宮。唐‧李商隱《和友人戲贈》詩之一：「殷勤莫使清香透，牢合金魚鎖桂叢。」馮浩注：「桂叢，指月殿。」這裏借指瑤臺城。

〔18〕你烏紗綷髻非無用——意謂你年紀雖小但在歸途中應該照顧好母親。故下文有「承爹厚命」云云。「烏紗綷髻」，指用黑色織物在兩髻紮起的髮髻。這裏借指年紀小。綷，似應作「揚」解。這裏指烏紗之翅在髻邊揚起。《劉知遠諸宮調》十二〔牆頭花〕：「其人綷起絲鞭，高呼經略好在。」

〔19〕平安——指平安家信。唐‧岑參《逢入京使》詩：「馬上相逢無紙筆，憑君傳語報平安。」後世遂以「平安」代指家信。

〔20〕生受——猶煩勞。詳見第十六齣注〔11〕。

〔21〕委蕤（ruí）——柔弱；軟弱。《國語‧周語下》「蕤賓」三國吳‧韋昭注：「蕤，

委蕤，柔貌也。」

〔22〕大家（gū）──即大姑。古代對女子的尊稱。《後漢書·列女傳》載：後漢曹世叔妻班昭，其兄班固著《漢書》未及竟而卒，和帝詔昭就東觀藏書閣踵而成之。「帝數召入宮，令皇后諸貴人師事焉，號曰大家。」「隨子」之事，史無明文，世叔早卒，所謂「夫死從子」，蓋出想當然耳。

第三十四齣　臥　轍

【浪淘沙】〔老錄事上〕狗命帶酸寒，不做高官，白頭紗帽保平安。職掌批行和帶管，有的錢鑽。

自家南柯府錄事官便是。南柯府堂風水，單好出些老官。你不信？駙馬爺二十年，田司農二十年，俺錄事也二十餘年。來時油光嘴臉，如今鬍子皓白了。天恩欲取公主、駙馬還朝。三日前公主起行，駙馬將府事文盤與田司農，今日起程。司農爺長亭〔1〕餞別，蚤分付了。駙馬爺來時是太守，今回朝去是個左丞相了。車路欠平，著人堆沙，填起一堤，約有三十里長，兩頭結綵爲門，題著四個大字：「新築沙堤」〔2〕，好些小百姓來看也。

【前腔】〔扮父老持奏上〕少壯老平安，一郡清官。賢哉太守被徵還，百姓保留天又遠，要打通關。

〔見丑跪介〕參軍〔3〕爺，小的們有下情〔4〕。〔丑〕甚麼事？〔父老〕淳于爺管府事二十年，百姓家安戶樂，海闊春深。一旦欽取回朝，百姓怎生捨得。〔丑〕這不干俺事。〔父老〕眾父老商量，盡南柯府城士民男婦，簽名上本，保留淳于爺再住十年。京師窵遠〔5〕，敢央及參軍爺，撥下快馬十數匹，一日一夜三百里，飛將本去，萬一令旨著駙馬爺中路而轉，重鎮南柯。但憑百姓們親齎〔6〕，恐不濟事了。〔丑驚介〕你們要留太爺，怕上本遲了，央俺撥快馬十數足，一日一夜飛將本去，萬一令旨著駙馬爺中路而轉，重鎮南柯。罷了，列位父老哥，免照顧。〔父老泣介〕參軍爺不准，央田爺去。〔丑〕央田爺麼？你去，你去。〔眾起介、丑〕回來，講與你聽：便是田爺知南柯府事了，不好意思得。〔父老〕原來新太爺就是田爺，不便央他了，還是百姓們蟻行〔7〕而去罷。〔丑〕著〔8〕了。田爺將到。〔眾避介〕

【一落索】〔田上〕廿載府堂簽判，奉旨超階正轉。長亭相送舊堂還，呀！塞路的人千萬。

〔丑參見介〕稟老大人：酒筵齊備。〔田〕紅塵〔9〕擁路，想都是送太爺的麼？好百姓！好百姓！〔丑〕鼓吹聲喧，太爺早到。〔田丑走接介〕

【懶畫眉】〔生引眾上〕一鞭行色〔10〕曉雲殘，五馬〔11〕歸朝百姓看。〔內作喊哭介〕俺的太爺呵！〔生〕擁路者數千人，因何如此？〔丑〕都是攀留太爺的。〔生〕原來是銜恩赤子〔12〕要追攀，俺有何功德沾名宦？知道了，是百姓們厚意，他替俺點綴春風好面顏。

〔田跪接介〕司農田子華迎接公相。〔生〕司農請起，下車相揖。〔下介、揖介、生〕司農，這條官路幾時修好了？呀，彩門金字：「新築沙堤」。〔田〕是，新築沙堤宰相行。〔生笑介〕願與足下同之。〔同行介〕

【前腔】〔生〕俺承恩初入五雲〔13〕端。〔田〕這新築沙堤宰相還。〔生〕重重樹色隱隱巒。〔田〕前面長亭了，下官備有一杯酒。便停驂〔14〕只覺的長亭短。〔生〕恰正是取次〔15〕新官對舊官。

〔做到介、田參見介、生〕蚤問別過了周司憲，便到貴衙，未得相見。藉此官亭之便，拜謝司農。〔田〕不敢。〔拜介、生〕廿載勞君作股肱〔16〕。〔田〕堂尊恩德重難勝。〔生〕公私去後煩遮蓋。〔田〕還望提攜接後程。〔丑參見介〕錄事官叩頭。〔生〕起來。二十年的參軍清苦，俺去後，司農好看覷他。〔丑叩頭謝介、田〕看酒。〔吏持酒上〕竹映司農酒，花催上相車。酒到。

【山花子】〔田送酒介〕喜南柯一郡棠陰〔17〕滿，公歸故國槐安。二十載家寧戶安，到今朝行滿功完。〔生〕印務俱已交盤了。看黃金印文邊角全，文書查交倉庫盤。筵席上金杯滿前離恨端。〔合〕歸去朝廷，跨鳳驂鸞〔18〕。

【前腔】〔生〕俺舊黃堂政事新人管，有一言聽俺同官：休看得一官等閒，也須知百姓艱難。〔田〕喜明公教條金石刊〔19〕，下官遵承無別端。二十載故人依依離別顏。〔合前〕

〔生〕公主久行，本爵難以羈遲，告辭了。〔生起行介〕

【大和佛】〔眾父老上〕腦項香盆[20]天也麼天，天留住俺恩官。〔跪泣介〕老爺呵，你暫留幾日，待俺借寇長安[21]，捨的便拋殘。〔生泣介〕父老呵，難道我捨的？朝廷怎敢違欽限？俺二十年在此，教我好不回還。〔父老〕俺男女們思量，二十載恩無算，怎下的去心離眼。〔泣攀臥介〕老爺呵，俺只得，倒臥車前淚斕斑手攀闌[22]。

〔生〕少不的去了，起來，起來。〔行介〕

【舞霓裳】〔眾〕眾父老擁住駿雕鞍，眾男女拽住繡羅襴[23]。〔生泣介〕車衣帶斷情難斷，這樣好民風留著與後賢看。司農呵，為俺把蒼生垂盼。〔眾泣介〕留不得，只蚤晚生祠中跪祝贊。

〔生〕父老。我去也。

【紅繡鞋】〔眾〕[24]扶輪滿路遮攔，遮攔。東風回首淚彈，淚彈。長亭外，畫橋灣，齊叩首，捧慈顏。賢太守，錦衣還。〔生〕眾父老子弟們，請回了。〔眾〕百里內都是南柯百姓送行。〔生〕生受了。

【尾聲】〔眾〕官民感動去留難。〔生〕二十年消受你百姓家茶飯，則願的你雨順風調我長在眼。〔下〕

〔父老弔場〕好老爺，好老爺。俺們一面拜見田爺，一面保留駙馬爺，還是駙馬爺管的百姓穩。俺們權坐一坐，每都派一名[25]赴京。〔做派數、內響道介、丑上〕天有不測風雲，人有無常禍福。呀，你們父老還在這裏。〔眾〕老爺，還待趕送一程。〔丑〕你們都不知，太爺行到五十里之程，前路飛報，公主不幸了。〔眾〕怎麼說？〔丑〕公主薨了。〔眾哭介〕怎麼好？天也！當真麼？〔丑〕不真哩！田爺分付俺回來，取白綾、素絹、檀香去行禮，還說不真？〔眾〕這等，駙馬爺不能勾回郡了。打聽是真，俺們合眾進香去。

賢哉太守有遺恩，去郡傷哉好郡君[26]。

自是感恩窮百姓，千年淚眼不生塵。

校 注

〔1〕長亭——原誤作「長城」，據暖紅室本改。下文「一落索」曲中也謂「長亭相送舊堂還」。

〔2〕沙堤——唐代專爲宰相通行車馬所鋪築的沙面大路。詳見第三齣注〔57〕。

〔3〕參軍——古官名。這裏借指錄事官。詳見第二十二齣注〔10〕。

〔4〕下情——指父老對淳于爺的愛戴之情。故凡下級或群眾的意見、心意，亦曰「下情」。《管子・明法》云：「臣有擅主者，則主令不得行，而下情不上通。」

〔5〕窵（diào）遠——遙遠。《初刻拍案驚奇》卷二十：「〔李克讓〕本是西粵人氏，只爲與京師窵遠，十分孤貧，不便赴試。」

〔6〕親齎（jī）——意謂親自送達朝廷。齎，把東西送給別人。

〔7〕蟻行——本指螞蟻爬行；這裏比喻循序漸進。這裏用意雙關。《埤雅・釋蟲》引《莊子》：「得時則蟻行，失時則鵲起。蟻行逶遲有序，需而不速，故君子之得時，其廉於進如此。」

〔8〕著——猶云「得」、「要」。宋・周弼《煙波亭避暑》詩：「須著干求大帝君，莫使陽烏眼睛轉。」

〔9〕紅塵——本指車馬揚起的飛塵。此言送行者之多。宋・秦觀《金明池》詞：「縱寶馬嘶風，紅塵拂面，也只尋芳歸去。」

〔10〕一鞭行色——猶一路行旅。行色，行旅出發前後的情狀、氣派。《說岳全傳》第四七回：「即賜御酒三杯，以壯行色。」

〔11〕五馬——太守的代稱。白居易《西湖留別詩》：「翠黛不須留五馬，皇恩只許住三年。」參見第十九齣注〔2〕。

〔12〕銜恩赤子——感恩戴德的人。銜恩，即銜環報恩，神話傳說黃雀報答楊寶救命之恩的故事。漢楊寶九歲時，在華陰山北，見一黃雀被鴟梟所搏墜地。楊寶帶回家中，置巾箱中，喂食黃花。百餘日後，黃雀毛羽生成乃飛去。其夜有黃衣童子向楊寶說：「我是西王母的使者，蒙君拯救，實感仁恩。今贈白環四枚，令君子孫潔白，位登三公，一如此環。」後楊寶子、孫、曾孫皆顯富貴。見南朝梁・吳均《續齊諧記》。後人遂把報恩稱爲銜環。唐・楊知至《復落後呈同年》：「此時泣玉情雖異，他日銜環事亦同。」赤子，本指嬰孩，後藉以喻指百姓。

〔13〕五雲——五色祥雲，吉祥徵兆，爲神仙所在處；後亦指皇帝所在地。唐・王建《贈郭將軍》詩：「承恩新拜上將軍，當值巡更近五雲。」

〔14〕停驂（cān）——停車駐馬。驂，古代指駕在車兩旁的馬。

〔15〕取次——猶云草草，倉促。劇中爲「臨別匆匆」之意。宋・陸游《秋暑夜興》詩：「呼童持燭開藤紙，一首清詩取次成。」

〔16〕股肱（gōng）——大腿和胳膊，均爲軀體的重要部分。引申爲輔佐君主的大臣。《尙書・益稷》：「帝曰：臣作朕股肱耳目。」唐・孔穎達疏：「君爲元首，臣爲股肱耳目，大體如一身也。」本劇比喻左右輔助得力的人。《左傳・昭公九年》：「君之卿佐，是謂股肱；股肱或虧，何痛如之！」

〔17〕棠陰——喻惠政或良吏的惠行。《詩・召南・甘棠》孔穎達疏：「武王之時，召公爲西伯，行政於南土，決訟於小棠之下。其教著明於南國，愛結於民心，故作是詩以美之。」南朝梁・簡文帝《罷丹陽郡往與吏民別》詩：「柳栽今尙在，棠陰君詎憐。」

〔18〕跨鳳驂鸞——同跨鳳乘鸞。謂夫妻騎著鳳，乘著鸞。比喻飛黃騰達，意得志滿。鳳，鳳凰；驂，古代指駕在車兩旁的馬，此處用如動詞；鸞，傳說中鳳凰一類的鳥。元・楊景賢《劉行首》三〔煞尾〕：「暫時問且略別，三日後向城西傳取長生訣，管著你跨鳳乘鸞赴仙闕。」

〔19〕教條金石刊——謂牢記教導之意。

〔20〕腦項香盆——項，疑爲「頂」字之誤。錢南揚校注本爲「頂」。香盆，焚香之盆。舊時百姓頂此盆焚香迎勞王師。《宋史・岳飛傳》：「我等戴香盆，運糧草，以迎官軍，金人悉知之。相公去，我等無噍類矣。」

〔21〕借寇長安——意謂從京城裏把南柯大守再借回來。長安，代指京城。寇恂字了翼，東漢上谷昌平人，光武朝歷官河內太守、穎川太守、汝南太守，後以執金吾隨帝南征，途絆穎川，境內「盜賊悉降」，百姓要求「復借寇君　年」。見《後漢書・寇恂傳》。後因用作稱美郡守得民心，被地方百姓挽留的典故。唐・白居易《喜錢左丞再除華州以詩伸賀》詩：「那知不隔歲，重借寇恂來。」

〔22〕淚爛斑手攀闌——淚痕滿面，手攀車欄。喻指捨不得離去。爛斑，斑痕狼藉貌；多形容淚點。金・劉迎《次劉元直韻》詩：「羅幕翠橫秋掩冉，玉壺紅濕淚爛斑。」明・楊珽《龍膏記》十〔繞紅樓〕：「袖飄細縠，一點點淚雨爛斑。」闌，通「欄」。

〔23〕繡羅襴——指官服。羅襴，古代絲製公服。按官品的高下，有紫襴、緋襴、綠襴等區別。元・白樸《梧桐雨》二〔滿庭芳〕：「你文武兩班，空列些烏靴象簡，金紫羅襴，內中沒個英雄漢，掃蕩塵寰。」

〔24〕眾——《紅繡鞋》一支應屬眾唱，原奪「眾」字，據暖紅室本補。

〔25〕每都派一名——意謂選舉代表送行。都，唐、五代宋初軍隊編制單位，以百人或千人爲都。

〔26〕郡君——本爲古代婦女的封號，這裏指太守夫人。唐代封四品官之妻爲郡君。見杜佑《通典》。

第三十五齣　芳　隕

【繞紅樓】〔老旦引宮娥上〕生長金枝歲月深，南柯上結子成陰。怕病損紅妝，歸遲紫禁，槐殿暗傷心。

【清平樂】玉階秋草，綠遍長秋〔1〕道。礷石宮〔2〕前紅淚悄，人在樓臺暗老。淑女南柯，病損多嬌嬌若何？極目倚門〔3〕無奈，休遮小扇紅羅。老身貴處深宮，自聞女孩兒瑤臺驚戰，日夕憂惶〔4〕。喜的千歲有旨，取他夫婦還朝。昨日報來，公主帶病先行數日，知他路上如何？老身好不掛懷也！〔泣介、旦扮女官走上〕青鳥〔5〕能傳喜，慈烏〔6〕怎報凶？啟娘娘：宮娥今日掌門，聽的宮門外人說，公主病重，千歲與大小近侍哭泣喧天，不知怎的？〔老驚介〕這等，怎了也。〔泣介、內響道介、王引內使上〕

【哭相思】欽取太遲臨，問天天〔7〕，你斷送我女孩兒忒甚！

〔見介〕梓童〔8〕，梓童，淳于家的主兒不幸了。〔老〕怎麼說？〔王〕公主先行數日離南柯，卒於皇華公館。〔老哭介〕俺的兒呵！〔悶倒宮娥扶醒介、王〕你且休為死傷生也。

【紅衲襖】〔老〕俺幾度護嬌花一寸心。〔王〕俺則道他美前程一片錦。〔老〕止知他嬌多好昵鴛鴦枕〔9〕，〔王〕也怪他病淺長依翡翠衾〔10〕。〔老〕當日個鳳將雛〔11〕，你巧笑禁〔12〕。〔王〕今日呵掌離珠〔13〕，我成氣喑〔14〕。〔老〕天呵，俺曾寫下了目連經卷也，誰知道佛也無靈被鬼侵。

【前腔】〔王〕梓童呵，俺則道他在鳳簫樓不掛心。〔老〕誰想他瑤臺城生害了恁〔15〕？〔王〕又不是全無少女〔16〕風先凜，〔老〕可甚的為有姮娥月易沉？〔王〕還記的餞雙飛，俺御酒斟。〔老〕誰想道灑歸旌，把紅淚〔17〕飲。〔王〕這是前生注定了今生也，則苦了他嫩女雛男我也怕哭臨。

〔老〕千歲只有這一女，凡喪葬禮儀必須從厚。〔王〕聞得公主靈車先到，俺與梓童素服哭於郊外，將半副鸞駕迎喪於脩儀宮裏；其諡贈一應禮節，著右相武成侯議之。

滿擬〔18〕南柯共百年，誰知公主即生天？

國家禮節都從厚，要得慈恩照九泉。

校 注

〔1〕長秋——漢宮殿名。高帝居之，後為皇后所居，因用以為皇后的代稱。《後漢書・皇后紀上・明德馬皇后》：「永平三年春，有司奏立長秋宮，帝未有所言。」李賢注：「皇后所居宮也。長者久也，秋者萬物成孰之初也，故以名焉。請立皇后，不敢指言，故以宮稱之。」這裏借指槐安國蟻王娘娘所居宮殿。

〔2〕礓（jiāng）石宮——用石頭疊的宮殿。礓石，泛指石頭。《南史・到溉傳》：「溉第居近淮水，齋前山池有奇礓石，長一丈六尺。」唐・盧綸《題伯夷廟》詩：「中條山下黃礓石，疊作夷齊廟裏神。」

〔3〕倚門——《戰國策・齊策》：「王孫賈年十五，事閔王。王出走，失王之處。其母曰：『女朝出而晚來，則吾倚門而望，女暮出而不還，則吾倚閭而望。』」後因以倚門、倚閭比喻父母盼望子女歸來的殷切心情。唐・王維《送友人南歸》詩：「懸知倚門望，遙識老萊衣。」

〔4〕憂惶——憂愁惶恐。《後漢書・皇后紀上・明德馬皇后》：「今數遭變異，穀價數倍，憂惶晝夜，不安坐臥。」

〔5〕青鳥——神話傳說，西王母有三青鳥代為取食，又曾派青鳥向漢武帝報信。《山海經・大荒西經》：「沃之野有三青鳥，赤首黑目，一名曰大鵹，一名少鵹，一名曰青鳥。」《藝文類聚》引班固《漢武故事》：「七月七日，上於承華殿齋正中，忽有一青鳥從西方來，集殿前。上問東方朔，朔曰：『此西王母欲來也。』有頃王母至，有二青鳥如烏夾侍王母旁。」後世因以青鳥代指信使。唐・李商隱《無題》詩：「蓬山此去無多路，青鳥殷勤為探看。」

〔6〕慈烏——烏鴉的一種。與上句「青鳥」對舉，也喻指信使。參見第十六齣注〔13〕。

〔7〕天天——猶言老天爺。重疊呼天，起加強語氣作用。宋・張先《夢仙鄉》詞：「離聚此生緣，無計問天天。」

〔8〕梓童——猶子童。皇帝對皇后的稱呼。多見於舊小說、戲曲。《西遊記》第八四回：「那國王急睜眼睛，見皇后的頭光，他連忙爬起來道：『梓童，你如何這等？』」

〔9〕鴛鴦枕——繡有鴛鴦圖案的枕頭。為夫妻所用。唐・溫庭筠《南歌子》詞：「懶拂鴛鴦枕，休縫翡翠裙。羅帳罷爐熏。」

〔10〕翡翠衾——繡著翡翠鳥的被子。唐・白居易《長恨歌》：「鴛鴦瓦冷霜華重，翡翠衾寒誰與共。」

〔11〕鳳將雛——漢魏樂府古曲名。三國魏・應璩《百一詩》：「為作陌上桑，反言鳳

將雛。」這裏是喻指公主生子。將，偕、領意。

〔12〕禁——表意願之辭。這裏作「歡喜」解。

〔13〕掌離珠——梁‧任昉《述異記》：「越俗以珠爲上寶，生女謂之『珠娘』，生男謂之『珠兒』。」後世所以稱兒女爲「掌上明珠」。這裏反用「掌上珠」之意，喻指公主丟下子女亡故。

〔14〕氣喑（yīn）——也作喑氣。猶忍氣吞聲。元‧無名氏《神奴兒大鬧開封府》二〔感皇恩〕：「呀，他那裏喑氣吞聲，側立傍行。則管裏哭啼啼，悲切切，不住淚盈盈。」

〔15〕恁（nín）——同「您」。多見於元曲。明‧徐渭《南詞敘錄》：「『你每』二字合呼爲『恁』。」「你每」合呼，應是「您」字；「您」、「恁」音近，故又借「恁」作「您」。

〔16〕少女風——指西風。語出《三國志‧魏志‧管輅傳》「共爲歡樂」裴松之注引《管輅別傳》：「樹上已有少女微風，樹間又有陰鳥和鳴。」清‧黃生《義府‧少女風》：「兌爲少女，位西方，此謂風從西來耳。」南朝梁‧劉孝威《雨》詩：「電舒長男會，枝搖少女風。」

〔17〕紅淚——女子的眼淚。也泛指悲傷的眼淚或血淚。舊題晉‧王嘉《拾遺記‧魏》：「時文帝選良家子女，以入六宮。習以千金寶賂聘之，既得，乃以獻文帝。靈芸聞別父母，歔欷累日，淚下沾衣。至升車就路之時，以玉唾壺承淚，壺則紅色。既發常山，及至京師，壺中淚凝如血。」唐‧柯崇《宮怨》詩：「紅淚漸消傾國志，黃金爲誰達相如。」

〔18〕滿擬——滿打算。

第三十六齣　還　朝

【繞池遊】〔1〕〔右相上〕多人何用？一個爲梁棟。咳，道南柯乘龍驂鳳。廿載恩深，一方權重，恰好是到頭如夢。

節去蜂愁蝶不知，曉庭還繞折殘枝。自緣今日人心別，未必花香一夜衰。俺看淳于駙馬，依倚至親，久據南柯，貪收人望。俺爲國長慮，請旨召回，尊以左相之權，防其遙制之害。誰知事不可測，公主喪亡。國王、國母郊迎其喪，舉朝哭臨三日，諡爲順義公主，禮節有加。昨奉旨議其葬地，只有龜山可葬，欲待奏知，聽的駙馬今日見朝，在此伺候，倘令旨著他面議葬地，亦未可知。道猶未了，駙馬蚤到。〔生朝服執笏上〕

【前腔】斷弦〔2〕難弄，蚤被秋風送，生打散玉樓么鳳〔3〕。〔頓足

泣介〕合郡悲啼，舉朝哀痛，痛煞俺無門訴控。

〔見右介、右〕駙馬，見朝日休啼哭。〔內響鼓、生舞蹈拜介〕前南柯郡太守、今陞左丞相駙馬都尉臣淳于棼朝見叩頭，千歲千歲千千歲。〔內〕令旨到來：駙馬新失公主，寡人不勝悲悼。已著尚膳監〔4〕設宴後宮。其順義公主葬地，可與右相武成侯朝門外酌議回奏。〔生叩頭介〕千歲千歲千千歲。〔起介〕右相請了。〔右〕駙馬請了。〔生〕久不到朝門之外了。昨日遠勞迎接，緣未朝見，故此謝遲。〔右〕不敢。〔生〕請問公主葬地，擇於何方？〔右〕龜山一穴甚佳。〔生〕龜山乃國家後門，何謂之吉？俺曾看見國東十里外蟠龍岡，氣脈〔5〕甚好，何不請葬此地？〔右〕蟠龍岡是國家來脈，還是龜山。〔生〕右相不知，點龜者恐傷其殼。〔右〕駙馬，便龍岡好，則枕龍鼻者，也恐傷於唇〔6〕。〔生〕便是龜山，也要需龜顧子，子在何方？〔右〕便是龍岡，也要蟠龍戲珠，珠在那裏？〔生〕俺只要了孫叫相。〔右〕駙馬子女俱有門蔭，何在龍山？〔生〕右相怎說此話？生男定要為將相，生女兼須配王侯，少不的與國家咸休〔7〕，此乃子孫萬年之計。〔右背笑介〕好一個萬年之計。〔回介〕這也罷了。只是龍岡星峰太高〔8〕，怕有風蟻之患。〔生〕右相於此道欠精了。虎踞龍蟠〔9〕，不拘遠近大小；蜂屯蟻聚〔10〕，但取圓淨低回。何怕風蟻？〔右笑介〕駙馬不怕蟻傷，再向丹墀回奏。〔右笑介〕臣右相武成侯段功謹奏：

【馬蹄花】問祖尋宗，妙在龜山鼻穴中。〔內介〕龜山有何好處？〔右〕他有蛾眉對案，金誥生花，羅帶臨風〔11〕。〔內介〕龜山可似龍山？〔右〕世人只知龍虎峰上更生峰，怎知道龜蛇洞裏方成洞？肯〔12〕教他玄武低藏〔13〕，不做了蟻垤高封。

〔生奏介〕駙馬臣棼謹奏：

【前腔】那龜山呵，拭淚搥胸，怎似蟠山氣鬱蔥？蟠龍岡呵，他有三千粉黛，八百煙花，更那十二屏峰〔14〕。鳴環動佩應雌雄，辭樓下殿交鸞鳳。怎貪他不住的遊龜，倒拋除了活動的真龍〔15〕。

〔內介〕令旨：依駙馬所奏。著武成侯擇日備儀仗、羽葆〔16〕、鼓吹，賜葬順義公主於蟠龍岡。叩頭謝恩。〔生〕千歲千歲千千歲。〔起介、右〕

恭喜了。愛者是眞龍，蟠龍岡十二分貴地哩。駙馬，可知周弁也疽背而死，其子護喪歸國了？〔生哭介〕傷哉！故人。〔右〕呀。朝房下有王親酒到。〔眾扮國公酒席上〕

【卜算子】紈絝插金貂〔17〕，日近天顏笑。日邊紅杏倚雲高〔18〕，錦繡生成妙。

〔見介〕駙馬拜揖。〔生〕列位老國公、老王親拜揖。〔眾〕右相國拜揖。〔右〕不敢。〔眾〕駙馬遠歸，愚親們都在二十里之外迎接。今蚤到公主府上香，知駙馬謝恩出朝，故此相候。〔生〕多勞列位老國公、老王親，我淳于棼有何德能？〔眾〕二十年間，每勞駙馬盛禮，時節難忘。今日拜相而回，某等權此公酒迎賀。〔酒介〕

【八聲甘州】閒身未老，喜乘龍拜相駙馬還朝。〔生〕玉人何處？腸斷暮雲秋草。〔眾〕駙馬、公主同往南柯之時，老夫們都在榮餞。〔生〕便是。南柯去時有鳳簫，北渚歸來無鵲橋〔19〕。〔泣介、合〕臨鸞照，怕何郎〔20〕粉淚淹消。

【前腔】〔生歎介〕有誰看著紅錦袍？歎凄然繫玉，瘦損圍腰。〔眾〕俺朝班戚畹〔21〕，還讓你人才一表。香風簇錦雲漢高，夜月穿花宮漏遙。〔合前〕

〔眾〕駙馬，今有請書啓知：一來恭賀駙馬拜相之喜；二來解悶；三來洗塵〔22〕。老夫忝爲國公之長，先請駙馬少敘。其餘國戚王親，以次輪請。便請右相國相陪。〔生〕老國公，王親可也多著。〔眾〕駙馬，天人也，人所尊敬，願無棄嫌。〔生〕領命了。權重股肱相，恩光肺腑親〔23〕。滿朝相造請，何日不醺醺？〔下、右相弔場〕看駙馬相待各位老國公、王親，氣勢盛矣。〔歎介〕且自由他。冷眼觀螃蟹，橫行到幾時。〔下〕

校　注

〔1〕繞池遊——原作「繞地遊」。長樂鄭氏藏萬曆刻本作「繞池遊」，是。

〔2〕斷弦——詳見第二十九齣注〔34〕。

〔3〕么鳳——即么鳳，鳥名，也叫桐花鳳。羽毛五色，體型比燕子小。宋‧蘇軾《異鵲》詩：「家有五畝園，么鳳集桐花。」這裏喻指公主。

〔4〕尚膳監——明宦官官署名。明朝十二監之一。掌皇帝及宮廷膳食及筵宴等事。

〔5〕氣脈——舊時堪輿家稱山水走向中的靈氣。認為宅基、基地是否靈氣所鍾，足以決定住者或葬者一家的禍福。明·謝肇淛《五雜俎·人部二》：「有龍真而穴末真者，氣脈未住也，故好奇者有斬龍法。」

〔6〕「枕龍鼻者」二句——語本晉·郭璞《葬書》：「龍首之藏，鼻顙吉昌，角目滅亡，耳致侯王，唇死兵傷。」

〔7〕與國家咸休——與國家同樣美好。休，喜慶，美善。語出《尚書·周書·微子之命》：「作賓於王家，與國咸休，永世無窮。」

〔8〕星峰太高——謂墓穴所在山峰的形勢太高，壓住了氣脈。《葬經翼·穴病篇》：「夫山止氣聚，名之曰『穴』。」「穴有墜足者，脈從足出，星峰上壓，生氣不舒也。」星峰，謂墓穴所在山峰的形勢。

〔9〕虎踞龍蟠——形容地勢雄偉險要。亦作虎踞龍盤。宋·辛棄疾《念奴嬌·登建康賞心亭呈史留守致道》詞：「虎踞龍蟠何處是？只有興亡滿目。」

〔10〕蜂屯蟻聚——形容人群蜂蟻般雜亂地聚集在一起。明·顧起元《客座贅語·寺院》：「惟承恩寺踞舊內之右，最為城南菁華之地。遊客販賈，蜂屯蟻聚於其中，而佛教之木義剎竿，蕩然盡矣。」這裏比喻墓穴聚集。

〔11〕「他有蛾眉對案」三句——謂富貴氣象，乃是龜山的好處。蛾眉，美女的代稱。南朝梁·高爽《詠鏡》：「初上鳳皇翬，此鏡照蛾眉。」金詔，即朝廷的誥命，用金花綾紙。《翰林誌》：「凡將相告身，用金花五色綾紙。」羅帶，絲織的衣帶。隋·李德林《夏日》詩：「微風動羅帶，薄汗染紅妝。」

〔12〕肯——猶云「恰」。宋·王安石《寄子思以代別》詩：「全家欲出嶺雲外，匹馬肯尋山雨中。」

〔13〕玄武低藏——語本「玄武垂頭。」垂頭，即「低藏」之意。晉·郭璞《葬書》：「故葬，以左為青龍，右為白虎，前為朱雀，後為玄武。玄武垂頭，朱雀翔舞，青龍蜿蜒，白虎馴俯。形勢反此，法當破死。」玄武，古代神話中的北方之神，其形為龜，或龜蛇合體。玄武垂頭言自主峰漸裝甲兵而下，如欲受人之葬也。受穴之處，澆水為流，置坐可安，始合垂頭格也。若注水即傾，立足不住，即為陡瀉之地。《精華髓》云：人眠山上龍方住，水注堂心穴自安。亦其義也。

〔14〕「他有三千粉黛」三句——形容蟠龍岡的皇家氣象。極言淳于棼願望之奢。粉黛，指美女。唐·白居易《長恨歌》：「回眸一笑百媚生，六宮粉黛無顏色。」

〔15〕「怎貪他」二句——意謂先擇墓地，怎能貪圖那凶相的「遊龜」形勢，而拋除那吉相的「活動的真龍」形勢呢？《葬經翼·察形篇》：「《經》曰：『勢來形止，是謂全氣……』又曰：『其來若奔，其止若屍。』是知『來』與『奔』，言其勢之趨走者，動也；『止』與『屍』，明其形之端凝者，靜也。勢即來龍，形即穴星。勢欲其來，形欲其止。」這裏「龜」指形而言，「龍」指勢而言，故龜遊

凶而龍動吉。

〔16〕羽葆（bǎo）——古時葬禮儀仗的一種。以鳥羽聚於柄頭如蓋。《文選·任昉〈王文憲集序〉》：「追贈太傅，侍中、中書監如故，給節，加羽葆、鼓吹，增班劍爲六十人。」張銑注：「羽葆，班劍，並葬之儀衛。」

〔17〕紈綺（wán kù）插金貂——謂紈綺子弟當上了大官。金貂，皇帝左右侍臣的冠飾。從漢代開始，侍中、中常侍之冠，於武冠上加黃金璫，附蟬爲文，貂尾爲飾，謂之趙惠文冠。

〔18〕日邊紅杏倚雲高——語出《全唐詩》卷 668、高蟾《下第後上高侍郎》詩：「天上碧桃和露種，日邊紅杏倚雲栽。」

〔19〕「南柯去時」二句——「鳳簫」，即弄玉夫妻乘鳳飛天成仙事，參見第五齣注〔9〕。北渚，指北面的小洲，傳說是湘君和湘夫人約會的地點。《楚辭·九歌·湘君》：「朝騁騖兮江皋，夕弭節兮北渚。」又《湘夫人》：「帝子降兮北渚，目眇眇兮愁予。」此係泛指，但圖與「南柯」對仗工穩而已。鵲橋，神話中喜鵲爲牛郎織女相會時搭的橋。漢·應劭《風俗通義》：「織女七夕當渡河，使鵲爲橋。」

〔20〕何郎——指三國時魏國駙馬何晏。何晏字平叔，姿容美麗，面如擦粉，行步顧影，人稱「傅粉何郎」。《世說新語·容止》：「何平叔美姿儀，面至白，魏明帝疑其傅粉。正夏月，與熱湯餅，既噉，大汗出，以朱衣自拭，色轉皎然。」這裏借指淳于棼。

〔21〕朝班戚畹——滿朝文武。戚畹，本指帝王外戚居住之所，因作外戚的代稱；此處借指官員。

〔22〕一來、二來、三來——「來」字用在數詞後，表列舉原因或理由。

〔23〕「權重」二句——股肱相，謂丞相猶如君主的股肱。詳見第三十四齣注〔16〕。肺腑親，比喻帝王的宗室近親。《史記·魏其武安侯列傳》：「上初即位，富於春秋，即以肺腑爲京師相。」

第三十七齣　粲　誘〔1〕

【憶秦娥前】〔貼引宮女上〕宮眉樣，秋山淡翠閒凝望〔2〕。閒凝望，秦樓夢斷，鳳笙羅帳。

【唐多令】何處合成愁？人兒心上秋。大槐宮葉雨初收，唱道〔3〕晚涼天氣好，問誰上小瓊樓？自家郡主瓊英是也。妹子瑤芳，嫁與淳于駙馬，出守南柯，入爲丞相，當朝無比。不料妹子過世，舉國哀傷，敕葬龍山，威儀甚盛。昨日駙馬還朝，俺王素重南柯之威名，加以中宮〔4〕之寵信，

出入無間，權勢非常。滿國中王親國戚，那一家不攀附他，朝歌暮筵，春花秋月。則俺和仙姑、國嫂三家寡婦，出了公禮。不曾私請得他。想起駙馬一表人才，十分雄勢〔5〕，俺好不愛他，好不重他。

【金落索】當初呵，娟娟姊妹行，出聽西明講。繡佛堂前，惹下姻緣相。秋波選〔6〕郎，配瑤芳，十五盈盈天一方。瑤臺貴婿真無兩，恰好翠袖風流少一雙。非吾想，倘其間有便得相當，逗逗他忘懷醉鄉，傷心洞房〔7〕，取情兒我再把這宮花放。

昨日約了靈芝夫人、上真子，早晚公主處上香，回來過此，必有講談也。
〔老同小旦道裝上〕

【憶秦娥後】彩雲淡蕩臨風泱，世間好物琉璃相〔8〕。琉璃相，玉人何處？粉郎無恙。

〔見介〕瓊英姐，閒坐悶愁，怎的不去公主府燒香耍子？好少〔9〕的人兒也。〔貼〕怎生行禮？〔老〕俺國中王子王孫一起，侯伯王親一起，文武官員一起，舉監生員一起，僧道一起，父老兒男過了一起，然後命婦逐班而進，又是軍民妻女；過了本國，是他南柯進香，依樣文武吏民分班而哭；過了南柯，方纔各路各府差人以次而進；便是檀蘿國也差官來進紫檀香一千二百斤。看他銀山帛海，好不富貴也！

【金落索】朱絲碧瑣窗，生帛連心帳。八尺金爐，日夜燒檀降。是人〔10〕來進香，似同昌〔11〕公主，哀榮不可當。敲殘玉磬〔12〕歸天響，擺下鸞旌拂地長。偷凝望，可憐辜負好淳郎。據著他為人兒紀綱，言詞兒棟樑，堪他永遠為丞相。

〔老〕不論他為人，則二十年中，我們王親貴族，那一家不生受〔13〕他問安、賀生、慶節之禮？如今須得逐家還禮纔是。

【劉潑帽】南柯太守多情況，感年年禮節風光。〔小旦〕如今又做了頭廳相〔14〕。〔貼〕須與他解悶澆憫悵。

〔老旦笑介〕瓊英姐，你要與他解悶，你我三人都是寡居，到要駙馬來做個解悶兒哩。〔小旦〕我是道情人哩。

【前腔】拚今生不看見男兒相，怕黏連到惹動情腸。〔老〕興到了也不由的你。〔合〕倘三杯醉後能疏放〔15〕，把主人見愛難謙讓。

〔老〕講定了，向後請駙馬，三人輪流取樂，不許偏背。

駙馬兼爲相，新來主喪亡。

既然連國戚，相愛不相妨。

校 注

〔1〕粲（càn）誘——謂三個女人的引誘。粲，指三個女人。《史記·周本紀》：「獸三爲群，人三爲眾，女三爲粲。」

〔2〕「宮眉樣」二句——宮眉，謂婦女依宮中流行樣式描畫的眉毛。唐·李商隱《蝶》詩之三：「壽陽公主嫁時妝，八字宮眉捧額黃。」凝望，注目遠望。唐·元稹《鶯鶯傳》：「正是斷腸凝望際，雲心捧得嫦娥至。」

〔3〕唱道——猶云「正是」、「眞是」。元·吳昌齡《東坡夢》四〔鴛鴦煞尾〕：「唱道是即色即空，無遮無障。」

〔4〕中宮——國母、皇后。詳見第三齣注〔42〕。

〔5〕雄勢——威嚴、雄壯貌。元·無名氏《鎖魔鏡》四〔四門子〕：「牛魔王怎當神雄勢，他見了也走如飛。」

〔6〕「秋波選」下，暖紅室本、葉《譜》俱有「俊」字。

〔7〕「迤逗他」二句——意謂勾引他沉迷酒色忘卻洞房感傷。迤逗，挑逗、引誘。金·董解元《西廂記諸宮調》卷六〔中呂調·牧羊關〕：「你試尋思，早晚時分，迤逗得鶯鶯去，誰探張生病。」

〔8〕「彩雲淡蕩」二句——謂世間美好的事物比較脆弱，容易飄散破碎。唐·白居易《簡簡吟》詩：「大都好物不堅牢，彩雲易散琉璃脆。」

〔9〕少（shào）——年少之少，猶言「年輕」。

〔10〕是人——猶云人人、任何人。唐·姚合《贈張籍太祝》詩：「古風無手敵，新語是人知。」

〔11〕同昌——即同昌公主，唐懿宗李漼之女。《新唐書·諸帝公主傳》：「魏國文懿公主，郭淑妃所生；始封同昌；下嫁韋保衡。咸通十年薨，帝既素所愛，自製輓歌，群臣畢和，又許百官祭以金貝、寓車、廞服，火之，……及葬，帝與妃坐延興門，哭以過柩，仗衛彌數十里；冶金爲俑，怪寶千計實墓中，與乳保同葬。」

〔12〕玉磬（qìng）——古代石製樂器名。《禮記·郊特牲》：「諸侯之宮縣，而祭以白牡，擊玉磬……諸侯之僭禮也。」孫希旦集解：「玉磬，《書》所謂鳴球，

天子之樂器也。」唐‧柳宗元《渾鴻臚宅聞歌效白紵》詩:「朱唇掩抑悄無聲,
金簧玉磬宮中生。」

〔13〕生受——猶言享受。

〔14〕頭廳相——即宰相;亦泛指大官。此處當指左相而言。元‧關漢卿《玉鏡臺》
一〔油葫蘆〕:「早熬的蕭蕭白髮滿頭霜,幾時得出爲破虜三軍將,入爲治國頭
廳相?」

〔15〕疏(shū)放——放縱;不受拘束。亦作「疏放」。唐‧杜甫《狂夫》詩:「欲
填溝壑唯疏放,自笑狂夫老更狂。」清‧陳維崧《念奴嬌‧送韓聞西之吳門》
詞:「平生疎放,幾曾甘受羈束?」

第三十八齣　生　恣 〔1〕

【懶畫眉】〔生冠帶引眾行上〕則爲紫鸞煙駕不同朝,便有萬片宮
花總寂寥。可憐他金鈿秋盡雁書遙。看朝衣淚點風前落,抵多少腸斷東
風爲玉簫〔2〕。

〔眾〕稟老爺:到府了。〔生歎介〕我連下馬通忘記了。【集唐】這夾道
疏槐出老根,金屋無人見淚痕。咸里舊知何駙馬〔3〕,清晨猶爲到西園。
俺淳于生,自公主亡後,孤悶悠悠。所喜君王、國母寵愛轉深;入殿穿
宮,言無不聽。以此權門貴戚,無不趨迎;樂以忘憂,夜而繼日。今日
晚朝,看見宮娥命婦,齊整喧嘩,則不見俺的公主妻也。〔末〕報,報,
報,有女官到。〔生〕快請。

【不是路】〔旦扮女官持書上〕蓮步輕蹺〔4〕,翠插烏紗雙步搖〔5〕。
〔見介、生〕因何報?多應娘娘懿旨下鸞霄。〔旦〕不是。洗塵勞,瓊
英郡主和皇姑嫂,良夜裏開筵把駙馬邀。〔生喜介〕承尊召,等閒外客
難輕造〔6〕。即忙來到,即忙來到。

〔旦〕這等,青禽〔7〕傳報去,駙馬一鞭來。〔下、內響道介、生〕許多
時不見女人,使人形神枯槁。今夜女主同筵,可以一醉也。正是遇飲酒
時須飲酒,不風流處也風流。〔下〕

【鵲仙橋】〔貼引女官上〕慊慊睡損,無人偎傍,有客今宵臨況。〔老
小旦上〕幾年不見俊兒郎,叨陪〔8〕侍玉樓歡唱。

〔見介、老〕日暮風吹，葉落依枝。丹心寸意，愁君未知。〔小旦〕今夜瓊英姐作主，與淳郎洗塵解悶，俺二人叨陪。客還未到，閒商量一會。聞的淳郎雅量，三人之量，誰可對付？〔貼〕靈芝嫂有量。〔老〕三人同灌醉了他，耍子便了。〔丑上〕駙馬到。

【前腔】〔生上〕金鞭馬上，玉樓鴛裏，一片彩雲凝望。〔笑介〕聊**抛舊恨展新眉**〔9〕，清夜紅顏索向。

〔拜介、生〕【西江月】自別瓊英貴主，年年想像風姿。〔貼〕勞承駙馬費心期，今夜一杯塵洗〔10〕。〔老〕每恨淳郎新寡，〔小旦〕可憐公主差池〔11〕。〔生〕原來是上眞仙子和靈芝。〔合〕且喜一家無二。〔生〕小生回朝，已蒙諸王親公禮相請，何勞專設此筵？〔貼〕駙馬不知，此筵有三意：一來洗遠歸之塵；二來賀拜相之喜；三來解孤棲之悶。前幾日爲眾王親國公佔了貴客，俺三人商量，上眞姑是道情人，靈芝夫人與妾雙寡，更無以次之人可以爲主，只得俺三人落後，輪班置酒相敬。今日妾身爲主，他二人相陪。〔生〕小生領愛了。〔貼〕內侍們看酒。〔內使女官持酒上〕駙馬多年騎五馬，客星今夜對三星〔12〕。酒到。〔貼眾把酒介〕

【解三酲犯】二十年有萬千情況，今日的重見淳郎，和你會眞樓下同歡賞。依親故爲卿相，姊妹行家打做這一行。雖不是無端美豔妝，休嫌讓，捧金杯笑眼斟量。

【前腔】〔生把酒介〕則爲那漢宮春那人生打當〔13〕，似咱這迤逗多嬌粉面郎。用盡心兒想，用盡心兒想，瞑然沉睡倚紗窗。閒打忙，小宮鴉把咱叫的情悒怏〔14〕。羞帶酒，懶添香，則這恨天長來暫借佳人錦瑟傍〔15〕。無承望，酒盞兒擎著仔細端詳。

【前腔】〔貼眾〕則道上秦樓多受享，則道上秦樓多受享。恰咱風吹斷鳳管聲殘，怎得玉人無恙？今何世？此消詳，這是翠擁紅遮錦繡鄉。〔生背介〕盼豔嬌燈下恍，則見笑歌成陣，來來往往，顚倒爲甚，不那色眼荒唐。

〔貼〕月上了。駙馬寬懷進酒。〔貼、老旦、小旦奉酒介〕〔16〕

【蠻兒犯】〔17〕〔貼眾〕半盞瓊漿，且自加懷巨量〔貼背介〕聽他獨自溫存，話兒挨挨好不情長。〔回介〕芳心一點，做了八眉〔18〕相向，又蚤闌干〔19〕月上。〔合〕畫堂中幾般清朗。〔小旦奉酒介〕〔20〕

【前腔】〔21〕〔生〕幽情細講，對面何妨？演煞〔22〕宮娥侍長。舊家姊妹儼成行，就月籠燈衫袖張。〔合前〕〔貼再奉酒介〕〔23〕

【前腔】〔貼眾〕風搖翠幌，月轉迴廊，露滴宮槐葉響。好秋光風景不尋常，人帶幽姿花暗香。〔合前〕〔生回奉酒介〕〔24〕

【前腔】〔生〕把金釵夜訪，玉枕生涼，辜負年深興廣。三星照戶顯殘妝，好不留人今夜長。〔合前〕

〔生睡介〕醉矣。〔貼〕早已安排紗廚枕帳了。〔生〕難道主人不陪？〔小旦〕怕沒這樣規矩？〔老〕駙馬見愛，一同陪伴罷了。〔貼笑介〕這等，我三人魚貫而入。

【鵝鴨滿度船】〔25〕〔眾〕怕爭夫體勢忙，敬色心情嘆〔26〕。蝶戲香，魚穿浪，逗的人多餉〔27〕。則見香肌褪，望夫石〔28〕都襯疊〔29〕床兒上。以後盡情隨歡暢，今宵試做團圞相〔30〕。

【尾聲】〔生〕滿床嬌不下得梅紅帳，看姊妹花開向月光。〔合〕俺四人呵，做一個嘴兒休要講。

亂惹春嬌醉欲癡，三花一笑喜何其〔31〕？

人人久旱逢甘雨，夜夜他鄉遇故知〔32〕。

校 注

〔1〕恣（zì）——「恣情縱慾」的省稱。謂無顧忌地放縱情慾。
〔2〕「則為紫鸞」五句——抒發對瑤芳公主的思念哀悼之情。此化用唐詩語意。《全唐詩》卷640、曹唐《蕭史攜弄玉上陞》：「豈是丹臺歸路遙，紫鸞煙駕不同飄。一聲洛水傳幽咽，萬片宮花共寂寥……緱山碧樹青樓月，腸斷春風為玉簫。」
〔3〕何駙馬——即何晏，詳見第三十六齣注〔20〕。
〔4〕輕蹻（qiāo）——謂舉足輕巧，走的很快。蹻，腳後跟擡起，腳尖著地。

〔5〕步搖——古代的一種婦女首飾。在簪釵上飾以垂珠，行步則搖，故稱。唐·白居易《長恨歌》：「雲鬢花顏金步搖，芙蓉帳暖度春宵。」

〔6〕難輕造——意謂外客一律不見。造，造訪。

〔7〕青禽——青鳥，信使。明·工玉陽《紀情》套曲：「冷蕭蕭風狂雨驟，恨悠悠經年拖逗。遠迢迢青禽信來，急匆匆特地相搊就。」

〔8〕叨（tāo）陪——謙稱陪侍或追隨。唐·王勃《滕王閣序》：「他日趨庭，叨陪鯉對。」

〔9〕展新眉——展眉，謂舒展眉頭，表示喜悅。唐·白居易《新秋》詩：「唯弄扶床女，時時強展眉。」

〔10〕塵洗——即洗塵，謂設宴歡迎遠方的來客。古代「洗塵」亦包括饋贈禮物。《元典章》：「至元二十一年，禁治察司條畫一：『不得送路洗塵，受人禮物。』」清·翟灝《通俗編·儀節》：「凡公私值遠人初至，或設飲，或饋物，謂之洗塵。」清·李應桂《梅花詩》六〔半窮梅〕白：「今特設卮酒，與石兄洗塵。」

〔11〕可憐公主差（chā）池——意謂可憐憫的是公主意外亡故。差池，意外。唐·李端《古別離》詩之一：「與君桂陽別，令君岳陽待。後事忽差池，前期日空在。」

〔12〕客星今夜對三星——謂淳于棼今夜要對付瓊英等三人。客星，不常見而暫現之星。明·無名氏《觀象玩占》：「客星，非常之星，其出也無恒時，其居也無定所，忽見忽沒，或行或止，不可推算，寓於星辰之間，如客，故謂之客星。」這裏喻指淳于棼。三星，天空中明亮而接近的三個星宿的名稱，分別為參宿三星、心宿三星和河鼓三星。這裏喻指瓊英等三人。

〔13〕打當——猶云打算、準備。元·紀君祥《趙氏孤兒》五〔滾繡球〕：「我可也不索慌，不索忙，早把手腳兒十分打當，看那廝怎做提防。」

〔14〕情悒怏——憂鬱不快。元·王實甫《西廂記》一本二折〔哨遍〕：「聽說罷心懷悒怏，把一天愁都撮在眉尖上。」

〔15〕暫借佳人錦瑟傍——此句化用唐·杜甫《曲江對雨》詩句：「何時詔此金錢會，暫醉佳人錦瑟旁。」

〔16〕貼老旦小旦奉酒介——此八字，據暖紅室本補。

〔17〕《蠻兒犯》——葉《譜》作《赤馬兒》，是。

〔18〕八眉——八字眉。傳說帝堯八眉。《尚書大傳》卷五：「堯八眉，舜四瞳子……八眉者如八字。」一說，八彩。漢·劉安《淮南子》卷十九：「堯眉八彩，九竅通洞，而公正無私，一言而萬民齊。」八彩眉，古代認為這是一種貴相，謂聖人或帝王之眉。前蜀·貫休《古鏡詞上劉侍郎》詩：「不是十二面，不是百鍊金。若非八彩眉，不可輒照臨。」宋·晁端禮《鷓鴣天》詞：「八彩眉開喜色新，邊陲來奏捷書頻。」

〔19〕闌干——月橫斜貌。陳三立《十月十四夜飲秦淮酒樓聞陳梅生侍御袁叔興戶部述出都遇亂事感賦》詩：「霜月闌干照頭白，天涯爲念舊恩存。」

〔20〕小旦奉酒介——此五字，據暖紅室本補。

〔21〕前腔——葉《譜》作《雙赤子》，是。

〔22〕演煞——也作「演撒」，金元方言謂「有」。有，特指男女情愛，即愛戀的上手勾搭意。引申爲勾搭，引誘。撒，語尾助詞。元·王實甫《西廂記》一本二折〔快活三〕：「崔家女豔妝，莫不是演撒你個老潔郎？」另，《墨娥小錄》卷十四「行院聲嗽」：「通用：有，演撒；無，夢撒。」可參。周文質《朝天子》曲：「斷腸人敢道麼：演撒？夢撒？告一句知心話。」

〔23〕貼再奉酒介——此五字，據暖紅室本補。

〔24〕生回奉酒介——此五字，據暖紅室本補。

〔25〕《鵝鴨滿渡船》——葉《譜》作《拗芝麻》，是。

〔26〕嚷（rāng）——聲張，傳揚。

〔27〕多餉——本義爲供給飯食，此謂瘋狂做愛銷魂攝魄。

〔28〕望大石——望大山與望夫石，遍佈南北，民間傳說甚多，大同小異。《水經注·江水》載：傳說昔有人服役未回，其妻登山而望，每次登山，必用藤箱盛土，使山漸益高峻，故以爲名。南朝宋·劉義慶《幽明錄》載：「武昌北山有望夫石，狀若人立。古傳云：昔有貞婦，其夫從役，遠赴國難，攜弱子餞送北山，立望夫而化爲立石。」唐·李紳《過荊門》詩：「惆悵忠貞徒自持，誰祭山頭望夫石。」這裏是瓊英等三人的自嘲之辭。

〔29〕疊——猶言「的」或「底」。元·關漢卿《拜月亭》三〔倘秀才〕：「我怨感，我合哽咽；不刺你啼哭，你爲甚疊？」

〔30〕團圝相——團聚、環繞貌。此謂滾做一團。參見第二十五齣注〔21〕。

〔31〕何其——《詩·魏風·園有桃》：「彼人是哉，子曰何其？」王引之《經傳釋詞》：「其，音姬，問詞之助也。」其，語氣助詞。

〔32〕「人人久旱」二句——語本宋·洪邁《容齋四筆·得意失意詩》：「舊傳有詩四句，誦世人得意者云：『久旱逢甘雨，他鄉遇故知，洞房花燭夜，金榜掛名時。』」這裏藉以寫淳于棼與瓊英三人苟且作樂的相悅感情。

第三十九齣　象　譴〔1〕

【菊花新】〔右相上〕玉階秋影曙光遲，露冷青槐蔭御扉。低首整朝衣，咽不斷銅龍漏水〔2〕。

我右相段功，同心共政，與我王立下這大槐安國土，正好規模。不料俺

王招請揚州酒漢淳于棼爲駙馬，久任南柯，威名頗盛，下官每有樹大根搖〔3〕之慮。且喜公主亡化，欽取回朝，卻又尊居左相，位在吾上；國母以愛婿之故，時時召入宮闈，但有請求，無不如意；這也不在話下。兼以南柯豐富，二十年間，但是王親貴戚，無不賂遺，因此昨日回朝之後，勢要勳戚〔4〕都與交歡，其勢如炎，其門如市。勳戚到也罷了，還有那瓊英郡主、靈芝夫人、連那上眞仙姑，都輪流設宴，男女混淆，晝夜無度。果然感動上天，客星犯於牛、女、虛、危之次〔5〕，待要奏知此事，又恐疏不間親〔6〕。打聽的昨日國中，有人上書，倘然吾王問及，不免相機而言。老天，非是俺段功妒心，此乃社稷之憂也。吾王駕來，朝班伺候。〔扮內臣傳呼擁王上〕

【前腔】根蟠國土勢崔嵬，朝罷千官滿路歸。一事俺心疑，甚槐安感動的白榆星氣〔7〕？

〔右相見介〕右相武成侯段功叩頭，千歲千歲。〔王〕右相平身。卿可聞的國中有人上書否？〔右〕不知。〔王〕書上說的凶，他說：「玄象謫見〔8〕，國有大恐，都邑遷徙，宗廟崩壞。」他說玄象，是何星象也？〔右〕正要奏知。有太史令奏，客星犯於牛、女、虛、危之次。〔王〕那書中後面，又說：「釁起他族，事在蕭牆〔9〕。」好令俺疑惑。〔右〕是。這國中別無他族了，便是他族，亦不近於蕭牆。大王試思之。〔王〕別無人了，則淳于駙馬，非我族類〔10〕。〔右〕臣不敢言。〔王〕將有國家大變，右相豈得無言。〔右〕啓奏俺王。

【瑣窗郎】〔11〕**客星占牛女虛危**〔12〕，**正值乘槎客子歸**〔13〕。虛危主都邑宗廟之事，牛女值公主駙馬之星〔14〕。近來駙馬貴盛無比：**他雄藩久鎭，把中朝餽遺；豪門貴黨，日夜遊戲。**〔王〕一至於此？〔右〕還有不可言之處，**把皇親閨門無忌。**〔合〕**感天知，蕭牆釁起再有誰？**〔淚介〕**可憐故國遷移。**

〔王惱介〕淳于棼自罷郡還朝，出入無度，賓從交遊，威福日盛，寡人意已疑憚之。今如右相所言，亂法如此，可惡！可惡！

【前腔】他平常僭侈〔15〕**堪疑，不道他宣淫任所爲。怪的穿朝度關，出入無時。中宮寵婿，所言如意，把威福移山轉勢。**罷了，罷了！

非俺族類，其心必異。〔淚介、合前〕

〔右跪介〕臣謹奏：語云：「當斷不斷，反受其亂〔16〕。」駙馬事已至此，千歲作何處分。〔王〕聽旨：

【意不盡】〔17〕且奪了淳于棼侍衛，禁隨朝只許他居私第。〔右〕依臣愚意，遣他還鄉爲是。〔工〕不消再說。少不的喚醒他癡迷還故里。

〔王下、右歎介〕可矣，可矣。雖則淳于禁錮，奈國土有危。正是：

上天如圓蓋，下地似棋局〔18〕。

淳于夢中人，安知榮與辱。

校 注

〔1〕象譴——本齣寫右相段功借天象變化而譴責淳于棼，故曰「象譴」。象，天象。

〔2〕銅龍漏水——古代計時之器。《初學記》卷二五引殷夔《漏刻法》：「爲器三重，圓皆徑尺，差立於水輿跴蹣之上，爲金龍口吐水，轉注入跴蹣經緯之中。」跴蹣，古代刻漏器，用以承水。銅龍，古代計時器上用銅製的吐水龍頭。唐·李商隱《深宮》詩：「金殿銷香閉綺櫳，玉壺傳點咽銅龍。」

〔3〕根搖——比喻臣下權力過大危及朝廷。《舊唐書·狄仁傑傳》：「本根一搖，憂患不淺。」

〔4〕勢要勳戚——王公顯貴。

〔5〕客星犯於牛、女、虛、危之次——謂彗星侵入牛、女、虛、危諸星座的區域。客星，指彗星。牛、女、虛、危，都是二十八宿中的座星名稱。

〔6〕疏不間親——詳見第十七齣注〔7〕。

〔7〕白榆星氣——謂星象發生變化。白榆，指星。《樂府詩集》卷三七《隴西行》：「天上何所有，歷歷種白榆。」星氣，本指占星望氣之術。《世本·作篇》：「黃帝使羲和占日，常儀占月，輿區占星氣。」這裏指星氣變化。

〔8〕玄象謫見（xiàn）——謂天象發生變化。玄象，即天象。謂日月星辰在天所成之象。《後漢書·郅惲傳》：「惲乃仰占玄象。」謫見，謂出現異常的天象和災變的徵候是上天對人的譴責。《後漢書·光武帝紀下》：「吾德薄致災，謫見日月，戰慄恐懼，夫何言哉！」

〔9〕事在蕭牆——謂事變起於親近和內部。蕭牆，古代宮室內作爲屏障的矮牆。《論語·季氏》：「吾恐季孫之憂，不在顓臾，而在蕭牆之內也。」

〔10〕非我族類——《左傳·成公四年》：「非我族類，其心必異。」

〔11〕《瑣窗郎》——葉《譜》作《瑣窗寒》。

〔12〕「客星占牛女」句——客星犯牛女，參見第八齣注〔14〕。客星所犯者，乃指河鼓、織女，也稱牛女；與二十八宿中牛女虛危的牛女不同。這裏把二者混而為一。

〔13〕乘搓客子歸——這裏藉以暗指淳于棼應當適時歸去。詳見第八齣注〔14〕。

〔14〕「虛危主都邑」二句——《史記‧天官書》：「虛、危：危為蓋屋；虛為哭泣之事。」《正義》：「虛主死喪哭泣事，又為邑居廟堂祭祀禱祝之事。」又云：「蓋屋二星在危南，主天子所居宮室之官也。」牛女值公主駙馬之星，不知所本，疑出湯氏附會。

〔15〕僭（jiàn）侈——猶僭奢。謂越分地奢侈；過分奢侈。漢‧桓寬《鹽鐵論‧授時》：「故民饒則僭侈，富則驕奢，坐而委蛇，起而為非，未見其仁也。」

〔16〕「當斷不斷」二句——意謂對某件事該作出決斷的時候卻不能決斷，那就必然要承受此事所引起的禍亂。《史記‧春申君列傳論》：「語曰：『當斷不斷，反受其亂。』春申君失朱英之謂邪？」

〔17〕《意不盡》——葉《譜》作「尾聲」。

〔18〕「上天如圓蓋」二句——謂天圓地方。語本《晉書‧天文志》：「天圓如張蓋，地方如棋局。」圓蓋，圓形的蓋子。《三國演義》第三七回：「蒼天如圓蓋，陸地似棋局。」

第四十齣　疑懼

〔生素服愁容上〕太行之路能摧車，若比君心是坦途。黃河之水能覆舟〔1〕，若比君心是安流。君不見大槐淳于尚主〔2〕時，連柯並蒂作門楣〔3〕？珊瑚葉上鴛鴦鳥，鳳凰窠裏鵪雛兒。葉碎柯殘坐消歇，寶鏡無光履聲絕。千歲紅顏何足論？一朝負譴辭丹闕。自家淳于棼，久為國王貴婿，近因公主銷亡，辭郡而歸，同朝甚喜。不知半月之內，忽動天威，禁俺私室之中，絕其朝請〔4〕。天呵！公主生天幾日，俺淳于入地無門。若止如此，已自憂能傷人；再有其他，咳，真個生為寄客〔5〕。天呵！淳于棼有何罪過也？

【勝如花】無明事，可奈何？恰是今朝結果。不許俺侍從隨朝，又禁俺交遊宴賀，只教俺私家裏住坐。這其中紛然事多，這其間知他為何？有甚差訛〔6〕？一句分明道破，就裏好教人無那。莫非他疑俺在南柯？也並不曾壞了他的南柯。

不要說人，便是這老槐樹枝，生意已盡。樹猶如此，人何以堪〔7〕？今日要再到南柯，不可得矣。罷了，罷了。向公主靈位前，俺打覺一會。公主呵！〔貼扮公子泣上〕

【金蕉葉】家那國那，兩下裏淚珠彈破。〔見生哭倒介〕原來俺爹爹在此打磨陀〔8〕，冷清清獨對著俺親娘的靈座。

〔生泣介〕我兒，起來，起來。【長相思】有來由，沒來由，不許隨朝不許遊，要禁〔9〕人白頭。〔貼〕好干休，惡干休，偷向椿庭〔10〕暗淚流，亡萱〔11〕相對愁。〔生〕兒，前日父子朝見，國王悲喜不勝。半月之間，便成此釁，卻是因何？〔貼〕天大是非，爹爹還不知？〔生〕你兄弟俱在宮中，俺親朋禁止來往，教俺何處打聽？〔貼〕爹呵，這等，細細聽兒報來。

【三換頭】無根禍芽，半天抛下。客星一夜，犯虛危漢槎。〔生〕國主何從得知？〔貼〕有國人上書，說：「玄象謫見，國有大恐，都邑遷徙，宗廟崩壞。」〔生〕這等凶卻何干俺事？〔貼〕他書後明說著：「釁生他族，變起蕭牆。」〔生〕是那一個國人，這等膽大！使是他族，何知是俺？〔貼〕右相段功就中讒語〔12〕了，說虛危者，宗廟也；客星犯牛女者，宮闈事也。〔生〕牛女，只俺和你母親就是了。〔貼泣介〕他全不指著母親。〔生〕再有誰？〔貼〕說瓊、芝新寡，三杯後有甚麼風流話靶〔13〕。〔生〕呀！段君何讒人至此？〔貼〕國王甚惱，說駙馬弄權結黨，不可容矣。〔生〕國母怎生勸解。〔貼〕說到蕭牆話，中宮怎勸他？〔生〕兒，不怨國人，不怨右相，則怨天；天，你好好的要見那客星怎的？〔貼〕那星宿冤家，著〔14〕甚胡纏害我的爹？

【前腔】〔生〕流言亂加，君王明察。親兒駙馬，偏然客星是他？總來被你母親看著了。他病危之時，叫俺回朝謹慎，怕人情不同了。今日果中其言。〔泣介〕你娘親曾話，到如今少不得埋怨自家。瘦盡風流樣，腰圍帶眼差。〔貼〕爹爹，「風流」二字再也休題。〔合〕說甚繁華，泣向金枝恨落花。

【入賺】〔紫衣官上〕走馬東華，來到淳于駙馬家。〔生〕堪驚詫，

他陡從官裏來寒舍。有何宣達？〔紫〕令旨隨朝下，時來宣召咱〔15〕。
〔生對貼慌介〕猛然心裏動，敢有甚吉凶話？〔紫〕俺看見天顏喜洽，
多則是中宮記掛，這幾日不曾行踏〔16〕。〔生〕急切裏難求卦，是中宮
可的〔17〕無他？〔紫〕驚心怎麼？你須是當今駙馬。〔生〕紫衣官，這〔18〕
是右相呵，他弄威權要把江山霸，甚醉漢淳郎，獨當了星變考察？〔貼〕
爹爹，且暫時瘖瘂〔19〕。恁般時有的〔20〕傷他。〔紫辭〕你斟量回答，
俺紫衣人先去也。

〔生〕兒，此去如何？〔貼〕或是好意，亦未可知。〔響道〔21〕介〕

夫子常獨立，鯉趨而過庭〔22〕。

一聞君命召，不俟駕而行〔23〕。

校　注

〔1〕水能覆舟——《荀子·王制》：「君者舟也，庶人者水也。水則載舟，水則覆舟。」
又《新唐書·魏徵傳》：「水能載舟，亦能覆舟。」

〔2〕尚主——娶公主為妻。詳見第十三齣注〔1〕。

〔3〕門楣——門上的橫梁，它是支撐門戶的。舊時習慣用「門楣」作為家庭地位的
象徵詞。《資治通鑒·唐玄宗天寶五年》：「楊貴妃方有寵……民間歌之曰：『生
男勿喜女勿悲，君今看女作門楣。』」胡三省注：「言楊家因生女而宗門榮顯也。」
唐·陳鴻《長恨歌傳》則曰：「男不封侯女作妃，看女卻為門上楣。」

〔4〕朝請——指面上的機會。

〔5〕寄客——寄居他鄉之人。五代·王定保《唐摭言·會昌五年舉格節文》：「公卿
百僚子弟及京畿內士人寄客、外州府舉士人等修明經進士業者，並隸名所在監
及官學，仍精加考試。」

〔6〕差訛——錯誤，差錯。唐·韓愈《石鼓歌》：「公從何處得紙本，毫髮盡備無差
訛。」

〔7〕「樹猶如此」二句——北周·庾信《枯樹賦》：「桓大司馬聞而歎曰：『昔年種樹，
依依漢南；今看搖落，悽愴江潭。樹猶如此，人何以堪。』」

〔8〕打磨陀——意謂打轉轉、兜圈子。元·喬吉《殿前歡·里西瑛號懶雲窩》曲：
「懶雲窩，雲窩客至欲如何？懶雲窩裏和雲臥，打會磨陀。」

〔9〕禁——折磨，使受苦。宋·趙彥端《月中桂·送杜仲微赴闕》詞：「風流雨散，
定幾迴腸斷，能禁頭白。」

〔10〕椿庭——《論語·季氏》篇記孔鯉趨庭接受父訓，後因以「椿庭」為父親的代

稱。明・徐復祚《投梭記》十四〔孝南枝〕：「嗟我遭際直恁顛，自幼失堂萱，
椿庭又先奪。」

〔11〕亡萱——指母親死亡。萱，古稱母親居室爲「萱堂」。後因以「萱」爲母親的
代稱。唐・牟融《送徐浩》詩：「知君此去情偏切，堂上椿萱雪滿頭。」

〔12〕讒譖（zèn）——惡言中傷。元・李壽卿《伍員吹簫》一、白：「頗奈費無忌無
禮，在父王根前百般讒譖，將俺老相國伍奢父子滿門家屬，誅盡殺絕。」

〔13〕話靶——猶話柄、話把；供人談論的目標、對象。宋・羅大經《鶴林玉露》卷
十：「今日到湖南，又成一話靶。」

〔14〕著——猶云「憑」。唐・白居易《自詠》詩：「悶發每吟詩引興，興來兼著酒開
顏。」

〔15〕咱——語尾辭，猶云「者」，與通常作「我」解不同。

〔16〕行踏——意爲走動、行走。明・孟稱舜《眼兒媚》一〔鴛鴦煞〕白：「我怎敢
別處行踏，只怕太守知道，阻隔我佳期也。」

〔17〕的——猶云「準」或「確」。宋・賀鑄《點絳唇》詞：「掩妝無語，的是銷凝
處。」

〔18〕這——疑當作「則」或「只」。

〔19〕瘖啞——少說話，不能言。宋・劉克莊《賀新郎・再和前韻》詞：「不是先
生瘖啞了，怕殺烏臺舊案。」

〔20〕有的——猶云「盡著」、「無限」。金・董解元《西廂記諸宮調》卷三：「有的言
語，對面評度。凡百如何，老婆斟酌。」

〔21〕響道——猶喝道。官員出門時，引路差役喝令行人讓路。

〔22〕「夫子常獨立」二句——本爲孔子與其子孔鯉曾在庭院相遇後對話的情景，這
裏借指淳于父子的相遇。《論語・季氏》：「陳亢問於伯魚曰：『子亦有異聞乎？』
對曰：『未也。嘗獨立，鯉趨而過庭，曰，學詩乎？對曰，未也。不學詩，無
以言。鯉退而學詩。』」

〔23〕「一聞君命召」二句——語本《論語・鄉黨》：「君命召，不俟駕，行矣。」

第四十一齣　遣　生

【金雞叫】〔王引內使上〕王氣餘霄漢，傷心玄象，爲誰淩亂。〔老
上〕非關女死郎情斷，〔歎介〕意外包彈〔1〕，就中離間。

〔見介老〕大王千歲。〔王〕梓童免禮。【鷓鴣天】〔2〕千歲，默坐長秋
心暗焦，這些時宮闈不見粉郎朝。〔王笑介〕你不知他憑依貴勢干天象，
俺處置他空房入地牢。〔老泣介〕原來這等了。天呵，則說他能笑散，

美遊遨，怎知他於家爲國苦無聊？〔王惱介〕笑你區區兒女尋常事，敗壞王基悔怎消？〔老〕千歲，一個女婿，怎麽會敗了你王基？〔王〕你深宮不知，有國人上書：星象告變，社稷崩移；禍起蕭牆，釁生他族。他族，不是他再有誰？〔老〕難道駙馬會佔了你江山麽？〔王〕你怎知，小小江山，也全虧一個「法」字？他壞法多端哩。〔老〕他不過嚐些酒〔3〕兒。〔王〕嚐些酒兒。連瓊英侄兒、靈芝、上眞都被著他嚐去了！〔老〕誰見來？〔王惱介〕你要他亂了宮，纔爲證見麽？今日設酒，遣他回去。你把那些外甥收養了，不許多言。〔老旦泣介〕老天呵！不看女兒一面！〔報介〕駙馬午門外朝見。〔王〕傳旨著他進來。〔內擂鼓介〕〔生朝衣上〕

【逍遙樂】款曲趨朝，重見宮庭盈淚眼。〔歎介〕盼朱衣〔4〕只在殿中間。恨遠芳容，驚承嚴譴。暗恃慈顔〔5〕。

一日不朝，其間容刀〔6〕。我戰兢兢行到宮門之內，禮當俯伏吞聲。〔見介〕罪臣駙馬都尉左丞相淳于棼叩頭，俺王、國母千歲千千歲。〔內使〕請駙馬平身，上殿。〔生應千歲起躬介、王〕寡人偶以煩言，因而〔7〕簡禮，諒之，諒之。〔老看生哭介〕呀！駙馬，何瘦之甚也！〔生躬介〕是。臣蒙天譴，幽臣私室。自思以公主之助，守郡多年，曾無敗政。流言怨悖〔8〕，委實傷心！〔王〕已設有酒，爲卿排悶。〔末持酒上〕冷落杯中蟻，孤恓鏡裏鸞〔9〕。酒到。〔王〕今日之酒，親把一杯。

【皀羅袍】堪歎吾家貴坦〔10〕，記關南餞別，對影鳴鸞。〔生跪飲介、王〕再斟酒。〔生跪飲介、老〕內侍，連斟駙馬數杯。止因淑女便摧殘，看承君子多疏慢。〔生叩頭起介〕臣飲過三爵，心愁萬端。客星何處，天恩見寬？〔合〕〔11〕風光頃刻堪腸斷。

〔生背介〕怎說到「風光頃刻堪腸斷」。〔王〕駙馬沉吟，知吾意乎？幸託姻親，二十餘年，不幸小女夭化，不得與君偕老，良用痛傷！〔生〕公主仙逝，有臣在此，可以少奉寒溫。〔王〕這不消說了。則是卿離家多時，亦須暫歸本裏，一見親族。〔生〕此乃臣之家矣，更歸何處？〔王笑介〕卿本人間，家非在此。〔生作昏立不語介、老〕淳郎忽若昏睡懵然矣。〔生作醒介〕呀！是了。俺家在人間，因何在此？〔放聲大哭介〕

哎喲！臣忽思家，寸心如割，不能久侍大王、國母矣。〔王〕叫紫衣官送淳郎起程。〔生〕外甥三四，俱在宮中，還請一見。〔王〕諸甥留此，中宮自能撫育，無以爲念。〔生哭介〕這等，苦煞俺也！〔老〕不用苦傷，但要淳郎留意，便有相見之期。〔生拜介〕拜謝了。

【前腔】忽憶鄉園在眼，向迷中發悟，有淚闌珊〔12〕。〔王〕因風好去〔13〕到人間，三杯酒盡笙歌散。〔老泣介〕駙馬，你眞個去也呵，歸心頓起，攀留大難。幾年恩愛，你將如等閒。〔合前〕

【意不盡】〔14〕向尊前流涕錦衣還，二十載恩光無限。〔王老〕淳郎，淳郎，則怕俺宗廟崩移你長在眼。

酒盡難留客，葉落自歸山。

惟餘離別淚，相送到人間。

校　注

〔1〕包彈（tán）——批評；指責。明·高明《琵琶記》三、白：「看他儀容嬌媚，一個沒包彈的俊臉，似一片美玉無瑕。」

〔2〕〔鷓鴣天〕上應補〔老〕字。

〔3〕嘽（chuáng）些酒——多喝了點酒。嘽，貪嘴，指沒有節制地吃喝。清·翟灝《通俗編》卷二七：「俚俗言嘽嘴頭。」

〔4〕朱衣——大紅色的公服。這裏指國王。《禮記·月令》：「孟夏之月……天子居明堂左個，乘朱路，駕赤駵，載赤旗，衣朱衣，服赤玉。」

〔5〕「恨遠芳容」三句——意謂惱恨失去了公主，擔驚受怕地受到了嚴厲譴責，心中暗想依恃國母挽回局面。芳容，指公主。慈顏，指國母。

〔6〕容刀——《詩·衛風·河廣》：「誰謂河廣，曾不容刀。」鄭玄箋：「不容刀，亦喻狹。小船曰刀。」這裏反用其意喻相互間關係「疏闊」。

〔7〕因而——因而有草率、輕易、匆促、馬虎、粗略等義，與一般因果句做轉折連詞的用法不同。此處爲匆促義。宋·史達祖《杏花天·清明》詞：「屏山幾夜春寒淺，卻怕因而夢見。」

〔8〕流言怨悖（bèi）——意謂流言蜚語。怨，怨恨。悖，謬誤。《荀子·王霸》：「不能治近，又務治遠；不能察明，又務見幽；不能當以，又務正百是悖者也。」

〔9〕孤栖（xī）鏡裏鸞——謂孤鸞照鏡，愁悶哀傷。鸞鳥喜群，用鏡子對照，見影輒

舞，故鏡子美稱鸞鏡。傳說西域罽賓國王網獲一隻鸞鳥，裝在金絲籠中，三年不鳴。後於鏡中自顧身影，哀鳴而死。見《藝文類聚》引范泰《鸞鳥詩序》及南朝宋劉敬叔《異苑》。

〔10〕貴坦——貴婿。對女婿的愛稱。坦，坦腹東床，用晉王羲之典。詳見第五齣注〔35〕。

〔11〕合——據下文道白，「風光」一句當為王唱，故「合」字當為「王」字。

〔12〕淚闌珊——淚流滿面、淚縱橫貌。闌珊，零亂，歪斜。參見第二十八齣注〔6〕。

〔13〕好去——居者安慰行者之辭。唐·杜甫《送張十二參軍赴蜀州》詩：「好去張公子，通家別恨添。」

〔14〕《意不盡》——葉《譜》作「尾聲」。

第四十二齣　尋　寤 〔1〕

〔二紫衣上〕事不三思，終有後悔。我大槐安國王生下公主，當初只在本國中招選駙馬便了，卻去人間請了個淳于棼來尚主；出守南柯大郡，富貴二十餘年；公主薨逝 〔2〕，拜相還朝；專權亂政，謫見於天，國主憂疑，著我二人仍以牛車一乘，送他回去。〔笑介〕淳于棼、淳于棼，好不頹氣也！正是：王門一閉深如海，從此蕭郎是路人 〔3〕。〔生朝衣上〕忽悟家何在，潸然淚滿衣。舊恩拋未得，腸斷故鄉歸。我淳于棼，暫爾思家，恩還晝錦 〔4〕。思妻戀闕，能不依依。〔泣介、見紫衣介、生〕請了。便是二十年前迎取我的紫衣官麼？〔紫懶應介、生〕想車馬都在宮門之外了？〔紫〕著 〔5〕。〔行介〕

【繡帶兒】纔提醒，趁著這綠暗紅稀出鳳城 〔6〕。出了朝門，心中猛然自驚。我左右之人都在那裏？前面一輛禿牛單車，豈是我乘坐的？咳！**怎親隨一個都無？又怎生有這陋劣車乘？**難明。想起來，我去後可能再到這朝門之下，**向宮庭回首無限情。**公主妻呵，**忍不住宮袍淚迸。**看來我今日乘坐的車兒，便只是這等了。待我再遲回幾步。呀！便是這座金字城樓了。怎軍民人等見我都不站起？咳！**還鄉定出了這一座大城。**宛是 〔7〕我昔年東來之徑。

少不得更衣上車而行了。〔更衣介〕【長相思】著朝衣，解朝衣，故衣猶在御香微，回頭宮殿低。意遲遲，步遲遲，腸斷恩私雙淚垂。〔歎介〕

回朝知幾時？〔紫〕上車快走。〔紫隨意行走做不畏生打歌介〕一個呆子呆又呆，大窟弄[8]裏去不去，小窟弄裏來不來，你道呆不子也[9]呆？〔鞭牛走介〕畜生！不走？〔生〕便緩行些麼？

【前腔】消停，看山川依然舊景，爭些兒舊日人情。〔紫衣急鞭牛走介、生惱介〕看這使者，甚無威勢，真可爲怏怏如也[10]。〔紫鞭牛走介、生〕紫衣官，我且問你，廣陵郡何時可到？〔紫不應笑歌走介、生惱介〕咳，我好問他，他則不應。難道我再沒有回朝之日了？便不然，謝恩本也寫上得幾句哩。〔紫笑介、生〕**他那裏死氣淘聲，怎知我心急搖旌？鎖凝**[11]。也則索小心再問他。紫衣官，廣陵郡幾時可到？〔紫〕霎時到了。〔鞭牛走介、生望介〕呀，像是廣陵城了。**渺茫中遙望見江外影，這穴道也是我前來路徑。**〔又走介〕呀，便是我家門巷了。〔泣介〕**還儌幸依然戶庭**[12]，**淚傷心，怎這般呵夕陽人靜？**

〔紫〕到門了，下車。〔生下車入門介、紫〕升階。〔生升階介、望見楄作驚介〕不要近前，我怕也！〔紫高叫介〕淳于棼！〔叫三次生不應紫推生就楄生仍前作睡介、紫〕槐國人何在？淳郎快醒來。我們去也。〔急下、生驚介、醒做聲介〕使者，使者。〔丑持酒上〕甚麼使者？則我山鷓。〔溜沙上〕淳于兄醒了。我二人正洗上腳來。〔生〕日色到那裏？〔丑〕日西哩。〔生〕窗兒下甚麼子？〔溜〕餘酒尚溫。〔生〕呀！斜日未隱於西垣，餘樽尚湛於東牖[13]，我夢中倏忽[14]，如度一世矣。〔沙溜〕做甚夢來？〔生作想介〕取杯熱茶來。〔丑取茶上介、生〕再用茶，待我醒一醒。〔丑又取茶上介、生飲介〕呀，溜兄、沙兄，好不富貴的所在也！我的公主妻呵。〔丑〕甚麼公主妻？你不做了駙馬？〔生〕是做了駙馬。〔溜〕那一朝裏駙馬？〔生〕這話長，扶我起來講。〔溜沙扶起生介〕你們都不曾見那使者穿紫的？〔沙〕我三人並不曾見。〔生〕奇怪！奇怪！聽我講來：

【宜春令】**堂東廡**[15]，**睡正清，有幾個紫衣人軒車叩迎。**你說從那裏去？**槐根窟裏，有個大槐安國主女娉婷。**那公主小名，我還記得，喚做瑤芳，招我爲駙馬；曾侍獵於國西靈龜山。〔丑〕後來怎的？〔生〕這國之南，有個南柯郡，槐安國主把我做了二十年南柯太守。〔溜沙〕享用哩。

後來呢？〔生〕公主養了二男二女，不料爲檀蘿小賊驚恐，一病而亡，歸葬於國東蟠龍岡上。〔丑哭介〕哎也〔16〕！可憐，可憐，我的院主〔17〕。〔生〕**獵龜山他爲防備守檀蘿，葬龍岡我悽惶煞了鸞鏡**。〔沙〕後來呢？〔生〕自公主亡化，雖則回朝拜相，人情不同了。**勢難行，我情願乞還鄉境**。

> 那國王、國母見我思歸，無奈許我暫回。適纔送我的使者二人，他都是紫衣一品。〔丑〕哎呀，不曾待的他茶哩。〔生〕二兄，你道這是怎的？〔溜〕不知呢。〔沙〕我也不知。〔生〕怎生槐穴裏去？〔沙溜〕敢是老槐成精了？

【前腔】**花狐媚，木客精，**山鷓兒，**備鍬鋤看槐根影形**。〔丑取鍬上介〕東人，東人，你常在這大槐樹下醉了睡，著手了。〔生〕也說得是。且同你瞧去。〔行瞧介、溜〕這槐樹下不是個大窟櫳？〔掘介〕有蟻，有蟻。**尋原洞穴，怎只見樹皮中有蟻穿成路徑**？〔溜〕向高頭鍬了去。〔眾驚介〕呀！你看穴之兩傍，廣可一丈，這穴中也一丈有餘，洞然明朗。〔沙〕原來樹根之上，堆積土壤，但是一層城郭，便起一層樓臺。奇哉！奇哉！〔丑驚介〕哎也！有蟻兒數斛，隱聚其中，怕人！怕人！〔生〕不要驚他。**嵌空中樓郭層城，怎中央有絳臺深迴**？〔沙〕這臺子土色是紅些。〔覷介〕單這兩個大蟻兒並著在此，你看他素翼紅冠，長可三寸，有數十大蟻左右輔從，餘蟻不敢相近。〔生歎介〕想是槐安國王宮殿了。〔溜〕這兩個蟻蚌，便是令岳丈岳母哩。〔生泣介〕**好關情，也受盡了兩人恭敬**。

> 〔溜〕再南上掘去。呀，你看南枝之上，可寬四丈有餘，也像土城一般，上面也有小樓子，群蟻穴處其中。呀，見了淳于兄來，都一個個有舉頭相向的，又有點頭俯伏的，得非所云南柯郡乎？〔沙〕是貴治了。

【前腔】**南枝偃，好路平，**小重樓多則是南柯郡城？〔生〕像是了。〔歎介〕我在此二十年太守，好不費心，誰道則是些螻蟻百姓？便是他們記下有七千二百條德政碑、生祠記，通不見了，只這長亭路一道沙堤還在。有何德政？**也虧他二十載赤子們相支應**。〔丑〕西頭掘將去。〔沙〕呀，西去二丈，一穴外高中空，看是何物？〔覷介〕原來是敗龜板，其大如斗，積雨之後，蔓草叢生。既在槐西，得非所獵靈龜山乎？〔生〕是了，是了。可惜

田秀才一篇《龜山大獵賦》，**好文章埋沒龜亭，空殼落做他形勝。**〔沙〕掘向東去丈餘，又有一穴，古根盤曲，**似龍形，莫不是你葬金枝蟠龍岡影？**

〔生細看哭介〕是了。你看中有蟻冢尺餘，是吾妻也。我的公主呵！

【前腔】**人如見，淚似傾，叫芳卿恨不同棺共塋。為國主臨併**〔18〕，**受淒涼叫不的你芳名應。**二兄，我當初葬公主時，為些小兒女，與右相段君爭辯風水，他說：此中怕有風蟻。我便說：縱然蟻聚何妨？如今看來，蟻子到是有的了。**爭風水有甚蟠龍？**公主曾說來，**他說為我把螻蟻前驅真正。**〔內風起介、丑〕好大風雨來了，這一科〔19〕蟻子都壞了他罷。〔生慌介〕**莫傷情，再為他繞門兒把宮槐遮定。**

〔蓋介、丑〕蓋好了，躲雨去。〔眾〕不自逃龍雨，因誰為蟻封？〔下、內叫介〕雨住了。〔丑上笑介〕好笑，好笑，孩兒天，快雨快晴。〔瞧介〕哎呀，相公快來。〔生沙溜急上、丑〕你看這些蟻穴，都不知那裏去了？

〔眾驚介〕真個靈聖哩。〔生〕也是前定了。他國中先有星變流言，國有大恐，都邑遷徙，此其驗乎？

【太師引】**一星星，有的多靈聖，也是他不合招邀我客星。**〔沙〕**可知道滄海桑田**〔20〕，**也則為漏洩了春光武陵**〔21〕？〔生〕步影尋蹤，皆如所夢。還有檀蘿瀯江一事可疑。〔丑想介〕有了，有了。宅東長瀯古溪之上，有紫檀一株，藤蘿纏擁，不見天日。我長在那裏歇晝，見有大群赤蟻往來，想是此物。〔生〕著了。此所謂全蘿道赤剿軍也。**但些小精靈能廝挺，險氣煞周郎殘命。**〔溜〕那個周郎？〔生〕是周弁為將，他和田子華都在南柯哩。〔丑〕有這等事！〔生〕連老老爺都討得他平安書來，約丁丑年和我相見。〔溜〕今年太歲丁丑〔22〕了。〔生〕這是怎的？可疑，可疑。**胡廝踁，和亡人住程**〔23〕，**怕不是我身廂**〔24〕**有甚麼纏魂不定？**

〔沙〕亡人的事，要問個明眼禪師。〔丑〕有，有，有。剛纔一個和尚在門首躲雨。〔生〕快請來。〔丑出請介〕〔扮小僧上〕

【前腔】**行腳僧，誰見請？**〔見介〕原來是淳于君有何事情？〔生〕師兄從何而來？〔僧〕我從六合縣來。〔生〕正要相問，六合縣有個文士田

子華、武舉周弁，二人可會他？〔僧〕是有此二人，平生至交，同日無病而死。〔生驚介〕這等，一發詫異了。〔僧〕這中庭槐樹，掘倒因何？〔生〕小生正待請教。這槐穴中有蟻數斛，小生晝臥東廊，只見此中有紫衣人相請小生，去爲國王眷屬。一混二十餘年，醒來一夢，中間有他周田二人在內。今聞師兄言說，知是他死後遊魂，這也罷了。卻又得先府君一書，約今丁丑年相見，小子十分憂疑。**敢有甚嫌三怕九**〔25〕？**恰今年遇丑逢丁。**〔僧〕這等，恰好契玄本師擇日廣做水陸道場〔26〕，你何不寫下一疏，敬向無遮會〔27〕上問此情緣？老師父呵，**破空虛照映一切影，把公案及期參證。**〔生揖介〕承師命，似盂蘭聽經，又感動我竹枝殘興。

〔僧〕這功德不比盂蘭小會，要清齋閉關七七四十九日，一日一夜念佛三萬六千聲；到期燃指爲香，寫成一疏，七日七夜哀禱佛前；纔有些兒影響。〔生〕領教。則未審禪師能將大槐安國土眷屬，普度生天？〔僧〕使得。

【尾聲】〔生〕儘吾生有盡供無盡，但普度的無情似有情〔28〕，我待把割不斷的無明〔29〕，向契玄禪師位下請。

空色〔30〕色非空，還誰天眼〔31〕通？

移將竹林寺〔32〕，度卻大槐宮。

校 注

〔1〕尋寤（wù）——尋找夢中所經歷的事迹。寤，夢。《逸周書・寤儆》：「嗚呼，謀泄哉！今朕寤有商驚予。」孔晁注：「夢爲討所伐，故驚。」

〔2〕薨（hōng）逝——死也。薨，古代稱諸侯之死。後世有封爵的大官之死也稱薨。清・袁枚《隨園詩話》卷八：「余己未同年，多出任封疆，內調鼎鼐者，可謂盛矣。近都薨逝，惟余以奉母故，空山獨存。」

〔3〕「王門一閉」二句——《全唐詩話》載，崔郊以貧賣其婢於連帥，作詩云：「侯門一入深如海，從此蕭郎是路人。」蕭郎，原指梁武帝蕭衍。《梁書・武帝紀上》謂「此蕭郎三十內當作侍中，出此則貴不可言」云云，後多用作情郎與夫君的代稱。這裏化用其意，謂淳于郎被蟻王遣出朝廷，就形同路人一樣。

〔4〕晝錦——《漢書・項籍傳》載，秦末項羽入關，屠咸陽。或勸其留居關中，羽

見秦宮已毀，思歸江東，曰：「富貴不歸故鄉，如衣錦夜行。」後遂稱富貴還鄉爲「衣錦晝行」，省作「晝錦」。

〔5〕著——應辭，猶云「是」。下文「著了」，亦即是「是了」。今猶有此語法。

〔6〕鳳城——京都的美稱。相傳秦穆公之女弄玉，吹簫引鳳，鳳凰降於京城，故曰丹鳳城。後因稱京都爲鳳城。唐‧杜牧《長安晴望》：「翠屏山對鳳城開，碧落搖光霽後來。」

〔7〕宛是——宛若是。

〔8〕窟弄——元陶宗儀《輟耕錄》：「杭人有以二字反切一字以成聲者，如……以『孔』爲『窟籠』。」「籠」「弄」一聲之轉。下文又作「窟攏」。

〔9〕子也——襯詞，不爲義。

〔10〕快快如也——快快，生氣怨恨貌。《史記‧高祖本紀》：「今北面爲臣，此常快快。」如也，語尾助詞，二字連用加重語氣。

〔11〕銷凝——銷魂凝魄。宋‧柳永《夜半樂》詞：「對此佳景，頓覺銷凝，惹成愁緒。」

〔12〕還倏幸依然戶庭——意謂自家門戶庭院是否還依然如故。倏幸，希冀、盼望義。表現淳于棼離家二十年後一種矛盾心情。

〔13〕餘樽尙湛於東牖（yǒu）——意謂酒樽置於東窗之下。湛，清澈，盈滿。東牖，東窗；指東窗之下。唐‧白居易《和寄問劉白》：「吟哦不能散，自午將及酉。遂留夢得眠，匡床宿東牖。」

〔14〕倏（shū）忽——很快地；迅速地。《呂氏春秋‧決勝》：「倏忽往來，莫知其方。」

〔15〕東廡（wǔ）——正房東邊的廊屋。古代以東爲上首，位尊。清‧戴名世《孔廟從祀議》：「昭穆定位，不以南北互遷，於是東廡之缺不以西廡之主補之。」

〔16〕哎也——義同哎呀。係臨川方言口語。下同。

〔17〕院主——舊時對官員或財主女兒的尊稱。《醒世姻緣傳》第十八回：「一個說：『我題的此門小姐，眞眞閉月羞花，家比石崇豪富』。一個說：『我保的這家院主，實實沉魚落雁，勢同梁冀榮華。』」這裏山鷓兒因聽說瑤芳爲國王之女，故有此稱。

〔18〕臨併——謂國王親臨催逼。併，催逼。元‧王實甫《西廂記》二本四折〔東原樂〕：「俺娘無夜無明併女工。」

〔19〕科——通「窠」，意指巢穴。漢‧劉向《說苑‧立節》：「楚莊公獵於雲夢，射科雉得之。」射科雉，謂射擊巢中的野雞。

〔20〕滄海桑田——大海變成農田，農田變成大海。語本晉‧葛洪《神仙傳‧王遠》：「麻姑自說云：『接待以來，已見東海三爲桑田。』」

〔21〕武陵——晉‧陶潛《桃花源記》載，晉太元中武陵郡漁人入桃花源，所見洞中

居民及生活情景，儼然另一世界。故桃花源又稱武陵源。泛指清淨幽美的世外仙境或幽深的避世隱居之地。唐‧王維《桃源行》：「居人共住武陵源，還從物外起田園。」

〔22〕今年人歲丁丑——按《南柯太守傳》與本劇寫淳于棼入夢均在貞元七年，歲在辛未，丁丑乃貞元十三年，這裏云「今年太歲丁丑」，乃沿襲「傳」中的說法，將錯就錯。

〔23〕「胡廝脛（jìng）」二句——意謂胡糾纏，活人與死人怎能在一個住處。脛，從腳到膝的部位。廝脛，謂「交腳」；引申為糾纏。元‧高明《琵琶記》三三齣〔縷縷金〕：「胡廝脛，兩喬才。」住程，亦作住場，指住處。

〔24〕廂——方位詞，相當於現代漢語的「邊」或「面」。元‧馬致遠《岳陽樓》四〔收江南〕白：「師父，喚你徒弟，那廂使用？」

〔25〕嫌三怕九——意謂恐遭厄運。《漢書‧律曆志‧易》九厄：初入元，百六陽九；次三百七十四陰九；次四百八十陽九……次四百八十陰三；次四百八十陽三。

〔26〕水陸道場——佛教法會的一種。僧尼設壇誦經，禮佛拜懺，遍施飲食，以超度水陸一切亡靈，普濟六道四生，故稱。元‧關漢卿《竇娥冤》四〔收江南〕：「改日做個水陸道場，超度你昇天便了。」宋‧高承《事物紀原》謂此種儀式始於梁武帝蕭衍，盛行於唐宋。據《釋門正統》云：「梁武帝夢一神僧告曰：『六道四生，受苦無量，何不作一水陸，普濟群靈，諸功德中最為第一。』」後來佛門法事，有水陸道場，諷經禮懺四十九日，猶略存梁代的遺規。

〔27〕無遮會——即無遮大會。佛教舉行的以布施為主要內容的法會，每五年一次。無遮，指寬容一切，解脫諸惡，不分貴賤、僧俗、智愚、善惡，一律平等看待。《梁書‧武帝紀下》：「輿駕幸同泰寺，設四部無遮大會，因捨身。公卿以下，以錢一億萬奉贖。」

〔28〕普度的無情似有情——意謂像普度有情的人一樣普度螻蟻的亡靈。有情，指人。無情，指螻蟻的亡靈。

〔29〕無明——即無明火，忿火。指癡妄之念、欲火。《大乘義章》卷四：「言無明者，癡暗之心，體無慧明，故曰無明。」又為一切煩惱之異名，所謂忿火，當即本於不悟事物而生煩惱所起。敦煌變文《維摩詰經講經文》：「一點無明火要防，焚燒善法更難當。」元‧楊景賢《劉行首》三〔鮑老兒〕：「自火院深沉向未徹，怎管的閒花風月。自冤業無明火未斷絕，又生出閒枝節。」

〔30〕空色——亦作色空。佛教語。「色」與「空」並稱。謂物質的形相及其虛幻的本性。「色」指一切可以感知的形質。「空」指萬物從因緣生，沒有固定，虛幻不實。《維摩經‧入不二法門品》：「色即是空，非色滅空，色性自空。」

〔31〕天眼——佛教所說五眼之一。詳見第四齣注〔11〕。

〔32〕竹林寺——指佛寺。古代印度最初的寺院，在中印度迦蘭陀村的竹林中，稱竹林精舍，為如來說法的場所。這裏即以竹林寺指稱佛寺。

第四十三齣　轉　情

【浪淘沙】〔僧持旛上〕頂禮大南無〔1〕，擊鼓吹螺，天歌梵放了緊那羅〔2〕。晝夜燈旛長續命〔3〕，照滿娑婆〔4〕。〔僧持磬上〕

【前腔】人在欲天〔5〕多，怕煞閻羅〔6〕。新生天裏有愁麼？次第風輪〔7〕都壞卻，甚麼娑婆。〔生捧香爐上〕

【前腔】弟子有絲蘿〔8〕，曾出守南柯。光音天〔9〕裏事如何？但是有情那盡得，年少也娑婆。

〔生放香爐禮佛介，合掌向眾介〕弟子稽首〔10〕。〔眾〕一切眾生，頂禮如來威光，憑仗禪師法力。有情心的檀越，戒行的沙彌，唄讚〔11〕者白千萬人，海潮音〔12〕如雷震沸；拜祈者四十九日，河沙淚似雨滂沱。果然無礙無遮〔13〕，必當有誠有感。只待法師慧劍遙指，務令眾生以次生天。〔生稽首介〕凡諸有情，普同慈願。〔淨扮契玄老僧威容上〕

【北仙呂點絳唇】奏發科宣，諸天燦爛，琉璃殿。夢境因緣，佛境裏參承遍。

〔生向淨稽首介〕弟子淳于棼稽首。〔眾稽首介、淨〕老僧修行到九十一歲，纔做下這壇水陸無邊道場；也虧了先生們虔心，齋了七七四十九日，拜了這七日七夜。這幾夜，河路廣破暗之燈〔14〕，焰口〔15〕飽清涼之食；虔求懇至，誓願弘通。今夜道場告終，先生可有甚祈請？替你鋪宣。〔生〕小生第一要看見父親生天；第二要見瑤芳妻子生天；第三願儘槐安一國普度生天。〔淨〕好大願心。你可便燃指〔16〕為香；替你鋪陳情疏。倘有奇驗；以報虔誠。〔眾發擂吹介、生膜拜〔17〕三拜介〕

【混江龍】〔淨〕這淮南卑賤，淳于棼撲地禮諸天。〔生燒指介、淨〕則他恨不的皮剗燭點〔18〕，則這些指頂香燃。為他久亡過的老椿堂〔19〕葬朔邊，和他新眷屬大槐宮變了桑田〔20〕。他老親，魚雁信〔21〕暗

寄與九重泉。他眷屬，怎螻蟻情顯豁在三摩殿〔22〕？仗福力如來立地〔23〕，和他度情緣一衆生天。

祈請已過，待我楊枝灑水，布散香花。〔淨衆楊枝灑水介〕

【油葫蘆】我待手灑楊枝有千百轉，洗塵心把甘露顯。〔散花介〕香風臺殿雨花天，人天玉女持花獻，花光水色如空旋。仗如來水月觀〔24〕，把世界花開現。水珠兒撒地蟲兒咽，紇哩子吐紅蓮〔25〕。

〔淨〕多時分了？〔衆〕月待中哩。〔淨〕大衆一路行香，繞此天壇之下；則老僧與先生登於壇上，看望諸天中有甚麼景象也？〔衆應介、淨〕欲窮他化〔26〕路，須待淨居天〔27〕。〔同生下、內鼓吹唱介、衆〕散花林，花氣深。如來佛，觀世音。諸天眼，衆生心。三明〔28〕度，九幽〔29〕沉。〔淨持劍引生上介〕

【天下樂】呀！蹬上了天壇月正圓。天也麼天，眞乃是七寶懸，閃星光高寒露氣鮮。〔生〕這天壇之上，怎生帶寶劍來？〔淨〕這劍呵，壞天風幾劫緣〔30〕，斷天魔即世纏，恰纔個步天罡〔31〕今夜演。

〔生歎介〕小生最苦是我父親許下丁丑年相見，則除是今夜生天相見也。

【那吒令】〔淨〕待見呵，不怕幾重泉，則要你孝意堅；不怕幾重天，則要你敬意虔；不怕幾重緣，則要你道意專。這點心黑鑽鑽地孔穿，明晃晃天壇現，敢盼著你老爺爺月下星前。

〔生問介〕老爺兒罷了，螻蟻怎生變了人？〔淨〕他自有他的因果，這是改頭換面。〔生〕小生青天白日被蟲蟻扯去作眷屬，卻是因何？〔淨〕彼諸有情，皆由一點情，暗增上駭癡受生〔32〕邊處。先生情障，以致如斯。〔生〕幾曾與蟲蟻有情來？〔淨〕先生記的孝感寺聽法之時，我說先生爲何帶眷屬而來？當有二女持獻寶釵金盒，即其人也。

【寄生草】則爲情邊見，生身兒住一邊。你靈蟲〔33〕到住了蟲宮院，那駭蟲到做了人宅眷，甚微蟲引到的禪州縣？但是他小蟲蟲湊著好姻緣，難道老天天不與人行方便。

〔生〕咳，小生全不知他是螻蟻，大師怎生不早道破也？〔淨〕我分明叫白鸚哥說來，蟻子轉身，你硬認是女子轉身。〔生〕是小生曾聽來。〔淨〕便是你問三聲煩惱，我將半偈暗藏春色：頭一句「秋槐落盡空宮裏」，可不是槐安國？第二句「只因棲隱戀喬柯」，是你因妻子得這南柯也。第三句「惟有夢魂南去日，故鄉山水路依稀」，此是夢醒時節，依然故鄉也。〔生〕小生是曾沉吟這話來。〔淨背介〕便待指與他，諸色皆空，萬法惟識，他猶然未醒，怎能信及？待再幻一個景兒，要他親疏眷屬生天之時，一一顯現，等他再起一個情障，苦惱之際，我一劍分開，收了此人為佛門弟子，亦不枉也。〔回介〕淳于生，當初留情，不知他是蟻子；如今知道了，還有情於他麼？〔生〕識破了，又討甚情來？〔淨笑介〕你道沒有情，怎生又要他生天？呀！金光一道，天門開了。〔生看驚介〕是也。

【么】〔淨〕一道光如電，知他是那界〔34〕的天？莫非是寶城開看見天宮院？寶樓開放入天宅眷？寶雲開散作天州縣？〔生〕呀！天上甚麼聲響？〔內風起介〕知他世界幾由延〔35〕？卻怎生風聲響處星河變？

〔內作奏樂報介〕忉利天門〔36〕開。〔又報介〕檀蘿國螻蟻三萬四千戶生天。〔淨作驚介〕是忉利天門報聲，檀蘿國螻蟻三萬四千戶生天。你看紛紛如雨，上去了也。〔生〕哎！檀蘿國是我之冤仇，我這一壇功德，顛倒替他生天，怎了？怎了？〔淨笑介〕

【賺煞】則你有那答裏冤，這答裏緣，那蠢諸天他有何分辯？〔生〕檀蘿殺了南柯多少人馬？多少業報？〔淨〕恁蟲豸兒殺害是前生怨，但回頭也普地生天。〔生哭介〕則要見我的親爺，我的公主妻也。〔淨〕跟我下了天壇，向三十三諸天位下，再燒一個指頂何如？〔生〕疼也！〔淨〕哎！打捱〔37〕著指輪圓，為滿門良賤〔38〕，點肉香〔39〕心火透諸天。等一個星兒轉，步天壇你再看天面。那時節敢爺兒相見，重會玉天仙。〔淨扯生下介、眾上鼓吹唱前散花林云云下〕

校 注

〔1〕南無（nā mó）——佛教語。意為歸命、敬禮、度我。表示對佛、法、僧三寶的

歸敬。北魏·楊衒之《洛陽伽藍記·永寧寺》：「（菩提達摩）口唱『南無』，合掌連日。」這裏當作佛的代詞。

〔2〕天歌梵放了緊那羅——謂眾僧人唱起法曲來抑揚頓挫，就像緊那羅一樣。天，謂「諸天」，這裏指眾僧。梵，爲「梵唄」的省文，佛教謂做法事時的歌詠讚頌聲。放，猶云使或差。緊那羅，佛教天神名，能歌善舞。

〔3〕晝夜燈幡長續命——意謂懸掛佛燈神幡夜以繼日地做佛事。燈，指七層佛燈。幡，指五色續命神幡。《藥師如來本願經》：「時彼病人親屬知識，若能爲彼歸依世尊藥師瑠璃光如來，請諸眾僧，轉讀此經，燃七層之燈，懸著五色續命神幡，或有是處彼識得還，如在夢中明瞭自見。」

〔4〕娑婆——即「娑婆世界」。詳見第八齣注〔26〕。

〔5〕欲天——佛教謂欲界諸天，有六重，稱「六欲天」，即四王天、切利天、夜摩天、兜率天、樂變化天、他化自在天。見《俱舍論》八。

〔6〕閻羅——佛教稱主管地獄的神。通稱閻王。《鐵城泥犁經》：「閻羅言：『汝何以不自改爲善耶？』」

〔7〕風輪——佛教語。爲「四輪」（金輪、水輪、風輪、空輪）之一。《俱舍論》：「先於最下，依止虛空，有風輪生，廣無數，厚十六億逾繕那。」風輪，乃世界之最下底，在虛空之上。這裏似指地獄而言，故下句云「甚麼娑婆」。

〔8〕絲蘿——菟絲、女蘿均爲蔓生，纏繞於草木，不易分開，故詩文中常以比喻結爲婚姻。《古詩十九首·冉冉孤生竹》：「與君爲新婚，菟絲附女蘿。」這裏指淳于棼與公主的婚姻關係。

〔9〕光音天——佛教語。色界諸天之一，二禪天之第二天。此天絕音聲，以光爲語言，故名。也泛指二禪天。唐·玄應《一切經音義》卷三：「阿波會天，此云光音天，亦言極光淨天，即第二禪第三天也。」

〔10〕稽（qǐ）首——古代的一種跪拜禮，叩頭到地，屬九拜中最恭敬的禮節。《周禮》疏：「稽首，稽是稽留之稽，頭至地多時，則爲稽首也。稽首，拜中最重，臣拜君之拜。」稽首，在道教，是一種一般的舉手禮，即舉一手向人行禮。元·馬致遠《陳摶高臥》三〔倘秀才〕：「只打個稽首，權充拜禮。」

〔11〕唄讚——歌頌讚歎佛德。唄，爲梵語「唄匿」的省文，意爲歌頌。

〔12〕海潮音——佛教語。海潮按時而至其音宏大，故以喻佛、菩薩應時適機說話的聲音。《法華經·觀世音菩薩普門品》：「妙音觀世音，梵音海潮音，勝彼世間音。」亦指僧眾誦經的聲音。明·陳汝元《金蓮記》十二〔不是路〕：「來時只識菩提路，去時還聽海潮音。」

〔13〕無礙無遮——佛教語。通達自在，沒有障礙爲「無礙」；包容廣大，沒有遮隔爲「無遮」。這裏合指「無遮大會」，參見第四十二齣注〔27〕。

〔14〕河路廣破暗之燈——謂寬廣的河面上遍放燈火，衝破了夜晚的黑暗。《乾淳歲

時記》：「中秋夕，浙江放水燈數十萬盞，浮於水面，爛如繁星。」

〔15〕爐口——據獨深居本、暖紅室本當作「焰口」，餓鬼名。《救拔焰口餓鬼經》：「（阿難）即於其夜三更已後，見一餓鬼，名曰焰口。其形醜陋，身體枯瘦，口中火然，咽如針鋒，頭髮蓬亂，爪牙長利，甚可怖畏。」後因以「焰口」指稱餓鬼。佛事中有「放焰口」或省稱「焰口」，即是施食於餓鬼的儀式。

〔16〕燃指——自燒手指，以示虔誠。一種假借或誤解佛教的「無義苦行」。《檮杌閒評》第五十回：「老僧道：『你心既虔，今夜你們可燃指爲香，夜靜時叫你們見些光景。』三人果將中指剖開，用清水洗淨，將麻緊裹，加上清油，三更時點起。」

〔17〕膜拜——合掌加額，長跪而拜。表示尊敬或畏服的禮式。《穆天子傳》卷二：「吾乃膜拜而受。」郭璞注：「今之胡人禮佛，舉手加頭，稱南膜拜者，即此類也。」唐·唐扶《使南海道長沙題道林嶽麓寺》詩：「逢迎侯伯轉覺貴，膜拜佛像心加尊。」

〔18〕皮剒（kū）燭點——剖開皮肉，點燃燭火。喻指虔誠至極。剒，剖，剖開。《後漢書·華佗傳》：「剒破腹背，抽割積聚。」

〔19〕椿堂——指父親。《莊子·逍遙游》謂大椿長壽，後世因以椿稱父。元·高明《琵琶記》三六〔解三醒〕：「書，我只爲你其中自有黃金屋，卻教我撇卻椿庭萱草堂。還思想，休休，畢竟是文章誤我，我誤爹娘。」萱草，指母親。

〔20〕桑田——「桑田滄海」的省文，喻世事的巨大變遷。晉·葛洪《神仙傳·麻姑》：「麻姑自說云：『接待以來，已見東海三爲桑田。』」

〔21〕魚雁信——「魚書雁信」的省稱。泛指書信。《樂府詩集》卷三八《飲馬長城窟行》：「客從遠方來，遺我雙鯉魚。呼兒烹鯉魚，中有尺素書。」後因稱書信爲「魚書」。《漢書·蘇武傳》：「教使者謂單于，言天子射上林中，得雁，足有繫帛書，言武等在某澤中。」後因稱書信爲「雁書」。

〔22〕三摩殿——指佛殿。摩，梵語的音譯。又譯作「三昧」，「三摩地」。意譯爲「正定」。謂屏除雜念，心不散亂，專注一境。《大智度論》卷七：「何等爲三昧？善心一處住不動，是名三昧。」

〔23〕立地——本作「立著」解，引申作「立刻」解，爲時間副詞。唐·王建《霓裳詞》：「一時跪拜霓裳徹，立地階前賜彩衣。」

〔24〕水月觀——謂觀看水中之月得不到實體。喻諸佛法沒有實體。《智度論》：「瞭解諸法，如幻，如焰，如水中月。」這裏當是泛指佛法。

〔25〕紇哩子吐紅蓮——謂真心實意使心花開放。紇哩，當是「紇哩陀耶」之省文，或譯作「乾栗馱耶」，此云「真實心」。《菩提心義》：「一切眾生，本有真如淨心，名『乾栗馱耶』，是心爲真實之義。」子，語助詞。吐紅蓮，謂心花開放。蓋佛經由其形似，常以心比未開蓮華。

〔26〕他化——即「他化自在天」的省文，爲欲界六天之第六重。《智度論》：「此天奪他所化而自娛樂，故言『他化自在』。」

〔27〕淨居天——佛教語。在色界四禪之最高處，有五重天，爲聖者所生之處，因無外道雜居，故名淨居。這五重天是無煩天、無熱天、善現天、善見天、色究竟天。

〔28〕三明——佛教語。《智度論》：「宿命、天眼、漏盡，名爲『三明』。」宿命明，知自身他身宿世之生死相；天眼明，知自身他身未來世之生死相；漏盡明，知現在之苦相，斷一切煩惱之智。

〔29〕九幽——本指地下極深暗的地方，引申爲迷信者所說的陰間。清·蒲松齡《聊齋誌異·續黃粱》：「胸中冤氣扼塞、距踊聲屈，覺九幽十八獄無此黑暗也。」

〔30〕壞天風幾劫緣——意謂男女歷劫不磨的癡情，只有這寶劍可以破除它。天風，指男女之遇。出《易經·姤卦》；其《象辭》云：「姤，遇也；柔遇剛也。」《注》：「施之於人，即女遇男也。」這裏就用來指男女。

〔31〕步天罡（gāng）——步履轉折像斗柄一樣。爲道士禮斗之儀式。天罡，即北斗星的柄。漢·魏伯陽《參同契》卷下：「二月榆落，魁臨於卯，八月麥生，天罡據酉。」

〔32〕騃（ái）癡、受生——騃（ái），癡愚。受生，猶稟性。《梁書·賀琛傳》：「受生不飲酒，受生不好音樂。」

〔33〕靈蟲——指人類。這裏即指淳于棼。蟲，指包括人在內的一切動物的總稱。《大戴禮記·易本命》：「倮之蟲三百六十，而聖人爲之長。」又《尚書·泰誓》：「惟人，萬物之靈。」故此云人爲「靈蟲」。下句的「騃蟲」、「微蟲」與「靈蟲」對舉，指螻蟻。

〔34〕界——佛經分生死往來之世界爲三：欲界，色界，無色界。每界又各有若干天。

〔35〕由延——猶「由旬」。古印度計程單位。一由延的長度，我國古有大者八十里、中者六十里、下者四十里諸說。蘇曼殊《斷鴻零雁記》第二十六章：「土人言此去俱爲坦途，然水行不一由延，能達始興。」

〔36〕忉（dāo）利天——即三十三天。六欲天之一。佛教謂須彌山頂四方各有八天城，合中央帝釋所居天城，共三十三處，故云。即一般所說的天堂。清·洪昇《長生殿》四七〔小桃紅〕白：「我當上奏天庭，使你兩人世居忉利天中，永遠成雙，以補從前離別之恨。」

〔37〕打捱——忍耐，忍受。清·洪昇《長生殿·見月》：「驀地回思當日，與你偶而離開，一時半刻也難打捱，何況是今朝永隔幽明界。」

〔38〕良賤——良民、賤民，平民。

〔39〕點肉香——意謂燃指。

第四十四齣　情　盡

〔生作指疼上〕哎也！焚燒十指連心痛，圖得三生見面圓。小生雖是將種，皮毛上著不得個炮火星兒。今爲無邊功德，燒了一個大指頂，到度了檀蘿生天。如今老法師引我三十三天〔1〕位下，又燒了這一個大指頂，重上天壇，專候我爹爹、公主生天也。〔内風起生驚介〕天門開了。〔望介〕又在說天話了。〔内報介〕大槐安國軍民螻蟻五萬戶口同時生天。〔生喜介〕好了，好了，分明說大槐安國軍民螻蟻五萬戶口生天，咱南柯百姓都在了。則不見爹爹和公主的影響，苦了這壇功德也。

【香柳娘】謝諸天可憐，謝諸天可憐，則我爺兒不見，又朦朧隔著多嬌面。展天壇近天，展天壇近天，〔拜介〕拜的我心虔，有靈須活現。盼雲端悄然，盼雲端悄然。好了，好了，那北上有雲煙，似前靈變。

呀！天門又開了。〔内風起介、外扮老將上〕淳于棼我兒，你父親來了。〔生跪哭介〕是我的爹。

【前腔】〔外〕歡遊魂幾年，歡遊魂幾年，你孝心平善，果然丁丑重相面。〔生〕爹爹，兒子生不能事，死不能葬〔2〕，罔極之罪也。母親同來麼？〔外〕你母親久生人世了。則我墳塋蟻穿，我墳塋蟻穿，卻得這因緣，爺兒巧方便。我去也。〔生哭介〕爹爹，那裏去？〔外〕〔3〕喜超生在天，喜超生在天，兩下修行，和你人天重見。

〔生哭介〕親爹，你也下來，待兒子摩你一摩兒。

【前腔】痛親爹幾年，痛親爹幾年，夢魂長見，那些兒孝意頻追薦。〔外〕我都鑒受〔4〕了。我兒，你今後作何生活？〔生〕依然投軍拜將。〔外〕快不要做他，犯了殺戒。再休題將權，再休題將權，我爲將玉皇邊，還怕修羅〔5〕有征戰。天程有限，我去也。喜超生在天，喜超生在天，兩下修行，和你人天重見。

〔外下、生哭介、右相周田三人如前扮上〕淳于公請起，休得苦傷。〔生起望介〕原來是段相國、周田二君。〔眾〕是也。〔生〕右相，一向讒間小生，卻是爲何？〔右笑介〕淳于公，蟠龍岡風水在那裏？〔周〕淳于

公，我被你氣死也！〔生〕我廿載威名，都被你所損哩。〔田〕則我田子華，始終得老堂尊培植。〔右笑介〕這恩怨都罷了。如今則感淳于公發這大願，我們生天。

【前腔】〔右眾〕是同朝幾年，是同朝幾年，苦留恩怨，也只似南柯功德和那檀蘿戰。弄精靈鬼纏，弄精靈鬼纏，識破枉徒然，有何善非善？〔內鼓吹介、眾〕請了。國王、國母將到。〔合〕喜超生在天。喜超生在天。兩下修行。和你人天重見。

〔生〕是國王、國母模樣也。〔跪迎介〕〔王同老旦眾掌扇擁上〕

【前腔】立江山幾年，立江山幾年。〔見介、生〕前大槐安國左丞相駙馬都尉臣淳于棼叩頭迎駕。〔王〕淳郎，淳郎，生受你了。〔老旦〕淳郎，別時曾說來，你若垂情，自有相見之期。那些外甥子通跑上天去了，你可見？〔生〕不曾見哩。〔老旦〕都做天男天女了。咱一門良賤，為天眷屬非魔眷。〔生〕敢問此去生天，比大槐宮何如？〔王〕去三千大千，去三千大千，不似小千般〔6〕，如沙細宮殿。淳郎，我去也。公主和宮眷們後面來。〔合〕喜超生在天，喜超生在天，兩下修行，和你人天重見。

〔生叩頭送起介〕公主將到，小生竦身以俟。算來二十載南柯，許多恩愛。〔望介〕還不見，怎的？〔又望介〕雲頭上幾個宮娥彩女來也。〔小旦道扮同老旦貼上〕

【前腔】誤煙花幾年，誤煙花〔7〕幾年，寂寥宮院。〔生〕又不是公主，是上真仙姑、靈芝夫人和瓊英姐。〔老眾笑介〕那淳于郎子風流面。〔見介、生〕三位天仙請了。〔老旦歎介〕淳郎，淳郎，我四個人滾的正好，被那個國人的狗才打斷了我們的恩愛。〔生〕那裏是國人？便是那不知趣的右丞相。〔小旦〕如今這話休題了。〔生〕三位天仙下來，我有話講哩。〔貼〕我們是天身了，怎下的來？〔老〕便下的來，你人身臭，也不中用。最人身可憐，最人身可憐，我天上有好因緣，你癡人怎相纏？〔貼〕去也。公主來了。〔合〕喜超生在天，喜超生在天，兩下修行，和你人天重見。〔下〕

〔內風起介、生〕這陣風好不香哩！〔聽介〕你聽，雲霄隱隱環佩之聲，的是公主到也。〔拱望三次還歎風起介〕〔旦扮公主上〕

【北新水令】則那睡龍山高處彩鸞飛〔8〕，這又是一程天地。金蓮雲上躡，寶扇月中移〔9〕。輾破琉璃，我這裏順天風響霞帔〔10〕。

〔生哭介〕兀那〔11〕天上走動的，莫非是我妻瑤芳公主麼？〔旦〕是我，淳郎夫也。久別夫君，奴在這雲端稽首了。我為妻不了誤夫君。〔生〕廿載南柯恩愛分。〔旦〕今夕相逢多少恨，〔合〕萬層心事一層雲。〔生叩頭介〕公主，感恩不盡了。你去後我受多少磨折，你可不知。〔旦〕都知道了。

【南步步嬌】〔生〕受不盡白千段束君〔12〕氣，和你二十載南柯裏，無端兩拆離。則一答龍岡，到把大重會，恰些時弄影彩雲西，還只似瑤臺立著多嬌媚。

〔生〕公主妻呵，快下來有話說。〔旦〕我下不來。〔生〕怎下不來也？妻。

【北折桂令】〔旦〕我如今乘坐的是雲車〔13〕，走的是雲程，站的是雲堆。則和你雲影相窺，雲頭打話，把雲意相陪。〔生〕自公主去後，我好不長夜孤恓。〔旦〕你孤恓麼？可知你一生奇遇，虧了那三女爭夫，我臨終數語因誰？〔生〕知罪了。公主，也則是一時無奈，結個乾姊妹兒。〔旦〕你則知道一霎時酒肉上朋情姊妹，蚤忘了二十載花頭下兒女夫妻。

〔生〕你如今做了天仙，想這些小事，都也不在懷了。則是我常想你的恩情不盡，還要與你重做夫妻。

【南江兒水】我日夜情如醉，相思再不衰。公主，我怕你生天可去重尋配？你昇天可帶我重為贅？你歸天可到這重相會？三件事你端詳傳示。〔哭介〕你便不然呵，有甚麼天上希奇，也弔〔14〕下咱人間為記。

〔旦〕淳郎，你既有此心，我則在忉利天依舊等你為夫。則要你加意修行。〔生〕天上夫妻交會，可似人間？〔旦〕忉利天夫妻，就是人間，則是空來，並無雲雨。若到以上幾層天〔15〕去，那夫妻都不交體了，情

起之時，或是抱一抱兒，或笑一笑兒，或嗅一嗅兒。夫呵，此外便只是離恨天〔16〕了。〔歎介〕天呵！

【北雁兒落帶得勝令】但和你蓮花鬢坐一回，恰便似線穿珠滾盤內。便做到色界天〔17〕和你調笑咿，則休把離恨天胡亂踹。〔生〕看了芳卿在雲端，就是嫦娥。〔旦〕你不知嫦娥，也就是人間常蟻〔18〕，化作蛾兒，飛上天去。則他在桂樹下，奴家在大槐宮，都一般宮苑不低微。你登科向大槐，比應舉攀丹桂〔19〕，都一樣上天梯。〔歎介〕你便宜，見天女無迴避。傷悲，怎的俺這俏雲頭漸漸低？

〔旦做墜下生抱介、旦〕呀！怎的弔下來？〔生〕我的妻呵！〔旦〕人天氣候不同，靠遠些兒也，哥。〔生〕你怎生叫我哥？〔旦〕你也曾在此寺中叫我一聲妹子。〔生想介〕是曾叫來。〔旦〕你前說要個表記兒，這觀音座下所供金鳳釵、小犀盒兒，此非淳郎一見留情之物乎？〔生想介〕是也。〔旦稽首佛前取金釵犀〔20〕盒與生接介〕淳郎，淳郎，記取犀盒、金釵，我去也。〔生接釵盒扯旦跪哭介〕

【南僥僥令】我入地裏還尋覓，你昇天肯放伊？我扯著你留仙裙帶兒拖到裏，少不得蟻〔21〕上天時我則央及蟻。

〔旦〕你還上不的天也，我的夫呵。〔生〕我定要跟你上天。〔生旦扯哭介、淨猛持劍上砍開唱呀字後旦急下生駁跌倒介〕

【北收〔22〕江南】呀！你則道拔地生天是你的妻，猛擡頭在那裏？你說識破他是螻蟻，那討情來？怎生又是這般纏戀？〔歎介〕你掙著眼大槐宮裏睡多時，紙撚兒還不曾打噴嚏。你癡也麼〔23〕癡，你則看犀合內金釵怎的提？

〔生醒起看介〕呀！金釵是槐枝，小盒是槐莢子。啐！要他何用？〔擲棄釵盒介〕我淳于棼，這纔是醒了。人間君臣眷屬，螻蟻何殊？一切苦樂興衰，南柯無二。等爲夢境，何處生天？小生一向癡迷也。

【南園林好】咱爲人被蟲蟻兒面欺，一點情千場影戲，做的來無明無記。都則是起處起〔24〕，教何處立因依。

〔淨〕你待怎的？〔生〕我待怎的？求眾生身不可得〔25〕，求天身不可得，便是求佛身也不可得，一切皆空了。〔淨喝住介〕空個甚麼？〔生拍手笑介、合掌立定不語介〕

【北沽美酒帶太平令】〔淨〕眾生佛無自體〔26〕，一切相不真實〔27〕。〔指生介〕馬蟻兒倒是你善知識〔28〕。你夢醒遲，斷送人生三不歸〔29〕。可為甚斬眼兒〔30〕還則癡？有甚的金釵槐葉兒？誰教你孔兒中做下得家資？橫枝兒上立些形勢？早則白鸚哥洩漏天機，從今把夢蝴蝶搯了羽翅〔31〕。我呵，也是三生遇奇，還了他當元時塔錐〔32〕，有這些生天蟻兒。呀，要你眾生們看見了普世間因緣如是。

〔眾香幡樂器上同淨大叫介〕淳于生立地成佛〔33〕也。〔行介〕

【清江引】笑空花〔34〕眼角無根係，夢境將人㫮。長夢不多時，短夢無碑記〔35〕。普天下夢南柯人似蟻。

〔眾拜介〕萬事無常〔36〕，一佛圓滿〔37〕。

春夢無心只似雲〔38〕，一靈今用戒香〔39〕熏。

不須看盡魚龍戲〔40〕，浮世紛紛蟻子群。

校　注

〔1〕三十三天——佛教用語。佛家認為：天有三十三層，第三十三層即忉利天，亦即離恨天。參見四十三齣注〔36〕。

〔2〕「兒子生不能事」二句——謂父親在世時我沒有去侍奉，死後沒有去埋葬。《論語・為政》：「樊遲御，子告之曰：『孟孫問孝於我，我對曰無違。』樊遲曰：『何謂也？』子曰：『生，事之以禮；死，葬之以禮，祭之以禮。』」

〔3〕外——原作「合」，據上下文意當為「外」字之誤。

〔4〕鑒受——謂已經知道了。

〔5〕修羅——梵語「阿修羅」的省稱。意譯為「不端正」或「非天」，是古印度神話中的一種惡神，住在海底，常與天神戰鬥。佛教採用其名，列為天龍八部之一，又列為輪迴六道之一。

〔6〕三千大千、小千——謂三千大千世界、小千世界。詳見第八齣注〔39〕。「大千」與「小千」，僅數量上之不同，而曲文云云，似「大千」優於「小千」，

湯氏蓋誤。

〔7〕煙花——猶風月。指情愛。湯顯祖《牡丹亭》十八〔金索掛梧桐〕:「病躲在煙花,你藥怎知?」

〔8〕彩鸞飛——謂公主如仙女駕到。彩鸞,傳說中的仙女。與書生文簫相戀,歸鍾陵爲夫婦。見舊題明·元林坤《誠齋雜記》。清·龔自珍《太常行》詞:「一身雲影墮人間,休認彩鸞看。」

〔9〕「金蓮雲上」二句——謂腳踩祥雲,手握寶扇,翩翩而至。金蓮,指女子的纖足。

〔10〕霞帔——古代命婦之禮服。《宋史·劉文裕傳》:「封其母清河郡太夫人,賜翠冠霞帔。」

〔11〕兀那——指示代詞。猶那,那個。可指人、地或事。

〔12〕東君——猶東家。對主人的尊稱。這裏借指槐安國君。

〔13〕雲車——傳說中僊人的車乘。僊人以云爲車,故稱。《淮南子·原道訓》:「昔者馮夷、大丙之御也,乘雲車入雲蜺,遊微霧。」唐·李白《寄王屋山人孟大融》詩:「所期就金液,飛步登雲車。」

〔14〕弔——通「掉」。

〔15〕以上幾層天——指忉利天以上的夜摩天、兜率天、化樂天和他化天。夜摩天則勾抱成淫,兜率天以執手爲淫,化樂天以對笑爲淫,他化天以相視成淫。見《俱舍論》。

〔16〕離恨天——佛經謂須彌山正中有一天,四方各有八天,共三十三天。民間傳說,三十三天中,最高者是離恨天。佛教經典所載三十三天中,無離恨天。戲曲中多用爲比喻男女相思煩惱的境界。元·王實甫《西廂記》一本一折〔上馬嬌〕:「這的是兜率宮,休猜做了離恨天。」

〔17〕色界天——佛教語。三界之一。在欲界之上,無色界之下。有精美的物質而無男女貪欲。唐·皎然《溪上月》詩:「秋水月娟娟,初生色界天。」

〔18〕「你不知嫦娥」二句——古代「娥」讀如「儀」,故「嫦娥」可寫作「常儀」,如《晉書》《天文志》:「黃帝使常儀占月。」而「蟻子」可寫作「蛾子」,如《禮記》《學記》:「蛾子時術之。」所以這裏就故意把「娥」、「蟻」、「蛾」三字混爲一談。

〔19〕攀丹桂——猶「攀桂」、「折桂」。喻科舉登第。唐·暢當《春日過奉誠園》詩:「又期攀桂後,來賞百花繁。」

〔20〕犀——原作「玉」,與上下文不合,據暖紅室本改。

〔21〕蟻——「蟻」、「你」音近,此借作「你」字用。

〔22〕收——原誤作「望」,據暖紅室本、葉《譜》改。

〔23〕也麼——語句中襯字,無義。

〔24〕起處起——謂事物之生滅,因緣和合則生起,因緣離散則滅謝。《維摩經》:

「應作是念：但以眾法，合成此身，起但法起，滅但法滅。」起處，佛教指事物因緣和合處。

〔25〕不可得——「空」之異名。《涅槃經》：「一切諸法，本性自空。何以故？一切法性不可得故。」故下文云「一切皆空了」。

〔26〕佛無自體——《金剛經》以空慧爲體，說一切無我之理爲詮。謂佛在舍衛國，爲須菩提等初說境空，次示慧空，後明菩薩空。

〔27〕一切相不眞實——佛教謂一切事物的外現形狀都是不眞實的，觀察事物時，應看其內部本質。相，事物之相狀，表於外而想像於心者。《大乘義章》：「諸法體狀，謂之爲『相』。」又云：「法絕情妄爲『眞實』。」

〔28〕善知識——佛教語。梵語的意譯。謂修行得道、了悟一切，知識高出一般和尚的高僧。故《華嚴經》云：「善知識者，是我師傅。」《法華文句》云：「聞名爲知，見形爲識；是人益我菩提之道，名善知識。」據此，則「善知識」者，乃知其心、識其形之意，蓋指朋友而言，猶云善友。故此處作「好朋友」解。

〔29〕三不歸——無著落，沒辦法。元·關漢卿《拜月亭》二〔南呂一枝花〕：「干戈動地來，橫禍事從天降。爺娘三不歸，家國一時亡。」

〔30〕斬眼兒——猶云轉眼間、眨眼間。「斬」、「轉」雙聲，一音之轉。元·李壽卿《度柳翠》〔油葫蘆〕：「巡指間春又秋，斬眼間晨又昏。」又，賈仲名《金童玉女》四、白：「人世光陰，如同斬眼。」

〔31〕夢蝴蝶掐了羽翅——意謂從迷夢中喚醒。夢蝴蝶，《莊子·齊物論》：「昔者，莊周夢爲蝴蝶，栩栩然蝴蝶也。」這裏借指淳于棼的南柯夢。掐了羽翅，謂喚醒夢境。

〔32〕「還了他」句——意謂了結了當初在揚州七佛塔許下的爲八萬四千戶螻蟻生天的願。事見第四齣《禪請》。了，了結。當元，當初。塔錐，即塔，其形如錐，故云。

〔33〕立地成佛——佛教禪宗謂人皆有佛性，棄惡從善，即可爲佛。此爲勸善之語。宋·釋普濟《五燈會元·昭覺勤禪師法嗣·東山覺禪師》：「廣額正是個殺人不眨眼底漢，放下屠刀，立地成佛。」

〔34〕空花——佛教語。亦作「空華」。隱現於病眼者視覺中的繁華狀虛影。比喻紛繁的妄想和假相。《楞嚴經》卷四：「亦如翳人，見空中華；翳病若除，華於空滅。忽有愚人，於彼空華所滅空地，待華更生；汝觀是人，爲愚爲慧？」

〔35〕無碑記——無數、不可勝計之意。張相《詩詞曲語辭彙釋》卷四：「無碑記，猶言無數也；不可計也。」元·周德清散套《鬥鵪鶉·雙陸》：「翻雲覆雨無碑記，則袖手旁觀笑你。休把色兒嗔，宜將世情比。」

〔36〕無常——佛教語。謂世間一切事物不能久住，都處於生滅變異之中。漢·牟融

《理惑論》：「萬物無常，有存當亡。今欲學道，度脫十方。」《百喻經・伎兒作樂喻》：「無常敗滅，不得久住，如彼空樂。」

〔37〕一佛圓滿——謂爲眾蟻生天的佛事完成。圓滿，佛教語。謂講事完畢。

〔38〕春夢無心只似雲——謂富貴如春夢。語出《全唐詩》卷 613、皮日休《病後春思》詩：「牢愁有度應如月，春夢無心只似雲。」春夢，喻易逝的榮華和無常的世事。宋・趙令時《侯鯖錄》：「東坡在昌化，負大瓢行歌田畝間，績婦年七十，曰：『內翰昔日富貴，一場春夢。』」晉・陶潛《歸去來辭》：「雲無心以出岫。」

〔39〕戒香——佛教謂戒律能滌除塵世的污濁，故以「香」喻。亦指所燃之香。南朝齊・張公禮《龍藏寺碑》：「戒香恒馥，法輪常轉。」

〔40〕魚龍戲——亦作「魚龍百戲」。古代雜戲名，作魚龍變幻狀。又稱「魚龍漫衍」或「魚龍雜戲」。唐・張說《侍宴隆慶池應制》詩：「魚龍百戲分容與，鳧鷁雙舟較溯洄。」這裏借指搬演《南柯記》。

《臨川四夢》校注（五）
——附錄：《紫蕭記》

王學奇、李連祥　校注

附錄：《紫簫記》目次

附錄：《紫簫記》

第一齣 開 宗 [1]

【小重山】〔末上〕瑞日山河錦繡新，邀歡臨翠陌，轉芳塵，共攀桃李出精神。風色好，西第幾留賓。銀燭映紅綸，此時花和月，最關人。翠盤輕舞細腰身，嬌鶯囀，一曲奏陽春。

〔末〕眾賓 [2] 請勿喧，見今後房子弟搬演《李十郎紫簫記》。聽賤子略道家門大旨 [3]。

【鳳凰臺上憶吹簫】李益才人，王孫愛女，詩媒十字相招。喜華清玉琯 [4]，暗脫元宵。殿試十郎榮耀 [5]，參軍去七夕銀橋。歸來後，和親出塞，戰苦天驕。嬌嬈，漢春徐女，與十郎作小，同受飄搖。起無端貝錦，賣了瓊簫 [6]。急相逢天涯好友，幸生還一品當朝。因緣 [7] 好，從前癡妒，一筆勾消 [8]。

李十郎名標玉簡，霍郡主巧拾瓊簫，

尚了毗開圍救友，唐公主出塞還朝。

校 注

〔1〕開宗——意猶開頭，繼志本作「開示」。富春堂本（以下簡稱富本）無齣目，下同。

—1—

〔2〕眾賓——此二字上原有「末」字，衍，據富春本刪。

〔3〕大旨——富本無此二字。

〔4〕玉琯（guǎn）——玉製之管，古樂器。管，通「管」。

〔5〕榮耀——富本作「榮輝」。

〔6〕瓊簫——即「簫」。冠以「瓊」者，美其稱也。

〔7〕因緣——富本作「姻緣」。

〔8〕一筆勾消——富本作「一筆都勾」。

第二齣　友　集

【珍珠簾】〔李十郎上〕春明曉燦，青帝瑞臨東觀。雲氣光華重旦，紅日麗長安，人傍靈颩風轉。芳椒今已獻，慶元會萬年觴滿。彩勝出宮花，柳色青袍欲換。

帝里新元會，天門拂曙開。瑞雲生寶鼎，暖吹度靈臺。萬户宜春帖，千官獻壽杯。丹墀〔1〕多計吏，搦管問賢才。小生姓李，名益，字君虞，隴西人氏。先君諱揆，前朝相國。先母辛氏，狄道夫人。貴襲貂裘，祥標鵲印，朱輪十乘，紫詔千篇。王子敬家藏賜書，率多異本；梁太祖府充名畫，並是奇蹤。小生少愛〔2〕窮玄，早持堅白。熊熊旦上，層城抱日月之光；閃閃宵飛，南斗觸蛟龍之氣。對江夏黃童之日晷，發清河管輅之天文。兄弟十人，生居其末，俗號十郎。正是賈家三虎，偉節最著〔3〕；荀氏八龍，慈明無雙。朱公叔之恣學，中食忘餐；譙允南之研精，欣然獨笑。文犀健筆，白鳳琱〔4〕章，懸針倒薤之書，雲氣芝英之簡。壇場草樹，院宇風煙。聞則飄颻五方，遊戲三昧。經稱小品，還下二百簽；賦爲名都，略點八十處。看郭象之註，逍遙何如向子；斷平叔之言，道德不及王生。頗吟《招隱》之章，輒動懷仙之操。笑時流義輕於粟，鄙儒輩知不如葵。悲蒯生一説而亡三，詫墨子九拒而餘六。園池幸足，臺閣無心。爭奈朋友彈冠，郡縣勸駕，趙元叔河南計吏，張昌宗〔5〕丹陽孝廉，忝春官〔6〕桃李之塵，雜上苑桂林之玉。正及殿試，忽奏吐蕃入破隴西數郡，抄至咸陽。烽火照於甘泉，車駕親屯細柳。暫輟〔7〕龍軒之對，俱奔燕幕之生。比向隴西，奄成塞北。楊祖德家惟弱柳，殷仲文庭止枯槐。三川爲飲馬之泉，陸渾纏兵妖之氣。旁藩列鎮，據穴橫兵，井樹無遺，干戈滿地。金魚玉盌，感朝暮之情多；寶軸龍文，歎文武之

道盡。顧松楸而耿涕，去桑梓以遙奔。依止神京，春燕並巢林木；摧殘旅館，秋鴻半落蘆洲。且喜生意漸回，春光再轉。今日是元和十四年正月朔旦，兼逢是日立春，天下朝覲官員、應制士子，俱入雲龍門太極殿朝賀。萬疊雲中窺日，九光霞裏朝元。車喧百子之鈴，庭現九金之鼎。戲魚成殿，預〔8〕章宮裏朝儀；舞馬登床，花萼樓前故事。帝御青龍之座，光生萬戶千門；人斟〔9〕白虎之尊，響動千秋萬歲。朝畢之後，光祿賜宴。皇恩洽，群臣醉。降氤氳，調元氣。誰道七哀無象，由來萬樂有聲。只是一件，小生年已十九，逢此佳節，尚未婚宦〔10〕，椒花可頌，不逢劉氏之媛〔11〕，柏葉〔12〕空傳，未取戴憑之席，以此長歎。及此春新，所喜五陵豪傑，多所知名，四姓小侯，爭來識面。有個故舊喚做花卿，字敬定，曾授西川節度，今升驃騎將軍；有一個武舉生徐州石雄，字子英，智勇無雙，在京中武選；有一個吐蕃侍子喚做尚子毗，羊同部崑崙山下人，在此入國子監受業：三君年紀不同，俱稱豪傑。今曉〔13〕賀正朝門外，相約過我館中拜正。已喚青兒置酒，不知齊備否？〔青兒上〕梅花欲待歌前發，蘭氣先過酒上春。稟相公，柏葉酒、五辛盤俱已齊備。〔生〕門外伺候，三位老爺至即通報。〔青兒〕理會得。

【賀聖朝】〔花卿、石子英、尚子毗上〕皇州暖，律星旋，榮光爛地翔天。雲龍門外慶朝元，看萬國春前。

〔相見拜介〕天正初啓節，日陸蚤迎祥；百靈添景福；萬里慶年光。〔開敍科、花卿〕十郎！你們才子，年年元日試筆，可已有新作否？〔十郎〕朝罷歸館中，遙望故鄉幾拜，不勝客邸之思，旋即整具辛盤，奉候佳客，未遑及於毫翰。〔花卿〕對客揮毫，便可口占絕句一首。只是一件，不許用舊年元日的詩，須〔14〕立一新體：上句要說自己，或表字，或姓名，或俗號；下三句說自家新年來意概何如。〔十郎〕願老將軍先占。〔花卿占詩介〕道是花卿出眾來，將軍曾宴集靈臺；雲龍帝座朝元日，羽衛雕盤紫氣迴。〔十郎〕正是驃騎將軍意概！詩到石子英了。〔石占詩介〕身是淮南石子英，翹關此日拜王正；願令春氣銷兵氣，無事空邀麟閣名。〔十郎〕好！武狀元的意概。詩到尚子毗了。〔尚占詩介〕身是崑崙尚子毗，朝正侍子拜龍墀；西歸更祝金王母，玉琯東風滿月支。〔十郎〕正是〔15〕侍子的意概了。〔花石尚〕請教十郎！〔十

郎笑占詩介〕四海才情李十郎，春開閭闔轉年光；椒花此日傳椒殿，柏葉新年侍柏梁。〔花石尚〕十郎意概，一定中狀元了。〔青兒持酒上，跪介〕小青兒也新正口占幾句。〔眾笑介〕好，你也學做詩！〔青兒〕我相公玉笈金書，牙籤寶紩〔16〕，中間覓怪搜奇，分門索類；俺相公目即成誦〔17〕，在青兒手不停批。〔花卿〕這等是近墨者黑。你便占來。〔青兒占詩介〕書房僮幹小青兒，春日春盤青菜絲；老我百年愁爛熳，呼兒覓紙一題詩。〔花笑介〕好。杜子美是我的老朋友，他的詩到被你小使們抄來抄去也抄熟了。〔青兒〕也抄不全，只抄得些「杜律虞注」。〔十郎〕小廝不要胡謅，看酒過來。〔把酒科〕

【玉芙蓉】椒花媚曉春，柏葉傳芳醖，願花神作主，暗催花信。良家少俠隨魚陣，侍子陽和起雁臣。〔合〕青韶映，看條風拂水，獻歲含英，年年春色倍還人。

【前腔】〔花、石、尚〕〔18〕祥雲入呂新，麗日長安近，向正元共祝，壽觴初進。丹蕊瑞曆宜三正，粉荔高盤簇五辛。〔合〕春風鬢，笑林中未有，柳上先過，屠蘇偏讓少年人。

〔國子監差人上報介〕道有韶華地，偏宜令節新。今日聖旨，凡在京文武學生、四夷侍子，俱要入太學習樂。石老爺尚老爺請行〔19〕了！〔石尚二客辭別介〕〔十郎〕老將軍〔20〕，再飲數杯去。無事逐梅花，相教覓楊柳；且復〔21〕去還來，含情寄杯酒。〔石尚下、內作鼓笛，唱〔22〕〕喜春光、歲首還，〔十郎問介〕什麼人在門外唱？〔花卿〕想是教坊子弟迎春還的。〔十郎〕青兒，外面叫那唱的進來，勸花老爺酒。〔教坊上見叩頭介〕久聞隴西李十郎相公大名，教坊們迎春而回，在此經過敬獻一曲。〔唱介〕

【雁來紅】喜春光、歲首還〔23〕，醉芳辰，媚遠天。晨祥此日開春殿，緹琯風灰轉，一片青旛暖玉田。〔合〕黃雲見，人靄聖泉，露盤漿，長樂宴。

〔十郎〕勞了〔24〕。〔教坊〕還舞一曲。〔唱介〕

【前腔】女夷歌，寶瑟弦，舞雲翹，彩勝偏。青湖富貴長如願，畫帖宜春燕，柳帶桃枝又一年。〔合〕香書獻，唧龍佩懸，展銀幡，開笑面。

〔十郎〕勞了。青兒取錦帕銀錢，賞他們去。〔教坊〕不須賞。俺們教坊中供奉，不唱舊詞，只要見今有名才子詩曲。玉樹園中，何但先朝伴侶；沉香亭北，曾經後夜《清平》。李嶠在時[25]，一歌汾水；王維去後，懶唱《陽關》。今日十郎之名，遍滿京都，欲譜《陽春》，翻歌《子夜》，但得巧心一詞，不用纏頭雙錦。〔十郎笑介〕原來你們都唱新詞了，到有志氣。只一件來，客中篇製不多，復為好事傳去，你今後供奉，旋來相求未晚。〔教坊〕俺[26]教坊們供奉都有時節，且求眼下急用新詞，霍王府裏最重人日登高，皇帝御前首要元宵設宴，請相公先揮寸管，見借二詞。〔花卿〕十郎便可揮與他去。〔十郎〕使得。〔十郎做吟哦寫介、付與教坊介〕人日詞可用《宜春令》譜之，元宵曲可用《探春燈》譜之。〔教坊背看新詞笑贊介〕奇哉奇哉！果是[27]洛陽秀才。〔回身介〕借相公酒謝一杯。〔唱介〕

【簇御林】銅䭾陌，集少年，金馬門，尋俊賢。新詞巧出驪珠串，這才華定是金閨彥。〔合〕看新年，雲香浪暖，變化濯龍川。

〔花卿〕你們不知。這小詞兒，大才的人著甚麼緊。

【前腔】青雲器，白雪篇，待吹噓，送上天。胸發列宿人空羨，倒珠璣寫出君裁見。

〔合前、教坊辭介、十郎〕客館蕭條，勞卿歌舞。〔教坊〕優人[28]競勸宜春酒，才子新抽絕妙詞。〔下〕

【尾聲】〔十郎〕[29]春氣待芳金谷苑，春歌囀暖玉隆天。〔花卿〕十郎，明後日可過寒衙一飲，有姬鮑四娘可出勸酒。好看桃李過青軒。

九天春色滿神皋，燕市相過意氣豪；

綠酒待看花爛熳，陽春初奏曲彌高。

校 注

〔1〕丹墀——指宮殿的紅色臺階或紅色地面。富本作「彩墀」。

〔2〕愛——原作「與」，據富本改

〔3〕著（zhù）——富本作「怒」，誤。

〔4〕琱（diāo）——謂治玉，引申爲雕刻、刻鏤。顏師古注《漢書・酷吏傳序》曰：
「琱，謂刻鏤也。」

〔5〕張昌宗——富本作「張長宗」，未知孰是，待考。

〔6〕官——原誤作「宮」，據富本改。

〔7〕輟——原作「輒」，據富本改。

〔8〕預——當作「豫」。

〔9〕斟——富本作「瞻」。

〔10〕尙未婚宦——富本作「尙無婚室」，連下文「戴憑之席」觀之，底本較優。

〔11〕媛（yuán）——美好貌。

〔12〕柏葉——酒名。相傳元旦以柏葉浸酒，可以辟邪。見《本草》。

〔13〕曉——富本作「早」。

〔14〕須——原無此字，今據富本補。

〔15〕正是——「是」，富本作「好」。

〔16〕帙（zhì）——包書的套子，原作「袟」，據富本改。

〔17〕俺相公目即成誦——富本作「在相公目過成誦」。

〔18〕花石尙——原無此三字，據富本補。

〔19〕請行——原作「要行了」，今據富本改。

〔20〕老將軍——富本作「花卿」。

〔21〕且復——富本作「日復」。

〔22〕內作鼓笛，唱——富本作「內彈唱過介」。

〔23〕喜春光，歲首還——富本無此六字。

〔24〕勞了——富本作「有勞了」。

〔25〕李嶠在時——此四字，富本第一字同，第四字作「來」，中間二、三兩字模
糊。即作「李？？來」。

〔26〕俺——原無此字，據富本補。

〔27〕果是——富本作「眞個是」。

〔28〕優人——富本作「佳人」。

〔29〕十郎——原無此二字，據詞義補。

第三齣　探　春

【滿宮花】〔鄭六娘帶侍女浣紗上〕陌似春，樓似綺，腰細楚王宮裏。〔浣紗捲簾科〕鈿籠〔1〕金瑣〔2〕睡鴛鴦，高軸畫簾珠翠。

〔六娘〕【訴衷情】紅梅高簇小樓臺，風和錦繡開。新睡覺，報春回，山枕映紅腮。羅袖裹〔3〕香煤〔4〕，步芳階。從今蝶暖花融晝，幾回來？自家鄭六娘是也，與杜秋娘同是內家第一班絃索〔5〕，後來詔賜諸王歌舞，老身與杜秋娘同籍霍王邸。在伍中雖非碧玉之容，與拂雲臺之席，陽城〔6〕妒盡，那曾南戶窺郎；冰井才多，每聽西園侍客。三星罷望，八子陪歡。生下女兒一人，名喚小玉，年方二八，才色殊人。畫出天仙，生成月姊。南都石黛，分翠羽之雙蛾；北地燕脂，寫芙蓉之兩頰。稱《詩》說《禮》，唾東鄰之自媒；雅舞清歌，哂西施之被教。驚鶯冶袖，誰偷得韓掾〔7〕之香？繡蝶長裙，未結下漢姝之佩。住下紅樓一座，金枝晻映，玉樹玲瓏。起紅壁之朱塵，寫青錢之翠影。窺窗玉女，靈光殿上神仙；聚陌春人，行雨山前氣色。此際春新明媚，梅花待落，柳葉新開，王孫苑里，便有春遊上女，不免喚出小玉，望春一會。正是：凍解池開綠，雲穿天半晴；遊心不應動，為此欲逢迎。浣紗，叫櫻桃請郡主出來。〔請介、霍小玉帶侍女櫻桃上〕

【滿宮花後】綠粉窗前香雪膩，乍雨黃鶯雙起。〔櫻桃〕郡主呵，驚春遊女探芳菲，你看開到柳條還未？

〔娘女相見浣紗櫻桃叩頭介、小玉〕日長消盡繡工夫。喚兒怎的？〔六娘〕曉春春遊，與女兒同步翠閣銀塘者。〔行介、六娘〕春還春望美。〔小玉〕春色春人過。〔浣紗〕春風春日嬌。〔櫻桃〕春情春夜多。夫人，到翠閣銀塘也。〔六娘〕

【綿搭絮】繡闈清悄，鴛錦護妖韶。畫粉雲屏，寶鴨薰爐對寂寥。〔浣紗〕夫人寬懷。〔六娘〕破花朝，儘著逍遙，那管得桂叢人老，香夢無聊。〔合〕兀自裏袖染檀紅，銀字笙寒不奈調。

【前腔】〔小玉〕瓊樓春照，雲鬟裊金翹。〔櫻桃〕郡主，你聽別院碁聲呵，碎玉凝霞，驚起紅房醉欲銷。〔內作鳥聲、櫻桃伴小玉遊介〕

囀鶯嬌，細葉柔條，正是落梅時候，薄袖輕搖。〔合〕無人處拾翠閒行，煙徑霏迷罨畫橋。

【前腔】〔浣紗〕啄花紅溜，畫鳥拂輕綃。〔浣紗略舉手舞介〕謾試春衫，人影衣香一路飄。軟嬌嬈，慣裊纖腰。〔浣紗開懷叫天暖介〕愛殺暖池吹皺，翡翠蘭苕。〔六娘〕浣紗，怎的把懷鬆了？〔合〕背人處繡抹酥胸，暗束琴心未許挑。

【前腔】〔櫻桃〕臉霞宜笑，幾度惜春宵。窣錦銀泥〔8〕，十二青樓拂袖招。杏花梢，暖破寒消。〔浣紗〕櫻桃姐，你看陌上游郎好不嬌俊！〔櫻桃歎息介〕貪看寶鞭年少，眼色輕撩。〔六娘〕櫻桃，怎的說那年少？〔合〕瑣香奩玉燕金蟲，淡翠眉峰衹自描。

【餘文】〔六娘〕〔9〕春塍綠草愛人嬌，玲瓏珠閣坐煙宵。〔小玉兒〕〔10〕你歸去繡房呵，還把金針鳳眼挑！

楊柳春風本自奇，紅綸吹暖映銅池；

臨蘭折得花枝笑，恰是王孫草綠時。

校 注

〔1〕鈿籠——「籠」，富本作「龍」。
〔2〕金瑣——「瑣」，富本作「鎖」。
〔3〕裛（yì）——香氣薰染侵襲意。宋·張先《宴春臺慢》詞：「羅衣暗裛香煤。」
〔4〕香煤——富本誤作「香媒」。
〔5〕絃索——富本誤作「線索」。
〔6〕陽城——「城」原誤作「成」，今正。《紫釵記》襲用此句，亦作「城」。
〔7〕韓掾（yuàn）——富本作「韓壽」。
〔8〕窣錦銀泥——「窣（sū）」，富本作「萃（cuì）」，意謂聚集、彙集。《詩·陳風·墓門》：「墓門有梅，有鴞萃止。」毛傳：「萃，集也。」
〔9〕六娘——此二字原在「你歸去」上，據富本移前。
〔10〕小玉兒——原無，據富本補。

第四齣　換　馬

【夜遊朝〔1〕】〔花卿上〕棨戟黃牙金垮〔2〕擁，文貂錦帶玉韉幪。暫喜繡甲塵浮、綠槍苔臥，清世龍鈴何用。

戍罷旌幢映錦川，白頭猶自〔3〕戴金蟬；調箏解唱《關山月》，還似春歌石鏡前。自家花卿是也，唐朝驃騎將軍，出鎮西蜀，今已還朝閒住，食祿二千石，玉帶蟒袍。有伎妾一人，喚做鮑四娘，容色多情，周旋少好，雙聲曲引，營妓無雙，一手琵琶，教坊第一。怕有畫堂人到，相教綠酒歌傳。鮑四娘何在？

【賞宮花】〔鮑四娘上〕畫閣紅梅芳色弄，玉管吹舒，柳容瑣翠蕙煙〔4〕籠。寒峭曉春殘夢，柔暈怯東風。將軍萬福！

〔花卿〕喚你出來有話。前日迎春，遇故人才子李十郎，約今日來我營中飲酒，已教庖人辦治，想便到來，你可抖擻歌喉，安排舞態！〔四娘〕理會得。〔花卿〕還分付你，俺記得李十郎詩，有「開簾風動竹，疑是故人來」之句。你便可將開簾風動句造一曲，換新詞歌之。他不日翰林供奉了。〔四娘〕省得。

【步蟾宮】〔十郎上〕御溝萍吹全銷凍，麗園花事從容。芳菲池館畫橋東，有個人兒共。

〔相見介、并問鮑四娘久聞介、花卿〕鮑四娘代我把盞，唱一新詞！〔四娘送酒介〕

【五供養】開簾風動，吹幙霞翻，罩鼎煙濃。承雲開舞扇，匝地起歌鐘。雲屏障疊，繞畫翠輕紅重。風流縈秀色，富貴綺春叢。玉壘嫖姚，翰林供奉。

〔花卿〕十郎。你有開簾風動之詩，他〔5〕有開簾風動之曲，眞好意態，一武一文，是二難並了，當爲四娘各飲大金卮取醉〔6〕。

【前腔】〔四娘〔7〕〕紅筵巄嵷，醁醑氤氳，珠曲玲瓏。畫裙朝彩襞，芳鬢曉雲融。神皐麗色，絲騎陌闐塵湧。纏頭花宛轉，蹀步錦豐茸。竹葉留連，梅花同夢。

〔十郎〕醉矣！〔花卿〕移去酒筵！醉卻芳春酒，還望春山郭。呀，多少游俠子，金鞍映華薄。十郎，你看春城陌上：

【江兒水】翠路平如水，紅騎迅似風。〔內作馬叫鈴響、花卿〕左右，去尋問是誰家好馬！**奔宵躡影蹄雲縱**。〔卒子上報介〕是郭小侯家騎射。〔花卿〕十郎，你曉得郭小侯麼？是汾陽王的孫子。小侯王繁華多騎從，玉容將相麒麟種，緊趁青春閒哄。呀，看他馬射絕精呵！**羨他玉羽盤飛，巧把金丸疊中**。

〔十郎〕將軍何羨此少年，他止是千金買馬，萬石調弓，將軍若有此馬，便出塞封侯。

【前腔】匹練江南路，乘黃塞北空。將軍若得此馬呵，風生鼻火魂飛動，立橫草功名人歌頌。那時不得閒住，老卻將軍矣。金弢玉轡趨朝用，齊道花卿殊眾。昔馬伏波老年，尚平武陵蠻，鑄馬相。**愛他金馬名圖，蚤向碧雞蠻洞**。

〔花卿〕十郎說得有理。左右！便追請郭小侯馬到此，問他更[8]賣否？
〔內作人馬哄動叫請介、郭小侯鞭馬上〕

【窣地錦襠】章臺走徧綠塵空，叫道花卿絕世雄，青絲繫馬繡林中，人在歌樓第幾重？

〔花卿笑接介〕便在第一重門迎接了。〔請進相見介、小侯〕這位是誰？
〔花卿〕是隴西李十郎，來京應制。〔小侯〕這一位紅粉，可是將軍愛姬鮑四娘否？〔花卿〕正是。〔相見介、小侯〕適戲馬彈雕，將軍有何見召？〔花卿〕愛公子人馬雙駿，延至一飲，並問名馬從何而來。〔小侯〕人非玉人，馬如金馬；既然愛馬，先去門前一望，後來領酒。〔望馬科〕

【玉交枝】這馬呵，瑤池龍種，噴紅雲闛闟崆峒，湊蘭筋綠發權奇聳，懸鈴鏡紫豔方瞳，虎背連錢映伏龍，麟文八暈旋奔蝀。〔十郎〕可得買否？〔小侯笑介〕蹄[9]翻玉俠路相逢，鬥堆金侯家何用！

〔花卿〕知買不得了。且進酒！〔小侯〕將軍看小生打鳥時，鮑四娘在

否？〔花卿〕同見英風。〔小侯〕可勞一曲否〔10〕？〔花卿〕鮑四娘把盞奏曲！

【前腔】〔四娘〕翠猥紅冗，步花光綺薄珠櫳，倚闌干十二層波送，春潮暈半醉芙蓉，慢粉晴嬌軟蝶慵，流黃暗滑雛鶯弄。擅紅袖笑捧金鐘，醉雕鞍爛傾銀甕。

〔小侯〕久聞鮑四娘閉月華容、停雲絕唱，此乃百萬蛾眉，何用千金馬骨！〔十郎〕花驃騎愛金埒之名馬，郭小侯賞玉塵之妙音，倘肯相移，各成其美。〔小侯〕果然驃騎貪雲騎，願向花卿覓愛卿。〔花卿〕但得千金留越影，何妨一笑贈傾城。鮑四娘便可侍酒，拜送郭小侯處。

【泣顏回】〔花卿十郎小侯〕玉粉換青驄，片花銷減薰籠。飛香紅玉，並浮雲颯露行蹤。翔麟翠鴻，照飛霞皎雪迴波動。對嬋娟白兔朦朧，拚青臺銅雀飛沖。

〔鮑四娘啼介〕將單這般薄倖。

【前腔】恁般教妾若為容？美人化作奔虹。桃花玉面，等千金蹀舞春風。青絲綺櫳，共徘徊顧影憐嬌寵，聽長鳴嘖玉搖騣。怨紅顏薄命飛蓬。

〔花卿〕不消啼。丈夫志在功名，自後多在塞上了。

【山桃紅】歟花飛帳冷、人去屏空，一曲迴鸞奏，翻成斷鴻。你秀色憐么鳳。我見這叱撥馬呵，含思逐遊龍。四娘，今宵夢裏，不要錯喚了人！睡醒時休喬認，別是梨花夢也。郭小侯是年少公子，鮑四娘，你好生侍奉！軟款溫柔，夜月春風。小侯呵，舊恨還新寵，串卻眉峰，著意溫存，休傷翠容！

〔小侯〕不消囑付了。四娘穩心！

【下山虎】〔四娘〕纖蛾移鏡，愛鳥離籠，一縷青霞氣飄搖任風。窣地裏愛著龍文，紫燕悲鳴別雄。老爺〔11〕，妾去後還覓一侍姬早晚伏侍否？〔花卿〕我〔12〕有塞上之心，無復房中之想。〔四娘〕老爺也年大了，保重保重！去後離魂滿碧空，玉體煩珍重，莫道封侯在玉驄。老爺呵，

妾侍奉歲久，妾去後，幾個家丁都是男子漢，小丫頭又不省事，夜來都睡著〔13〕，誰人奉事得老爺週全？**枕褥無人奉，怕的是春寒酒中，愁殺孤燈兩鬢翁。**

〔十郎〕郭公子等久了，終是要別的。

【蠻牌令】趁青絲雲騎動，拭紅淚臉珠融。〔四娘罵十郎介〕冤家〔14〕，爲你來惹出這斷腸事〔15〕！那馬呵，將軍有日騎到小侯家來；只妾一去，永不得到將軍府矣！**去馬思回鞚，飛花絕故叢。**恨不得殺了那馬呵，**紫叱撥將人斷送。**老爺，你以後也過小侯府走一走，公子愛敬客，料不慢你。**不道雲山萬重，隔寒喧題書燕鴻。**老爺，你説郭小侯愛奴音容，只怕去後呵，**總斷舞零歌，落爐摧紅。**

〔四娘哭倒介、花卿〕討轎先送鮑四娘過郭府去，公子仍乘舊馬隨行。

〔小侯〕不勞了〔16〕，已別有馬。〔四娘拜別介〕

【鷓鴣天〔17〕**】去留天際慘雲容，胡馬依然戀朔風。**〔花卿〕桃葉幾時還接取？〔四娘〕蘼蕪何日再相逢！〔眾擁四娘下、小侯辭下、花卿作笑介〕十郎，今夜繡閣無人，好是春宵寥寂，便可達曙一飲。〔十郎〕明日再來相伴。〔花卿〕左右，便將新馬送十郎去〔18〕！**如花妾，侶霞驄，雲龍暫送雲中客，**明日呵，**塞馬長隨塞上翁**〔19〕。

　　謾自千金惜綺羅，桃花十倍價偏多；

　　啼妝墮馬都忘卻，興在青驪白玉珂。

校　注

〔1〕夜遊朝——應作「夜遊湖」，即「夜行船」的別名。
〔2〕埒（liè）——界垣。
〔3〕猶自——「猶」字原作「尤」，據富本改。
〔4〕蕙煙——富本作「瑞煙」。
〔5〕他——富本作「鮑四娘」。
〔6〕當爲四娘各飲大金　取醉——富本作「當爲四娘各飲一大金　取醉再唱」。
〔7〕四娘——原無此二字，富本注有「鮑」字，據補。

〔8〕更——富本作「肯」。

〔9〕蹄——原誤作「啼」，據富本改。

〔10〕可勞一曲否——富本作「既如此相勞一曲如何」。

〔11〕老爺——此二字上，原有「四娘」二字，衍，據富本刪。

〔12〕我——富本作「止」。

〔13〕夜來都睡著——富本無此五字。

〔14〕冤家——富本作「十郎的冤家」。

〔15〕爲你來惹出這斷腸事——富本作「只爲你來惹出這場斷腸事」。

〔16〕不勞了——原無此三字，據富本補。

〔17〕鷓鴣天——是引子作「尾聲」用。

〔18〕左右，便將新馬送十郎去——富本作「左右的便將新馬送李十郎歸去」。

〔19〕塞上翁——此三字下，富本有「相別介」三字。

第五齣　縱　姬

【天下樂】〔小侯上〕春風騎獵少年情，撼佩驚香蹀影行。看劍重傾燕客酒，對花新按越姬箏。

妖姬怨別侶，曙鳥憶辭家；何處題情思？春衫濕淚花。自家姓郭名鋒，世號小侯，祖是汾陽王郭子儀。姊是當今貴妃娘娘，帶管皇后玉璽，生下太和公主一人。小子身是國舅，自小封侯。昨日走馬射鳥，過花驃騔門首，他看上我所騎之馬，請入歌樓，便以愛姬鮑四娘換去。那鮑四娘離別花卿，好生愁絕，到我府中，涕咽忘餐。呀，大丈夫何忍傷人之意乎！小使，我分付你，送鮑四娘閒庭別院，隨他自便，只到良辰佳節，入我府中相隨歌舞便了。〔小使〔1〕〕已送出鮑四娘去。就有一人稱是霍王府裏鄭六娘，請他教唱。〔小侯〕是了。那霍府中有個杜秋娘，原是鮑四娘弟子，因此鄭六娘也來請他。我在花卿筵上，見李十郎讀盡萬卷書，纔得科名，花卿偌大年紀，要換馬邊疆立功〔2〕，誰似我自小封侯，多少快活！〔小使〕正是〔3〕天下〔4〕三山客，人間萬戶侯。〔小侯〕你看俺呵〔5〕：

【五供養】蟬花半臂，劉戴飄冠，挾綬藏緋。長楗出獵馬，數換打毬衣。傾銀注玉，作使錦靴紅袂。笙歌隨騎擁，寶燭待郎歸。花鳥三春，王侯百歲。

〔小侯〔6〕〕年少新豐斗十千，〔使〕長騎駿馬傍花眠；

〔小侯〕安知寂寞楊雲宅，〔使〕暮宿靈臺私〔7〕自憐。

校　注

〔1〕小使——富本作「小廝」，下同。

〔2〕要換馬邊疆立功——富本作「還要換馬去邊疆立功」。

〔3〕正是——此二字上，有「這」字。

〔4〕天下——「下」字，富本作「上」。

〔5〕你看俺呵——原無「呵」字，據富本補。

〔6〕兩「小侯」、兩「使」字，原都在每句之下，均據富本移前。

〔7〕私——富本作「秖（zhī）」。通「只」。

第六齣　審　音

【繞池遊】〔鄭六娘小玉浣紗上〕璚樓麗彩〔1〕，春色回雲海，閒院無人翠靄。

【月宮春】〔六娘〕王家春到日初長，濃檀歊吐香。〔小玉〕畫鸎金藥繡紅幫，盈盈步玉堂。〔浣紗〕花色賺人還院落，風光到處點金簧。〔六娘〕調罷隔簾鸚鵡，新聲教女郎。〔小玉〕娘說甚麼新聲教女郎？女兒好清淨，不慣弄曲。〔六娘〕梵偈仙歌〔2〕，何妨清淨。我已著櫻桃去請鮑四娘，想已到來〔3〕。

【前腔】〔四娘上〕團花細莒，檀板急相催，春晝瑣窗誰在？

自家鮑四娘是也。纔到郭小侯別院，卻道霍王府鄭六娘請俺教他郡主唱。此中〔4〕便是，不免進去。〔相見介、六娘〕望卿卿不來，臨池畫春水。〔四娘〕與娘不相識，那得情如此。〔問小玉介〕這便是郡主麼？〔小玉拜介、四娘〕好精緻！窐墮〔5〕學梳頭上髻，木難〔6〕才作耳邊璫；新番艷曲教來好，腕裏聲低暗動郎〔7〕。〔小玉羞介、六娘〕四娘，他〔8〕年輕靦䩄，聽奴一話。此際香塵麗日，紫陌青臺，多有新傳錦曲、別製檀歌，靈娥《芳樹》之音，上客《幽蘭》之曲。織綃泉上，歌成字字明珠；拾翠洲前，唱出篇篇綠羽。雲謠西北，驚教鶴舞成雙；日照東南，聽和魚麗數菓。教西家之好女，須南國之佳人。〔四娘〕六娘，奴家慣

舞仙仙之佩，笑他生舞草迎人；能歌昔昔之鹽，恨半死歌泉喜客。清聲奏笛〔9〕，空隨郭宇長生；澀指縫絲，曾教石家群少。怎到得高雲不動，虛傳秦伎之名；那些有逸響猶飛，浪借韓娥之食。便唱淮南麗曲，敢向河間數錢。只是六娘請自方便者。〔櫻桃上〕玉杯寒意少，金屋豔情多；鳴環〔10〕催妙舞，斂袖待新歌。稟上六娘，櫻桃纔到教坊遊戲，抄得一紙新詞，道是隴西李十郎所作，六娘，你與郡主看者。〔小玉六娘四娘同看介〕呀，原來這紙詞是人日登高之曲，用《宜春令》譜之。好詞好詞！〔四娘〕這人沒有年紀，與俺相識。〔六娘笑介〕四娘，你好相識得人多哩！俺將此詞送到杜秋娘別院，隸習一番，明日霍王登高，便用此曲進酒。女兒，你從容伴四娘學謳者〔11〕！〔四娘〕六娘，相浼一事：杜秋娘從老身教唱，尚欠教錢百緡〔12〕，他又教成弟子善才了，好將前件相償。〔六娘笑介〕四娘好記事哩！〔下、四娘笑小玉云〔13〕〕郡主，你叫俺是師父了，任意聽俺教！〔浣沙〕四娘教的曲子唱不得。〔四娘〕說那裏話，只要在行。郡主端坐，聽俺道來。唱有三緊：一要調兒記得遠，二要板兒落得穩，三要聲兒唱得滿。〔小玉〕調兒有許多？〔四娘〕一時數不起，略說大數：黃鐘二十四章，正宮二十五章，大呂調二十一章，小呂調五章，仙呂四十二章，中呂三十二章，南呂二十一章，雙調一百章，越調二十五章，商調十六章，商角調六章，般沙調八章，共三百三十五章。從軒轅黃帝製律一十七宮調〔14〕，至今留傳一十二調。中間又有音同名不同的，假如《一枝花》便是《占春魁》，《陽春曲》便是《喜春來》，《拋毬樂》便是《彩樓春》，《鬥蝦蟆》便是《草池春》，《六么遍》便是《柳梢青》，《昇平樂》便是《賣花聲》，《沽美酒》便是《瑤林宴》，《漢江秋》便是《荊襄怨》，《採茶歌》便是《楚江秋》，《乾荷葉》便是《翠盤秋》，《知秋令》便是《梧葉兒》，《荊山玉》便是《側磚兒》，《小沙門》便是《禿廝兒》，《憨郭郎》便是《蒙童兒》，《村裏秀才》便是《伴讀書》，《殿前歡》便是《鳳將雛》〔15〕，《掛玉鉤》便是《掛搭沽》，《醉娘子》便是《醉也摩挲》〔16〕，《喬木查》便是《銀漢槎》〔17〕，《調笑令》便是《含笑花》，《耍孩兒》便是《魔合羅》，《也不羅》便是《野落索》，《擂鼓體》便是《催花樂》，《靈壽杖》便是《呆骨朵》，《鸚鵡曲》便是《黑漆弩》，《滴滴金》便是《甜水令》〔18〕，《陣陣贏》便是《得勝令》〔19〕，《柳營曲》便是《寨兒令》，《急曲子》便是《急促令》〔20〕，《歸塞北》便是《望江南》，《玄鶴鳴》便是《哭皇天》，《初問占》〔21〕便是

《卜金錢》，《撥不斷》便是《續斷弦》，《臉兒紅》便是《麻婆子》，《淩波仙》便是《水仙子》，《潘妃曲》便是《步步嬌》，《相公愛》便是《駙馬還朝》，《紅衲襖》便是《紅錦袍》，《女冠子》便是《雙鳳翹》，《朱履曲》便是《紅繡鞋》，《三臺印》便是《鬼三臺》，《小拜門》便是《不拜門》，《朝天子》便是《謁金門》，《壽陽曲》便是《落梅風》，《折桂令》便是《步蟾宮》。郡主，又有名同音不同的，假如黃鐘雙調都有《水仙子》，仙宮正宮都有《端正好》，中呂越調都有《鬥鵪鶉》，中呂南呂都有《紅芍藥》，中呂雙調都有《醉春風》〔22〕，唱的不得廝混〔23〕。又有字句多少都唱得的，相似《端正好》、《貨郎兒》、《混江龍》、《後庭花》、《青哥兒》、《梅花酒》、《新水令》、《折桂令》，這幾章都增減唱得。中間還有道宮高平歇指〔24〕，又有子母調一串驪珠，休得拗折嗓子。郡主，你明日要嫁個折桂枝的姐夫，俺先唱個《折桂令》你聽。

【北折桂令】展纖蛾怯的輕寒，嚲著春衫，略攏雲鬟，無人處向曉窗圓夢，暗損嬋娟。被人兒早扢了眉窩翠粉，被人兒早奚落了臂上檀痕。玉軟花眠，枕障爐煙，小鸚哥〔25〕刮絮絮厭得聽聞。

〔小玉〕唱便唱得好。此乃遊童豔婦之篇，非上客幽人之操。可有外間才子詩詞見示幾首。〔四娘〕外間才子，更有誰人？適纔教坊所傳人日登高之曲，便是個才子做的。那人與花卿相知，俺因此也熟其吟詠。〔小玉〕請教。〔四娘〕記得他有開簾風動竹、疑是故人來之句。〔小玉做吟詠介、歎介〕真雅情幽致，不減沈約江淹也。四娘，俺和你寶花闌外，翡翠池邊行行者。

【黃鶯兒】畫額彩屏開，鳳窠團，弱線催。銀塘慢色春如海，葳蕤紫釵，玲瓏鏡臺，檀霞膩玉嬌痕在。四娘，這〔26〕兩句詩真好也！〔合〕羨〔27〕多才，開簾動竹，疑是故人來。

【前腔】〔四娘〕夢笑轉紅腮，展銀襘，戲蝶迴。申腰小立迴闌外，香鬈淺苔，深裾落梅，春閨暗恨頻眉帶。

〔合前、四娘〕我看你愛他這詩忒殺的緊〔28〕，只一件來你還不曾見那人哩〔29〕。

【簇御林】凝粉面,映珠胎,似神仙出紫臺。龍章鳳質多奇彩,璚林玉樹風塵外。

〔合前、小玉〕可也愛人。

【前腔】〔四娘〕他心良慧,影徘徊。郡主〔30〕,不止你見了愛他,遍嬌娃擲菓回,調琴獻帽多人愛。你見了呵,窺韓盼玉凝波待。

〔合前、小玉〕他是何處人?

【尾聲】〔四娘〕隴西才子赴京來。〔小玉〕姓甚名誰?〔四娘〕知名李十郎。〔小玉〕知他還有新篇在。〔四娘〕你要許多怎的?〔小玉〕要寫入秦樓聲一派。

〔四娘辭下、小玉〕那人眞好詩也!恨記不全,是他碎金殘璧。正是:

風簾搖竹動春陰,爲拂餘埃寫綠琴;

莫道香閨絕流賞,幽蘭原自有知音。

校 注

〔1〕「璚樓麗彩」三句——此爲「繞池遊」三句,下三句省去。下曲同。「池」原誤作「地」,今改正。璚(qióng),同瓊。

〔2〕梵偈(jì)——富本作「梵伎」。「偈」者,指和尙唱的詞句也。

〔3〕想已到來——富本作「想必就到」。

〔4〕此中——此二句上,富本有「迤逗行來」一句。「中」富本作「間」。

〔5〕窠(kē)墮——一種髮髻。字亦作「窩墮」、「鬌墮」、「鬖髻」,均字音近而義同。

〔6〕木難——富本作「莫難」。

〔7〕腕裏聲低暗動郎——富本作「腕裏低聲持勸郎」。

〔8〕他——富本作「小女」。

〔9〕笛——富本作「曲」。

〔10〕環——富本作「缽」。

〔11〕你從容伴四娘學謳者——「四娘」,富本作「四絃」。謳(ōu),指歌唱。

〔12〕緡(mín)——古時指成串的錢,一千文爲「一緡」。

〔13〕四娘笑小玉云——「笑」字下疑奪一「向」字。富本無此「笑小玉云」四字。

〔14〕此指北曲而言,今據《太和正音譜》,惟「南呂」原爲二十一章,此誤作「三十一」,「越調」原爲三十五章,此誤作「二十五」;「大石」、「小石」亦誤作「大

〔15〕《殿前歡》便是《鳳將雛》——按：《殿前歡》又名《鳳將雛》、《小婦孩兒》。富本作《鳳雛兒》，誤。

〔16〕《掛玉鉤》便是《掛搭沽》，《醉娘了》便是《醉也摩挲》——按：《掛玉鉤》與《掛搭沽》不同，《醉娘子》與《醉也摩挲》也不同，此俱沿《太和正音譜》之誤。

〔17〕銀漢槎（chá）——曲譜俱作「銀漢浮槎」，疑奪一「浮」字。

〔18〕甜水令——富本作「刮水令」。

〔19〕得勝令——原作「德勝令」，據富本改。

〔20〕急促令——曲譜俱作「促拍令」。

〔21〕初問占——曲譜俱作「初問口」。

〔22〕醉春風——春，原誤作「東」，今正。按：「醉春風」本「中呂曲」，可借入雙調，與上述諸曲名同辭異者不同。

〔23〕廝混——廝，原作「索」，據富本改。

〔24〕指——原誤作「拍」，據富本改。

〔25〕小鸚哥——富本作「小鸚歌」。

〔26〕這——富本作「那」。

〔27〕羨——富本作「歎」。

〔28〕忒殺的緊——原奪「殺的」二字，據富本補。

〔29〕只一件來你還不曾見那人哩——原缺「只一件來你」五字，據富本補。

〔30〕郡主——此二字原缺，據富本補。

第七齣　遊　仙

【神仗兒】〔二宮臣上〕靈辰青昊，春暉日耀，聽流鶯報道，今歲風光及蚤。喜人日是今朝，廣袖欲登高，忽聽西園召。

> 遊客初梁邸，朝光入楚臺；賢王開令節，餘吹拂衣灰。自家霍王府左右尉是也。今日人日，霍王登高設宴，姬人鄭六娘杜秋娘俱已安排絲竹，在望春臺下伺候，想駕到來。

【望吾鄉】〔霍王上〕托體東朝，天門紫氣高。朝元殿上春明蚤，梁園雪罷啼春鳥。翠蓋擁幢旄，爐香撲絳袍，人日風光好。

> 草色王孫苑，雲光帝子家；瑤臺多暇日，酌醴對春華。自家霍王是也，

順宗皇帝之弟，今上皇帝之叔。龍種多奇，鳳毛殊色。分土而開者九國，寧須立上東門；同日而策者三王，何事爭強北土。不比宜春桃李，爭如鄴下芙蓉。謝北海之文辭，空勞驛奏〔1〕；少東平之知慧，有愧腰圍。豪傑遊梁，倃賜旌旗萬乘；藏書等漢，閒參禮樂三雍〔2〕。雖然畫轂朱丹，愛煉紫金黃白，風雲寄勝，花柳忘憂。有兩個侍妾，一個喚做鄭六娘，一個喚做杜秋娘，俱是內家分賜，在左右二十餘年，止是鄭姬生女小玉一人。二姬呵，包家明月，嬌聲啼鳥曙窗前；石氏翻風，細骨倒龍香屑上。詎是當筵舉手，那曾聽樂悲心。今日正是人日登高，風色晴媚，與宮臣宴笑一會。正是〔3〕庶子南皮，取醉謝莊之月；司徒北邸，重襟宋玉之風。典膳官，想酒筵齊備，喚鄭杜〔4〕二姬登臺。

【掛真兒】〔鄭杜二姬上、六娘〔5〕〕穿衣寶鏡無人照，慵掠約鬟綠飄蕭。〔秋娘〕曲譜閒抄，飲巡偷記，花葉籠歡笑。

〔入見介、六娘〕宮姬鄭六娘叩頭，願君王千歲！〔秋娘〕宮姬杜秋娘叩頭，願君王千歲！〔霍王〕二姬好唱人日新詞者！〔鄭杜〕理會得。〔起立王左右介、宮臣進酒介〔6〕〕

【黃鶯兒】〔鄭杜〕口宇麗初韶〔7〕，臨彩簿，宴芳霄。金枝綠蕚榮光皎，春湊芸苗，春開柳條，輕煙半拂麗蕪道。〔合〕太平朝，千秋人日，開宴酌葡萄。

〔霍王〕酌宮臣酒！

【前腔】〔宮臣〕平樂侍賓寮〔8〕，承燕彩，步蘭皋。蘋池尚覺雄風小，春心鬱陶，春色嬌嬈，花前雁後同歡笑。〔合前、二姬進酒介〕

【宜春令】〔六娘〕慶靈辰〔9〕，接誦椒，翦春人金屏阿嬌。鈿筐銀粟，花窗點綴靈妃笑。裊行雲翠帶香繒，曳生煙青蕪彩纛。〔合〕願君王人日千秋，仙顏轉少！

〔霍王〕好詞好詞！還有沒有？〔秋娘〕還有一套。

【前腔】日初長，年暗消，空襟塵花墳酒澆。饒他王母，依然白髮啼青鳥。日輪中逐日人忙，人世上愁人日老。

〔合前、霍王〕這詞何人所作？分明要飲我以長生之酒，坐我以不老之庭。好才調，好心懷！是何名姓？〔六娘〕傳是隴西人李益秀才所作。〔霍王〕聞說朝中有個李益，他平生甚是妒嫉，那得知此？〔宮臣跪介〕稟千歲〔10〕有兩個李益：老李益現今在朝官職，少李益才舉博學宏詞；有妒疾的是老李益。〔霍王〕原來有兩個李益。俺聽這詞兒，使俺塵心頓消。寡人老矣，若不修仙，無緣再少。宮臣，我入華山去也。二姬可酌我酒，聽我說與〔11〕。

【惜奴嬌】蕙色娥媌，雲歌月豔，並在今朝，瑤臺畔逐〔12〕勝等閒歡笑。我看你們風韻呵，嬌饒！白雪吹香，清矑〔13〕送巧，半束煙綃。飄搖！春韻軟粉酥融，蚤年風調。

〔鄭杜〕願我王年年此日，享受未央之樂。〔霍王笑介〕二姬，俺年老了〔14〕。〔鄭杜〕我王千歲！〔霍王〕只怕饒不過。

【前腔】難饒。二姬，你不曉得，人生莫遣頭如雪，你看我貴人頭上，便春風幾度難消。只想我當初呵，年少，暗拋紅豆，相調俊俏，寶袜沾雲，紅絲串露，轆轤春曉。到如今呵，你們侍寢，有甚麼歡事〔15〕。還笑，洞房中空秘戲，正落得素女圖描。

〔鄭杜〕千歲想是為賤妾容顏減昔，遂爾無歡。千歲何不國中別選，自有溫柔之卿〔16〕，可以娛老。〔霍王笑介〕二姬〔17〕。

【鬥寶蟾】總饒，雲翹、細腰，盡翠顣紅殷，都成別掉。俺今日呵，只是對迎風舊館，睢陽故道。閒眺，看邸第樓臺，疊紅塵多少。影蕭條，厭鸞笙鳳撥，猿林雁沼。

〔鄭杜〕千歲縱然厭此，更有何處可以逍遙？〔霍王〕我要去尋個朋友了。

【前腔】王喬，相邀，路遙。〔鄭杜〕既然路遙，千歲怎的去尋得王喬到？〔霍王〕二姬，俺便做尋仙不到，也強似在塵中相處。繞碧落朝敲，明星夜醮，勝高唐閒夢，洛浦空挑。〔六娘〕千歲就要遊仙，也待嫁了女兒小玉，賤妾們一同修道。〔霍王笑介〕想到頭一路，女兒，顧不得你了〔18〕。

須曉，**總愛海千層，浮生一了**。〔六娘〕千歲就在深宮修道，何必遠遊。〔霍王〕在人間自然不能清楚。我去了呵，**自逍遙，看桂嶺參差，芝樓窈窕**。

〔鄭杜〕千歲遠遊，也要表奏傳位〔19〕，方纔可行。〔霍王〕俺若先奏，便恐朝旨相留。俺就此先入華山，然後奏聞〔20〕。你們就此辭別，各尋歸老〔21〕便了。〔鄭杜〕千歲富貴極矣，猶自尋仙，賤妾二人，願逐淮王之仙雞，備彭公之採女。

【黑麻序】〔六娘〕雲霄，看千秋有靈氣，何事燕昭。妙舞旋懷，少不得夜蛾分照。千歲，昔趙王宮妾，嫁爲廝養婦，高陽美人，嫁得衛將軍，妾雖微細，心常醜之。**堪笑，月華姬，叢臺女，空教氣分鉼**。〔合〕**爲誰嬌？到不如雲裏金雞，洞中青鳥**。

【前腔】〔秋娘〕悲悄，辟邪旗珠絡褓，榮華夢杳。斷雨零雲，教人困咽無聊。昔毛女飛金，嫦娥占月，妾雖微細，心常慕之。**奇妙，玉姜飛，靈藥搗，淩風帶月飄**。千歲，賤妾從金陵入侍，得事我王二十餘年矣，王去修仙，棄妾何處？**冷春宵，怎禁北斗停春，西王侍嘯**。

〔霍王〕我看你兩人頗有志氣。只是鄭姬有小玉未嫁，怎得出家？暫賜汝名淨持，賜汝女紅樓一座，寶玉十廚，可從我封邑姓霍。那杜姬既有志出家，可到金飆門外西王母觀中，度爲女道士，弟子善才，可教相從；賜汝浮金磬、紫霞帔。二姬呵，俺去後不用悲思，待我有白鶴之歸，汝再響青鸞之唱。宮人〔22〕，可將玉芙蓉冠、九光衣來，換了寡人服色。〔換冠服介〕

【尾聲】便換金巾脫絳袍，又何用武陵犀導。二姬呵，免得你銅雀西陵恨寂寥。

〔鄭杜跪送王下、再上別介、六娘〕秋娘，幾時入王母觀去？〔秋娘〕便同弟子善才去也〔23〕。〔相抱哭介〕姊妹二十年來，一旦分張，好不悵然也！

【醉太平】〔六娘〕堪歡，畫鸞金雁，曾分飛別館，瘦燕肥環，向

花時節，鼓風流陣，點綴霞檀〔24〕。等閒，桂叢人去竹枝斑〔25〕，閃殺人隔花相喚，春明淚眼，仙樓琪樹，幾度堪攀？

【前腔】〔秋娘〕闌珊，輕頻淺盼。把玉釵金篦，捨入岩巒。怨王孫服散，吹笙處，鳳水緱山。淚彈，一團春翠擲人間，急罰盞夜筵燈散。〔哽咽介〕塵嬌自浣，想弄簫香雨，暗濕雲殘〔26〕。

【尾聲】〔鄭〕可憐世事殊昏旦，紫陽宮女帶花冠。〔杜〕〔27〕他日相逢海上山。

北渚淮南去學仙，知他少別也千年；

佳人並逐花源去，剩粉殘脂最可憐。

校 注

〔1〕驛奏——「驛」，富本作「馹（yì）」，謂驛馬。

〔2〕三雍——富本作「三千」。

〔3〕正是——「庶子南皮」上，富本無此二字。

〔4〕「喚鄭杜」上——富本有「左右的」三字。鄭指鄭六娘、杜指杜秋娘。

〔5〕六娘——原無此二字，據詞意補。

〔6〕起立王左右介、宮臣進酒介——富本無此二句。

〔7〕「日宇麗初韶」上——原無「鄭杜」二字，據富本補。

〔8〕「平樂侍賓寮」上——原無「宮臣」二字，據富本補。「寮（liáo）」者，小屋也。

〔9〕「慶靈辰」上——原無「六娘」二字，據富本補。

〔10〕稟千歲——原無此三字，據富本補。

〔11〕聽我說與——富本無此四字，下有「你們知道」四字。

〔12〕逐——富本作「遂」，形近而誤。

〔13〕矑（lú）——眼珠子。李善注《甘泉賦》引服虔曰：「矑，目童子也」

〔14〕俺年老了——富本作「俺年來至此」。

〔15〕歡事——富本作「歡情」。

〔16〕溫柔之卿——富本「溫柔」作「溫雅」。「卿」或疑「　」字形近致誤。

〔17〕二姬——富本無此二字。

〔18〕想到頭一路，女兒，顧不得你了——富本作「想起到頭一路，他顧不得我了」。

〔19〕傳位——富本作「聖上」。

〔20〕奏聞——「奏」，原作「表」，據富本改。

〔21〕歸老——富本作「歸去」。

〔22〕宮人——富本作「宮臣」。

〔23〕便同弟子善才去也——富本「同」字上有「自」字。善才，亦作善財，唐代琵琶師之稱。

〔24〕霞襜——富本在此二字下，還有「悲莫悲兮生別離哩」。

〔25〕竹枝斑——富本在此三字下，還有「千歲呵」三字。

〔26〕暗濕雲殘——在此四字下，富本還有「六娘就此拜辭了。〔鄭〕人日登高之樂，番成歧路之悲。」

〔27〕〔鄭〕〔杜〕——原無此二字，據富本補。

第八齣　訪　舊

【似娘兒】〔十郎上〕山水仲長園，背關河搖落胡天，春風遊子悲鄉縣，破帽空憐，敝衣難護，誰家柳陌花源。

翠潋〔1〕春光慘綠楊，花涇怕有杜蘭香；瑤臺望罷無萱草，道是忘憂卻不忘。人人道李十郎〔2〕是個才子風流，其實為人本分。止因花卿宅上，聽了鮑四娘一唱，容誇落月，曲駐行雲，既生人世〔3〕，誰能無情？笑殺花卿，你有這般可人，卻沒緣沒故將去換馬。那四娘去時，何等有情！啼聲一市俱愁絕〔4〕，回首千門別恨生。喜得郭小侯是大〔5〕懷豪傑，見他無聊，重傷其意，送他閒庭別院，門戶不曾鎖〔6〕，傳歌教舞，隨其自便。小生雖在年少，客中秋毫無犯。水清石見，休疑旅舍之妻；雪白蘭幽，不受〔7〕主人之女。只是今年春心稍動，想是時候到來，雖有定情之篇，不少懷春之誘。今朝風色融惠，日影舒華，不免獨自閒遊，到郭侯別院，望鮑四娘一遭，可得見否？青兒，我去街上走走，你好護門：休教瓦雀行污硯，莫遣花風吹落書。〔青兒〕理會得。〔十郎行介〕呀，一兩日未到門首，御溝上柳都青遍了〔8〕。

【錦纏道】銅池上綠生波，春明遠天，柳穗蘸輕煙。記將軍樓閣，暗露嬋娟。向俺挑銀甲，瀉紅螺、盤花鈿蟬〔9〕。半空裏，響歌雲，玉碎珠連，薄倖的韻綿纏。他倚微風閃金屏半面，惹心懷骨興牽。趁寶馬青門別院，聽百般鶯語妮花前。

呀，迤逗是這條路來，前面卻有兩條路，一邊是華陽街，一邊是尚冠里，

—23—

不免問取居民〔10〕。大哥，郭小侯府在那邊去〔11〕？〔內應〕尚冠里高樓子去〔12〕。〔十郎〕謝了。不免向前問去。正是：

迷花欲待醉羅裙，撲地歌塵晝不分；

夾轂慢勞相借問，侯家朱閣自淩雲。

校 注

〔1〕瀲（liàn）——瀲灧。水波相連貌，用以形容春光之到來。

〔2〕李十郎——在這三字上，富本有「我」字。

〔3〕既生人世——富本作「既謂之人」。

〔4〕俱愁絕——富本作「俱絕死」。

〔5〕大——富本作「人」。

〔6〕鎖——原作「離」，據富本改。

〔7〕受——富本作「愛」。

〔8〕御溝上柳都青遍了——富本作「御溝柳上卻都青遍了」。

〔9〕鈿蟬——富本作「細蟬」。

〔10〕居民——富本作「分明」。

〔11〕郭小侯府在那邊去——富本此句下尚有「路有幾多」句。

〔12〕去——富本作「便是」。

第九齣　託　媒

【薄倖】〔四娘同侍女上〕翠影雲移，綠香煙冷，對遠山慵畫，安黃未正，遊絲冒〔1〕蝶，繫情難定。真薄命！謾褥錦蹴〔2〕跚，對劇還記花前舊興。

【南歌子】夜幌銷蘭炷，朝妝拂瑞檀。無端玉馬映花鞍，公子橋邊盡興強陪歡。薄倖狂難倚，輕軀怯未安。殘啼醒夢濕冰寒，賴是驚魂似蝶暗飛還。自家鮑四娘是也。劣相花卿，將人換馬，好心公子，置妾閑庭。自前日到霍王府教小玉郡主唱後，情緒無聊，不曾一到寶花欄外。丫頭，你聽得外面有甚新事否？〔侍女〕今早到小侯本宅，聽得霍王宴罷，聞樂感傷，便入華山遊仙去了。賜鄭六娘和小玉郡主紅樓一座，隨他擇婿，又改他姓霍。又有一姬杜秋娘〔3〕，自陳無子，願入西王母觀修道。公

子府中歎息此事。不聞餘語。〔四娘作驚介〕呀，郡主十分嬌慧，霍王何不看他成了人去〔4〕，卻是捨得！杜秋娘是俺弟子，他卻有志清淨，妾身猶在風塵，眞是藍不如青，蓮能自白也！〔侍女〕四娘別住閒庭，薰香獨坐，公子不相聒噪，歡處隨教往來，也似神女一般了。〔四娘〕哈！你這話都不到頭，還是修眞〔5〕好似人間多少也。

【步步嬌】青樓那到瑤山靜，花醒柳夢〔6〕渾難醒，脆管煩絲不奈聽，傷歡中酒年年病。何似禮金經，清虛打滅輕狂性。〔十郎上〕

【不是路】粉閣妝成，出衆風流舊有名。彈花柄，想煙籠宿蝶睡初驚。〔四娘驚介〕是何人？定知公子閒乘興。〔十郎〕我是花卿舊友生。〔四娘驚喜介〕好似隴西李十郎聲氣，快開門！朦朧聽，高軒未得迎門應〔7〕，有虧恭敬，有虧恭敬！

〔十郎〕郭小侯或來不便，立語一回而去。〔四娘垂淚哽咽介〕裏少不妨。

【前腔】〔四娘〕別院閒庭。〔十郎〕只在堂上坐罷！一話中堂便可行。〔四娘〕話還長哩。從容聽，見卿渾似見花卿。〔十郎〕四娘呵，喜遷鶯，新歡早已封侯定，俊麗還過驃騎營。〔四娘〕休譏評，勞君此事爲媒證，這般德行，這般德行！

〔坐介〕〔四娘〕十郎，你這兩日過花卿未〔8〕？〔十郎〕見你後悶懷旅館，不曾一過人家；餘響繞梁，特來逍遣〔9〕。〔四娘〕你要俺唱呵，俺也無心，唱也沒趣的，花卿教人長恨，聽奴訴者：

【好姐姐】當初銀蘭翠屛，花窠畔金蟬擲鏡，那時少年遊冶，都來追歡買笑。丁香舌上，留連作巧聲。多歡慶，明膠熱酒偏饒興，細汗霑軀別有情。自到花卿府，遊興便已消索了。

【前腔】燈烬〔10〕香煤暗驚。十郎，你蚤不相尋，到此已傷遲了〔11〕。如今情緒，唱出甚的來？惹雲袂曳煙春暝，兩床絲竹，凝愁按不成。怴殘病，那堪綠瑣千條影，枉自紅飄一點情〔12〕。

〔十郎〕你既慵歌，生當愁絕，別有歌容，煩相屈指。〔四娘〕十郎，你千金之軀，怎去娼樓銷費，不如聘一名妹，相陪作客。〔十郎笑介〕好容易得名妹！我要有三件的：一要貴種，二要殊色，三要知音。〔四娘〕呀，蚤是你說起知音的，俺前在花卿處，聞你有風簾動竹之詩，說與一女郎〔13〕聽，那女郎好生吟愛，可是知音？〔十郎驚介〕有此知音女子，定有好容顏。〔四娘〕絕精！〔十郎〕可是大家兒？〔四娘〕不小。〔十郎〕問是誰家妹？〔四娘〕他是霍王之女。〔十郎〕可求否？〔四娘〕到有幾分。〔十郎〕怎見得？〔四娘〕聽奴說來：

【前腔】多嬌柔紅嫩青，金訶豔玉融花映。十郎，我把你的詩諷與他呵，他好不沉吟。泥春無力，憑欄〔14〕暗恨生，閒吟詠，知他惜玉憐香性，解得開簾動竹情。

〔十郎〕便託卿為媒何如？〔四娘〕使得。

【前腔】恁般良媒作成，也須合紅鸞到命。〔十郎〕只怕他年輕成不得人〔15〕。〔四娘〕褪腰珠帔，風流事可經。十郎，這女子正是破瓜時節，他若肯時，便蚤下聘禮。〔十郎〕領教。〔四娘〕成嬌倩，開書〔16〕選日行婚聘，管取那女兒呵，障袂為雲感夢情。

〔十郎〕四娘請就行，小生辭去。〔四娘〕君與花卿有故情，敢不成君之美。只是簡慢十郎了〔17〕。〔四娘掩淚介、十郎〕你還有甚麼話說〔18〕？

【尾聲】〔四娘〕〔19〕憑將此淚寄花卿，從別後香閒粉剩。十郎，奴家失身青樓，朝東暮西，理當生受，你明日倘成就霍郡主呵，不要似花卿這般薄倖哩！怎擲下青樓薄倖名？

〔十郎〕春情雪色豔經過，〔四娘〕似醉如慵不奈歌；

〔合〕〔20〕莫向章臺還折柳，留來香閣畫姮娥。

校　注

〔1〕罥（juàn）——纏繞。呂延濟注鮑照《蕪城賦》曰：「罥，繞。」
〔2〕蹣（mán）——同「蹣」。蹣跚，猶「蹣跚」。

〔3〕又有一姬杜秋娘——「又」字，富本作「當」。

〔4〕霍王何不看他成了人去——其中「何不」二字，富本作「好不」。

〔5〕還是修眞——柳浪本作「自是修眞」。

〔6〕柳夢——富本作「酒夢」。

〔7〕高軒未得迎門應——「高軒」二字，富本作「高賢」。

〔8〕〔四娘〕十郎，你這兩日過花卿未——原無此「四娘」二字，富本注有「鮑」字，據補。

〔9〕特來逍遣——富本在此四字下，還有「則個」二字。

〔10〕炧（xiè）——同「炝」，指燈燭餘燼。

〔11〕到此已傷遲了——「傷」字原作「似」，據富本改。

〔12〕枉自紅飄一點情——「點」字原作「番」，據富本改。

〔13〕女郎——富本作「女兒」。下句同。

〔14〕無力憑欄——富本作「無地遮欄」。

〔15〕只怕他年輕成不得人——「他」，原無此字，據富本改，「輕」原誤作「青」，今正。

〔16〕開書——原作「聞書」，據富本改。

〔17〕只是簡慢十郎了——富本無此句。

〔18〕你還有甚麼話說——富本無「你」字，句前有「四娘爲何掩淚傷情」一句。

〔19〕〔四娘〕——原無此「四娘」二字，富本注有「鮑」字，據補。

〔20〕〔十郎〕〔四娘〕〔合〕——原都在每句之下，據富本移前。末句下原也有「合」字，衍，刪。

第十齣　巧　探

【意遲遲】〔鄭六娘上〕一自殘雲飛畫棟，蚤罷瑤華夢。花露曲璃垂，春風細拂簾旌動。弦將手語暗思量，卻不道東王也有仙妃從。

【浣溪紗】氣色春前別一般，梅花淡瘦水仙寒，錦薰籠畔帶初寬。不似湘靈還拾翠，那堪鳴佩到仙巒，夢回新試小龍團。自家鄭六娘是也。螻蟻前驅，擬上千秋之壽；熒光莫報，翻遊七日之仙。撇下老身，鶯花無主，兼憐小玉，鳳竹孤吹。這兩日小玉身子不爽，拋俺獨步芳庭，想念我與杜秋娘同事霍王時，好不感傷人也！

【小桃紅】屏花暗蠹，鏡蕊空蒙，憶昔高陽院，雙娥豔容。那時歌舞呵，笑眼掭花送，錦帶度生紅。我霍府好不富貴〔1〕。坐吹笙翠瓏中，

暖玉銜鈴鳳也，團扇朝雲，迎風旆龍。看來人情豪華已極，便多感傷之情
〔2〕，日暮鐘鳴〔3〕，止有神仙一路。老去真成夢，歡慳〔4〕笑慵。霍王呵，
你到學仙去了，卻都不想我這老身與女兒〔5〕，去時也不叫女兒辭一辭去。
撇鳳拋雛，雕傷綺叢。

【縷縷金】〔鮑四娘上〕花瑟瑟，柳濛濛。妖姬和睡聽，鳥聲中。
莫道不思量，眉心自懂。閒掀蜀紙渲巫峰，鬢雲薄揎攏。

> 昔是花卿妾，今作李郎媒；好將冰下語，去問月中來。此間不遠是紅樓
> 了，想小玉郡主已梳洗。〔唱閒掀蜀紙渲巫峰鬢雲薄揎攏，叫櫻桃開門，
> 櫻桃開門介〕呀，原來是鮑四娘〔6〕。〔相見介〔7〕、四娘〕淮南底事愛
> 生離？〔六娘〕腸斷高樓桂樹枝。〔四娘〕何似向平婚嫁畢！〔六娘〕
> 還嫌子晉學仙遲。〔四娘〕請問郡主梳妝了未？〔六娘〕小玉不知怎的，
> 近來這兩日癡癡的喜睡，也是父王去後，啼痕未燥，美目難開，頭都沒
> 興梳，口不待要飯，俺在此獨坐好悶，正娘來。〔四娘〕郡主敢是傷春？
> 〔六娘〕又來了，女孩兒家曉得什麼傷春〔8〕。〔四娘〕呀，那裏有二八
> 一十六歲的女孩兒不曉得傷春。〔六娘〕今普天下男女不曉得傷個春，
> 女兒怎的傷來〔9〕？〔四娘〕只有甗毻〔10〕的男女們不曉得傷春，難道
> 伶俐人不傷春哩，你郡主好不伶俐也！聽我道來：

【江兒水】他腰細纔勝露，〔六娘〕那的討露水來？〔四娘〕他也在
想了。身輕欲倚風。〔六娘〕小玉也本分。〔四娘〕六娘好不會看人！嬌輝
翠影看行動。你聽他聲兒，花樓玉鳳輕彈哢。六娘，敢怕郡主也動心。〔六
娘〕正是這兩日〔11〕。〔四娘〕可知道襱鬆姅點霑春縫。六娘，敢怕郡主曉
得做夢了。失笑暖雲偷夢。六娘，你不曉得，昔吳王愛女，也與郡主同這
小名，煞恨吳夫人不能成人之美。六娘，你看郡主身子呵，怕他害得瞳曨
〔12〕，險做了翠煙韓重。

> 〔六娘〕四娘說得有理，只是眼下那裏就有託身之人。〔四娘〕天緣有
> 一快婿，不知六娘肯否？〔六娘〕那人才貌何如小玉？〔四娘〕真是錦
> 屏風對子哩。聽俺道來：

【前腔】他文字呵，墨光飛素璽。他積的書呵，粉跡度花蟲。〔六娘〕

這等是書底藏身一蠹魚，怕沒有甚風調。〔四娘〕盡有琴心曲髓供調弄。〔六娘〕他家世何等？〔四娘〕故家。**青箱畫棨門庭重**。〔六娘〕他們下得多少聘禮〔13〕？〔四娘〕你要他時，**胡瓶瑞錦連車送**。〔六娘笑介〕這是閒說！果是兒馨，何須阿堵，只要白璧一雙。〔四娘〕**白璧成雙蚤種**〔14〕。〔六娘〕那人姓甚？〔四娘〕便是前日做人日登高曲兒的相公〔15〕，姓李名益。〔六娘〕原來是他，霍王甚愛其詞，極是佳選。只一件來，俺女兒雖從封邑，改賜姓霍，其實天家姓李，同姓有妨了。〔四娘〕賜姓霍，便是霍了。古時王侯同姓在宮中的，後來轉更蕃盛。〔六娘〕也待俺占一占來。〔四娘〕管取歸妹也〔16〕。**懿母占祥。蚤嫁得一雙鳴鳳**。

〔六娘〕百年姻眷，且得從容〔17〕。〔四娘〕他貴遊公子年少才人，此處不留人，定有留人處，只好一兩日間定貼〔18〕此事。〔六娘〕女兒小時定人，由在母親，如今長成了，也要與他商量，定了便著櫻桃回話〔19〕。〔四娘〕若與郡主商量，定是個肯字〔20〕。他也曉得李益詩詞，十分吟賞，六娘見郡主，只說俺又將李益新詞送與他看，因郡主睡著去也。〔六娘笑介〕省得。〔四娘〕告辭。專聽回示。須知月下繩千尺，遙想風流第一人。〔四娘下、六娘〕叫櫻桃，請郡主來〔21〕。

【三臺令】〔小玉上〕啼螿畫滴高花，紅壁闌珊翠霞，殘夢到西家，風吹醒遲日窗紗。

娘親萬福！呼兒怎的？〔六娘〕纏間鮑四娘到此。〔小玉〕他也來閒走走。〔六娘〕他來度曲。〔小玉〕父王仙去，有甚閒心，聽他度曲。〔六娘〕道有李益新詞。〔小玉〕不是李益，是李十郎。〔六娘〕便是一個人了。你為何知他？〔小玉〕前日鮑四娘來諷他詩，並說他人才〔22〕出眾。只是父王〔23〕不在家，若在家時，請他看看。想他才似相如，貌多王粲。〔六娘〕你要看他，他又要看你。〔小玉〕他怎的看得兒？〔六娘〕他要聘你，託鮑為媒。〔小玉〕娘不要聽鮑四娘哄你。他見兒愛李生之詩，故相調弄。且父王既作神仙，女兒當為仙女，古有烈女事母，終身不嫁，孩兒雅志，亦復如是了。

【繡帶兒】掩春心坐瑠璃翠榻，羞人喚作渾家。〔六娘〕兒，只有仙

女住在無欲天中；一墮凡身，便相求取。〔小玉〕想仙官不是蘭香，笑漁郎空問桃花。非誇，冰清到底無別話，何事把仙衣亂搭。〔啼介〕娘和女傕仃可嗟，乍形影相依，怎生撇下！

【前腔】〔六娘〕年華，爲甚的雲寒月寡，守著一捌香娃？兒，就麻姑〔24〕仙子，也有人間之情。看羅敷早配玄都，恨玉蘭空孕蓮花。仙查，天宮織女猶自嫁，銀河畔鵲橋親踏。今日呵，香釧臂須纏絳紗，取人地高奇，有光門閥。

〔小玉〕兒一嫁與人，怎能奉事得我娘？斷然不嫁了〔25〕。

【前腔】〔櫻桃〕休差〔26〕，嬌花女教人愛殺，恨不蚤嫁東家。夫人，古人說得好：阿婆不嫁女，那得孫兒抱？〔小玉嗔介〕劣丫頭〔27〕，我不嫁人，爲憐母親夫人，你閒管怎的！〔櫻桃〕郡主，你憐老夫人麼？只怕柘屐兒〔28〕兩頭繫絲，別大來貪結桃花。〔小玉〕呸〔29〕！你曉得甚的來？〔桃背介〕哄咱。青春不多也二八，少不得籠窗動闥。好和歹這些時破瓜，強指領搔揉，橛頭凹軋。

〔櫻桃回身跪介〕老夫人，俺郡主戀著你。不肯嫁人，那李十郎又是好郎君，倘肯在京師居住，同事夫人，亦不可知，何不再請鮑四娘問個詳細。〔六娘〕兒，這話有理。你便去請四娘到來。〔小玉〕娘，鮑四娘與李生雅熟，定相遮護。女兒料他這樣人才，沒做女婿處？到得如今！想是娶第二房，娶〔30〕了便回隴西去。隴西去此千里而遙〔31〕，怎麼去得！女兒一計，不如著櫻桃假作鮑四娘養女兒，到李生客館，說商量親事，就中透出情懷。何如〔32〕？〔六娘笑介〕我兒真個老成也！櫻桃，你便聽郡主分付去，不要漏泄了。正是全憑青鳥舌，當作彩鸞吹。〔六娘下、櫻桃〕郡主用人之際，有話儘言。〔小玉〕俺只怕他兩件來，你聽我說：

【前腔】爭差，作人小遭人縴槎〔33〕，又怕不住京華。他年少高才，不在話下。爲甚的俊灑多才，尚沒個襯搭〔34〕人家？考察，那人當真新結納，又肯在京城頓插，摩可濃恁般挑達，便擺下擔頭，蚤些簽押。

〔櫻桃〕郡主，你先要作神仙女，如今這等要快活了！〔小玉〕癡丫頭，

俺做得神仙，也拖帶你做神仙的。侍從〔35〕俺得快活，也拖帶你有快活了。

【尾聲】巧將言詞看對答。櫻桃，你是乖巧的，不比浣紗。俺在樓上望你。倚樓人過盡昏鴉。櫻桃，停當時教他有聘儀，就可相付。〔櫻桃〕郡主〔36〕，你纏說也拖帶我，敢問事停當時，將何見賞。〔小玉笑介〕與李十郎說，討個精緻小使賞你。〔櫻桃〕生受郡主了。可知道處處團圓對月華。

搖曳仙裾不自持，淩波相及盛年時；
誰憐弄玉多情種，月裏參差不斷吹。

校 注

〔1〕找霍府好不富貴——此句上原有「說」字，衍，據富本刪。
〔2〕便多感傷之情——句中「便」字，富本作「更」。
〔3〕鐘鳴——富本作「鳴鐘」。
〔4〕歡慳（qiān）——寡歡之意。富本作「歡慁」誤。
〔5〕卻都不想我這老身與女兒——句中「卻」字、「我」字原缺，據富本補。
〔6〕呀，原來是鮑四娘——富本無此七字。
〔7〕相見介——富本作「見鄭介」。
〔8〕女孩兒家曉得什麼傷春——原無「傷」字，據富本補。下句「傷」字同。
〔9〕女兒怎的傷來——富本無「來」字，全句作「女兒怎的傷得起」。
〔10〕甋䰝（lú hé）——意謂愚陋。
〔11〕正是這兩日——「正」，富本作「止」。
〔12〕朣曨（chuǎng lóng）——「朣」，富本作「瞳（tóng）」。
〔13〕他們下得多少聘禮——富本無句中「們」字。
〔14〕白璧成雙蚤種——「蚤」，富本作「早」，音義同。
〔15〕相公——富本在此二字上還有「俊」字。
〔16〕歸妹也——此三字下，原有「四娘」二字，衍。富本無「鮑」字，據刪。
〔17〕且得從容——「得」字，富本作「待」。
〔18〕定貼——富本作「熨貼」。
〔19〕也要與他商量，定了便著櫻桃回話——富本作「也要與他商量，再令櫻桃回話」。
〔20〕定是個肯字——「肯」字，富本作「定」字。按：「定」字不如「肯」字。
〔21〕叫櫻桃，請郡主來——富本作「櫻桃那裏？你去請郡主到來」。又富本還有「有話對他說」五字。

〔22〕人才——富本作「人地」。按:「人才」較「人地」爲優。

〔23〕父王——原作「王父」,據富本改。

〔24〕麻姑——富本作「明姑」。

〔25〕斷然不嫁了——富本無此句。

〔26〕休差——富本作「休嗟」。

〔27〕劣丫頭——富本無此三字。

〔28〕柘(zhè)屐兒——原作「柘枝兒」,據富本改。

〔29〕吓——富本無此字。

〔30〕娶——原作「取」,據富本改。

〔31〕千里而遙——富本作「千里之遙」。

〔32〕何如——原無此二字,據富本補。

〔33〕緆縩(xiè sà)——謂輕賤。

〔34〕襯搭——富本作「親搭」。

〔35〕侍從——原無「從」字,據富本補。

〔36〕〔櫻桃〕郡主——富本無此四字。

第十一齣　下　定

【清江引】〔李、十郎上〕梅花曉帳紅雲碎,細葉籠金翠〔1〕。旅思欲萎迷,夢遠春迢遞。扶頭酒,會心人,縈腸事。

【愁倚闌〔2〕】雲花落,雨香飄,索春饒。皺蹙柳絲吹不斷,翠條條。銀蟾暗咽春朝,知他在第幾朱橋?說與曉鶯休喚,怕魂消。昨日到鮑四娘閒亭,許爲媒求霍郡主小玉,歸來春宵枕上,睡得不沉,醒得不快,是真是假,且把《昭明文選》來醒眼〔3〕。〔番書介〕呀,好采頭!就番著第十九卷一個情字,過了便是《高唐賦》,第二篇《神女賦》,第三篇《好色賦》,第四篇《洛神賦》。呀,由來才子都是這般有情〔4〕。

【皂羅袍】《高唐賦》呵!**憶昔高唐枕席,正擇日垂旄,把諸神醮禮。**只見高唐去處,淒切杳冥,相似鬼神來了一般。**抽弦障袂好增悲,松聲直下深無底。**懷王正望間,忽見朝雲之女,侍他晝寢,可惜止是朝暮之間,若久長相處,真個延年益壽。**霓旌翠蓋,登高此時,朝雲暮雨,相逢美姬,教人九竅都通利**〔5〕。看《神女賦》呵!

【前腔】見一婦人奇異〔6〕，似屋梁初日，照耀堂墀。人間那得更須臾，神心蚤逐流波去。襄王呵，這樣神女，只夢一夢也彀了，醒後又想他怎的？玉鸞低盼，芬芳已離，精神記取，私懷語誰？教人向曙空垂涕。再看《好色賦》呵〔7〕！

【前腔】何處東家之子〔8〕？嫣然一笑，下蔡魂迷。誰教宋玉有微辭，兼他體貌天閒麗。宋玉呵，你有這樣人做鄰〔9〕，自然文賦生色，說甚邯鄲鄭衛。三年未許，東牆自窺，芳花有意，春風幾時？教人頓有章臺思。再讀《洛神賦》呵〔10〕！

【前腔】正自淩波拾翠〔11〕，向神宵解玉〔12〕，縱體通辭。流風矯雪映綃裾，輕雲蔽月籠華鬌。子建呵，這樣有情仙子，不得蚤就，後來懊恨，可如何矣！當年未偶，明珠獻涯，人神異路，君王怎歸？教人灑遍長川淚。

看這四篇賦呵，洛川形貌千秋恨，江漢風流萬古情。小生雖無好色之心，頗有淩波之想，不免拋書枕几，也學高唐晝寢，想將巫峽雲來。小玉姐呵〔13〕，不知你爲是瑤臺客？爲是宋家鄰？爲是章華豔？爲是洛川神？鮑四娘爲何音信沉沉，沒些定奪？〔做睡介、櫻桃上〕

【天下樂】繡步香風紫陌吹，石榴裙襯腰肢。僑妝試覓花前事，到春風第幾枝？

自家霍府櫻桃是也，著事小玉郡主。今日承老夫人命，假作鮑四娘女兒，來詣李十郎，因探問他家中曾娶新婦、肯在京住否？並看他才貌怎的。此間是他旅館，不免咳嗽一聲。〔李即驚醒介〕呀！恰睡著，有一佳人，貌甚奇麗，含笑含嚬，如來如去，在咱眼前，回顧〔14〕青衣，向前相訊，正交接間，只聽得紅蕉搏雨，翠竹敲風，原來就是陽臺一夢。真個夢裏不知身是客，醒來那辨雨爲雲。原來不是雨打風敲，卻是人來戶響，多應好事君子，載酒問奇，或是平生故人，題梅附訊。呀！原來是女郎聲息，必是鮑四娘人到〔15〕。〔開門相見介、十郎〕女郎來從何處？見爲何因？〔櫻桃〕咱是鮑四娘女，使來報喜。〔十郎〕可是霍小玉姐見許？〔櫻桃〕蘇姑子作了好夢，有幾分肯，只要瞞過

他些〔16〕。〔十郎〕敢是不愛我了？〔櫻桃〕愛你幾件來〔17〕。家堂誇得你狠〔18〕。

【懶畫眉】道你是芙蕖玉碗漾〔19〕秋波。〔十郎〕這是家尊家堂生的這般好。〔櫻桃〕道你綠鬢烏紗映畫羅。〔十郎〕小生從來帶一種愛好的性子。〔櫻桃〕又道金張子弟慣鳴珂〔20〕。〔十郎〕到不消說到門風上，只說小生這個人兒也那得家去〔21〕。〔櫻桃〕也道來，道是才名八斗〔22〕君還過。因此向喬木高頭詠伐柯。

〔十郎〕這等事諧了。只要典過一所大房子取親。〔櫻桃〕且住。還要瞞過他些，他有兩事相疑〔23〕。

【前腔】道你舊家王謝識人多，少什麼故里潘楊〔24〕繫女蘿？〔十郎〕你說俺怎的家中沒有娘子，要到京城求親〔25〕？想是疑做二房了〔26〕。〔櫻桃〕正是了。道是何緣千里隔山坡？還有一件，霍王遊仙，他一娘一女，相憐相守，他怕暫時在此，以後撇他去了。怕莫做：寶瓶透雀穿花過。相公，家堂已定計了，只說相公未求婚〔27〕，又在京師久住，待相公成了這親，慢慢搬他回去，做大做小，都由相公了。也只要成就了君家大錦科。

〔十郎笑介〕原來有這話。〔背語介〕俺正好喬他。探出郡主才貌家事若何。〔回身問桃介〕呀，女郎，相似你說〔28〕，郡主也忒揀選大了，他有甚才貌，對得俺才子過，便思量做大娘子。〔櫻桃〕相公，到不是誇，只怕你隴西的人才〔29〕相似，京城女子似這郡主的才貌也少。聽俺道來：

【醉羅歌】柳弱柳弱嬌無那，花淡花淡著春多。俺今日看他曉妝正罷，露春纖彈去了粉紅涴，半捻春衫妥。香津微搵，紫絨輕唾，芙蓉暗笑，碧雲偷破。一尖鳳履些兒拗。輕唐突，鎮阿那，書生有分和他麼？

〔十郎笑介〕月裏嫦娥，我也近了他，說甚人間郡主。只一件，俺是要享用的人，霍王去後，只怕府中清淡了，養活小生不得，怎麼不思起故鄉來？〔櫻桃〕說那霍府裏呵：

【前腔】煙漠煙漠閒院落，翠染翠染深簾箔，炫麝香金暖睡鸞窠，

鎮日熏香坐。天廚玉饌，地衣珠落，雪猧熒弄，午貓花臥，餐香豆澡金環鎖。花逕軟，助情多，合昏眠柳夜舒荷。

〔十郎〕女郎，有這樣去所，李十郎生受你了。願你明日嫁個男兒，也像〔30〕李十郎。女郎，俺便在此終身，儘霍府享用了。〔櫻桃〕你撇下得大娘子一個在隴西，好薄倖！〔十郎〕女郎，小生有才有貌，無室無家，早失先人，旋遭兵火。杜曲花無賴〔31〕，果然遊子澹忘歸；藍田玉有煙，似此佳人難再得。便爲結髮，竟是齊眉。俺這裏不用支吾，他那裏何須疑惑。聽我說來：

【前腔】孤忒孤忒悽惶我，兵火兵火遁逃他。女郎，莫說我家臺池，連隴西數十城，都沒入吐番去了。閃生羌旗鼓斷西河，片片魂飛墮。故鄉何處？西風淚多。上林棲穩，新春景和。花邊強白愁顏破，魚水難逢話，曲中都是《憶秦娥》。

〔櫻桃〕相公，你定初婚，又占籍京師，這親諧矣！

【前腔】停妥停妥有定奪，歡慶歡慶蚤黏合。相公，那郡主才貌，京師有名，王孫公子，多相求聘，你有甚寶玉，只管將與俺去，付家堂送過霍府，便是個定了。拚千金買得春宵著，受用些兒個。琴床筆格，淒涼一個；人兒共枕，春宵暖和，股兒閣著眉兒磕。三日後，五更過，紅羅十擔謝媒婆。

〔十郎〕客中急忙，不得全禮，有二寶物，是先相國先夫人遺下，雖經離亂，常隨行篋，郡主才容，足可當此，並是傾城無價之寶〔32〕。青兒，可取金縷箱中九子金龍鏡、三珠玉燕釵來〔33〕。〔青兒取上介、十郎〕多勞女郎，可捧過霍府，致意郡主妝次前：小生不曾薰沐，未敢親奉，容造膝面謝。女郎，這繞鏡雙龍，楊子江心鑄就，瑤釵對燕，娥娥臺上模來。老夫人、郡主見之，自當寶重。

【東甌令】瑤筐燕，珠釵朵，鏡裏和龍卷花臥。女郎，只是客中一時難措，若論郡主身價呵，黃金百萬〔34〕買雙娥，買得心兒麼？女郎，想郡主心中〔35〕，也有了這人麼？但得一心人，錢刀定何用！他半指心兒納著可，下著葳蕤鎖。

〔櫻桃〕這是定了，説郡主的心呵：

【前腔】香噴噴，美韡韡，不寒不深又不闊。〔十郎〕快些快些，俺就要過了。〔櫻桃〕讀書人好性緊！霍府裏人煉丹，慢慢的扇。**似龍虎相貪銜正渴，慢的抽**〔36〕**添火。**〔十郎〕女郎，我讀書的人那裏説那個過，説俺明後日就要過門相一相郡主。〔櫻桃〕原來這等，你相公明後日過門，鮑四娘不長在府裏〔37〕，只有區區在那裏伏侍了。〔十郎〕容小生相謝。〔櫻桃〕相公，不敢望謝，只伏侍不中，免賜嗔責便了。相公那時呵，休得**哄人丟了將人脱，獨自圖生活**〔38〕。

【尾聲】郎才女貌都不弱，又向甚春風尋播揢。十郎呵，**蚤辦取拭雨霑雲半帖羅。**

〔十郎〕多多拜上。

碧海雲偷出翠微，阿環分付小青衣。

今宵暖夢遊何處，十二樓中玉蝶飛。

校 注

〔1〕細葉籠金翠——「翠」原作「翡」，據富本改。
〔2〕愁倚闌——應作「愁倚闌令」，即「春光好」的別名。
〔3〕來醒眼——富本「醒」字下有「著」字。
〔4〕由來才子都是這般有情——「般」，富本作「等」；又富本此句下有「〔看賦介〕」三字，「介」字，當指看賦的動作。
〔5〕通利——此二字下，富本有「再看神女賦介」。
〔6〕見一婦人奇異——在此句上，富本有「神女呵」三字。
〔7〕再看《好色賦》呵——富本作「再看《好色賦》介」。
〔8〕何處東家之子——富本此句上有「色賦呵」三字。
〔9〕鄰——富本作「傳」，誤
〔10〕再讀《洛神賦》呵——富本則作「再讀《洛神賦》細味介」。
〔11〕正自淩波拾翠——富本此句上有「洛神呵」三字。
〔12〕向神宵解玉——句中「宵」字，原誤作「霄」，據富本改。
〔13〕小玉姐——富本無「姐」字。
〔14〕回顧——「回」字原作「四」，據富本改。

〔15〕必是鮑四娘人到——句中「到」字，富本作「也」。

〔16〕只要瞞過他些——富本作「只管行過他些禮儀」。

〔17〕愛你幾件來——富本作「愛你幾時了」。

〔18〕家堂誇得你狠——富本作「家堂誇口得你煞狠」。

〔19〕漾——謂蕩漾。富本作「樣」，非是

〔20〕鳴珂——富本作「鳴佩」。

〔21〕也那得家去——句中「那」字，富本作「起」。

〔22〕道是才名八斗——句中「才」字，原誤作「十」，據富本改。

〔23〕還要瞞過他些，他有兩事相疑——富本作「還要瞞他有兩事相疑」。

〔24〕潘楊——「楊」，原誤作「揚」，據富本改。

〔25〕要到京城求親——富本無「要到」二字。

〔26〕想是疑做二房了——富本作「想是做二房娘子了」。

〔27〕只說相公未求婚——原作「只說相公求了婚」，據富本改。

〔28〕相似你說——「相」字，原誤作「想」，據富本改。

〔29〕隴西的人才——富本作「隴西出人才」。

〔30〕也像——此二字下富本有「我」字。

〔31〕花無賴——富本「賴」作「奈」。

〔32〕傾城無價之寶——原作「傾城無價之美」，據富本改。

〔33〕玉燕釵來——富本在「來」字上有「捧將過」三字。

〔34〕萬——富本作「兩」。

〔35〕心中——富本無「中」字。

〔36〕抽——富本作「柚（yòu）」。

〔37〕不長在府裏——富本無「長」字。

〔38〕獨自圖生活——「生」字，富本作「快」。

第十二齣　捧　盒

【六么令】〔櫻桃捧盒上〕粉香花氣，玉人兒沒得參差。秋眉換綠咱愁思，紅梅上，紫流鸝，聲聲叫得人心碎。聲聲叫得人心碎。

櫻桃過處有人覷，苦跟著郡主不得遊戲。今繞在御道走哩〔1〕，這粉梅花黃鶯兒都是嬌滴滴的，且偷閒耍半會〔2〕。將盒兒放在草裏，蹧上樹去，摘這花兒〔3〕，打著鶯兒，看待怎的。〔上樹打鶯科、四娘上〕

【前腔】多才人地，配紅樓恰的相宜。淺春庭院報花期，青綺陌，

步香吹，金光玉豔平蕪起。金光玉豔平蕪起。

呀！緣何草間光色異常？是誰家妝盒，忘在此間？〔開看科〕有金鏡玉釵在內，不知出自誰家〔4〕。想鏡背有款識。上鏤著隴西李相國，天寶五年五月五日，楊子江心鑄。看釵股上鐫得有四字：狄道縣君。呀！隴西李相國，不知是誰〔5〕。我今正去回李十郎親事的話，就將此兩件去問他，想他知道〔6〕。〔四娘作行科〕玉吐藍田氣，金舒草埒光；非經問南陌，定是覓東床。〔桃在樹上見叫科〕鮑四娘，你偷我盒兒那裏去？〔四娘〕你是霍府鄭櫻桃〔7〕，緣何在梅樹上坐？〔櫻桃〕我在這裏等作媒。〔四娘〕休閒說〔8〕。下來問你！〔桃作繞梅樹走介、四娘〕這是怎的？〔櫻桃〕這叫做走媒〔9〕。〔四娘〕閒說！且問你，為甚的鄭六娘放你出來？

【步步嬌】〔櫻桃〕老夫人呵〔10〕，**聽說李郎才貌多奇異，教我閒尋覓**。只為怕他兩事：怕他有個人兒在隴西，又怕他青春作伴還鄉去。因此上喬作卿卿女兒，鵲橋相仔細。

〔四娘〕還是鄭六娘老成，我到不曾細訪〔11〕，他如何講？

【前腔】〔櫻桃〕他說一生消渴藍橋水，沒得甌兒吸。〔四娘〕這等是初婚了。〔櫻桃〕**趁比翼，睡交枝，阿婆和女同家計**。〔四娘〕這等是他在京師了。他問你甚麼來？〔櫻桃〕他問我郡主的心兒怎的？〔四娘〕你怎的答他？〔櫻桃〕俺說他的心怎的問我。**問取黏腰細衣，來時有些濕**。

〔四娘〕譚話！這盒的金鏡玉釵，敢是李十郎的？〔櫻桃〕便是〔12〕。

【前腔】**是他夫人相國生留取，寶氣紛尤異**。〔四娘〕緣何把與你？〔櫻桃〕他說咱真是你的女兒，將來與你送過府裏作聘。**開金縷，繫紅絲**。有這樣郎君，老夫人和郡主呵，**多嬌、阿母心應許**。只是一件，我家郡主有些作樣，咱是侍女，不好弄他，還是你同回去，開了盒兒，扯定郡主，對了這鏡，簪上這釵，笑他一會。**氳他對鏡簪釵，問他喜不喜**？

〔四娘〕你為何走上梅樹去？

【前腔】〔櫻桃〕為那鶯兒唪碎〔13〕紅梅雨，打起鶯兒去。四娘，你

與郡主成了人，咱也長大了，你也尋個十郎這般對兒與我。〔四娘〕咥！那裏討？〔櫻桃〕也罷！今日到十郎書院，見他家青兒，到也眉目乾淨愛人子，不如明日十郎到我府中，高低把青兒捨與我罷。四娘方便！**小青哥，俊俏兒。**〔四娘〕青兒是那十四五歲的，會幹些甚麼事，要他？〔櫻桃〕終不然就要幹得大事，也有〔14〕大的日子。**些兒也是男兒氣。**四娘，你作快講，奴家有這般貌，若沒有主兒，十郎到家，定要郡主喫醋，有青哥時，**免得半夜鷓鴣，踮步摸魚兒。**

〔四娘〕你要一個，你家浣紗也要一個。〔櫻桃〕那十郎竈下養〔15〕有個炊火的，聽得喚做烏兒，便捨與他。〔四娘〕醜的便厝與別人。休閒話，且同到府裏去。

【縷縷金】〔合〔16〕〕花信緊，乳鶯啼。碎影篩紅陣，點春池。半爲朱顏苦，閒尋舊事。香衫畫襌有情時，回鞚向閨裏。

〔櫻桃〕四娘，望見俺府裏了。郡主獨在紅樓，望俺回話，你到府中，且將盆兒捧在東廂亭子坐著，待俺說與郡主來請你。

帝城文物豔青春，寶鏡珠華下玉人；

爲轉嬌鶯出琪樹，乍教羅襪起香塵。

校 注

〔1〕今纔在御道走哩——句中「纔」字，富本作「日」。
〔2〕且偷閒耍半會——原作「空便偷閒耍半會」。據富本改。
〔3〕摘這花兒——句中「這」字，富本作「著」。
〔4〕不知出自誰家——句中「自」字原作「在」，據富本改。
〔5〕呀！隴西李相國，不知是誰——句中前六字富本無。「不」字上有「卻」字。
〔6〕我今正去回李十郎親事的話，就將此兩件去問他，想他知道——富本作「我今去回李十郎親事的話，莫若且去問他」。
〔7〕鄭櫻桃——富本無「鄭」字。
〔8〕休閒說——富本無此三字。
〔9〕走媒——富本作「走梅」。
〔10〕老夫人呵——富本無「呵」字。
〔11〕我到不曾細訪——原作「我到不曾訪得他」，據富本改。

〔12〕〔櫻桃〕便是——富本無此句。

〔13〕哳碎——富本作「弄碎」。

〔14〕「也有」上——富本有「他」字。

〔15〕養——富本無此字。

〔16〕合——原無此字，據富本補。

第十三齣　納　聘

【番卜算】〔小玉上〕屏外籠身倚，睡覺唇紅退。輕蜂小尾撲香歸，颭得花憔悴。

> 【滿江紅前】遲日烘煙，紗廚畔，魂香睡足。閒撩亂，乳禽成對，暖氳花褥。暈閃膏凝渾倦憚，枕痕一線紅如玉。背畫欄釵刮悄無言，看屬玉。俺霍小玉，雖然些小年紀，蚤已曉事。家堂前輩人，怎知時世不同了。午上叫櫻桃去透問李十郎，叫他先到俺處回話，天欲斜陽，還不見來〔1〕，好悶人也！

【三換頭】嬌酣困媚，喚醒夢輕難記。亞粉枝紅墜，寒煤糝袖絲。好忒煞春無力，女孩兒沒緣由把相思，做場情事。葉染花敧也，手搓裙帶蕊。淺醉深慵，怎的那人兒沒話兒？〔桃鮑上〔2〕〕

【傳言玉女〔3〕】〔四娘〕翠袖籠寒，踏遍春塵無跡。〔櫻桃〕寶衣春瘦，正暮雲凝碧。〔合〕映餘紅斂，避掛簾殘日。

> 〔櫻桃〕四娘，已到了府中，你且在東廂坐地，待俺回了小姐話來，請出老夫人過禮。〔四娘〕正是。〔下、櫻桃見介、小玉忙問介〔4〕〕你來了。那人怎的？〔櫻桃〕賀喜賀喜！好一個風情年少，委係初婚，又在京師占籍，十分之美〔5〕。〔小玉〕他怎便拋得家裏？〔櫻桃〕原來是隴西人，隴西地方都沒入吐番去了，已是無家可歸。〔小玉〕原來這等，果稱了人心。〔櫻桃〕郡主，他明日伴你睡呵！〔小玉作羞介〕

【三換頭】人兒清翠，話兒濃媚，親夫婿，好花枝蝶迷，捅著腰肢喘息。郡主，那日有人叫你做妻了，快活人也！命哥哥來了也叫聲妻，高頭怎的，戰著聲兒應，魂飛怎的支。記取青衣，把這段香甜送與伊。

〔小玉〕還不曾到手〔6〕，就要人記得你。你聽他幾時下聘？〔櫻桃〕鮑四娘已捧著聘禮在門外了。〔小玉〕這等快請老夫人出來。

【勝葫蘆】〔鄭六娘上〕金屋明妝起鳳臺，姻緣好，謾遲回。共道仙郎才貌今無對，怕絲蘿曾係，有時歸去杳難來。

〔四娘帶櫻桃上·六娘〕呀！櫻桃回來了。怎的說？〔櫻桃〕委是才子初婚，又在京師住下，十分是好，已有聘禮到來。鮑四娘也在門外。〔六娘〕請進來！〔四娘見科〕簾幙春風，門楣喜氣。小玉姐有美玉之貌，李十郎有磐石之心，千里良緣，百年佳眷。可備紅筵香燭，陳此玉鏡珠釵。〔六娘〕四娘且捧著。櫻桃，你在那裏會四娘的〔7〕？〔櫻桃〕只是櫻桃去問了詳細，李郎只道當真是四娘女兒，便將二件寶器送來為聘，櫻桃持歸，過了五鳳門大東頭，紅梅樹下遇著四娘，邀轉同回夫人話〔8〕。〔六娘〕原來如此。〔四娘〕夫人好不精細！〔六娘笑介〕明日花紅，櫻桃分一半兒〔9〕。〔對小玉云〕今日你是李十郎的人了。聘儀你看著。〔小玉羞介〕娘看了就是。〔六娘〕便可拜了天地。

【月上海棠】滿光輝，銀花錦燭香雲靉。看春風桂幕，喜氣蘭閨。匣中玉合璧光迴，掌中珠連環翠佩。〔合〕神仙配，年年寶鏡，歲歲瓊釵。

【前腔】〔四娘賀介〕湊良媒，朱絲畫縷同心帶。看蟾生綠桂，鳳繞青槐。秦樓女碧玉簫吹，漢署郎紫薇花對。

〔合前·六娘看鏡釵科〕還是相國人家。我昔在內家，聞有楊子江心鏡，是玄宗皇帝年間鑄的，不知就是李郎家的〔10〕。我兒，當鑄此鏡，聽說有雙龍護舟，鏡背自然成雙龍蟠合之象，非關人巧，委係天成〔11〕。這玉釵刻得雙燕兒〔12〕，就是活的一般，真是世中希有。庚申便是吉日，李郎在旅舍清冷〔13〕，就擇後日成親。四娘，你與小玉在房裏戲戲，我與浣紗在下面排些夜筵〔14〕，請你下樓去吃。〔四娘〕正好。〔六娘下·四娘〕今日就是好日期，櫻桃捧鏡兒釵兒，在房裏對郡主插帶。〔小玉〕只在堂前亮些。〔四娘〕在房裏方便。〔行介·櫻桃〕這便是郡主梳洗處。〔四娘〕清楚。好傍紗窗兒掛了鏡子。郡主，你也來照一照看。〔小玉作羞科〕

【二郎神】〔小玉〔15〕〕紗窗內，碧珊瑚，看菱花露彩。轉片月寒空生碧海，姮娥相對，曉雲初弄瑤臺。瀉翠窺紅鶯倚態，照澄心冰壺巧耐。〔四娘〕少說些影徘徊，看明朝雙笑人來。

〔四娘〕玉燕釵也和你插上。〔小玉〕明日插罷！〔四娘〕釵兒也要今日插。〔做插科、小玉〕輕些！插得疼人。〔四娘〕插便疼。〔小玉〕呸！

【前腔】威蕤，玉花兒貫珠題翠蕾，鏤素燕差池銜細茝。玲瓏纈紐，璃抽寶繡耷耽。慢簇輕搖垂鬢彩，插纖梁蟬鬆膩解。〔四娘〕怕插鬆了，明日放緊些。〔小玉〕呸！〔四娘〕謾推排，雲橫處枕側檀偎。

〔小玉〕四娘，你說話村得怕人。〔四娘〕你只怕那人兒，怎的怕我？〔小玉〕怕他甚的來？〔四娘〕他要你煮飯他吃。〔小玉〕也不難。

【風入松】軟雕胡帶笑與郎炊。〔四娘〕要你的酒喫。〔小玉〕情願。點銀瓶玉薤。葡萄卓女燒春在。願舉案齊眉看待。〔四娘〕也要你唱。〔小玉〕使得。唱《關雎》酌彼金罍。〔四娘〕他還要三五頓夜飯喫，要囉噪你。〔小玉〕儘他喫，只要他有這福量。餐秀色。任多才。

〔四娘〕好不怕事。他要你與他戴冠兒。〔小玉〕當得。

【前腔】拂烏紗向曉平眉戴，〔四娘〕他要你做衣襬與他穿。〔小玉〕常事。愛并州翦快，風生錦繡片雲裁，指領上繡針憑在。〔四娘〕你怎曉得他長短？又一時揣得他腰兒這熟？〔小玉〕想得。想身材暗圍腰帶。〔四娘〕若論他的腰帶儘是長大。〔小玉〕你做媒的好眼巧！怎的恁般相知了？巧眼色，劣情懷。

〔四娘〕小學生不要先罵媒人。俺先曾教郡主曲，本來也是師父，趁今日教些本事，老夫人不好教你。〔小玉〕甚麼教得？學無前後，達者為先。〔四娘〕休要做乖。新人一進房，對了一枝紅溜溜的銀蠟燭，蚤已覷睞了也。

【玉交枝】燭花無賴，背銀釭暗擘〔16〕瑤釵。待玉郎回抱相偎愛，你此要些腔兒〔17〕，顰蛾掩袖低迴。他喚你，不可就應他。千喚佯將一度回。他畢竟先有些不緊要的話摩弄你，相挑巧著詞兒對。郡主，他叫你上

床，你只在床帳外挨著〔18〕，等他抱你上去。**挽流蘇羅幃顫開**。又不可自家解衣襦，先打些格達兒，要他扯斷纏好。**結連環紅襦懊解**。

〔小玉〕知道了。絮絮叨叨的！〔四娘〕還有床上工夫要講。上床時，他在東頭，你走過西頭；在西頭，你又走過東頭。

【前腔】做個**鶯驚蝶駭**，你假將指甲兒搵著他。**亂春纖扺著郎腮**。那人定不相饒，**壓花枝要折新蓓蕾**。郡主也索放軟些手了，那管得荳蔻含胎。那時節白綾帕兒方便著。**迸破紅雲玉峽開**。哎，挺得人疼。你須聽著，**斜抽沁露荷心嫋**，喫緊處花香這回，**斷送人腰肢幾擺**。

〔小玉〕師父，你怎麼曉得許多家數來？〔四娘〕我是過來人。想咱嫁時呵：

【漿水令】憶年時紅松翠窄，正初婚膩腋雲姻〔19〕，坐郎兜裏倒郎懷，薰籠卸襪，繡鳳眠鞋。細軀捱，含顰待，些兒受用疼還耐。拭紅綃，拭紅綃斜燈送睞。移繡枕，移繡枕引被伴推。

〔小玉〕有得許多說！

【前腔】〔四娘〕下鴛帷嬌殘薄黛，臨妝鏡巧對瑤臺，暗尋閒事笑還唲，餘紅偷覷，碎蕊愁揩。衣桁前，簾櫳外，蘭房新婦深深拜。賀新人，賀新人許多丰采。那郎君，那郎君底樣情懷。

〔小玉〕難為得你〔20〕這般狠來。〔四娘〕明日到你！〔六娘上〕夜筵已安排在堂上，鮑四娘你只管在房中有甚麼講？不出來。〔四娘〕閒講〔21〕。〔六娘〕今日沒甚大設。

【尾聲】青玉案，紫琉杯，**椀茗盤餐對舊醅**。待十郎過了門，重開鳳燭宴冰媒。〔下〕

校 注

〔1〕天欲斜陽，還不見來——富本無「天欲」二字。
〔2〕桃鮑上——富本作「桃鮑捧盒上介」。
〔3〕傳言玉女——此曲末後省去兩句。

〔4〕櫻桃見介、小玉忙問介——富本作「桃見玉介」。

〔5〕十分之美——「之美」之下，富本有「稱人心也」一句。

〔6〕還不曾到手——富本無「還」字。

〔7〕你在那裏會四娘的——「的」字，富本作「去」。

〔8〕邀轉同回夫人話——「邀」原作「要」，據富本改。

〔9〕分一半兒——富本作「分一半與他」。

〔10〕不知就是李郎家的——富本無「的」字。

〔11〕天成——富本作「天神」。

〔12〕這玉釵刻得雙燕兒——「得」字富本作「的」。

〔13〕清冷——富本作「淒冷」。

〔14〕排些夜筵——「排些」二字上，富本有「安」字。

〔15〕小玉——原無「小玉」二字，富本注有「玉」字，據補。

〔16〕擘——富本誤作「臂」。

〔17〕你此要些腔兒——句中「此要」二字，富本作「卻做」。

〔18〕在床帳外挨著——「挨」字富本作「扶」。

〔19〕媼——此字不見字書，疑有誤。

〔20〕難爲得你——富本作「難爲你得」。

〔21〕從「夜筵」到「閒講」——富本作「〔鄭〕請四姨夜筵哩。〔鮑〕何勞多事」。

第十四齣　假　駿

【月雲高】〔十郎上〕篆煙籠黛，春心透簾外。燕尾交香褶，龍沫吹飄帶。䆉柳蘇晴，梅魂怂風色。蝶點花尖上，暖院戲穿窗隔。報道合歡紅欲開，攜手佳人和夢來。

【百字令前】幽窗客裏，算無春可到，和愁都閉。正好一奩花弄影，報道雨香霞翠。枕帶籠金，鉤欄憑玉，別是歡情味。輕凝慢竚，朝雲宛轉何意？昨日鮑四娘的女兒領了聘儀去霍府，今已日高花塢，想有回耗，且把做新婚的手段閒想一會。正是幸有朝雲眠楚客，不勞芳草思王孫〔1〕。

【金瓏璁】〔四娘上〕綠枝麼鳳語，香痕暗沁平蕪。紅幫暖襯畫羅襦，銀蒜押簾偷覷。

自家鮑四娘。調絲品竹，盡謝同心；挾笑追鋒，還推老手。昨夜鄭夫人發了鶯箋，請他龍婿，俺今早朝醒頭重，日向午了，纔來走走〔2〕。〔叫

介、十郎〕原來是鮑四娘。何勞親降？昨日寶鏡珠釵，已付令女郎送上，轉過霍府，事可諧否？〔四娘〕事諧矣！鸞箋在此。〔十郎看書介〕

【一封書】妾鄭氏敬拜書，即相國李君虞。小玉霍王女，才和色俱無取，蒙君過聽堪爲婦，寶鏡珠釵禮聘殊。庚申吉，候光車，金水相生慶有餘。

〔十郎笑介〕好事忒近了！元旦日辰己酉，算到明日，是庚申了。四娘，俺此時心事，還怕那郡主當不起小生的才興，你還與俺細説一番。〔四娘笑介〕他興亦不減。

【孝順歌】扶嬌起，困勻酥，聽啼鶯花隔香雨〔3〕餘。那時節百事都懶了。彩局未忺移，金絲沒情拂。〔十郎〕他敢是做出來的風情麼？〔四娘〕天生成的。他便是尋常笑語，掠約精神，也有許多大借。十郎，有這樣女兒伴你呵，除卻正理追陪，別有繫人心處。十郎，你明日蚤過些，他望得你緊了。新頓褥，細肌膚；洞中花，恣君入。

〔十郎〕請問明日穿甚服色去？〔四娘〕你有進士大衣服就好。〔十郎〕帶幾個小使去？〔四娘〕終不然步走，你須向花卿家借馬去，他府裏好少的後生。〔十郎〕領教了。

【前腔】開鳳曆，賜鸞書，借鴛鴦繡騎金鏤衢。排比做親夫，調停弄嬌女。四娘，小生酒量也不十分見得，託你去説，明晚一兩杯後，就賜飯了。用得玄漿半壺〔4〕，熟了雕胡，便向洞房深處，對著匡床，盡力餐紅玉。小生只有〔5〕今宵作客，明宵呵，花孕蝶，柳藏烏；暖茸茸，香馥馥。

〔四娘〕俺辭你去，你可便過花卿處去。爲問花卿，復能相憶否？〔四娘作歎介〔6〕、十郎〕今日不能勾擺個酒兒，有慢四娘，明日在霍府不忘報謝。

【尾聲】明朝車騎美相如，那人兒不是當壚。〔四娘〕你去見花卿，不要説俺竟在你館中來，只道俺獨自山中詠蘼蕪。

〔四娘下、十郎〕青兒，跟俺到花老爺宅子上去借馬成親。〔青兒〕成

親用得驢子料，顧個驢子去罷。〔十郎〕哇！快行！〔行介〕

【月雲高】趁春詞客，東鄰復南陌。葉彈楊低翠，粉褪梅銷白。潤暖煙絲，水皺鴛鴦色。解得多情種，臂上隨人轉側。日影春妝繡箔開，笑指銀雲拂袂來。

青兒，前面就是花老爺府了，你說與把門的：李十郎相公來訪。〔青兒叫聲、把門軍上〕細柳新軍籍，咸陽舊酒徒。門上何人喧擾〔7〕？〔青兒〕隴西李相公。〔軍士〕且住，待通報。

【金瓏璁】〔花卿上〕錦袍初置府，兵鈐萬里魚符。黃衫年少擁花騎，一笛武陵何處？

原來是李十郎。〔揖介、十郎〕營高細柳葉初齊。〔花卿〕日暖花邊教碧蹄。〔十郎〕莫惜千金借名馬。〔花卿〕懸知一點透靈犀。〔坐介、十郎〕將軍何緣說及靈犀一點？〔花卿笑介〕纔間著丫鬟去看看鮑四娘，說過十郎館中，可不是一點靈犀！〔十郎〕將軍不知，他近來有大功於小生。〔花卿〕怎的來〔8〕？〔十郎〕生託四娘為媒〔9〕，聘了霍王之女。〔花卿〕日前上直，見老霍王遊仙傳國的本，記得本中一聯說道：才子抽詞，感會八公之操；嬌雛未嫁，先為五嶽之遊。也便想得才子是足下，只不料嬌娃便為足下所得。父王修仙，女兒便是仙女，足下便是仙郎，一時盛事！老夫這幾日宿衛，今日纔換了射聲將軍入直〔10〕，老夫正要攜壺相問，蚤辱光臨，兼失迎候。左右，看酒！〔左右持酒上〕寶騎名千里，金尊滿百花。稟將軍，酒到。

【一封書】〔花卿把酒介〕繞春光禁廬，蕊花澆病酒餘。聽嬌獰鳥雛，似金槽絮念奴。玉盞香黏羅袖縷，鮑四娘呵，一髻濃煙可是〔11〕初？〔十郎〕他也相思難擺。〔花卿〕正是，今日有他，也多哄得幾杯酒下喉去〔12〕。他點飄蕭，彈綠綪〔13〕，屈醉邀歡可百壺。

〔十郎〕請罷酒。小生有所求請，聽說！

【孝順歌】邀青女，作黃姑，笑臨霞半辭投入繡。他明日請小生去上門成親了。錦燭豔紅渠，銀蘭待樓宿。〔花卿〕這等事都妥貼了〔14〕。〔十郎〕他親王府裏，富貴人家，小子客中騎從所少。借紅蹄碧駒。〔花卿〕要

馬麼？〔十郎〕正是。**和那綠幰蒼奚，送到瑣窗窺處**。〔花卿〕好首面的儔從儘有，只怕還要別樣金幣之費，隨足下相取〔15〕。〔十郎〕不用了。**為仰風流，百事從清楚**。小生告辭了。**催寶勒，罷行廚；愛將軍，多禮數。**

〔花卿〕左右，好生鞴馬，揀幾個好門幹，送李相公明日過霍府去！〔二軍應介、花卿〕老夫幾番要尋個名勝配足下，今日呵！

【前腔】通桂苑，遇名姝。有此喜事，歡飲〔16〕幾爵！**對黃油酒囊花覆爐**。十郎，與你做媒的，是老夫的俊人，送你成親的，又是老夫的駿馬，可是湊合。這馬呵，**鬧色紫茸鋪，壓胯黃金鍍，眞個飛香紅玉**。這樣駿馬，馱上一個才子，到那有色目的人家呵，**一種風流，十分門戶**。十郎，敝廬兒中〔17〕有乖巧的，你留幾個在那裏用。〔十郎〕他家自有半頭奴。〔花卿〕雖則有人，何方多僕。**阿對前頭，也要彤驪護**。十郎，俺不留你了。**金裏駞。錦塗酥；碧桃春，藍橋路。**

【尾聲】金燈此夜垂銀粟，照明宵帶枕茱萸。再過一日，俺約同石子英尚子毗同到霍府來打喜。那時節呵，**春紅蚤已透璃酥**。

柳葉桃花屬此君，春城人散酒初醺；

北堂後夜人如月，南陌明朝騎似雲。

校　注

〔1〕草思王孫——句中「思」字，富本作「憶」。
〔2〕日向午了，纔來走走——「了」，富本作「來」；「纔」原作「裁」，據富本改。
〔3〕香雨——「雨」，原誤作「兩」，據富本改。
〔4〕用得玄漿半壺——句首「用得」二字，富本無。
〔5〕只有——富本作「只是」。
〔6〕四娘作歡介——富本無此五字。
〔7〕門上何人喧擾——句中「喧擾」二字，富本作「叫」。
〔8〕怎的來——富本無「來」字。
〔9〕生託四娘爲媒——富本同；疑「生」字上當有「小」字。
〔10〕入直——富本無此二字。

〔11〕是——富本作「似」。

〔12〕也多哄得幾杯酒下喉去——富本無「多」字；「喉」，富本作「肚」。

〔13〕彈綠續——句中「綠」字疑作「陸」。

〔14〕這等事都妥貼了——「等」原作「些」，據富本改。

〔15〕隨足下相取——句中「相」字，富本作「所」。

〔16〕歡飲——富本作「多飲」。

〔17〕敝廬兒中——富本作「廬兒中」。

第十五齣　就　婚

【鵲橋仙】〔小玉櫻桃上〕衾鴛微潤，屏鸞低扇，曙色寶奩新展。絳臺銀燭吐青煙，熒熒的照人覷腆。

【好事近】〔小玉〕紅曙〔1〕捲窗紗，睡起半拖羅袂。〔櫻桃〕何似等閒睡起，到日高還未。〔小玉〕催花陣陣玉樓風，樓上人難睡。〔櫻桃〕有了人兒一個，在眼前心裏。〔小玉〕丫頭，這是俺身上的事，怎的睡來！〔櫻桃〕李郎不知來得遲早？〔小玉〕他客中沒有人會打理他來。〔櫻桃〕前日櫻桃與十郎對坐調笑，怕他見責。〔小玉〕他是君子人，那裏計較這些。鮑四娘說蚤來，還不見到，你去堂上迎著他。〔櫻桃〕郡主忒忙了！

【臘梅花】〔四娘上〕花籠錦匣春色偏，生香翠氣簾初捲，結著千里緣。綠雲天借，鳳樓今日會雙仙。

〔櫻桃〕四娘，你來了。俺郡主五更初點就起來梳洗早膳，省得要催妝詩。你快上去。新郎可來也？〔四娘〕還早。〔四娘上樓見小玉介〕郡主，你好睡睡，今夜不得睡了。俺從不到這樓上，李十郎一時未來，且同郡主樓上望望。〔做望介、四娘〕郡主，你看那東頭一派衙門，繞著皇城的是十六衛，中有個驍騎衛花老爺府。這西頭尚冠里一帶高房子，是令公府，俺郭小侯在此中住〔2〕。〔小玉〕四娘，你有許多來路。〔四娘〕瞞你不得哩。俺還曉得〔3〕一個去處，那向北去一所〔4〕，不大不小，粉牆八字門兒，正對著章臺街，紅簾兒裏有個人兒，生得絕精，與俺相識來。〔小玉〕你的眼會走。〔四娘〕你卻不要走了眼，守那人兒出來〔5〕。〔小玉作望介〕呀，四娘，委的一個騎馬官兒出來了。

〔四娘〕看在那邊去〔6〕。〔小玉〕呀。望南頭來了。〔十郎走馬，三人跟上〕

【窣地錦襠】春紅帶醉袖籠鞭，壓轡葳蕤照水邊；美人香玉豔藍田，遙望紅樓生翠煙。〔下〕

〔小玉驚喜介〕四娘，你看那人走那一灣馬呵：風情似柳，有如張緒少年；回策如縈，不減王家叔父。真個愛人也！

【皁角兒】是誰家玉人水邊？鬥驕驄碧桃花旋，坐雲霞飄飄半天，惹人處行光一片！〔四娘〕郡主，你看那生騎馬，許多歡慶；俺見這生騎馬，許多感歎。〔小玉〕怎的來？〔四娘〕這馬原是郭小侯騎在花將軍府裏去，花將軍就看上這馬了。〔小玉〕四娘，良馬比君子，就是你對過這馬了。〔四娘〕瞞不得你了！猛叫的影翩翻，聲迴合，送新人，懷舊侶，惆悵花前。郡主，只是俺有這些緣，要來成就的一對夫妻。你說那馬上的美少年是誰？便是十郎了。〔小玉喜介〕當真生受你了。青袍雪面，儂家少年得娘憐。稱玉臺雙結，紅絲　線。

〔四娘〕快下樓去，請老夫人堂上坐，迎接新郎。須教翡翠聞王母，不奈鴛鴦噪鵲橋。〔下介〔7〕、鄭六娘上〕

【小蓬萊〔8〕】花氣玲瓏仙苑，和龍爐寶燭薰天。摽梅將贈，芳華正攬，桃葉初傳。

鮑四娘，多勞你了！李十郎將到門，郡主可更衣迎婿。〔十郎上〕

【上林春】醉雨煙濃，泛晴波瀲，雲縹緲銀鸞半。見香生錦燭高燃，響處佩環低轉。

〔四娘出迎進介、眾贊禮新郎新人拜天地詩介〔9〕〕青皇垂裏地，黃媼上交天；二曜長相逐，三星徹夜圓。〔贊拜堂上，老夫人詩介〕上壽西王母，玄都婉大真〔10〕；璚花看結子，桃葉笑宜人。〔贊夫妻交拜，詩介〕百歲為夫婦，雙飛比鳳凰；生男為將相，生女配侯王。〔贊把酒介〕

【錦堂月】吹錦雲鮮，流珠日暖，春光蟬連畫院。鏤牒簾紋，笑隱

芙蓉嬌面。金莖蝶半簇華翹，香樹蛾滿堀絲疊。〔合〕持觴勸，看取才子佳人，百年姻眷。

【前腔】〔合〔11〕〕歡宴，橘浦仙媛，蘭陵貴士，同進花臺法膳。月醴華清，銀棱翠勺河源。金平脫半箸萍虀，畫油盦兒家禁臠。〔合前〕

【前腔】宛轉，繡履牆偏，瓊纖縫表，寒玉暖笙初囀〔12〕。新樣釵箟，點鬟招弄嬋娟。星星語透竹玲瓏，款款催貼花檀串。〔合前〕

【前腔】情盼，織女星傳，美人虹闞，暗褶畫鸞金線。襯體紅綃〔13〕，燭夜花房如茜。長頭錦翠答宜男，同心枕夜明如願。〔合前〕

【醉翁子】〔六娘〕堪羨，這才華定參時彥，怕京都紙價高，洛陽花賤。〔十郎跪介〕不淺，似海樣深恩，何處金珠買翠鈿。〔合〕成姻眷，但學天邊明月，四季團圓。

【前腔】〔小玉〕開辨，你蚤晚要魁金殿，看織錦迴文，裁紈歌扇。〔十郎小玉同跪介〕情願，對熱腦梅花，一縷眞香結誓言。〔合前〕

【僥僥令】〔合〔14〕〕燈花紅笑顫，高燭步生蓮。且喜闌夜，口脂香碧唾，環影耀金蟬，愛少年。

【前腔】顏酡春暈顯，花月好難眠。無奈斗轉，銀虯催漏悄，翠鳳裊鬟偏，待曉天。

【尾聲】繡帳流蘇度百年，作夫妻天長地遠，還願取桂子蘭孫滿玉田。

〔十郎小玉浣紗下、四娘辭六娘〕四娘，你也房裏攄些撒帳錢回去。〔四娘〕不便了。明日再來相看好郎君也〔15〕。〔下〕

芳樹交花御宿林，女蘿低度結同心；

璚樓自有吹簫侶，何用高堂綠綺琴！

校 注

〔1〕紅曙（shǔ）——紅色旭日。

〔2〕是令公府，俺郭小侯在此中住——富本「郭」字在上句「令公府」上。

〔3〕俺還曉得——富本無「俺」、「得」二字

〔4〕那向北去一所——句中「那」字，富本無。

〔5〕守那人兒出來——「兒」字，富本無。

〔6〕看在那邊去——富本在「看」字下有「他」字。

〔7〕下介——此二字原在「迎接新郎」句下，今移至下場詩「須教翡翠」兩句之下。

〔8〕小蓬萊——此曲在「桃葉初傳」下省略六句。

〔9〕四娘出迎進介、眾贊禮新郎新人拜天地詩介——富本作「眾山迎見介、結納介、贊拜天地詩」。

〔10〕大眞——富本作「太眞」，「大」與「太」通。

〔11〕合——原無此字，據富本補。

〔12〕囀——富本作「轉」。

〔13〕紅綃　　「綃（xiāo）」，原作「梢（shāo）」，據富本改。綃，生的絲織品。紅綃，紅色薄綢。

〔14〕合——原無此字，據富本補。

〔15〕明日再來相看好郎君也——富本作「明日再來罷」。

第十六齣　協　賀

〔櫻桃上〕銀蔓牽花紫帶長，絲絲絆著有情娘；紗窗細拂蛾眉了，斜斂輕身拜玉郎。奴家喚做櫻桃，從小伴郡主刺繡，昨晚郡主配了李郎，俺做櫻桃的在床後睡，教我怎的睡得著。那十郎甚麼的心情，俺郡主許多的門面，俺也聽不得了。如今日巳向午〔1〕，老夫人還教不要驚了他，只是郡主帶醒，蚤已起來梳頭了。〔小玉上〕

【探春令】紅樓半夜暖溶溶，羅帳春風。〔櫻桃前扶介、小玉〕嬌倩人扶，笑嗔人問，沒奈多情種。

　　【荷葉杯】還記夜闌相見，膽顫鬟亂四肢柔，昵人無語不擡頭。羞麼羞！羞麼羞！櫻桃，昨日折睡了身子，好不耐煩。〔櫻桃笑介〕賀喜郡主！辛苦郡主！〔作摩痛介、小玉〕一上床軃軃的睡覺到天亮，有甚麼疼來？

　　〔櫻桃笑介〕郡主，你哄櫻桃。櫻桃到不曾聽見〔2〕。〔小玉〕聽見甚的

來？〔櫻桃〕聽見郡主一上床就啼起來。

【鶯啼序】銀缸背帳肌色融，阮郎要攀花洞。碎嬌啼月底聞鶯，從容明宵再奉。猛喬才那些見饒，急答著盡情偷送。床籠動，脆腰支怎生攔縱。

〔小玉〕閒說！你去伏侍他起來梳洗，俺這裏不用你了。〔櫻桃〕李郎只怕還要睡睡。〔桃背介〕郡主要俺去，俺暫去簾兒裏，覷他在此怎的〔3〕。〔虛下介、復上潛覷介、小玉私云〕羞殺羞殺！做女兒見人只要藏〔4〕，驀地裏一個面生的男兒，要身子兒貼他睡〔5〕，又有許多做作，那幾下疼，就是殺人一般，曉起走下妝臺前，他又眼兒看著〔6〕帳外，只得出此〔7〕間獨坐，捫一捫疼，又怕丫頭們笑，他去了〔8〕，看看花綾帕上〔9〕。〔看介〕呀，這真紅點子是怎的來？怪道疼得慌。只是他也相似有幾點紅來，卻不聽見他說疼，怎的？〔櫻桃搶帕、小玉袖介、櫻桃〕紅點子都是郡主的，不要混了李十郎的點子。郡主，這是你身上的寶，借看一看。〔小玉〕四角帕兒，甚麼寶！也要看他。〔櫻桃〕昨晚是素林禽錦帕兒，今日變了紅，可不是寶！〔小玉〕原有些紅。

【前腔】眉州小錦新退紅，織成斷霞啼鳳。〔櫻桃笑介〕這分明桃源錦津，印透春痕一縫。〔玉罵桃唱〕眼乜斜無端覷人，這事絮他何用。輕調弄，櫻桃嘴那些尊重！

〔推櫻桃跪介、櫻桃〕定要借點兒看看，與櫻桃作個樣子。〔小玉〕你要看，俺去說與老夫人。〔櫻桃〕情願桃跪地〔10〕，隨郡主責罰〔11〕。〔小玉做行介、十郎上撞轉抱住介〕

【阮郎歸〔12〕】春光水暖翠芙蓉，宛轉繡衾中。妻，朝云何處覓行蹤？生憎日影簾旌動。

〔相見介〔13〕、十郎〕花色豔陽春。〔小玉〕邂逅奉清塵。〔合〕惟願長無別，合形作一身。〔坐介、十郎〕呀，鮑四娘令愛不勞行禮！〔小玉笑介〕他是俺府裏丫頭，奴家有事著他跪。〔十郎〕怎的充媒人過禮？〔小玉〕是俺著他來探你。〔十郎〕娘子，你這等有心，怪道這女郎說你心兒好。〔小玉〕甚麼女郎，喚他櫻桃便了。〔十郎〕看俺情分上，饒

他起去罷！〔櫻桃〕不敢起去，討了賞纔敢起去。〔十郎〕你要甚麼賞？〔櫻桃〕郡主有話在前了。〔十郎問玉介〕怎生説來？〔小玉笑介〕許了他一個小使。〔十郎〕把烏兒與他做對兒。〔櫻桃〕消不起。〔十郎〕有多少小使，隨你揀得。〔小玉〕把青兒與他罷！〔十郎〕青兒忒伶俐了，怕他配不起。〔櫻桃〕櫻桃到也伶俐。〔十郎〕伶俐人正要配個不伶俐的，纔搭得勻。〔櫻桃〕郡主伶俐，卻又配著相公伶俐，怎的？〔十郎笑介〕就是青兒罷了。叫青兒來。〔內叫有客來，報相公知道介〔14〕、浣紗上〕馬簇金吾仗，人薰異國香。稟上相公，花老爺、石老爺、尚老爺到來相賀。〔十郎〕既然客到，櫻桃且起來看酒。娘子，他與俺有兄弟之義，你可穿了服色，出來把酒。〔小玉〕理會得。〔玉下、十郎〕請三位老爺進堂上。〔三客上〕

【鵲橋仙】花轉風心，柳擅煙眼，著處紅霏綠颭。瓊樓珠閣映春山，拂仙掌翠華濃淡。

〔相見介、三客〕百年嘉禮，未獲少助紅筵之費，有愧朋情。〔十郎〕客邸匆匆，未獲裁稟〔15〕，轉辱光臨，有失門候〔16〕。〔二客〕請夫人拜賀。〔十郎〕義當出見。〔小玉上拜介、十郎〕新人看酒！〔櫻桃將酒上〕雅杯金作友，團扇玉為人。酒到。〔小玉把酒介〔17〕〕

【玉山頹】〔玉〔18〕〕金堂客至，下紅樓翠匐銀篦。薦芳塵點玉青蒜，起華箔押絲珠綴。微風約水，嫋處羞眉半聚，裏手拈鸚嘴。鬢釵垂，酒光浮溜映雙題。

【前腔】〔三客〔19〕〕美人雲氣，傍秦樓玉葉金枝。印春山半暈新眉，破朝花一條輕翠。畫梁初日，似綽約未勝羅綺，柳絮才輕麗。透春飛，笑和嬌語畫屏欹。

【前腔】〔十郎〕幾年排比，這姻緣十字詩媒〔20〕。遇仙媛濟北追陪，裊煙絲竹西歌吹。忘京華留滯〔21〕，盡百媚天應乞與，且自停絲騎。彩雲飛，銀蟬壓酒拚如泥。

【前腔】〔三客〕可人風味，篆煙籠畫漏遲遲。瑞香膏帳碧初垂，玉腰春茜紅新試。俺狂儔怪侶，來盼問雨香雲跡，喜氤盒人醉〔22〕。笑

-53-

低徊，從郎更索縷金杯。

〔花卿〕罷酒。老夫一言：十郎和俺們游俠長安，功名在邇，郡主可勸教十郎，努力前程，休得貪歡，費此白日。

【朱奴兒】好男兒芙蓉俊姿，爭聲價錦繡篇堆；勸取郎腰玉帶圍，休只把羅裙對繫！〔合〕看封誥鈿軸鸞迴，還比翼天池奮飛。

〔小玉〕三君在上，只怕十郎富貴，撇了奴家。

【前腔】夫人號排窠印泥，新縑手別樣蛾眉。〔花卿〕十郎不是兩心人。肘後香囊半尺絲，想不是浮雲夫婿。〔合前〕

【尾聲】〔十郎〔23〕〕紅林春殿轉霏微，歸軒動暮雲凝睇。〔三客〕十郎，明日元宵佳節，聖上勑賜燒燈，燈市最盛，明夕好同郡主遊玩一會，俺們朋友不便相從了。可怕金吾玉漏催。

〔三客下、小玉〕相公，妾看此三君意氣，俱公侯之相。〔十郎笑介〕女孩兒家曉得甚的來。〔小玉〕昔僖大夫之配當識趙狐，山吏部之妻暗窺嵇阮，方知女子過男子，不道今人讓古人。〔十郎笑介〕領教了。且向堂上問候老夫人。

翠氣春浮玉洞霞，王孫去後碧桃花；

香風醉逐乘鸞影，錦帳三千阿母家。

校　注

〔1〕日已向午——句中「已」字，富本作「勢」，不及「已」字明確。
〔2〕郡主，你哄櫻桃，櫻桃到不曾聽見——富本作「郡主，你哄櫻桃到不曾聽見」，少「櫻桃」二字，欠完滿。
〔3〕俺暫去簾兒裏，覷他在此怎的——富本作「俺且在簾兒裏，覷他看他怎的樣」。連用「覷」、「看」兩字，不如只用一個字。
〔4〕只要藏——富本作「只要躲」。
〔5〕要身子兒貼他睡——富本作「就把身子兒貼著他睡」。
〔6〕眼兒看著——富本在「看著」字前還有「溜溜的」三字。
〔7〕此——富本作「在」。
〔8〕他去了——富本作「櫻桃不在」。

〔9〕看看花綾帕上——富本在句前有「且」字。

〔10〕情願桃跪地——富本作「情願跪著在此」。

〔11〕責罰——在此二字下,富本還有「多少」二字。

〔12〕阮郎歸——此曲省去後六句。

〔13〕相見介——富本無此三字。

〔14〕內叫有客來,報相公知道介——富本無此句。

〔15〕未獲裁稟——句中「獲」字,富本作「遑」。

〔16〕有失門候——句中「門」字,富本作「迎」。

〔17〕小玉把酒介——原無「小玉」二字,富本注有「玉」字,據補。

〔18〕玉——「玉山頹」下「玉」字原無,據富本補。

〔19〕三客——原無此二字,據富本補。

〔20〕詩媒——「媒」原作「謀」,據富本改。

〔21〕忘京華留滯——句中「忘」字,富本作「暫」。

〔22〕喜氤氳人醉——富本作「喜氣氳人醉」。

〔23〕十郎——原無此二字,富本注有「丨」字,據補。

第十七齣　拾　簫

　　【點絳唇】〔內官嚴遵美上〕萬點星懸,九光霞見,芙蓉殿。上元燈樹,晻映黃羅扇。海色紅雲,玉班深護從龍宴。香雷燭電,緩步著流蘇輦。

　　太乙壇前月色新,明光宮裏太平人;龍銜火樹千重焰,鳳吐蓮花萬壽春。自家北院副使嚴遵美是也。先出馬存亮公公門下,後與西門季玄公公同掌披庭。袴衫供奉,無心作執笏軍容;楹舍藏書,那用到帖黃廳事。長想去青城山度日,暫掛了紫薇垣一星。擁護龍顏,週旋豹尾。恭遇上元佳節,官家勑賜燒燈,下官祗候聖駕,宴罷群臣,遊賞各宮。這是華清宮,真個好燈也!只見弱骨千絲,輕球萬眼。庭開菡萏,熒熒華岳明星;洞繞簀籥,點點竹宮燿火〔1〕。雲母帳前瀲灔,多則過十千枝光滴滴的露影琉璃;夜明簾外輝煌,少也有一萬盞脆泠泠〔2〕的雨絲纓絡。急閃閃瑤光亂散,妝成鹿銜五色靈芝;慢騰騰獸炭雄噴,做出犬吠三花寶葉。遊魚上下,似洞霄宮裏,隱隱約約,魚遊錦上生波〔3〕;走馬縱橫,像吐火山前,瓓瓓瓏瓏,馬瑙屏中絕影。怎見得星移萬戶,赤溜溜的珠球滾地拋來;可知他月到千門,碧團團的銀燭半空丟下。靈船低泛,通霞

臺上沉沉靄靄，平白地透出霞舟，百里丹煙流宿海；火鏡高然，望日觀前雄雄魄魄，半更天推開日扇，九枝紅豔簇天壇。的的攢攢晃舲稜，盡點綴了丹房簷蔔；霏霏裊裊旋華蓋，鎮飄搖的紫蔓葡萄〔4〕。綠綠天天，高掛著明璃〔5〕宛轉，都來是方壺素穀〔6〕黏成；紅紅白白，細看他花格綸連，好不過員嶠輕蠻剪就〔7〕。又不是龍吟聲、彪吼聲、驪合邏、驪佗夜〔8〕、驪跋至，蚤發擂了鼕鼕瞳瞳端門禁鼓，六街驚摻，阿香車裏行雷；且道個過雲社、飛盞社、喬宅眷、喬迎酒、喬樂神，旋扮裝來嘈嘈雜雜複道危棚，百隊喧攢，玉女窗前笑電。綠香沉穗，吹笙送度九微，峨峨豔豔，半層圍絡，金莖盤上映初晴；繡褥雲花，夾仗繞開四照，玲玲瓏瓏，幾柱冰條，玉膽瓶中看欲化。水晶藥璀璀璨璨，白鳳凝酥，到處廣寒宮一般清徹；珊瑚座瑞瑜璘璘，玄龍吐燭，咫尺融皋國萬里通明。玉消膏，琥珀餳，屑屑雾雾，裝花灌藕，朱盤架簇插飛蛾；流蘇帶，芳提葉，閒閒淡淡，糝火楊梅，縞衣衫爭傳帖璽。別樣機關，活動得奇奇怪怪，綵樓高處，削成仙子三山；諸般故事，渲畫得分分明明，玉柵鋪時，簇成皇帝萬歲。正是黃道宮羅瑞錦香，雲霞冉冉度霓裳，龍興鳳管經行處，萬點明星簇紫皇。道猶未了，聖駕早到。

【望吾鄉】〔眾擁元和皇帝上〕〔帝〔9〕〕萬戶春初，榮光麗寶圖。樓臺晻映星橋路，龍銜鳳燭雲霞曙。列彩豔椒塗，連廊耀綺疏，玉管金輿度。

金鎖通宵啟玉京，遲遲春箭入歌聲；寶坊〔10〕月皎龍燈澹，紫館風微鶴焰平。朕乃神堯皇帝九代玄孫〔11〕。紹引金繩，宏調玉燭，賴天地和靈〔12〕，祖宗載祀，日兄月姊，長開五色金輪，雲帥風師，每應三元玉管，翠陌湧琅邪之稻，香機足房子之絲，風枝蚤報千秋，雪鳥長呼萬歲。且喜今夕元宵佳節，燈月交輝，豐年之占，朕與百姓樂之。此是華清宮，徘徊一會。分付穿宮，傳令教坊司，暫停餘樂，踏歌一曲。〔內奏曲介〕

【黃龍探春燈〔13〕】鵲鴝風新，芙蓉宵近，昇平萬年光運。明霞秀色，明霞秀色，玉燭調輝，冰壺寫暈。照山河國泰民安，謝天地風調雨順。璧月度歌塵，長春聖人，長春聖人。

〔帝〔14〕〕再奏一曲來。

【前腔】〔內〔15〕〕縹緲紅雲，青鸞成陣，鬧〔16〕蟬玉梅風韻。紗籠半隱，紗籠半隱，笑語遙分，衣香暗認。謾挨搪細骨腰輕，解縱送迴波眼俊。璧月度歌塵，長春聖人，長春聖人〔17〕。

〔帝云〕詞是何人所作？〔內應介〕隴西進士李益。〔帝〕真才子也！嚴穿宮，把他名字黏在御屏風上。〔嚴呼萬歲介、帝〕再起玩賞一會。

【望吾鄉】寶炬金爐，宸遊席錦圖。上陽宴笑瓊霞駐，天風縹緲吹雲護。鼇彩忭嵩呼，鶉光照海酺，萬歲登高處。

嚴穿宮，元宵勝節，朕與文武官宴罷太早，朕看他們都有不盡之興，可傳示都下士女，無論貴賤道俗，俱得至華清宮玩燈，盡丙夜金吾不可呵止〔18〕，稱朕與民同樂之意。〔嚴呼萬歲、帝下、嚴〕分付監門尉，傳示金吾衛將軍〔19〕，奉聖旨，都下士女，貴賤道俗，並許至華清宮玩燈，盡丙夜不得呵止，稱與民同樂之意。〔內呼萬歲介、嚴卜、郭小侯鮑四娘同上看燈介〕五夜好春隨步暖，一年明月打頭圓。俺郭小侯蚤已皇親賜宴，旋聞聖旨許至華清宮玩燈，鮑四娘伴俺入宮，遊賞一會！

【出隊子】星毬銀樹，星毬銀樹，畫幕煙櫳照綺珠〔20〕，千門如畫晃金鋪，萬燭光中彩雲護。〔小侯〕四娘留些興回去。〔合〕且歸去侯家，香風九衢。〔下〕

〔杜秋娘善才扮女道士上〕樓臺皎似長明殿，燈火遙同不夜城。俺杜秋娘，曾入侍先帝，賜與霍王，如今入西王母觀作女冠，今夕風光，塵心未了，聞得聖旨許玩燈，到這華清宮。善才，這是俺和你舊遊之所，燈樂一般，只是人事不同了。

【前腔】芙蓉光吐，芙蓉光吐，絳闕霞宵月影舒，神壇太乙朗蓬壺，縹緲珠星躔漢渚。善才，回去罷，久玩此令人感傷〔21〕。好歸去仙家，霓裳步虛。〔下〕

〔鄭六娘十郎小玉上〕春宮不閉葳蕤鎖，星漢迴通宛轉橋。俺六娘曾事先帝，賜與霍王，這華清宮正是老身舊遊之所，十郎、郡主是不曾到此，正好遊玩一回。

【前腔】帝城三五，帝城三五，紫禁煙花繞玉除，暗塵紅隘碧鈿車，墜瑟遺釵飄滿路。十郎、小玉呵，同去玩天燈，金蓮暗扶。

【前腔】〔十郎小玉〕絳臺雲母，絳臺雲母，綠炬朱棚上轆轤，霜蛾白鳳繞麟鬚，穠李纖歌人幾處。娘，看銀燭青煙，怕甚金吾！

〔金吾將軍上、喝介〕漏過三聲了，還道是不怕金吾。快走！清宮太監來也。

【浪淘沙】官至執金吾，緹騎前驅。蹋歌人散錦氍毹。玉漏三聲宵已半，聽響銅壺，聽響銅壺。

快走快走，拏著！〔下、六娘十郎走上叫〕小玉快行！

【前腔】〔六娘〔22〕〕踏碎玉蟾蜍，嚴署催呼。呀，小玉在那裏？〔作慌介〕等閒失卻鳳將雛。那邊笑聲相似他。〔十郎尋叫哭介〔23〕〕巧笑燈前人不見，淚蠟垂珠，淚蠟垂珠。

〔內喝拿介、六娘十郎下、小玉〕冤家！我的娘！我的十郎夫在那裏？〔內喝、作驚介、走介〕

【前腔】徼道響雲除，月墮金樞。冤家，宮門屈曲，教奴從那路出去！千門萬戶怎踟躕？〔作跌拾簫科〕呀，原來是一管紫玉簫在地上滑著，想起一計來，奴家嬌弱女孩兒，外間燈市闐塞〔24〕，縱出得去，也落少年之手，不如就取著紫玉簫在手，遇著清宮太監，拿到內家殿前，更有分訴處，倘天恩垂問，便將我十郎才名說一番，或見矜憐送出。拾卻紫簫閒按取，引出仙都，引出仙都。〔嚴呼喝上、小玉驚伏介〕

【前腔】〔嚴〔25〕〕火樹欲棲烏，銀鑰催臚。手下好生搜索！各處恐有奸細。樓心殿腳有人無？〔眾喊介〕拏得一個小女兒，偷卻太真娘娘紫玉簫，躲在殿西頭。〔嚴〕呀，女子犯禁了！玉管偷來緣底事？問是誰姝？問是誰姝？〔眾擁小玉下〕

【一江風】〔郭娘娘上〕翠雲翹，玉殿催春早，玲瓏繡額寒猶峭。

過燈宵，火樹銀樓，點綴星楡照。香猊穗縷搖，聽阿監巡吹繞，風清別院昇平調。

【更漏子】展金宮，鋪玉冊，光映錦貂梅額。三殿宴，九枝燈〔26〕，春風繞畫棚。珠門直，銀蟾滴，人在鳳橋吹笛。簪繡蝶，卜羅裙，瑞龍香自薰。自家郭貴妃是也。先祖汾陽王郭子儀，父親太尉郭曖，母親齊國大長公主〔27〕。自幼聘入廣陵王爲妃，皇上即位，進冊貴妃〔28〕，掌管長秋宮玉璽。生下女兒太和公主。外家兄弟，止有小侯郭鋒一人。自家早應星娥，出參天姝〔29〕。熒熒金屋，長公主調笑膠東；蕩蕩瓊霄，先太傅進封高密。班婕好竟辭同輦，看甘泉宮裏，那堪圖畫夫人；馬明德長居後堂，怪白玉階前，不記披香博士。因此輒開魚貫，長詠《關雎》。且喜玉燭調輝，金環順序。恭遇元宵令節，侍宴回宮，怕有失事宮娥，邵獄來此，禮當祗候。道猶未了，穿宮早到。〔嚴人監押小玉上〕

【前腔】〔嚴〔30〕〕紫霞標，殿幄籠春曉，龍輿鳳吹煙花裊。恨燈宵，傍月迴雲，亂映芙蓉笑。妮子呵，風韻好無憀，玲瓏花犯巧，偷將玉管吹雲表。

聖旨道，朕賞燈筵〔31〕之綺節，聽才子之芳詞，與民同樂，得盡丙夜，至期穿宮出徼，搜得一女兒，盜太眞娘娘紫玉簫一管在手。可是内院宮人，厭金閨而巧出；或者教坊弟子，按珠曲以偷傳。著送長秋宮中細問，倘係都人士女，問他落後情由。〔郭娘娘〕萬歲！

【桂枝香】〔扣問介〕婦人，你可是宮娥？燈輝月耀，紅訛翠擾。莫不是絳殿容華，早罷卻朱衙爐燎，怨重閨疊瑣，怨重閨疊瑣，洞房空曉，鏡臺空老，乘月步招搖，別有處知音也，因此上暗引瓊簫出鳳翹。

〔小玉〕妾怎充得宮女，服色不同。

【前腔】金宮魚藻，彤墀鶴草，似這般銀鑰鶒鶿，怎做得雕籠去鳥。恁宮監老伴，恁宮監老伴，披圖對召，抄名暗叫，春滿睡紅綃，似這般憔悴也，羞殺容華金步搖。

〔郭娘娘〕不是宮人，便是宮妓，纔用得紫玉簫。

【前腔】看你搔頭鳳矯，檀心翠巧，若不是度曲韓娥，定則是縈情蘇小。向殿頭供奉，向殿頭供奉，傳梅索笑，歌蘭合調〔32〕，隨例雜簫韶，因此上偷將也，暗譜《霓裳》趁《綠腰》。

〔小玉〕妾如今非教坊人了。

【前腔】章臺夢悄，橫塘路杳。娘娘，若還是絳樹梨園，怎不帶柘枝花帽？和衫裙長俏，和衫裙長俏，雲棚斷掃，紅氍罷裊，無分逐花妖。若提起洞簫也，鳳侶曾經素手招。

〔娘娘〕怎的比著秦弄玉？他是公侯貴種。你既不是宮妓，緣何到此宮來，盜此簫去，可是何等婦女〔33〕？〔小玉〕妾姓霍，名小玉，霍王之女。〔娘娘〕霍王是封邑在霍，你卻姓霍，緣何是他女？〔小玉〕妾母鄭六娘，原是內家供奉左班人，賜與霍王二十年，生妾十六歲。嫌妾出微，改姓從霍。賜紅樓一座，御賜寶玉十廚，聽母擇婿。不敢欺誑娘娘。
〔娘娘扯起玉科〕霍王是順宗皇帝兄弟〔34〕，並肩一字王。既係王女，便同郡主，請起借問來由。

【集賢賓】〔小玉〕家母呵，宮花漢殿曾分笑，賜梁園玉葉蘭苕。〔娘娘〕緣何放出？〔小玉〕桂樹銀床心好道，攬青絲素鬢無聊。〔娘娘〕他因此感傷麼？〔小玉〕正是。慵禁細腰，總放卻星瞳月貌。〔娘娘〕可學得仙成〔35〕？〔小玉〕修行早，可知是淮王不老。

〔娘娘〕郡主可招得甚才郎？〔小玉〕已配人了。

【前腔】隴西士族美〔36〕年少，似淩雲逸氣飄飄，玉樹風前冰雪皎，綴新篇璀璨璚包。〔娘娘〕他祖上可有個〔37〕仕宦？〔小玉〕簪裾累朝。〔娘娘〕姓甚名誰？〔小玉〕喚做李十郎。〔娘娘〕宮中常聞得外間有李十郎是才子，可就是這人？〔小玉〕便是。香名滿玉堂風調。〔娘娘〕他可出得身否？〔小玉〕他見在此應制，不日上春榜了。龍欲跳，看咫尺鵬溟鳳沼。

〔娘娘〕郡主，你成就許多時了？想是同到華清宮玩燈麼？

【前腔】〔小玉〕藍田種璧初垂耀。〔娘娘〕這等是佳人才子了。〔小生〕愧微軀不似璚瑤。只為十二雲衢燈月好，攬芳心對影華宵。〔娘娘〕

這等是十郎同來，怎麼不回顧郡主？〔小玉〕**更深麗譙。**〔娘娘〕可是金吾將軍清宮太監要鎖宮門，沖散了伴當？〔小玉〕正是。**斷群處鴻迷鵲繞。**〔悲介背云〕十郎夫！**心縈燥，對殘燭淚紅多少。**

〔娘娘〕郡主緣何偷著 [38] 太眞娘娘紫玉簫？

【前腔】〔小玉〕**歸雲背月金蓮小，殿西頭暗拾璃簫。**奴家此時想將起來，孤身獨步，怎生回去？那燈市呵，**紫陌遊童喧未了，怕宵征薄行橫挑。**奴家若落此輩之手，縱然他引得奴回去，何顏自洗，因此奴家拿著此簫，**寧歸法條。倘遇著龍顏鳳表，明訴告，**奴便死在金階下甘心了，**也顯得夜行分曉。**

〔娘娘〕好志氣！好能事！

【琥珀貓兒墜】生小香娃，絕世心靈巧，多露沾衣能自保，冰壺徹底見清標。待曉，奏送孤鸞，還歸鳳條。〔小玉拜求科〕

【前腔】睡鳥驚啼，墜月金萃表。娘娘，**願借蓮臺分綺照。**〔娘娘〕只怕聖躬龍寢，奏不得事了。〔小玉〕娘娘，**聽別殿歡笑呵，還聞天語墜雲霄。**〔娘娘〕只怕天也將曉。〔小玉〕**難曉，蚤賜金雞，還飛鵲橋。**

〔娘娘〕郡主要歸急，便可同到別殿。將霍王舊事重說一番。〔小玉〕

【尾聲】芙蓉別殿煩相奏，鳳管偷吹倘見饒。〔娘娘〕說那裏話！**還有華燈送出中人導。**

〔娘娘〕花宮蓮漏已三更，〔小玉〕獨自低迷步玉京；

〔合〕到得殿頭宣賜燭，重開金鎖放人行。

校 注

〔1〕爟（guàn）火——「爟」字原誤作「權」，據富本改。
〔2〕泠（líng）泠——原誤作「冷冷」，據富本改。
〔3〕魚油錦上生波——句中「油」字原誤作「遊」，據富本改。
〔4〕葡萄——原誤作「莆萄」，據富本改。

〔5〕璚（qióng）——同「瓊」。美玉曰瓊，凡比喻美好的事物，皆可用「瓊」字。

〔6〕縠（hú）——縐紗一類織品。

〔7〕剪就——「剪」字，富本作「裁」。

〔8〕驎佗夜——句中「佗」字，富本作「迤」。

〔9〕帝——原無此字，據富本補。

〔10〕寶坊——「坊」，富本作「房」。

〔11〕玄孫——富本無「玄」字。

〔12〕和靈——「靈」字，富本作「寧」。

〔13〕黃龍探春燈——《九宮大成南北詞宮譜》卷七十二引，題作「龍銜春燈朝天」，
並注云：「舊名《黃龍捧燈月》，『明霞秀色』句，不迭。」

〔14〕〔帝〕再奏上一曲來——原無，據富本補。

〔15〕〔內〕——原無，據富本補。

〔16〕鬧——原誤作「闌」，據富本改。

〔17〕長春聖人，長春聖人——原無此疊句，據富本補。

〔18〕金吾不可呵止——句中「可」字，富本作「得」，本齣下文也作「得」。

〔19〕金吾衛將軍——富本無「衛」字。

〔20〕畫幕煙櫳照綺珠——「幕」，原作「翼」，據富本改。

〔21〕久玩此令人感傷——句中「此」字，富本無。

〔22〕〔六娘〕——原無，富本注有「鄭」字，據補。

〔23〕十郎尋叫哭介——富本無「哭」字。

〔24〕外間燈市闃塞——「闃」，富本作「塡」。

〔25〕〔嚴〕——原無此字，據富本補。

〔26〕九枝燈——「九」，富本作「曲」。

〔27〕齊國大長公主——「大」字，原作「太」，據富本改。

〔28〕進冊貴妃——「進冊」二字，富本作「冊立」。

〔29〕出參天姝——句中「姝」字，疑當作「妹」。

〔30〕〔嚴〕——原無此字，據富本補。

〔31〕筵——原作「宴」，據富本改。

〔32〕歌蘭合調——「蘭」字，富本作「闌」。

〔33〕可是何等婦女——句中「可」字，富本作「還」。

〔34〕皇帝兄弟——「兄弟」，富本無「弟」字。

〔35〕可學得成仙——「可」，原作「可可」，衍，據富本刪。

〔36〕美——富本作「他」。

〔37〕有個——原無「個」字，據富本補。

〔38〕緣何偷著——「偷著」，富本作「得」。

第十八齣　賜　簫

【天下樂】〔女官內臣上〕香爐撲扇侍金蟬，密炬籠綃鬥玉鈿；人影漸稀花露冷，踏歌吹度曉雲邊。

列位請了！五夜迴清晝，千門映紫薇；同將花燭影，相送玉人歸。霍王郡主看燈失侶，怕落少年之手，寧可落在宮中，拾了太貞娘娘紫玉簫，要人拿住，著送長秋宮郭娘娘審問，引奏御前，明白了他的氣節，著俺女官內臣，銷金寶燭四籠，送他回府，並賜他原拾紫玉簫一管，內科一道，他如今在長秋宮謝恩去了，想即到來，俺們在此華清宮門外伺候〔1〕。〔小玉拿簫上〕

【玩仙燈〔2〕】歸色滿銀蟾，好風光長明宮院。

列位宮官，蒙聖恩多勞了！〔眾云〕夜過三更，郡主請行〔3〕。

【四邊靜】〔眾〔4〕〕春光碧瑣芙蓉殿，複道煙花轉。玉女對星懸，金童承露偄。〔合〕步搖釵戰，淩波襪軟。〔女官扶玉科〕歸路擁嬋娟，珠宮錦霞蒨。

〔小玉〕不勞扶了。

【前腔】春城夜色人深院，巧笑殘妝宴。坐冷燭花偏，啼殘香夢遠。〔合前〕

【前腔】琉璃甃路平如練，緩步多苔蘚。愛月幾人眠，行雲今夜免。〔合前〕

【前腔】宮車夾仗香雷輾〔5〕，閃碎紅雲片。翠鳳減宵眠，銀蚪淹曉箭。〔合前〕

〔小玉〕好了，望見本府的紅樓子了。

燈半闌珊月氣寒，《霓裳》吹遍夜深還；
只應不盡婆娑意，猶向街心弄影看。

校　注

〔1〕俺們在此華清宮門外伺候——富本在「伺候」下，有「則個，道猶未了，霍郡主早到。」

〔2〕玩仙燈——此曲在「長明宮院」下省略五句。

〔3〕郡主請行——富本「行」字下有「罷」字。又在此句下，原有「合」字，據富本刪。

〔4〕眾——原無「眾」字，據富本補。

〔5〕宮車夾仗香雷輾——句中「香」字，富本作「如」；又「輾（niǎn）」字，同「碾」，謂滾壓。

第十九齣　詔　歸

【粉蝶兒〔1〕】〔六娘同十郎上〕寶鴨銅駝，珠淚暗飄紅蠟。

〔六娘〕孤燈容易落，碎月好難圓。十郎，你夫婦纔得三朝，今夜元宵，宮中遊玩，正是良辰美景、賞心樂事，誰知窖地裏風波撤散，尋覓不見，不知落在天家，還落在人家？好不苦殺人也！〔十郎〕苦殺小玉妻！你若落在天家，怕你不慣考問〔2〕，嬌滴滴的怎禁得摧挫。若落在人家呵，一發苦殺你了。〔哭介〔3〕〕

【獅子序】他若是落天家，怕驚搖嫩蕊嬌花。更燈闌紫陌，俠少豪華。〔六娘〕若是惡少們懊著他呵，他性子不是金篦自刺，定向玉井頭骨董一聲了。**虧殺他捅輕狂，推薄倖**〔4〕，**嗔阿母，罵檀郎，玉梅花下惡咨嗟。愁腸根觸，殘月**些些。

十郎，且待東窗曙了，去朝門外取個消息〔5〕。且在繡閣上坐等雞鳴。〔做悲哭坐科、女官燈籠小玉攜簫上〕

【粉蝶兒】玉燭歸來，蚤已明星破夜。

〔扣門、鄭六娘十郎驚開科〕呀！燈燭熒煌，原來郡主到也。〔宮官〕聖旨到，跪聽宣讀。朕雅愛風謠〔6〕，泛採奇秀，知隴西李益博學弘詞，妻小玉復是霍王叔父之女，看燈失侶，畏行多露，巧拾璃簫，智慧衛潔，朕甚嘉之，即撤華清宮鳳燭，兼賜所拾璃簫一管，送歸李益之宅。其謝本不必親齎，附霍嗣王府進上。叩頭謝恩！〔眾拱手科、十郎〕留列位

老公公老夫人一茶。〔眾云〕聖躬五鼓視朝。不敢久留。去也。請了！〔下介、六娘十郎小玉相抱科、六娘〕兒著驚了！〔十郎〕妻著驚了！〔小玉〕天恩有幸，不曾著甚驚。一從相失了阿娘和十郎，內家傳呼轉急，怎生出得？走得慌呵〔7〕！丹墀一跌，原來是管紫玉簫滑著。尋思計來，外間看燈人鬧，都是少年遊冶兒，縱出得宮門〔8〕，不得清白還家，因此躲在殿西頭，儘著穿宮拿去，拿到永巷娘娘宮中訊問，兒將父王名字並李十郎才學家世說起，那娘娘便相敬順，引奏御前，恩賜玉簫鳳燭，眞是天恩難報。〔六娘十郎小玉合〕

【一封書】喜片玉無瑕，乍分輝寶燭華。這皇恩有涯，逞風流出內家。香消侍女彈金炮，月冷歸人濕絳紗。成佳話，轉清華，帝子璃簫度曉霞。

〔六娘〕十郎還與小玉去睡一睡！

丹穴驚飛雙鳳凰，歡娛轉作豔歌傷；

沖宵只避金吾貴，破曉仍分玉燭光。

校　注

〔1〕粉蝶兒——此曲在「珠淚暗飄紅蠟」下，省略四句。下「下燭歸來」一支同。
〔2〕怕你不慣考問——句中「考問」，富本作「拷問」。
〔3〕哭介——此二字下原有「合」字，衍，據富本刪。
〔4〕推薄幸——句中「推」字，富本作「椎」。
〔5〕取個消息——原無「個」字，據富本補。
〔6〕朕雅愛風謠——句中「朕」字下，富本有「惟」字。風謠，指民歌。
〔7〕怎生出得？走得慌呵——富本作「怎出得好一慌呵」。
〔8〕縱出得宮門——富本作「縱得出宮門」。「出得」二字，顛倒用之，而義不變。

第二十齣　勝　遊

〔櫻桃上〕意態精神畫亦難，花枝實個好團欒；曲囀新聲銀甲暖，醅浮香米玉蛆寒〔1〕。自家櫻桃是也。郡主配了李十郎，把青兒賜了櫻桃，烏兒賜了浣紗姐，正是白的對白的，烏的對烏的。只一件來，青兒性格

伶俐知書，卻被十郎使得東去西去，除了夜間，日間再不能勾同睡睡，
到不如鳥兒兩口，鎮日在竈前竈後諢耍。這也難怪，正是乖的走碌磚，
贏得眼頭熟；癡的不出屋，夜夜皮穿肉。俺看李郎和郡主，什麼相偎相
愛，爲他還不曾除授官職，儘著閒纏，今又分付青兒，叫承奉們開了老
殿下爺爺花園，打理祵襹床頓，以備遊倦一時之憩。老夫人又教俺取了
白玉碾花尊，盛了葡萄〔2〕新釀，剔紅蝶〔3〕几上安著蔢葉碗數十樣，
花餈玉菓，伺候郡主一對兒早得行遊者〔4〕。

【虞美人】〔小玉上〕楚腰蟬領團香玉，鬢疊深深綠。翠眉袋留戀
他〔5〕，年少，此時春態暗關情〔6〕。

【春光好】紗窗暖，畫屏閒，嚲雲鬟，睡起四肢無力，半春關〔7〕。〔櫻
桃〕玉指剪裁羅勝，金盤點綴酥山。小姐呵，你交頸深心無限事，小
眉彎〔8〕。〔小玉〕櫻桃，你說咱深心無限事，有什麼事來？〔櫻桃〕
郡主未遇李郎之時，俺伴著你打秋韆，擲金錢，鬥鵪鶉，賭荔枝，拋
紅豆，捉迷藏，你眉兒長展展的快活；到遇了李郎，滿了月來，只管
守著李郎在紗窗裏坐，也不與俺二人耍一耍，見你眉尖上長簇將起來，
敢是著傷了？〔小玉〕櫻桃，你怎知道，俺做女兒時，由得自家心性，
帶了頭花後，便使不得女兒性子了，做人渾家的，當得日夜迎歡送愛，
卻也不耐煩了，今日他要同遊花園去，十數里路，俺怎走得，也只得
勉強陪奉他。〔櫻桃〕郡主，怪道你常時更初一覺，睡到天明，自成了
人後，夜裏〔9〕和李郎絮叨叨到四五更鼓，番來覆去，那裏睡來。眞個
是成人不自在哩！〔小玉〕不要閒話。問你酒臺食格，俱要齊整，十
郎將到，就要遊去〔10〕。

【上林春】〔十郎上〕散帙餘閒，攤書正滿，明窗鷎飄紅點硯。正
花冠鼓翼牆頭，好是晝長人倦。

〔轉身偎著小玉科〕因卿狎態堪歸畫，惹我風心欲蕩春。俺看了幾篇賦
〔11〕，臨了幾紙帖，身子便覺慵了，你與我同去遊遊園池山子。〔小玉〕
山子池上園中，迂曲有十數里，從容來去，要得昏黑，俺已分付浣紗烏
兒在府伏侍老夫人，排備菓酒，便好帶蚤去，只是俺小鞋兒怕苔滑，要
你作漢子的健節些。〔十郎〕這是本等。櫻桃，前到百花亭等著。俺們
緩緩來。〔做行介〕二月春來半，王家日漸長；柳垂金屋暖，花發玉樓

香。呀,這就是花園洞口,好屈曲!好幽致!我和你慢慢行去。

【畫眉序】紅徑柳絲牽,洞口桃源香帶轉。正花柔玉暖,貪戲韶年。〔作低頭入花園門介〕礙釵翹側度雲蟬。〔作墜釵十郎拾與插介〕墜紅掌金蟲細鈿。苔痕厭印芳茸淺,暗穿花背人偷展。

〔小玉〕十郎。你怎的說個偷展?〔十郎〕前面有萬春亭,百花深處無人,芳草細鋪茵,俺和你不能忘情。〔小玉〕說也可人〔12〕,就到萬春亭繞花行一會去。

【黃鶯兒】偷眼豔陽天,映朝姝沁彩煙,蒸霞炫日風和扇。香鬢慢颭,紅心鬥展,濃棠弄壓柔條顫。糁花鈿,瓊纖袖口,拈插鬢雲偏。

〔十郎〕好,到了。這亭子上卻有局腳床、金地褥。〔小玉〕是俺叫青兒放在這裏,只說你一個來遊戲〔13〕,在此畫睡一睡;今日俺同來,你不得睡了。把酒酌一杯,起去遊玩。〔十郎〕不妨睡睡去。〔小玉〕羞殺人。〔進酒與十郎科〕俺和你私祝花神。花神!願護持俺夫婦百歲同春!〔飲十郎科,十郎把酒飲玉科,玉做醉科,十郎扶玉坐科〕

【四時花】〔十郎〔14〕〕仙酒醉嬋娟,這肌兒脆,聲兒顫,帶笑花前。嬌然,斜簪拋出金縷懸,鵝黃畫袴吹可憐,皺湘裙彈著眠。粉檀香潤,拚驕〔15〕恣妍,真珠幾滴紅上面。婀娜垂柳邊,又不是看花人俺,護春柔酒暈,惹人閒緒花片。

〔玉作強對十郎科〔16〕〕不要你摟著人,俺自家行。〔十郎〕你才間昏昏的,隨俺擺佈你了。〔小玉〕俺道不帶醉〔17〕。〔櫻桃〕前面是華山、昆明池水〔18〕。長安八水,登樓可見。郡主呵,這樓是老殿下起的。〔小玉〕是了。叫做駐春樓。十郎夫,你看樓上好不精緻,只是王孫去也呵!

【皂羅袍帶】十二彩鸞屏扇,恨鵲巖煙斷,篦盡春山〔19〕。浮漚繡澀畫綸連,瑤星碧霧看宛轉。花光玉洞,丹砂幾年?華清繡領〔20〕,王孫故園。佳人挾瑟,一似漳河怨。〔玉云〕十郎夫,你只是不曾遇得父王呵〔21〕!招司馬,進仲宣,晴窗檢點白雲篇。嚲紅頰,數綠錢,高樓誰信與天連。

〔十郎〕娘子，你不須悲咽！俺和你去假山子上走一走。〔下樓行科〕

【解三醒】〔十郎〕疊春岑踦嶇〔22〕幾轉，一般的蔽日回雲岫紫煙，金苔玉枝青偃蹇。透窺窗玉女懸河，似青霞削出芙蓉瓣，又似巫峽瀟湘對落猿。堪遊衍，恨小山人去，緱嶺音傳。

〔小玉〕說甚麼巫峽瀟湘？〔十郎〕巫峽，楚王會神女之處。瀟湘是說虞舜學道入九嶷山，二妃不得相從，一似令尊父王學道入華山，令堂不得相從一般。〔小玉歎介〕正是。你說瀟湘，君看水上千竿竹〔23〕，不是男兒淚染成。

【浣溪沙】〔小玉〔24〕行介〕颾湘岑，簇兔園，銀花水照得潺湲，笙簫慈姹對嬋娟，相思有恨窺鸞遍。戛玲瓏把金釵敲竹透歌泉，歌得好賭卻金錢？

〔十郎〕夫妻賭甚麼金錢？〔小玉〕賭夜落金錢花。〔十郎〕就把夜合歡花當著金錢。〔小玉〕你作竹枝詞，俺作女兒接你。〔十郎〕使得〔25〕。〔打歌科，十郎歌〕赤繩千結，〔小玉接〕絆人深。〔十郎〕越羅萬丈，〔小玉接〕表長尋。〔十郎〕楊柳在身，〔小玉接〕垂意緒。〔十郎〕藕花落盡，〔小玉接〕見蓮心。〔十郎〕好個夫唱婦隨！〔櫻桃〕前面是昆明池水，十郎、郡主，有一兩點催花雨到了。昆明池畔有老殿下弄珠亭，快走到那裏，再飲幾杯回去。〔十郎小玉快行介〕

【喬合笙】〔十郎〔26〕〕鎮催花雨點，鎮催花雨點，勒暖盦寒。垂雲一似濃鬟渲，水氣花香風暗傳，覆著同心扇。草絲薰軟，翠茸茸毯著雙彎蹮，繡墩金線，謾細織簾紋，熨浪痕穿花掠燕，迴蘭戲鴛。個人無賴嬌波轉，同行並著香肩，待到深庭院，褪卻中衣絹。

〔小玉〕到了弄珠亭坐地，十郎，你也尊重些！

【啄木兒】〔27〕狂耍婿，遊戲仙，荳蔻圖中春數點。十郎夫，你只管擁著人，弄皺奴花勝兒，**歡情態皺花呵展**。俺在家中繡了幾針領子，如今閒遊呵，**繡工夫葡桃幾線**，卻怎的**半踏長裙香徑遠**！十郎夫，也只是奉承你歡喜。你看這**歡杯對影分嬌面**。〔十郎〕只管勸人酒，不聽我講話。〔小玉〕

你還講閒話，那竹林外有人在作聲。**好似青樓鮑四絃。**

〔十郎〕快喚一聲鮑四娘。〔內作鳥聲介〕呀，沒有人影。

【玉交枝】沉沉深院，錯呼人花林水邊。小玉妻，你看那孔翠鳥兒〔28〕都驚起了。**雙飛翠點驚人見，丁香隊裏盤旋。**你勸醉我，我還要醉你一醉。〔小玉作不飲笑嚼花科、十郎〕小玉姐，**你休要把郎拽住喬作慳，嬌嗔要得人饒慣，新花蕊芳心咬殘，戲捎鶯迴睞偷盼**〔29〕。

〔小玉〕十郎夫，俺看你錯愛奴家，忘其憔悴。只是一件，新人有時故，丈夫多好新；《綠衣》《白華》，自古所歎。妾聞得昔有華山畿祝英臺二女，一感生情，便同死穴，況賤妾因緣奉君，砥礪磐石之心，有如皎日，但足下有四方之志，兼是隴西士族，亂定而歸，定尋名對，華落理必賤，誰得怨君，但私願耿耿，竊有請於君前。〔十郎〕願領教。〔小玉〕妾年十八，君年二十，願芷待三十歲，是妾二十八矣，此時足下改聘茂陵，永抛蘇蕙，妾死無憾矣！〔十郎〕說那裏話！卿非卓女，生非賣酒，一代一雙，同室同穴。〔小玉〕這也難料，只是暫時笑語呵。

【玉胞肚】願侍十年歡嬿，儘著這紅嬌翠鮮，碎心情眉角相偎，趁光陰透體交眠。夫婦人過了二十八九呵，怕得海棠香晚，**寶簪敲折鳳辭弦**〔30〕，**夢裏湘雲過雨痕。**

〔十郎〕你不須閒想，小生這點中心呵：

【玉山頹】你精神桃李，紅抹肚溫香膩綿，惹嬌音春思無邊，襯輕軀著處堪憐。佳人絕世，更甚名花堪羨？薄倖教天譴。負青天，年年春病到身邊。

〔小玉〕十郎，奴家奩金指盒兒裏，有烏絲欄紙數枚，綠沉管筆，螺子墨，你可寫下數句，作奴終身之記，你他日宦遊去〔31〕，妾見所題，如見我夫〔32〕矣！〔十郎〕使得。〔櫻桃取紙筆介、十郎〕妻，你看昆明池上，刻有牛郎織女，就對此為盟，題上幾句。〔詩雲〕合影連心，昆明池館。織女臨河，仙郎對岸。地老天荒，海枯石爛。永劫同灰，無忘旦旦。〔小玉〕謝了。〔拜介〔33〕〕

【川撥棹】承相盼。十郎夫，這香火情何限！怕只怕箋梅字殷，怕只怕箋梅字殷，道得個海枯石爛，不爭你僑〔34〕啜賺，謾將牢這話難。

　　李郎，你定了這段誓盟，也不枉了伴你一遊。看看日勢向晚，早尋歸路則個〔35〕。〔櫻桃〕這有一條路，傍著猿岩鵲渚〔36〕回去不遠。〔歸科〕

【憶多嬌】〔小玉〔37〕〕春色黯，香徑晚，掛猿枝裊裊啼翠巒。紫閣岫，日猶懸，玉女峰前雲半捲。花葉芊眠，花葉芊眠，忙歸去棲鳥暗喧。

　　〔玉作跌十郎扶起科〕有俺丈夫在此，帶月而行，未為不可，著甚乾忙，跌了腿子，綻了鞋兒。起來慢慢行！你看月上了〔38〕。

【月上海棠】蓮三寸，重臺小樣紅編綻，怕逗了朱門，半約花關。這一番遊滿春山，較添得許多嬌眼。人影散，花月下，櫻桃的叩響銅鐶。

　　〔作開門〔39〕，浣紗持燭開門進科、小玉〕老夫人睡未？〔浣紗〕整了酒在內堂相待，請進去。

【尾聲】〔十郎〔40〕〕情展轉〔41〕，興多般，一簾花影上闌干。〔小玉〕夫，俺陪你飲了酒，再來玩月。好看春庭夜合歡。

　　輕風綽袂翠鬟偏，紅壁春燈豔綺筵；
　　今宵且自縈衾帶，明日追陪度管絃。

校　注

〔1〕玉蛆寒——富本作「玉翻寒」。
〔2〕葡萄——原作「蒲桃」，據富本改。
〔3〕蝶——富本作「矮」。
〔4〕早得行遊者——「早」字，富本作「足」。
〔5〕翠眉袋留戀他——按：此句應為七字，且又失韻，疑有脫誤；「袋」，疑為「黛」字的誤寫。
〔6〕春態暗關情——意指暗暗牽動著懷春的感情。《牡丹亭·驚夢》：「炷盡沉煙，拋殘繡線，恁今春關情似去年？」
〔7〕睡起四肢無力，半春關——按：此句襲用唐五代·和凝《春光好》詞：「睡起四肢無力，半春間。」把「間」改作「關」。

〔8〕小眉彎——「彎」原作「灣」，據富本改。

〔9〕「夜裏」上——富本有「鎮」字。

〔10〕就要遊去——句中「遊去」二字，富本作「去遊」。

〔11〕俺看了幾篇賦——句中「了」字原無，據富本補。

〔12〕可人——富本作「不當」。

〔13〕只說你一個來遊戲——句中「遊戲」原作「遊喜」，據富本改。

〔14〕十郎——原無此二字，富本注有「十」字，據補。

〔15〕驕——疑當作「嬌」。

〔16〕玉作強對十郎科——富本無「作強對十郎科」六字。

〔17〕俺道不帶醉——原作「俺還不帶醒」，據富本改。

〔18〕前面是華山、昆明池水——句中「是」字前，富本有「隱隱」二字。

〔29〕罨（yǎn）盡春山——「盡」字，疑當作「畫」。

〔20〕華清繡領——「領」，疑當作「嶺（嶺）」。

〔21〕你只是不曾遇得父王呵——富本作「你是不曾遇得我父王在家呵」。

〔22〕踦嶇——應簡化作「崎嶇」，形容山路不平。

〔23〕君看水上千竿竹——原奪「千」字，據富本補。

〔24〕小玉——原無此二字，富本注有「玉」字，據補。

〔25〕使得——此二字下，富本有「你聽我道」四字。

〔26〕十郎——原無此二字，富本注有「十」字，據補。

〔27〕啄木兒——「啄」字原誤作「琢」，據富本改。

〔28〕孔翠鳥兒——富本作「孔雀鳥兒」。

〔29〕回眸偷眄（miàn）——「眄」字，富本作「盼」。

〔30〕寶簪敲折鳳辭弦——「弦」，富本作「絃」。今皆統一用「弦」字而不用「絃」。

〔31〕宦遊去——此三字下，富本有「遠」字。

〔32〕如見我夫——「夫」字下，富本有「面」字。

〔33〕拜介——原作「小玉拜謝介」，與上句「〔小玉〕謝了」辭意重複，今刪「小玉」「謝」三字。

〔34〕僑——疑當作「喬」。

〔35〕早尋歸路則個——原無此句，據富本補。

〔36〕鵲渚——富本作「雀渚」。

〔37〕小玉——原無此二字，富本注有「玉」字，據補。

〔38〕起來慢慢行！你看月上了——句中「」二字原無，據富本補。

〔39〕開門——疑當作「叩門」。

〔40〕十郎——原無此二字，富本注有「十」字，據補。

〔41〕情展轉——富本作「春遊轉」。

第二十一齣　及　第

【天下樂】〔文武官上〕玉署金鈐 [1] 紫禁通，芙蓉暉映鳳凰宮；三山日色黃圖外，四海雲光綠字中。

列位請了！今日乃殿試發榜之日，聖旨親點了隴西名士李益爲狀元，特許入太極殿朝見 [2]，想天下士子都在五鳳門外恭候。

【卜算子】〔十郎上〕鸞鳳繞身飛，五色祥雲遞。姓字先傳帝主知，唱徹龍顏喜。

〔內官上云〕聖旨已到。皇帝詔曰：昔睿后筌期。淵匠宰器，雖道泛胥盧，化參炎韠，猶復高登側隱，顯序光疇，用叶斟調，嗣輝瑤檢，上智中主，咸遵此術。朕膺鴻曆，報永龍渾，空知救質以文，未獲止戈爲武，是用登進多士，論文武張弛之策，子大夫各獲展盡，慰朕虛懷。今賜汝五百名出身。其第一名李益，朕久諷其弘詞，渥其芳譽，可特入太極殿前謝恩，授翰林供奉，即日赴玉堂上任，五日之後，著往朔方參丞相杜黃裳軍事 [3]，中書省寫勒與他。〔謝恩介，出朝門行介〕

【滴溜子】〔十郎 [4]〕聖天子，聖天子萬壽臨軒。春官的，春官的八柱擎天。人中選出神仙，總送上蓬萊殿。宮袍賜宴錦桃花，曲江排比醉春筵。

【前腔】笑從前，笑從前文章幾篇，高頭院，高頭院氈毹打遍。曲裏珠簾盡捲，還認得都知面。紅箋一片桂花香，今宵熱趂在誰邊？

【尾聲】鈴索一聲花滿院，這清高富貴無邊，多和少留些故事與人傳。

桂林春殿一枝新，滿路青雲屬後塵；

莫道杏園香色晚，當筵還作探花人。

校　注

〔1〕玉署金鈐（qián）——句中「鈐」字，富本誤作「鈴」；鈐，鎖也。

〔2〕特許入太極殿朝見——富本無「許」字。

〔3〕軍事——富本無「事」字。

〔4〕十郎——原無此二字，富本注有「十」字，據補。

第二十二齣　惜　別

【番卜算】〔十郎上〕春色暗蓬萊，紫陌朝初下，玉堂鈴索動邊愁，寶劍悲離匣。

【浣沙溪】御宿高花滿桂林，令君香暖出衣襟，玉池仙篆正堪臨。羌笛無端催折柳，蜀窠還用繡林禽，一心人縋一人心。自家李十郎。名魁多士，官拜詞林。因朔方兵火未淨，著丞相杜黃裳行邊，詔下官參彼軍事。喜得石子英又中了武狀元，花敬定昨日有表奏請邊頭效用，尚子毗亦表奏西歸，已叫青兒去中書訊問聖旨怎生發落。〔青兒上〕漏長丹鳳闕，花滿白雲司。老爹〔1〕，朝報在此。〔十郎看朝報介〕呀，二月十六日，吏部一本，爲經略松潘事，西川缺節度使，仍推驃騎衛將軍花卿，奉聖旨有點。十七日，兵部一本，爲經略隴西吐蕃事，推武狀元石雄，奉聖旨有點。十八日，禮部一木，爲朝正侍子歸番禮儀事，奉聖旨光祿寺賜宴，翰林院撰答番書。呀，俺去朔方參軍，我三個朋友也都四方分散了，後會不知何時，可傷懷也！青兒，你去打聽三位老爺幾時起程。〔青兒〕聖旨教該部〔2〕星夜打發起程。纔間小的在御道上遇著他三家門幹，說三位老爺就到俺府中告別了。〔十郎〕這等，快備酒筵！

【夜遊朝】〔花卿石子英尚子毗上〕名勝翩聯西北去，時難駐離思愁餘。玉鏤衢鞍，花明櫩〔3〕劍，皎日寸心相許。

〔相見介〕經春共遊息，一旦各聯〔4〕翩；莫論行近遠，終是隔山川。〔十郎〕花敬定節度去松州〔5〕，尤在內地。石子英去隴西，正是吐番踩踐之地。尚子毗亦復西歸吐番，不知何年再朝中國。天涯兄弟，一旦分飛，可爲愴然。〔花卿〕尚君西歸，終有南來之日。石子英年壯立功，周旋尚早。只有老夫日暮途遠，恐當沒齒邊陲，星星白髮，無相見期矣！〔十郎〕老節度釣渭飛熊，伏波躍馬，終當奏凱還朝，只是暫別驚心，相爲耿耿耳。石子英，仗君威靈，恢復隴西〔6〕，先君神道，伏乞除掃〔7〕。尚子毗，倘有信使，幸賜題書。下官明後日參軍朔方，關山勞險，未卜

前途。男兒亢壯，勉力功名，別酒離歌。且盡今日。〔花石尚〕征軒有色，杯酒無心。〔十郎〕勿謂一杯酒，明日難重持。青兒，看酒！〔青兒〕桃花嘶別路，竹葉滿離尊。稟老爺，酒到。〔把酒介〕

【皂羅袍】〔十郎 [8]〕別酒寸腸裁繫，送將軍遠戍，侍子遙歸。紅亭一路羽旗飛，參差色映桃花水。〔合〕黃山路繞，青驪去遲，呼儔戒旅，傷心此時，今朝撒下河梁袂。

【前腔】〔花石尚 [9]〕蚤是銷魂別去，似猿斷三聲，鶴迴五里。關山迢遞本難期，兼之蕩子多留滯。俺四人呵，〔合〕弓調鵲血，刀寒鵰鶒，邊頭意氣，崢嶸爲誰？條支再睹西王使。

〔尚子毗〕十郎，你説條支再睹西王使，是望俺重到中國了，豈知小弟之意，留戀泰華，只是爲使臣的義當反命，俺到國中多隱居崑崙山下，不婚不宦，恐不得重與三兄相聞了！〔十郎〕子毗雖有泰華崑崙之興，只怕吐番王不許 [10]，強欲相屈，子毗那可歸山 [11]！昔駒支由余顯迹西戎，子毗正當出勸戎王，安邊保國，何得痼疾山林，高眠不救 [12] 乎！〔尚子毗〕謹領。罷酒了。〔十郎〕下官還要送別延秋門外。〔送別介〕

【香柳娘】〔十郎 [13]〕送征人淚滋，送征人淚滋，流塵疊騎，飄霞亂日翻紅斾。把心旌頓飛，把心旌頓飛，佳期後命催，閒敲唾壺碎。〔合〕聽邊頭笛吹，聽邊頭笛吹，折柳題梅，封書好寄。

【前腔】〔花石尚 [14]〕忍登臨送歸，忍登臨送歸，胡天漢地，長安曉日空迴袂。暖春雲雁飛，暖春雲雁飛，離聲怯路岐，鄉心轉嘹唳。〔合前〕〔眾 [15]〕別了罷。〔拜介〕

【尾聲】〔合 [16]〕陌暖春煙醉柳絲，叫不住嘶塵別騎，還記取長樂疏鐘夜半時。

〔花石尚下、十郎弔場〕青兒，回去罷 [17]。你看三位去，有俺相知送他，明日俺行，沒有三位老爺送俺，想起功名，都有踦跙別離之苦 [18]。

【香柳娘】[19] 惹春風鬢絲，惹春風鬢絲，南來北去，飄風泊浪寧

由自！信人生馬蹄，信人生馬蹄，愁殺路傍兒，紅塵蔽千里。要封侯怎的？要封侯怎的？賣藥修琴，浮生一世。

萬里鳴沙擁戰塵，輕弓短劍出西秦；

征衫已帶青羌色，別淚還持送故人。

校　注

〔1〕老爹——此例僅見，他處多作「老爺」。
〔2〕該部——富本「該」字上有「各」字。
〔3〕櫑（léi）——原作「攂」，據富本改。
〔4〕一旦各聯——句中「各」字，原誤作「名」，據富本改。
〔5〕花敬定節度去松州——富本作「花敬定去西川」。
〔6〕「恢復隴西」下——富本有「反掌也，但」四字。
〔7〕伏ケ除掃——富本作「乞兵除掃」。
〔8〕十郎——原無此二字，富本注有「十」字，據補。
〔9〕花石尚——原無此三字，據富本補。
〔10〕只怕吐番王不許——句中「許」字，富本作「肯」。
〔11〕歸山——富本作「東山」。
〔12〕高眠不救——「不救」二字，富本作「不起」。
〔13〕十郎——原無此二字，富本注有「｜」字，據補。
〔14〕花石尚——原無此三字，據富本補。
〔15〕眾——原無此字，據富本補。原有「合前」二字，據曲意刪。
〔16〕合——原無此字，據富本補。
〔17〕青兒，回去罷——富本在「青兒」下有「俺和你」三字。
〔18〕別離之苦——在此句下，原有「合」字，據富本刪。
〔19〕香柳娘——原作「前腔」，今正。

第二十三齣　話　別

【步步嬌】〔鄭六娘上〕紅焦抱泣回雲帳，謾銀泥印仙掌，香雲結夢長。小玉窗前，夭桃葉上，倚得婿爲郎，輕鴛怕得風搖颺。

【謁金門】留不得，留得也應無益。花院月窗春瑟瑟，嬌娥回袂泣。乍團樂，底拋擲？柳色灞橋明日。忍看鴛鴦三十六，孤鸞還一隻。自家鄭六娘是也。女兒小玉，招得李十郎，中了春榜第一，官拜翰林，正是才

郎美女，一代無雙。卻纔翰林上任了，便差去朔方參杜相國軍事〔1〕。俺聽得朔方之地，西邊是吐番，西北邊是回紇，這兩國回子，爭戰往來，常在朔方，十郎去到那地，兵機勞險，好愁殺老身！又不敢說與小玉，怕驚了他。只得辦治酒肴，與小玉明日送行〔2〕。櫻桃那裏？〔櫻桃上〕拂匣看離劍，開箱疊戰衣。老夫人有何分付？〔六娘〕李老爺明日行，可收拾酒肴，今夜老身與他話別，明日郡主送行。〔櫻桃〕理會得。〔六娘〕李老爺和郡主在那裏？〔櫻桃〕在紅樓上敘別，好不悲啼哩！〔六娘悲介〕我的兒呵！

【醉扶歸】合歡衾覆著才停帖，連心花結得好周遮，蹁雙絲半步不離些，亂花風擺亞金泥蝶。李郎便是李輕車，關山點破香閨月。

〔櫻桃〕老夫人，李老爺去，俺的青兒夫也去了。〔啼介〕

【前腔】公母筍嵌著沒凹凸，牝牡銅鑄得沒歪邪。那烏兒呵，膞脬的做了管家爺，俺青兒呵，俏乖哥轉眼將人撇。今夜〔3〕呵，門兒扈著暗咨嗟，燭心點著生疼熱。

【尾聲】〔六娘〔4〕〕男兒意氣本驕奢，怎顧得俺香娃小姐，只落得畫眉樓上遠山遮。

〔櫻桃〕酒筵已齊備了，請老夫人且與李老爺〔5〕、郡主歡飲今宵。〔六娘〕櫻桃，怎得歡暢來〔6〕！正是：

門楣新結好郎君，撇下朝雲送陣雲；

今夜紅槽千滴酒，明朝送淚濕羅裙。

校 注

〔1〕參杜相國軍事——富本僅作「參軍」。

〔2〕與小玉明日送行——富本作「送行則個」。

〔3〕夜——原誤作「後」，據富本改。

〔4〕六娘——原無此二字，富本注有「鄭」字，據補。

〔5〕老夫人且與李老爺——句中「且」字，富本無。

〔6〕〔六娘〕櫻桃，怎得歡暢來——富本無此句。

第二十四齣　送　別

【卜算子】〔小玉櫻桃上〕匝館暗高枝，滾地飛柔絮，無端燕羽欲差池，薄倖成離緒。

【河傳】春伴花暖，離情不管。浥透青衫〔1〕，雨餘香汗。草草送別溝頭，層波入鬢流。金船滿捧盈盈淚，將人妮，魂隨到千里。想征驂〔2〕去也，更回首東風，恨應同。櫻桃，俺今日到霸橋驛送十郎，卻蠶腸斷也！

【前腔】〔眾擁十郎上〕碎語雜嬌啼，半隔紗窗霧，海棠紅露濕胭脂，淚盡人何處？

梁園初罷雪，楚岫正爲雲；誰道淮南客，翻從塞北軍。左右，車騎停在霸橋驛外，待夫人餞酒畢了起行著。〔相見介、十郎〕有勞郡主遠送，老夫人到不曾來。〔小玉〕家堂從後就到了。十郎夫，今日雖然壯行，難教妾不悲怨，聽妾半詞，聊〔3〕寫《陽關》之思。看酒來！

【北寄生草】一曲《陽關》淚，朱弦迸玉壺〔4〕，江干桃葉淩波渡，汀洲草碧離情暮，霸橋柳色愁眉妒。纖腰倩作縃人絲，叵笑他自家飛絮渾難住。

〔十郎〕豈無閨秀情，仗劍爲功名；今日愁腸斷，《陽關》第四聲。〔小玉〕還是無情，《陽關》第一聲也可腸斷了。再進酒！

【前腔】〔小玉〕繡褶殘金縷，偎紅疊錦氊，衾窩宛轉春無數，花心歷亂魂難駐，陽臺半霎云何處？起來鶯袖欲分飛，問才郎是誰斷送春歸去？〔十郎長籲低頭科〕

【前腔】〔小玉〕綠慘花愁語，紅顰柳怯舒，春纖亂點檀霞注，明眸謾蹙回波顧，長裙皺拂行雲步。送君南浦恨何如？想今宵相思有夢歡難做。

〔十郎〕再奏一曲，便分手了。〔小玉〕

【前腔】懶拂鴛鴦柱，空連翡翠襦，芙蓉帳額春眠度，茱萸帶眼愁

-77-

寬素，紅蘭燭影香銷炷。畫屏山障彩雲圖，到如今蘼蕪怕作相逢路。

〔十郎〕有甚相贈？〔小玉〕更有淚珠兒千萬串〔5〕，可將袖來承著。

〔十郎〕郡主恁般悲切哩〔6〕。

【前腔】〔小玉〔7〕〕這淚呵，慢煩垂紅縷，嬌啼走碧珠，冰壺迸裂薔薇露，闌干碎滴梨花雨，鮫盤濺濕紅綃霧。層波淚眼別來枯，這袖呵班枝染盡雙璃箸。

十郎也下些淚，著妾袖上！〔十郎〕丈夫非無淚，不灑婦人衣〔8〕。〔玉作惱科〕好狠心的夫也！〔十郎〕妻，俺丈夫的眼淚在肚裏落。

【前腔】俊語閒根觸，迴腸轉轆轤。俺去後呵，一個人睡，不要著寒了。雙絲襪腹〔9〕輕輕束，連心腰彩柔柔護，沾身襯褥微微絮。分明殘夢有些兒，睡醒時好生收拾疼人處。

〔小玉〕聽這話，想不是輕薄的，只是眼下呵：

【解三酲】繡屏空鶯殘月午，芳枝亞蝶展紅疏。捍撥雙盤金鳳語，無聊處，贈花鬚。輸他塞北顏如玉，也寄雲中錦字書！新人故，一霎時眼中人去，鏡裏鶯孤。

【前腔】〔十郎〕別鴛闈催殘雁柱，臨鳥道繡出螢弧。一曲鼕蛾低翠羽，溝頭水，立須臾。三春別恨調琴裏，一片年光攬鏡初〔10〕。功名苦，只落得青樓薄倖，錦字支吾。

〔小玉〕十郎幾時歸？望殺人也！

【前腔】望邊頭瓜期未數，登隴首榆塞平鋪。雲騎東方頻盼取〔11〕，金匣匼，錦模糊。千回蝶帳花無主，萬里蕭關妾有夫。芳年誤，待趁作江南旅雁，薊北雙鳧。

〔十郎〕從此別了。

【前腔】送征夫夕陽花塢，歸思婦夜月椒圖。綺席朱塵籠翠戶，銀屈卹，紫流蘇。行雲謾惹相思樹，香淚還穿九曲珠。佳期負，小心著桐花覆鳳，桂葉啼烏。

〔六娘上〕玉劍花前別，金杯馬上傾；由來多意氣，今日是功名。十郎，你夫婦們好索放〔12〕！征車催得忙了，將酒來，老身送上馬！

【前腔】勸仙郎聯驂上路，看嬌女撇袂中途。月露光陰等閒度，休回首，莫躊躇。侯封絕塞奇男子，身是當門女丈夫。旌旗豎，早趁著牙璋鳳節，繡幕麟符。

【前腔】唱驪駒敲殘羯鼓，鞭雲騎扐折珊瑚。紫霧黃雲生古戍，嘍〔13〕紅鷲，搗玄菟〔14〕。西飛隴客啼鸚鵡，南羲〔15〕閩人舞鷓鴣。兼程赴，穩看著龍庭捷奏，麟閣名圖。

【鷓鴣天】〔合〔16〕、拜別科〕紅亭別酒話躊躇，走馬憐君萬里途；但願封侯龍額貴，不妨中婦鳳樓孤。〔十郎〔17〕〕請了，回去罷！〔下、眾作呼擁介〔18〕、六娘小下留、小玉〕娘，他千騎擁，萬人呼。〔六娘〕富貴英雄美丈夫。〔內扮千戶官走上，跪介〔19〕〕狀元爺前面飲六部老爺餞酒，著千戶拜上鄭老夫人、狀元夫人，請及早回府去。〔六娘〕勞了！好生伏事老爺路上〔20〕！〔小玉〕千戶官，有兩句話說與狀元：關河到處休離劍，驛路逢人數寄書！

征驂一曲坐離亭，唱到《陽關》柳色青；

但有紅塵催別袂，那憐玉箸掩空屏。

校　注

〔1〕浥（yì）透青衫——浥，謂濕潤。「青衫」，富本作「香衫」。
〔2〕征驂（cān）——「征」原作「正」，據富本改。驂，古代駕在車前兩側的馬。征驂，駕車遠行的馬。
〔3〕聊——原無此字，據富本補。
〔4〕朱弦迸玉壺——句中「迸」字，富本作「並」。
〔5〕更有淚珠兒千萬串——句中「更」字，富本作「只」。
〔6〕〔十郎〕郡主怎般悲切哩——原無此句，據富本補。
〔7〕小玉——原作「十郎」，誤。
〔8〕婦人衣——富本作「別離衣」。

〔9〕襪腹——疑當作「抹腹」。

〔10〕一片年光攬鏡初——句中「攬」字，富本作「覽」。

〔11〕頻盼取——句中「頻」字，富本作「牢」。

〔12〕索放——富本作「廝放」。

〔13〕喓（yāo）——鷲（jiù）鳴聲。

〔14〕玄菟（xuán tù）——原爲古都名。後泛指邊塞要地。

〔15〕翥（zhù）——謂飛舉。韓愈《石鼓歌》：「鸞翔鳳翥衆仙下。」

〔16〕合——「鷓鴣天」下原無此字，據富本補。

〔17〕十郎——原作「眾擁十郎下」，據詞意刪「眾擁」「下」三字。

〔18〕眾作呼擁介——原作「作呼擁科」，據富本改。

〔19〕扮千戶官走上，跪介——句前原有「內」字，據富本刪。富本亦無「跪介」二字。

〔20〕好生伏事老爺路上——富本作「路上好生伏事老爺」。

第二十五齣　征　途

【金錢花】〔卒子上〕渭城朝雨陽關，渭城朝雨陽關，輪臺古月陰山，輪臺古月陰山，鳴笳疊鼓度西番。腰錦縷，跨雕鞍，持節去，凱歌還。

兵部差俺〔1〕送李參軍老爺去朔方，想李老爺已到來。

【滿庭芳】〔十郎上〕細柳紅營，長楊綠榭，畫橋水樹陰團。玉堂年少，何事拂征鞍？爲問綠窗惆悵，青衫濕袖口香寒。留不得，霸陵高處，猶自望長安。

城頭日出使車來，古戍花深馬埒開，忽聽鳴笳兼畫角，聲聲思入古輪臺。恨殺陌頭楊柳色，綰定青衫留不得，思婦空啼渭水南，征夫早向交河北。昨日小玉姐送我至霸橋，折柳而別，縈我心曲，符勑限緊，不得淹遲，只得把芳情撇下。左右，號令整齊，隊仗已完未？〔卒子應科〔2〕、十郎〕便上路去。

【朝元歌】風氳馬塵，曉色籠驂靮，河濱彩輪，淥水隨流軫〔3〕。黑隊奔蛇，文旌畫隼，電轉星流一瞬。沓鼓揚鉦，南庭朔方知遠近。草色伴王程，皇華送使臣。〔合〕遊繮帶緊，早趁封侯鵲印。

【前腔】〔卒子〔4〕〕高闕長城隱隱，星鋌撥陣雲，月羽照花門。谷口旗迴，烽亭樹引，轉向交河上郡。疊騎逡巡，蜑翹插書無定準。飲馬斷河津，翻麾拂塞塵。〔合前〕

【前腔】〔十郎〕回首長安日近，東方送使君，南陌恨閨人。雪嶺燕支，雲臺玉粉，去住此情難問。短劍防身，胡沙雕顏吹旅鬢〔5〕。蕩子去從軍，恩榮變苦辛。〔合前〕

【前腔】〔卒子〔6〕〕隴上謾尋芳信，顧恩不顧身，無用想羅裙。戍邏笳鳴，關山笛引，不管梅花落盡。氣色河源，天街旄頭猶未隕。長笑立功勳，邊頭麴米春。〔合前〕

但曉鳴珂入紫薇，誰知戈甲度春暉；

相如諭檄西南去，禁苑何人待獵歸？

校 注

〔1〕兵部差俺——富本在「俺」字下有「和你」二字。

〔2〕〔卒子應科〕——富本作「〔卒子〕俱已齊備」。

〔3〕淥（lù）水隨流軫（zhěn）——句中「軫」字，富本作「珍」。

〔4〕卒子——此二字下，原有「上」字，衍，據富本刪。

〔5〕胡沙雕顏吹旅鬢——句中「雕顏」二字，富本作「漠漠」；「旅」字，富本作「愁」。

〔6〕〔卒子〕——富本注作「十」，意即「十郎」也唱此曲。

第二十六齣 抵 塞

【齊天樂】〔杜黃裳上〕芙蓉絳闕朝元山，玄綠綬曾調珍鉉，鵁鶄觀前，麒麟閣上，麗日黃圖赤縣。金戈畫偃，看神兵按壘，貴相行邊，武帳文楹，玉關花舞大唐年。

明堂太乙度飛軍，身是三朝舊相臣；剩有丹書藏虎豹，非貪白首畫麒麟。自家杜黃裳，表字遵素，京兆萬年縣人也。早中詞科，從汾陽王郭〔1〕子儀佐鎮朔方，歷事代、德、順宗三帝，復事今上，官拜檢校司空、同中書門下平章事，身叨上相，首贊中興，東翦青齊，南平淮蔡，北安銀

夏，西循晉絳，詔封邠國公，食邑萬戶。皇朝故事，宰相行邊，聖上以老夫曾歷朔方，分牙建府。近聞敕送新科狀元李益〔2〕，來此參軍，已到受降城外安歇，想今晨進見。雖則駕行未進〔3〕，實銜鳳勒旬宣，敢恃崇班，宜從盛禮。聽事官，李爺到門首未？〔聽事官〕已到門上候見。〔黃裳〕請見。

【生查子】〔十郎上〕燕支錦欲燃，馬色塵初倦；相府動珠衡，帥幕開紅薦。

〔相見拜介、十郎〕開府先朝傑。〔黃裳〕參軍出眾才。〔十郎〕榮華卿月好。〔黃裳〕珍重使星來。〔十郎〕氣色歸元宰。〔黃裳〕文章落上臺。〔十郎〕長城方藉重。〔黃裳〕看汝畫雲臺。〔黃裳〕久聞李狀元玉堂仙品，何緣紫塞參軍？〔十郎〕朝廷以丞相上公，屈尊臨塞〔4〕，敬遣下官仰瞻顏色，聊備記室之司，敢綴參軍之役。平生仰相公威名呵：

【瑣窗郎】佐皇朝鳳沚龍躔，近三台尺五天，青槐繞閣〔5〕，細柳傳邊，看飛熊繡帽，投壺羽扇。〔合〕文昌武庫參華選，銷金甲太平無戰。

〔黃裳〕老夫拖金報主之身〔6〕，衣錦歸田之日，如參軍青年才子，玉署仙人，皇上欽遲，蒼生仰愛，老夫殘年，方當見託。

【前腔】愛仙郎玉態華年，步青雲出紫煙，文章獻納，姓字香傳，更借籌喩檄，請纓乘傳。〔合前、眾軍官參見科〕

【前腔】〔眾〔7〕〕鎮河源九曲三邊，插旌旗滿塞垣。軍府雖多，誰似俺府：中軍是宰相，參軍是狀元。黃扉貴品，紫禁名賢。看金泥詔下，玉門春遍。

〔合前、黃裳〕狀元，明日老夫伴足下出塞一遊。

【前腔】〔黃裳、十郎〔8〕〕動金麾都護臨邊，哨燒羌獵左賢，黃雲氣色，紫電風煙，把盧龍徑斷，白狼歌獻。

〔合前、黃裳〕聽事官，送李爺去屬國府衙門住著，打理公堂宴！

【尾聲】才人書記本翩翩，今日春光生組練，不教烽火照甘泉。

金戈未偃不言家，絃管紛紜雜暮笳；

關山海上飛明月，鄉思天邊夢落花。

校 注

〔1〕郭——原無此字，據富本補。

〔2〕新科狀元李益——富本缺「李益」二字。

〔3〕鴛行未進——「進」字，富本作「能」。「能」字不如用「進」字。

〔4〕朝廷以丞相上公，屈尊臨塞——富本作「朝廷屈上相臨邊」。

〔5〕青槐繞閣——「繞閣」二字，富本作「閒晝」。

〔6〕老夫拖金報主之身——句中「拖金報主」，富本作「施金赴柱」。

〔7〕〔眾〕——原無此字，據富本補。

〔8〕〔黃裳、十郎〕——原作「合」，易與「眾」字相混，富本注有「杜十」，據改。

第二十七齣 幽 思

【虞美人】〔小玉櫻桃上〔1〕〕錦鶯啼碎落花風，睡軟金泥鳳。淺眉微斂注檀輕，一盒春絮殘夢悔多情。

【菩薩蠻】玉釵風動春幡急，海棠濃露胭脂泣。香閣掩芙蓉，畫屏山幾重。照花前後鏡，花面紅相映。何處最相知？羨他初畫眉。櫻桃，十郎新婚一月，送別從軍，無情無緒，等閒又是杜鵑時節，好天氣困人也！

【好事近〔2〕】風日洗頭天，頹鬢半壓香肩。寶檀消篆，怪飛絲裊霧撩煙。可憐，為甚暗撚金線？春過了寶花闌前面，會心人兒去遠，便看花滿眼，鎮日〔3〕無言。

〔櫻桃〕少女少郎，相樂不忘，恰待好處，又蚤撇下。你是聰明人，且自消遣。

【錦纏道】小嬋娟，是天家快活神仙，儘紅笙玉串隱花叢，把蕭娘送上秋韆，還做作百般消遣，怎只為斷紅裙片，心亂落花前。〔背介〕粉腰香胴〔4〕慣了著人憐。〔回介〕想著教人繡，側身兒委的是難眠。

〔小玉〕正是了。俺當初做女孩兒，早帖著繡窩兒睡也，不省得孤另，長笑女伴們害相思的；如今到俺了。〔櫻桃〕一時著他慣了〔5〕，久後較可。〔小玉〕怕轉要相思。

【錦庭樂〔6〕】往常間無愁怨，看春也尋常遍，怪他行怎會相思，恰如今到了儂邊。怎由人願，把些闌干十二，做了關塞三千。〔合〔7〕〕

【古輪臺〔8〕】兩青年，合歡新展對文錢，逗衣煤潤香籌淺，乳禽偷昄〔9〕，海棠紅顫。到如今惜與金鞭，不曾留戀，青衫事業，怎教長抱翠窩眠。報海西天遠，起從今夜，遍〔10〕迴廊朝雲別院，愛月移琴，羞花卻扇。獨自怨啼鵑。何時見，消灑翠花鈿。

【尾聲〔11〕】燕支難道去經年，且討個平安信便。〔小玉〕櫻桃，待要保護十郎平安，有何仙宮道院去燒些香也？〔櫻桃〕杜秋娘在西王母觀，四月十五日王母娘娘生日，好去燒香排遣〔12〕。〔小玉〕臨期請老夫人同去。〔櫻桃〕理會得。心字香燒一炷煙。

春空遊鳥半藏雲，春盡香閨戀〔13〕繡紋；

誤使春風調笑妾，不勝春瘦爲思君。

校　注

〔1〕小玉櫻桃上——原作「櫻桃小玉上」。按：主唱者爲小玉，自應「小玉」在前，今正。
〔2〕好事近——此三字下，富本有「玉」字。
〔3〕鎮日——「日」字，富本作「是」。
〔4〕香胴——「胴」字，不見字書，又寫作「胴」，不知孰是。
〔5〕一時著他慣了——句中「慣」字，富本作「失」。
〔6〕錦庭樂——「庭」原誤作「廷」，今正。
〔7〕合——富本無此字。
〔8〕古輪臺——此三字下，富本有「桃」字。
〔9〕偷昄——富本作「偷盼」。
〔10〕遍——原誤作「雨」，據富本改。
〔11〕尾聲——此二字下，富本有「桃」字。

〔12〕排遣——富本無。

〔13〕戀——富本作「懶」。

第二十八齣　夷　訌

【一枝花】〔吐番王上〕香秔白蘭路，檉柳邐沙渡，槍槊大幟也三門豎。虎帶鷹冠，甲士連巫祝。寶楯護，高臺鼓，俺帽〔1〕結朝霞，袍穿鐵褐，劍熒金縷。

天驕雲幕動金微，沙磧年年臥鐵衣；白草城中春不入，黃花戍上雁長悲。自家吐番彝太贊普是也。俺國東連〔2〕巂、茂、涼、松，西陷龜茲、疎勒，南至婆羅，北抵突厥，地方萬餘里，人馬數十萬，土多金寶，戶有詩書，擁絕河西，併吞回紇，如今避夏臧河，壯心不快，不免掃帳南侵。俺國有中書令尚綺心，智計可資，請來與他商量一回。

【粉蝶兒】〔綺心上〕捻椀氈盤，共醉駝蹄酥酪。

胡馬新裁綠玉鞍，戰罷沙場月色寒；城頭鐵鼓聲猶振〔3〕，匣裏金刀血未乾。自家吐番中書尚綺心是也，贊普有召，不免進見。〔相見介〔4〕〕〔贊普〕中書令，涉夏以來，牙帳高懸，不曾一向中原，取得片地，又可恨回紇小虜，倚著唐朝舊親，不來降服俺國，意欲捲帳南侵，分旗北指，於中書意下何如？〔綺心〕春間叔父尚子毗充朝正侍子，從中國還時，說中國民和歲樂，主聖臣忠，朔方軍府是老臣〔5〕杜黃裳，此人首贊中興，練習時變，參軍是新翰林李益，此人軍鈴羽檄，才思如飛，要害連營，東西策應，俺國侵之，恐難得志。隴西地方，舊入俺國，近來打聽得唐朝用個石雄，字子英。向隴西經略，此人翹關曲踴，曉暢兵機，隴西部落，多無固志。只有松州近蜀，地土豐華，守將花卿，其人已老，似可圖也。回紇地方被俺國佔，十失其七〔6〕。俺國之計，不如羸師匿馬，徙帳西行，唐朝聞之，只說俺國無南侵之志，定是收回朔方將相；待秋深之後，方可議兵。〔贊普〕似你叔父尚子毗所說，唐朝一發攻取不得了。尚子毗在中國半年，想知得中國事情，俺如今就要叫他為元帥，去攻打唐國。於中書心下何如？〔綺心〕叔父尚子毗，此人涉覽〔7〕天文，厭絕人事，一自唐朝使還，歸去羊同，築室崑崙山下，不婚不宦，無意於時。贊普要用他時，須待秋深，親

—85—

去聘他〔8〕，方來赴命。〔贊普〕有理有理！且先發大將論恐熱攻打松州，待秋深俺親過羊同去聘尚子毗。

【紅繡鞋】想爰劍豪傑秦華，想爰劍豪傑秦華，烏孤占斷婼羌〔9〕，烏孤占斷羌婼，開柸罕，戰允衙，通跋布，走瓜沙，還起用，贊心牙。

〔贊普〕中書〔10〕就點起三萬人馬，著論恐熱去圍松州〔11〕。〔綺心〕理會得。

【前腔】俺贊普氣擁山河，俺贊普氣擁山河，中書智弄〔12〕干戈，中書智弄干戈，飛金箭，走零〔13〕波，齊擂鼓，響吹螺，驅〔14〕漢婢，打羌歌。

大國河源星宿流，旄頭今夜照西州；

秦兒謾奏《關山曲》，《阿濫》聲中入破愁。

校 注

〔1〕帽——原作「冒」，據富本改。
〔2〕東連——富本作「南連」。
〔3〕猶振——「猶」原作「尤」，據富本改。
〔4〕〔相見介〕——原無此三字，據富本補。
〔5〕老臣——「臣」字，富本作「丞」。
〔6〕迴紇地方被俺國占，十失其七——富本作「迴紇地方被俺國占，過深圖川，迴紇國土，十失其七」。
〔7〕涉覽——「覽」字，富本作「獵」。
〔8〕須待秋深，親去聘他——富本作「須待秋時親自去聘他」。
〔9〕婼（ruò）羌——原顛倒，作「羌婼」，今正。按：婼羌，乃漢代西域國名，1959年改爲「若羌（縣名）」。下句同。
〔10〕中書——此二字前原有「贊普」二字，衍，據富本刪。
〔11〕著論恐熱去圍松州——富本作「去圍了松州地面」。
〔12〕弄——富本作「筭（suàn）」，用「算」。
〔13〕零——富本作「淩」。
〔14〕驅——富本作「驛」。

第二十九齣　心　香

【臨江仙】〔杜秋娘同善才扮女冠上[1]〕黃藕珠衣禮碧雲，零花瘦玉縐綽霞裙。〔善才〕神仙妝束佩瓊文，畫幀明澹，翠鼎氤氳。

【女冠子】〔秋娘〕星冠霞帔，住在蕊珠宮裏。〔善才〕寒玉銷金翠，纖珪減昔妝。〔秋娘〕落花輕點屐，修竹細焚香。〔善才〕青鳥傳心事，寄劉郎。〔秋娘〕自家杜秋娘是也，建康人氏，入侍先皇，賜與霍老王歌舞，二十年來，卻為人日霍王聽曲感傷，散去諸姬，遊仙華嶺，分付老身入西王母觀作女冠，正是宮人入道。又教弟子善才從侍。先有宮姬同伴鄭六娘，雅善法曲，宮中號做鄭中丞，也與老身同賜霍府，他為有女兒小玉未嫁，賜與紅樓住坐，別來一向無耗。今日四月半，是西王母娘娘生日，五鼓朝拜已畢，善才，俺看你自入道院，十分消瘦，事已到此，何不擺卻凡心，撐持道教，還不灰心怎的[2]！〔善才〕秋娘，教奴心怎的灰米？想昔時呵：

【綿搭絮】熟梅時候養花天，水暖雙鴛，幾度畫船聽雨眠。翠娟娟，滯得人憐[3]，還記竊香拋豆，燈兒背半索秋韆。當初歌笑，猶自瘦病懨懨，如今作女冠呵，修行甚的？空教俺嚥下甜津，怎禁凡心火自煎。

〔秋娘〕彼一時，此一時，如今做神女仙姬罷了。〔善才〕神女仙姬，也要個人兒作伴。你看玉清偷度，織女無光，成智瓊要嫁弦超，杜蘭香暗通張碩，何況凡心未死，那堪獨自無聊！〔秋娘〕善才，只得忍耐。〔善才〕秋娘年你[4]已四十，奴年未及三十，怎生耐來[5]！〔秋娘〕做婦人四十前後，正自難耐，我如今也懶提起前事了。

【前腔】吳江水滑膩雲蟬，那時俺自建康入侍，《金縷》歌殘，寶鏡分飛不到天。誤嬋娟，半染秋煙，憔悴鬪旗犀鎖，無端處冷落名園。到如今修行呵，說甚麼剩粉零香，花落秦川有杜鵑。

善才，你且去王母殿前閒行[6]，可有燒香女郎到也？〔善才〕日過中了，那有人來。〔秋娘〕也去外廡望望。

【一江風】〔六娘小玉上〕翠亭亭別是清虛境，淰淰雲花映。兒，你

看半空中樓閣丹青，襯著斜陽影，珠箔有人迎，撲鼻爐煙盛。是善才姐。〔善才出迎驚喜介〕原來是六娘和郡主。郡主怎的上頭了？〔六娘〕已招了隴西李十郎，新中狀元，官拜翰林，出朔方參軍，今特來燒香祈保，問候秋娘。〔善才〕原來這等了。相逢喜極翻悲耿。

〔善才〕六娘、郡主且住，待俺報與秋娘。〔報介〕秋娘，鄭六娘、郡主到來。〔秋娘驚喜介〕他自不出門，怎的來此？〔出見悲介〕

【哭相思】〔秋娘〔7〕〕燕燕差池不定，可憐還見卿卿〔8〕。

姐妹相隨二十年，別來消息兩茫然；王孫一去春零落，此際定應誰可憐。六娘和郡主到此來，也到王母殿上燒些香。〔六娘〕秋娘，你還不曉，俺小女已招了新科狀元李益，官拜翰林，見今朔方參軍去了，老身伴小玉來仙院燒香祈保，並來問候秋娘。〔秋娘〕這等可喜，門楣得人〔9〕，老身去替你祝贊。〔行介〕六娘、郡主拈香，待老身祝贊。〔拈香介、秋娘祝云〕〔10〕霍王府侍姬鄭六娘同女小玉，拜祝西王母娘娘殿下，小玉爲丈夫李益新中狀元，朔方參軍，敬爇心香，伏祈仙力，保護李益在外平安，高遷河海之勳，平步星辰之履。六娘、郡主，自家再伸片詞。〔六娘小玉拜介〕

【亭前柳】〔六娘〔11〕〕兒婿本書生，釋褐事橫行，託身鋒刃表，寄信下番兵。〔合〕還仗王母暉靈，看遊子功成，歌舞入瑤京。

〔善才〕待俺小女冠和郡主再祝。

【前腔】閨閣正娉婷，夫婿去專征，願持身透夢，願作影隨行。〔合〕還仗王母暉靈，看連理恩情，玉樹滿階生。

〔秋娘〕祝完了。請到茶堂清敘。〔行介、坐介〔12〕、秋娘〕六娘，令女婿李益是那裏人？〔六娘〕隴西人。就是做人日登高《宜春令》之曲的李益。〔秋娘〕果然名下無虛。是誰爲媒？〔六娘〕鮑四娘。〔秋娘〕原來是四娘，他近日安否？〔六娘〕十分憔悴了。〔秋娘〕俺和你三人上下年紀，如今都已憔悴了。正好郡主們及此青年，討些快活。六娘，休說俺臉兒不似往時，手也不似了。〔六娘〕怎的來？〔秋娘〕久不撊彈，前日聊按仙宮一曲，指尖銀甲弦子三件，都不相管著了。〔六

娘〕秋娘，你往日間，妙手〔13〕軒輕前輩，蛾眉不讓他人，二十年間，還堪憶省！〔秋娘〕六娘，俺少不曉事，長有嬌妒之心，誰料一聲《河滿》，雙淚君前，今昔相看，眞成一夢！六娘聽說，俺當初呵〔14〕：

【山坡羊】翠絲絲鏹頭排定〔15〕，悶繃繃珠囊決迸，碎猩猩曉啼彎月，亂鶯鶯竹裏間關應，繞銀燈，照人還照聲。如今呵，朱絲咽滅堪誰聽，猶記君王問小名，猛驚，白髮宮娥唱道情，淚盈，話著當年百感生。

〔六娘〕說起宮中故事，曾有〔16〕《霓裳》一舞，如今略記些。

【前腔】爛晶晶鉤闌碧映，佩珊珊撚彈接應，站襜襜散遍慵飛，拍紛紛中序才饒興，舞衣輕，曲終長引聲。如今呵，《霓裳》十二難重省，贏得中丞舊日名，閒評，花落銀床半已傾，閒情，會管能弦看後生。

〔善才〕若說後生，俺善才也還不老，莫說二位當時絃索，便是善才，五陵年少，推爲酒糾，也是當筵〔17〕絕唱。

【前腔】俺困騰騰〔18〕冠兒不正，忔煞煞傻家情性，醉喧喧葉子花籌，颮栖栖打壓占相令，曉妝晴，砑羅裙上聲，無端蘸出多嬌病，還向眞娘問曲名。如今呵，飄零，王母前頭結伴行，偄停，何處香風繞袖生？

〔小玉〕善才姐，你做了仙娥，消瘦甚的？依俺說來〔19〕道院清楚，勝卻人間多少！

【前腔】軟霏霏龍綃恰稱，輝閃閃粉霞高橙，冷飄飄鵝管輕吹，響丁丁碧落新齋磬〔20〕，步金經，流雲學水聲。張娟李態〔21〕徒嬌靚，怎掛得仙娥籍上名！寧馨，何羨玲瓏和玉清，無憑，半爲風流誤此生。

〔秋娘〕郡主點點年紀，說這般話，眞是蕊珠仙品。六娘，俺把明威法籙受過幾度，便向華山去訪老霍王殿下。〔六娘〕去時約俺同去。〔秋娘〕俺道院中沒人來往，你住紅樓，想霍嗣王處長有老殿下音信。〔六娘〕府里長著人問候，他那裏全然不寄一耗，眞是無復人間之想。〔秋娘〕莫說老殿下，就是老身也罷想人間了。

【好姐姐】焚香拜臨仙聖，翠交關幾曲銀屏，隔煙遙望，霏微一片青。渾無興，花邊影過空聞燕，柳外聲來不見鶯。

〔六娘〕天晚[22]，月色將上。

【前腔】〔鄭六娘小玉[23]〕簷前柳昏花暝，嗁低枝乳雀棲鳴，月風吹露，松雲弄玉笙。簾櫳靜，盧金擺卻風流性，碧玉拋留笑語情。

〔六娘〕告辭了。〔秋娘〕道院止有清茶談話，更無餘物可相陪奉，慢過郡主了。

【劉潑帽】〔鄭六娘小玉合〕清談乍覺迷魂醒，破寒雲綠茗風輕。便十香春甕何爲敬，玉壺冰較洗得塵心靜。

〔六娘〕閒時接秋娘和善才姐過紅樓消遣。〔善才〕俺這般妝束，還到人間怎的？只是六娘郡主閒時相過便了。

【前腔】〔秋娘善才合〕仙裝懶得遊人境，問雙鬟肯自閒行！笑人生聚合常難定，鳳凰城，恨咫尺無緣並。

【尾聲】〔秋娘[24]〕雙鸞啼罷月泠泠[25]，離別後桐陰滿徑。〔六娘〕秋娘，你怎生便捨得姊妹們，不到城中走走。〔秋娘〕六娘，俺到府裏來，見些舊房子舊女伴，也只是添悽楚了。俺今日送六娘、郡主到此門外呵，也是二十年來姊妹情。

香風引入大羅天，月地雲階拜洞仙；

共話人間惆悵事，不知今夕是何年。

校　注

〔1〕杜秋娘同善才扮女冠上——富本無「扮女冠」三字。
〔2〕還不灰心怎的——富本作「灰了心罷」。
〔3〕滯（zhì）得人憐——「滯」字疑當作「殢（tì）」；「殢」者，謂沉湎、迷戀也。
〔4〕你——原無此字，據富本補。
〔5〕怎生耐來——富本作「好難耐」。
〔6〕閒行——富本作「看看」。
〔7〕秋娘——〔哭相思〕三字下，原無「秋娘」二字，富本注有「杜」字，據補。
〔8〕「卿卿」下——省去二句。
〔9〕這等可喜，門楣得人——句中「可」字，富本作「相」。用「可」字較佳。

〔10〕〔行介〕六娘、郡主拈香，待老身祝贊。〔拈香介、秋娘祝云〕——富本作「〔上
　　　殿介〕〔拈香介、杜〕」

〔11〕六娘——原無此二字，富本注有「鄭」字，據補。

〔12〕〔坐介〕——原無此二字，據富本補。

〔13〕妙手——富本注「好手」。

〔14〕俺當初呵——富本作「俺的當初事呵」。

〔15〕翠絲絲鎝頭排定——句中「鎝（dā）」，富本作「搭」。

〔16〕曾有——「有」字，富本作「與」。

〔17〕筵——富本作「年」。

〔18〕俺困騰騰——句前「俺」字上原有「善才」二字，衍，刪。

〔19〕依俺說來——原無句中「依」、「來」二字，據富本補。

〔20〕磬（qìng）——原作「罄（qìng）」，據富本改。按：磬，指打擊樂器；罄，謂
　　　盡或空也。

〔21〕張娟李態——此襲用白居易《霓裳羽衣舞歌》作「李娟張態」，湯氏給弄顛倒
　　　了。

〔22〕大晚——富本在「晚」字下有「了」字。

〔23〕〔鄭六娘、小玉〕——富本無「小玉」二字。

〔24〕〔秋娘〕——原無此二字，富本注有「杜」字，據補。

〔25〕泠泠——原誤作「冷冷」，據富本改。

第三十齣　留　鎮

　　【寶鼎兒】〔眾擁杜黃裳上〕明堂占氣色，太甲雲高，旄頭宿落。
匣劍老轆轤繡澀，邊烽冷桔橰苔臥。幸好清時留節鎮，永日簟醪扇喝。
〔合〕正綠寫蒲桃，清衛頓遜，翠浮桑落。

　　　　蒲桃清酒白波浮，雪嶺冰寒五月秋；盡日滿城絲管沸，行人不信在邊頭。
　　　　自家杜黃裳，出將入相，鎮守朔方，喜天威鎮壓，遠夷〔1〕奔逃，昨日
　　　　與參軍李君虞出塞千里，不見虜而還。正值陰山入夏，冰雪未逢〔2〕，
　　　　逭巡避暑之期，留連河朔之飲，已分付軍中〔3〕，沉李浮瓜，與李參軍
　　　　投壺歡暢一會。想參軍已到，堂候官，門外伺候！

　　【胡搗練】〔十郎上〕玉關投筆事高奢，河源一縷通秦華，記取長
安西日下，綠窗嬌映石榴花。

〔堂候官稟介〕李老爺已到。〔黃裳起迎相見介、十郎〕旦夕附青雲。〔黃裳〕君才自不群。〔十郎〕玉兵今已偃。〔黃裳〕絲管日紛紜。〔十郎〕轅門晝靜，方當展玩兵鈐〔4〕，不知相國有何見召？〔黃裳〕老夫憑藉皇靈，兼資群力，斥地千里，推轂幾年，常有夜行之悲，未遂晝遊之樂，徘徊杜曲，留滯河源，想朝家詔召無期，與學士周旋有日，對此薰弦，聊開凍飲。〔十郎〕老相公西鎮雄高，乍掌北門之鑰，南征藉重，還開東閣之筵，下官婉婉幕中，慚無石畫〔5〕，悠悠塞上，曲有《銅鞮》，叨陪樽俎之歡，敬佇裒衣之詠，便借相公之酒，先獻一杯。〔黃裳〕老夫營內，參軍便是客了。堂候官，酌酒！〔把酒介〕

【駐馬聽】〔黃裳〕〔6〕玉帳清和，細柳營中簇綺羅。時候棟花飄砌，竹粉篩金，萱草成窠，遊魚出荇擺新荷，流鶯接葉窺朱果。綠酒清歌，綠酒清歌，似陳王多暇，嫩苔生閣。〔十郎〕

【前腔】書偃金戈，永日何妨狎芰蘿。暗想蘋風乍起，葵露新抽，梅雨輕過。黏天翠靄練煙和。橫峰黛色奇雲抹。雪嶺嵯峨。雪嶺嵯峨。鳳林蔥碧。遙分紫邏。

〔黃裳〕參軍。老夫今當垂白之年。略著丹青之效。當息陰西嶺。步反南岡。老夫便欲東山。足下須留北落。及此會聚。還進數杯！〔酌酒介〔7〕〕

【前腔】正自婆娑，剩卻凌煙老伏波。何事舞紅猶架，慢綠生遮，豔翠微酡。琅玕素簟隱涼波，瀟湘畫軸生煙幙。指點仙螺，指點仙螺，笑綸巾何處，北窗堪臥。

〔十郎〕老相國方和戎賜樂，燕鎬言歸，下官不才，也願隨碣石之鴻，再造班行之鷺。今日呵：

【前腔】息馬金河，夏屋深濃散玉珂。幸好合歡鸞扇，蘸帛龍涎，《淥水》云和。舞樓人去落花過，歌梁燕蹴香泥墮。朱祓蹉跎〔8〕，朱祓蹉跎，倚紅蓮幕府，從軍差樂。

〔驛官上〕關月夜連秦塞紫，羌河流入漢家清。稟老爺，敕使到〔9〕。〔黃

裳〕香案迎接。〔內云〕聖旨已到，跪聽宣讀！皇帝詔曰：朕纂屬玉策，
竚想金提，眷章武之舊臣，念弘文之學士。咨爾丞相邠國公杜黃裳，氣
宇天人，風謀雲將，朕已宗師黃石，臣妾烏珠，西顧元臣，久勞於外，
將從憲乞，用遣安迎。參軍李益，同歸玉堂，侍掌絵筆。朔方一切邊情，
暫付左將軍郝玭、右將軍閻朝，協力經理。詔到星馳，慰朕虛側。望闕
謝恩。〔呼萬歲〔10〕〕〔黃裳〕暫請勑使大人皇華驛安頓，下官分付片時，
即便起行。參軍，朔方重地，原當吐蕃回紇兵衝，先帝西顧，命老夫以
相國行邊，君以翰林清貴，參理朔方，二虜開之，消息重大，不敢窺邊，
如今俺二人一旦俱還，虜人聞之，有輕朔方之心；郝玭、閻朝二位將軍，
忠勇有餘，文奏不足，下官意思，今夜起行，託重參軍，還住半月，調
停二將，酌理邊情，待下官入了長城，將人接取，參軍尊意何如？〔卜
郎〕相國有命，敢不敬從。〔黃裳〕堂候官，請郝將軍、閻將軍來。〔郝
閻二將上〕戍久風塵色，勳多意氣豪；但須鳴玉劍，何用誓金刀。二將
見。〔黃裳〕二位將軍請起。郝將軍築臨涇之塞，西戎不敢近邊，吐番
王鑄一金人，與將軍一般長大，購取將軍，又把將軍名字怖止兒啼，此
李牧之兵也。閻將軍獨守沙州〔11〕一城，虜合重圍，唐援路絕，十年不
下，士無叛志，此臧洪之守也。朝廷委二君留後〔12〕，足稱干城。老夫
今夜南還，留李參軍在此調停半月，老夫進到長城，回軍接取。只是〔13〕
朔方重地，全仗二位將軍了。〔二將云〕丞相穩心，管取二虜不得過朔
方而南向。〔黃裳〕二君舊日豪雄，自可銷除狄人〔14〕。〔對郝介〔15〕〕

【鬥黑麻】你控虜臨涇，沙場牧馬，名怖兒啼〔16〕，等身金價〔17〕。
〔對閻介〕沙州戍，英雄殺，十載鏖圍，孤軍挺架。〔合〕龍泉出匣，
沖星聊自拔，看萬里封侯，百年圖畫。

【前腔】〔十郎〕廟算投壺，軍威振瓦，豹額麟符，飛騰戰伐。吾
當去，君駐札，《勅勒》歌殘，《銅鞮》舞罷。

〔合前、黃裳〕俺行了。到了長城，差人迎接參軍，俺前歸報與霍府。
二將不得離局遠送！〔內報介〕受降城中諸夷長送杜老爺。〔黃裳〕分
付番落，不須遠送，只一心奉事中朝，不侵不叛〔18〕，便見忠誠。〔行
介〕

【回朝歡〔19〕】〔黃裳〕歸朝去，歸朝去，萬里鳴沙，秦川雨，杜陵花。《關山月》，《關山月》，橫笛清箶。送將歸，兩鬢華，羌渾脫帽休悲吒，東歸繡衰催黃髮，星宿河邊轉帝車。

秦時明月漢時關，繡蠹人看相國還；

但使龍城飛將在，不教胡馬渡陰山。

校　注

〔1〕遠夷——富本作「日逐」。

〔2〕冰雪未逢——句中「未逢」，富本作「炎天」。

〔3〕軍中——富本作「中軍」。

〔4〕展玩兵鈐（qián）——句中「展玩」，「玩」原作「翫」，「玩」的繁體。鈐，印信。

〔5〕石畫——「畫」字原作「書」，據富本改。

〔6〕黃裳——原無此二字，富本注有「杜」字，據補。

〔7〕〔酌酒介〕——原無此三字，據富本補。

〔8〕蹉跎——「跎」字，原誤作「迤」，據富本改。

〔9〕敕使到——富本作「天朝敕使到來」。

〔10〕〔呼萬歲〕——原無此三字，據富本補。

〔11〕閻將軍獨守沙州——句中「獨」字，富本無。

〔12〕留後——富本作「留守」。

〔13〕只是——富本無此二字。

〔14〕狄人——富本作「狄犬」。

〔15〕〔對郝介〕——富本作白語「郝將軍」；下「對閻介」，同。

〔16〕名怖兒啼——富本作「名怖兒童」。

〔17〕金價——其中「價」字，富本誤作「匱」。

〔18〕不侵不叛——富本誤作「不侵衣叛」。

〔19〕回朝歡——應作「歸朝歡」，此下富本還注有「杜」字，據補「黃裳」二字。

第三十一齣　皈　依〔1〕

【北點絳唇】〔老和尚上〕寶焰金華，南無一切同名佛。燈幢影裏，顯諸天眷屬。滿月光明照，八萬四千齊降伏。雨花禪窟，遍巧風吹活。

【長短句】俺邪答兒麻，問人何事劣啤嘛？都不邇巴幹，問人何事輕

調撥？兮敦塔萵多，勸人及早念彌陀。撈約厄嚕怛，勸人及早參菩薩。老僧是章敬寺禪僧四空的便是，行年一百零八歲。幼尋〔2〕全半，長入中邊，佛日長瞻，法雷自響。意樹空中生樹，藥樹池邊，記得經行樹影，心蓮火內披蓮，白蓮海上，何曾盜鼼蓮香。談劫爐之朝灰，懸河織女；辨常星之夜落，照露燈王。有箇舊人喚做杜黃裳，作秀才時，曾在俺寺裏讀書，與老僧談禪說偈，如今他出將入相，封爲國公，在朔方鎮守，聖上請他還朝，早晚到京，路經俺寺門首，萬一進米禮佛，此人貴極人臣，功參簫管〔3〕，甚有高世之懷，倘他到時，老僧將一兩句話頭點醒，著他早尋證果，永斷浮花，正是下生彌勒見，要他迴向一心歸。不免喚出弟子法香法雲門外伺候。〔法香法雲上〕拂石〔4〕那曾容俗客，獻花何日許門徒。弟子作禮。〔老僧〕法香法雲，你在何處來？〔二法〕弟子不喚做法香法雲，喚作四空。〔老僧〕俺師父號四空，怎麼你兩個弟子也號四空？〔法香〕弟子的四空，只恐和師父的四空不同。〔老僧〕怎的不同？〔法香〕今日徒弟出定遊戲，正街坊上遇著少林寺和尚打拳，炎天口渴，去爐火房裏討些點茅銀子，到小娘家攤些酒，那酒保提得酒來，徒弟一口吃空了一瓶，那酒保笑徒弟能會吃酒，可會說偈？可以空字爲音〔5〕，相贈幾句，徒弟就將酒色財氣作成半偈。〔老僧〕怎麼說？〔法香〕酒也空，酒保終朝送酒鍾。色也空，龜子終朝辦粉紅。財也空，爐火終朝點白銅。氣也空，把勢終朝撲滾〔6〕風。因此上街坊上都喚徒弟做四空。〔老僧〕怎的法雲也號四空？〔法雲〕法香回來，把前四空說與徒弟，徒弟因他所說四行人，都不曾得酒色財氣受用，說他怎的，只說得受用的也是空，因此也做上半偈。〔老僧〕怎麼說？〔法雲〕說道酒也空，酒池魂夢醉鄉中。色也空，月華愁照館娃宮。財也空，郿塢黃金一晒中〔7〕。氣也空，茂陵無樹起秋風。因此上寺中又號徒弟作四空。〔老僧〕依俺說，酒色財氣都不空。酒不空，法酒醍醐甘露濃。色不空，好相華鬘滿月容。財不空，黃金布地寶珠宮。氣不空，降伏魔王號大雄。〔法雲〕這等師父怎的原號四空？〔老僧〕俺原不曾說酒色財氣四空，俺是說地火水風俱生於空，畢竟歸空，故號四空。〔法香〕這等師父號作老四空，法雲號作大四空，小徒弟號作小四空便了。〔老僧〕法雲進禪房烹茶，法香門外伺候！杜司空還朝，或來相訪。〔法雲下，法香接介〔8〕、眾擁黃裳上〕

【縷縷金】〔黃裳〔9〕〕鳴沙路，火輪飛，流金鑠景送行暉。何處涼雲起？風生大地，息陰曾記坐禪枝，勞生幾時逸？

左右，且到寺中訪四空禪師。〔法香報介〕杜相國到。〔老僧上〔10〕、相見介、黃裳〔11〕〕猶記朱輪別上人，袈裟追送小平津；驅馳白髮終何事？贏得歸來問此身。〔老僧〕老相公，身子何須更問，只有老僧要從相國一問〔12〕。〔黃裳〕禪師百歲有餘，度海去筏，何消問得。只是下官年纔六十，有何修行，到得百歲？〔老僧〕老僧百歲，都是些無明數目湊起來的。〔黃裳〕請教。〔老僧〕老僧昔來要捨是身，父母不許。也常愛護，處之屋宅，又復供給衣服飲食、臥具醫藥、車馬奴婢，隨時將養，令無所乏，是身不知感恩，反生怨害，仍復不免無常敗壞。復次，是身不堅，無所利益，可惡如賊，有無量癰疽，百千怖畏。是身惟有大小便利，猶如行廁，是身不堅，如水上沫。是身不淨，多諸蟲戶。是身可惡，筋纏血塗，皮骨髓腦，共相連持。如是觀察，甚可患厭。若論世間威儀束縛，男女交觸，涎唾血腥，反名恩愛，是日已過，如少水魚，思有何樂！勇猛精進，如救頭然。因此論經戒律，度過百歲，抵了多少無名煩惱，畢竟無餘。且人生的樣子十年一換，請從十歲起，講到百歲。

【耍孩兒】只見人生十歲，孩兒的顏如蕣華美，終朝遊戲薄昏歸。二十歲，駿馬光車，盈盈的高談雅麗。三十歲，舉鼎干雲氣欲飛，一心在功名地。四十連州跨郡，垂〔13〕璫出入皇闈。

【五煞】幢旄五十時，歌舞羅〔14〕金翠。婀娜六十成家計。容顏七十無歡趣，明鏡清波懶得窺。八十歲，聰明去，記不得前言往事，致政懸車。

【四煞】九十時，日告衰，那些形體是志意，非言多謬，誤心多悸，平生感念交垂淚，孫子前來或問誰。人百歲，全無味，眼兒裏蒙瞳濁鏡，口兒裏〔15〕唾息涎垂。

〔黃裳〕人生到此，天道寧論。聖賢不能度，何得久存我！回想前事，只是蜉蝣一夢。

【三煞〔16〕】生意定何時，婆娑枯樹枝，等閒撇下人間世。當日裏

春林囀鳥何遷次，今日後秋寺聞蟬止益悲。眼看見愁來至，憔悴了生花鐵樹，迤逗了落葉阿黎〔17〕。

〔老僧〕相公怕甚麼阿黎？〔黃裳〕下官想人生少不得輪迴諸苦，今日便解取玉帶一條，乞取名香一瓣，向佛王懺悔，明日上表辭官，還山禮佛，只怕遲了，濟不得生死〔18〕大事。〔老僧〕撚〔19〕指成佛，說甚麼遲。便可佛殿上一走。〔作行科、禮佛介、老僧〔20〕〕請相公自懺。〔黃裳〕煩禪師一位門徒，請諸天佛菩薩懺悔，容下官親自結念。〔喚法香請佛科〕唐太和元年六月初五日，信官檢校司空門下平章事邠國公京兆杜黃裳，恭捨玉帶，供養名香〔21〕，皈依十方盡虛空界一切諸佛，諸大菩薩，辟支羅漢，四果四向，梵王帝釋，八部龍王。伏念弟子杜黃裳，在朝相國，在外巡邊，感念輪迴，常有諸苦，為此發念諸佛菩薩前，願拋煩惱，竟證禪心。貧子初歸，魔兵正苦〔22〕，伏念〔23〕東方阿閦，南方寶相，西無量壽，北微妙聲，諸大持護，得無上甚深微妙，聖期身心歡喜，吉祥而逝，還生西方淨土，頂禮威王。不勝懇禱！〔禮畢、法香〕請相公過竹院齋了去。〔黃裳〕不須得，老夫謝官後長來棲託者。多謝禪師，救我殘生。

【二煞】暗送人生苦不知，夜來邊馬早朝雞，從今後塵心擺去歸禪諦。也知弱草空人相，贏得天花覆死屍。海香焰，日華慧，干不盡蜉蝣故事，安不疊怖鴿〔24〕禪枝。

禪師，我別你了，長望尊師賜教。〔法香〕相國莫哄了諸天聖眾。

【煞尾】〔黃裳〕長年已自悲，夜行還怎的？諸天蚤聽我香爐誓。禪師。我乞水焦牙已自遲。

相國南歸鬢有絲，花宮尤記白蓮池；

何時更枉金門步，向後常參玉板師。

校　注

〔1〕皈（guī）依——原指佛教入教儀式，後泛指信仰佛教或參加其它宗教組織的亦稱皈依。

〔2〕幼尋——「尋」字，富本作「習」。

〔3〕蕭管——富本作「微管」。

〔4〕拂石——富本作「佛石」。

〔5〕音——疑當作「韻」。

〔6〕滾——富本作「浪」。

〔7〕一晌中——「晌」字，富本作「盼」。

〔8〕法雲下、法香接介——富本作「雲香下介」。

〔9〕黃裳——此二字原無，富本注有「杜」字，據補。

〔10〕老僧上——原無，據富本補。

〔11〕黃裳——此二字原無，富本注有「杜」字，據補。

〔12〕只有老僧要從相國一問——句中「僧」字，原誤作「身」，上下文俱作「老僧」，
可證，據改。

〔13〕垂——富本作「重」，誤。

〔14〕羅——富本無。

〔15〕口兒裏——「裏」字原無，據富本補。

〔16〕三煞——按：此曲當爲杜黃裳唱語氣甚明，富本注有「老」字，作「老僧」唱，
誤。下「二煞」同。

〔17〕阿黎——疑當作「阿梨」，下同。

〔18〕生死——富本作「死生」。

〔19〕撚（撚）——原誤作「燃」，據富本改。

〔20〕〔作行科、禮佛介、老僧〕——原無「禮佛介」，據富本補。

〔21〕供養名香——富本作「供奉明香」。

〔22〕正苦——富本作「至苦」。

〔23〕伏念——富本作「伏願」。

〔24〕怖鴿——富本作「布穀」。

第三十二齣　邊　思

〔李十郎上〕待詔北門唐學士，立功西域漢將軍；蘭閨柳市芳塵隔，蒲
海蕭關木葉紛。分飛海燕無窮極，擁旆遙遙過絕國；絕國征人一望鄉，
高樓思婦長沾臆。前日杜相國還朝，說入長城便有人相取，今半月了，
還不見來，不知俺小玉妻在府中安否？今夜月滿瓊鈎，雲披玉帳，銀山
風穴，半清炎海之威，碧漢星橋，枉晌〔1〕河源之路。正是蓬轉終何極？
瓜時獨未還。風塵催綠鬢，歲月損紅顏。魂迷金縷帳，望斷玉門關。別
後將軍樹，相思幾度攀。小玉妻，知你相思，亦復如是。

【羅江怨】瑤光轉玉繩，龍關柝靜。天街雲氣夜分明，絳河如練，送月度邊庭也，流照伏波營，飛入瑤華境。那紅亭〔2〕對子城，那青天盧翠屏，何處也一片南飛影？

妻，你那秦中天氣正暑，俺這塞外入夏猶寒，想郡主此時呵：

【香遍滿】茵香媚寢，浴罷團扇輕，雪體冰紈映。䰀膩黔顏鬢，掠約斜簪整。悄窺人簾月，暗恨就中生，透關山一點，兀自把闌干憑。

妻，當時送俺霸橋，將淚珠兒滴在俺征袍上，至今猶自鮮明，俺搵著翠袖啼痕，便想著紅亭別景呵：

【金谷園】他摻紅袖唱一曲離情，抝絲鞭叫幾聲薄倖，古戍花明繡嶺，扳花別淚盈盈，折柳處想卿卿。

那時節怎撇得來！

【嘉慶子】啼珠濺迸金輞影，飄粉絮撩人不平，壓金線繫紅難定。真撇得人疼疼，還去去，重行行。

那時咱待辭這差呵：

【么遍】早定奪驅馳使命，難迤逗分明軍令。殢他墜花翹愁靚，詆他簇金蓮行徑，不分生憎，葉冷花寒玉態橫。

小玉妻，自你送別紅亭後，咱有多少歡趣都拋卻了。

【品令】憶他手按裙帶繞階行，只教牽恨愁蛾，暗逐飛旌。雙波慢啼妝，淚落垂紅綆。羅襟漬凝，揭調催弦怕聽。風月關人，月壯風多暈更生。

咱想與小玉姐遊霍王萬春園子，多少明媚！

【豆葉黃〔3〕】共看花笑笑，踏草停停。碎春風日暖吹笙，碎春風日暖吹笙，寫秋波雲寒透鏡，芙蓉對綻，玉管雙清。遙望處翠籠煙暝，遙望處翠籠煙暝，何事隔春鶯，猶自殷懃《渭城》。

【玉交枝】粉寒香剩，併玉〔4〕人撇在長亭。相偎翠袖淩風並，春

去也花時難更。玉虎牽絲綠水縈，金蟾齧鎖沉煙靜。著人呵十分情性，撇人處兩字功名，撇人處兩字功名。

今日相思呵：

【三犯六么令】你憶遼西月殘燈映。咱夢臨邛風吹酒醒。那玉娘湖上，閨人玉箸銀屏。光祿塞前，流戍袍花劍棱。簷角墮疎螢，烽子平安火明。

別時俺無淚可落，今日孤苦邊頭，自然堪下淚了。正是平時只道從軍樂，今日方知行路難。

【江兒水】憶淚天涯盡，愁眉塞草青。想衣襟餘馥，猶是舊荀令。月痕記處堪重省，只怕銀蟾漸冷蟲啼暝。斷河難倩，鎮無聊橫笛堪驚，《古輪臺》擣不出香奩詠。

想不久也有人交代了。

【一撮棹】功名定，拚歸來箭鼓競。武騎文園茂陵，茂陵人長臥病。卸了風鞭露鐙，從教夜雨朝醒。小玉妻，那時俺和你對心星解翠縷，倍工夫展別情。〔旗卒上〕

【六么令】邊關寧靜，邊關寧靜，魯〔5〕酒千鍾醉老兵。榮歸相國度長城，還教接取參軍，明馳曉夜趣朝命。

稟參軍爺，小旗們已送杜相國入了長城，回軍迎接老爺。〔十郎〕你來迎俺，俺這軍中文簿，都已分付郝閻二位將軍，如今就請二位將軍一見，盡夜起行。〔郝閻二將上〕邊思愁雲斷，鄉心帶月飛；直置猶如此，何況送將歸。參軍大人拜揖。纔間烽頭納喊，知是杜相國回軍，接取參軍南歸，俺二將敬來相問行期，攀留數日。〔十郎〕二位將軍有射象止啼之勇，有薄糜餐革之忠，左提右挈，前犄後角，朔方重鎮，自有二位將軍。此時天氣炎熱，告別夜行。寶劍二口，聊用留別。〔青兒捧劍上〕寶劍青蓮色，《銅鞮》細柳軍。〔十郎贈劍介〕

【山花子】蓮花櫊上芙蕖淨，七星浮動雙星，三尺水吹寒片冰〔6〕，

按絲麗靾熒熒。〔合〕吐金環明月暗驚，故人把贈意不輕，旄頭一斫海水清，看取題銘〔7〕同上丹青。

【前腔】〔郝閣〕你春坊正字文章映，幾年親近雄英。笑吾儕冠垂緌纓，乍教霄練呈形。

〔合前〔8〕、十郎〕就此行了。〔郝閣〕送參軍出關。〔作行介〔9〕〕

【紅繡鞋】〔閣郝合〔10〕〕行人車騎流星，行人車騎流星，刀頭片月連城，刀頭片月連城。歸馬度，宿鴉驚，睥睨影，轆轤聲，秦將卒，漢公卿。〔拜別介〕

【尾聲】〔十郎〔11〕〕心交寶劍贈生平，想後會風塵難定。〔郝閣〕參軍見杜相國問時，只說有俺二人呵，管取朔方高築受降城。

星使南歸擁節旄，馬頭斜對雪山高；
空牽別恨隨明月，猶自交情贈寶刀。

校　注

〔1〕眪——富本作「盼」。
〔2〕紅亭——原誤作「紅樓」，今正。
〔3〕豆葉黃——原誤作「逼葉發」，今正。
〔4〕玉——富本作「身」。
〔5〕魯——富本作「虜」。
〔6〕片冰——富本作「冰片」，失韻。
〔7〕銘——富本作「名」。
〔8〕合前——富本奪此二字。
〔9〕作行介——富本無。
〔10〕〔閣郝合〕——原無，據富本補。
〔11〕十郎——原無此二字，富本注有「十」字，據補。

第三十三齣　出　山

【菊花新】〔尚子毗上〕昆陵雲〔1〕氣滿河圖，十二芝城映紫都，長劍倚昆吾，望中原片鴻飛度。

蓬轉西風木葉寒，層城十二碧闌干；星沉海裏當窗見，雨過河源隔坐看。自家尚子毗是也，本姓沒盧，名贊心牙，羊同國人。世爲吐蕃貴相，先贊普時，曾從父親尚結贊入朝賀問，唐憲宗皇帝愛俺年少，送遊太學，備觀《丘》《索》之書，頗習干旄之舞。同時有隴西李益，字君虞，有徐州石雄，字子英，杜陵花卿，字敬定，三君氣決青雲，詞韶白雪，才交一臂，便結同心。客邸逢春，都門送別。君虞問俺相見後期，雪涕相看，不能自己。俺曾道來，小弟此回，無復驅馳之想，家居崑崙山中，道書數卷，琴歌幾弦，長揖東王，乞丹西母；若時事羈絏，不能自脫，橐鞬相遇，即當避舍；中原寶冊遙臨，倘或趨朝上國，便假風塵之會，重沾謦唾之音；如更不然，亦當託〔2〕訪終南，相尋渭北。聞得中原多故，河隴不通，俺國中論恐熱據擁強兵，贊普年來昏暴，俺今年過四十，雖然讀書不仕，能無嘯柱長悲！看咱衰鬢，已似秋天，知李十郎怎的？正是青草當年別，寒花各地憐；中原問兄弟，把臂幾人全？不免歎息一會。

【金落索】金經啓綠圖，石室依玄圃。憶長安陌上尋春處，咸陽舊酒徒，野酏酥，暖屋繡簾紅地爐，豪華疊碎銀腰鼓，老大敲殘玉唾壺。俺正與李君虞花敬定石子英相聚爲樂，唐帝忽催遊國子監，彼時正是昌黎一老儒，喚做韓愈，正作四門博士〔3〕，説中國秀才都傳誦他文字，俺取他數作觀之〔4〕，好沒意致。等閒度，**螢乾蠹死，歲歲一床書。**向後延秋門外相別，十年來河隴路斷，松潘圍逼，至今三君音徽斷絕，俺雖胡人，心馳漢道。**斷金蘭雁帖全無，鶴夢模糊，還記取來時路。**

〔山童上報介〕金碧蔥龍王母祠，笑騎龍竹弄參差；紫沂海〔5〕上衣沾濕，昨夜偷桃是小兒。稟師父：吐番〔6〕贊普，不知那處打圍，人馬喧騰，説到俺山中來訪師父。〔子毗笑介〕想是俺家中書令沒來由的尚綺心兒勾引他來，強起俺去做官。豈是飢寒驅我去，笑他富貴逼人來！只得開門迎取。

【霜天曉角】〔綺心從贊普番落上〔7〕〕〔贊普〔8〕〕金雲紺露，文豹從棲霧。戴勝山中王母，鳴騶谷口名儒。

〔相見各長揖科，贊普作色問介〔9〕〕先生生長羊同，早遊龍漢，君臨不拜，出在何經？〔子毗笑介〕姑射之人若雪，嚴灘之客爲星，天竺先生老而化佛，月光童子少即尋仙，何求〔10〕於人，強名曰道，贊普自生來意，山人少無宦情，恨不閉戶踰垣，猶自纓鱗豎髮，若須朝禮，何用山人。〔贊普笑謝罪介〔11〕〕適間聊用相試，果然名下無虛！請爲賓主之交，敬問安危之策。〔拜科〕世上聞名久。〔子毗〕山中養病多。〔贊普〕容顏須好在。〔子毗〕懶性欲如何？〔子毗〕贊普打圍，過草堂有何下問？〔贊普〕請端坐聽著說。俺先人呵：

【大聖樂】弄贊王慷慨雄圖，隸縮王少小魁梧，獻金鵝玉馬迎公主。今贊普，古單于。如今唐朝輕相覷俺，反與回紇更親，俺要捲帳侵唐。俺本是龍支礱谷魁戎部，怎比得烏紇雞田是小胡。只是一件，攻唐要路，無過朔方隴西松州三路：松州俺已差論恐熱人馬攻圍，想有次序；隴西說有石將軍雄勇，攻不過去；朔方他有個丞相，有個參軍鎮守，都取回去，打聽得留下偏軍，一個喚做郝玼，一個喚做閻朝，郝玼曾築臨涇〔12〕之戍，閻朝曾守沙州之城，俺通與他交手過來，朔方有此二人，也難攻打；俺如今還向隴西征進，不知天意何如？掃帳南朝去也，謹占雲望氣，勝負何如？

〔子毗〕待子毗去外間占望一占望。〔背云〕天呵，且喜李君虞歸，朔方猶自有人。只是松州花敬定，不知敵得〔13〕論恐熱否？他向隴西，難爲〔14〕石子英了。〔做輕唱介〕

【前腔】破隴西他草次馳驅，曳落羌渾難抵護，對戎王言語須回互。〔回唱〕看風氣，有贏輸。啓贊普，昴畢以南，秦隴之間，常有紫氣圍宵，昴畢以北，河湟之西，似有烏雲壓帳，且近日日珥居東，星旄墜北，彼中之氣，氤氳如沸粉，發弩揚旌，此中之氣，紛紛似轉蓬，懸衣偃蓋，龍驪布陣，何曾月暈〔15〕圍參，宛馬繞嘶，止見招搖受孛，勸贊普與唐和親有利，出隴西攻戰。恐難得志。只好向鳳池柏海迎公主，慢教他烏使籠官著縵胡。〔贊普〕若不許俺和親時，便去攻唐朝了。〔子毗〕也未可攻唐朝。

且去圖回紇也，避中原王氣，料理邊隅。

〔贊普〕承教承教。只是求得同行何如？〔子毗〕子毗不婚不宦，年將半百，坐崑崙，顧禆海，茫茫白煙，霏霏黑點，俱是塵中，子毗懶性狂態，與世相違，又少遊唐國，好習華風，機務之司，嫌疑當避，不敢奉命〔16〕。〔贊普〕丈夫相處，何嫌何疑！戰取功完〔17〕，從君自遂。〔子毗〕待臣出外占一占風角如何。〔背云〕俺卻無求於世了〔18〕，只是一件，俺看吐番王老，胡運將衰，他命〔19〕將論恐熱有不良之心，俺便藉此，圖機出避，況風塵之際，萬一得到唐朝，再見李十郎石大郎花驄騎亦未可知。〔回介〕風角之法，用辰不用日，辰是客星，時為主人，今日風來巽方，俺是西方金王之地，日辰庚戌，天將晚又是酉時，時辰俱正，庚為義，戌為公，正可以從行。只是不敢受贊普的品級，倘事完之後，容俺自便〔20〕。〔贊普〕這等可喜可喜！且留中書令綺心令侄相陪，從容而來，俺便夜獵回去。〔辭別科〕少微開北落，太白動西軍；蚤識函關氣，空為出岫雲。〔贊普下、綺心子毗弔場〔21〕、綺心〕贊普厚意，欲叔父受一大相，或是一方節度使，叔父既許同行，安得辭免，且家世仕吐番〔22〕，吐番正強盛，便可收拾強起。

【一撮棹】唐髦種最古號強胡。大小論外覓零逋，金瑟瑟高官綴臂銀塗。甲門繪虎，懦種垂狐。盧帳煩都護，鄯州須節度。管取呵席捲漢黃圖。

〔子毗〕賢侄談何容易。只是與唐和親，便可壓鎮諸蕃。既然許了贊普，不免就行了〔23〕。〔綺心〕贊普留得車馬在此。〔子毗〕俺草廬中，只有道書數卷，素琴一張。道童，便可捲入行囊！只是一件，可惜一座崑崙山，五城十二樓，再不堪回首了。我有紫磨金鑄成西王母小像，可帶隨身。崑崙山除是夢中可遊，終南山或有閒時可到。〔綺心〕叔父誤矣，功成歸隱。依舊見崑崙山。終南山在唐朝國都，如何可到？〔子毗〕侄兒。你那裏知道。既與唐和親。萬一奉命而入中國。不可知也〔24〕。丈夫一入仕途。風塵之際。有如蓬轉。能必得歸隱何時！俺別了這座崑崙山呵〔25〕，從此〔26〕猿啼鶴怨。收拾齊備了，就上馬去〔27〕。〔行介〕

【香柳娘】〔子毗〔28〕〕這頭顧可知，這頭顧可知，為君強起，軟弓輕劍非吾意。〔綺心〕歎天西有誰，歎天西有誰，守著悶摩黎，還看悶盧水〔29〕。〔合〕且權宜料理，且權宜料理，頓足風塵，終當脫屣。

舊劍生衣懶更磨，漢家先許郅支和；

山人自愛山中宿，何事干人費網羅。

校　注

〔1〕雲——富本作「風」。

〔2〕託——富本作「遊」。

〔3〕正作四門博士——句中「正」字，富本作「在」。

〔4〕俺取他數作觀之——富本作「俺親數作」。

〔5〕紫沂海——「沂」字，富本誤作「泥」。

〔6〕吐蕃——富本無。

〔7〕綺心從贊普番洛上——富本作「綺心贊普上」。

〔8〕贊普——原無。富本注有「贊」字，據補。

〔9〕相見各長揖科，贊普作色問介——富本作「相見各揖、贊」。

〔10〕何求——「求」字原誤作「來」，據富本改。

〔11〕贊普笑謝罪介——富本作「贊笑謝」。

〔12〕臨涇（jīng）——「涇」字，原誤作「徑」，據富本改。

〔13〕敵得——此二字下，富本有「住」字。

〔14〕難為——富本在「難為」上面有「又」字。

〔15〕何曾月暈——句中「暈」字，富本誤作「翬（huī）」。

〔16〕不敢奉命——富本無。

〔17〕戰取功完——句中「完」字，富本作「成」。

〔18〕俺卻無求於世了——句中「求」字，富本作「本」。

〔19〕他命——「命」字，富本作「內」。

〔20〕容俺自便——句中「俺」字，富本作「易」。

〔21〕綺心子毗弔場——此六字富本無。

〔22〕且家世仕吐番——富本作「且俺們家世仕吐番」。

〔23〕不免就行了——富本作「不免收拾就行了」。

〔24〕不可知也——「不」字，富本作「未」。

〔25〕俺別了這座崑崙山呵——句中「呵」字，富本無。

〔26〕「從此」下——富本有「後一任他」四字。

〔27〕收拾齊備了，就上馬去——富本作「收拾齊備就上馬去罷」。

〔28〕子毗（pí）——原無此二字，富本注有「毗」字，據補。

〔29〕悶盧水——「盧」字，富本作「瀘」。

第三十四齣　巧　合

【鵲橋仙】〔小玉上〕漢曲天楡，河邊月桂，閣道暗驚商吹。拋梭振躡動明璫，還拚取今宵不寐。

【五言古風】河陽秋不歸，漢陰無復緒。凌波藻報章，映月抽纖縷。沃若靈駕舉，連娟思眉聚。清露下羅衣，秋風吹玉柱。流陰稍已多，餘光欲誰駐？奴家送別十郎朔方參軍數年，常年七夕相憶，今宵復是七夕良辰〔1〕，前日杜相國還朝，著人來說，十郎只在早晚到家，望殺人也！

【普天樂】盼佳期，掛玉鉤秋色微雲遞。他平日相思呵，一水相思盈盈淚。今宵卻好也，斷明河暗濕仙衣，金風玉露涼無寐。經年別，一宵會。還堪恨傾河容易催歸，須寄語塡河烏鵲休飛，正自錦稠低泥。十郎夫，若過了今日不歸呵，怕淚綃重浥。還上空機。

〔鄭六娘〕盈盈一水邊，夜夜空自憐；不辭精衛苦，河流詎可塡。女兒小玉自別了李十郎，每逢佳節，轉是傷神，今夕乃牛郎相會之夕，想得他停機罷織，鎮坐相思，俺已著櫻桃鳥兒，去請鮑四娘杜秋娘過俺紅樓，乞巧穿針，與女兒消遣，想已到來。〔見介、六娘〕女兒，今日七夕佳期，杜相國說十郎早晚到家，俺已去請鮑四娘杜秋娘來與你消遣。

【繞池遊〔2〕】〔鮑杜上〕秋期尙淺，天路迎仙眷，問何事經年別恨。

〔相見介〕鸞扇斜飛鳳幄間〔3〕，星橋橫道鵲飛迴；爭將世上無期別，換得年年一度來。〔鮑杜〕久不曾相問六娘和郡主，今夕又是七夕佳期了。〔鄭六娘〕正是。相請過紅樓同候雙星。〔四娘〕織女渡河，隨人間拜乞，只得乞一，不得乞二，心中私願，三年不得說出，就此庭中排列香案〔4〕，六娘爲主〔5〕。

【駐雲飛】〔六娘〕帝女遙川，畫繡瓊絲隔漢煙，鳳藻停機盼，翠匣懸衣捲。嗏。失喜弄金鈿，晚妝凝倩，浥露含嬌，巧笑臨清淺，今夜

星眸拚不眠。

【前腔】〔四娘〕靈鵲初喧，寶鑾奔娥送晚妍，隱鼓車音遠，緩帶靈心軟。咦！流態及歡前，佩衿香展〔6〕，舊別新知，泛碧銀灣斂，宛轉佳期又一年。

〔小玉背云〕這牛女好似俺和十郎一般。

【前腔】妙會良緣，何事膏蘭向曉煎？別淚迴波戀，去路奔龍輾。咦！無計解留連，七襄低轉，漸落銀橋，更逐流心怨，今夜單情何處懸。

〔秋娘〕思憶老身年少時入宮中，一般有穿針樓，那時結願求巧，女伴嬌誇，今日王子遊仙，撇老身奉事〔7〕西王母觀。

【前腔】青鳥空傳，一夕歡娛幾萬錢，罷拭桃花面，懶注丹文點。咦！子晉去尋仙，婕妤嬌怨，百子池邊，憶昔長生殿，贏得仙童唱粉筵。

私情已畢，好向樓上穿針。〔上樓介〕步月如有意，情來不自禁；向光抽一縷，舉袖動雙針。〔四娘〕六娘，這樣巧都讓與郡主少年人，就請郡主先穿了，便到六娘。〔小玉〕僭了。〔穿針介〕

【劃鍬兒】家家此夜持針線，眼中人去寸心牽，新縫合歡扇，相思縷懸。〔合〕香粉庭前，蟢蛛如願，巧到人間，遠人相見。

〔六娘〕僭了。〔穿針介〕

【前腔】黃姑彩逐西飛燕，風欹弱縷暗難穿。兒，你替俺穿了罷。〔六娘〔8〕〕〔小玉替穿介〕衫輕羞指現，纖纖，可憐。

〔合前、秋娘〕到鮑四娘了。〔四娘〕僭了。

【前腔】秋金謾試流黃絹，披襟樓上且纏綿〔9〕。郡主替老身穿了罷。〔小玉替穿介、四娘〕好巧！西園射針眼，卿堪比妍。

〔合前、四娘〕到杜秋娘了。〔秋娘〕老身宮人入道，要什麼巧得〔10〕！

【前腔】舞衣金縷曾縫遍，藕絲無分透雙鴛。郡主，你替老身穿了罷。〔小玉替穿介、秋娘〕好巧！靈芸自針選，饒卿少年。

〔合前、報子上〕涼年當七夕，雲閣度雙仙；願爲青鳥使，報書明鏡前。稟上老夫人，李老爺已到。〔六娘〕眞個湊巧！〔秋娘〕老身喜得今日會了。

【淩波仙了】〔十郎上〕河鼓初喧太液池，九華燈裏動星輝，繩河暗度尋源使，還及瓜期。

〔相見介、六娘〕萬里長歌古別離。〔十郎〕只今秋月照羅幃。〔六娘〕也知遊子多悲苦。〔十郎〕幸好容顏似昔時。〔小玉〕天涯涕淚隔參辰。〔十郎〕塞外〔11〕還思樓上人。〔小玉〕今夕雙仙會遙漢。〔十郎〕免教蓬首對河津。〔六娘〕杜秋娘自不曾見十郎。又鮑四娘也在此迎候。〔四娘〕仙使南歸坐玉京。〔秋娘〕聞名空望紫薇星。〔十郎〕今宵漢陌連歌笑。〔合〕還似麻姑會蔡經。〔小玉〕十郎，自你去後，展轉相思，每逢佳辰，更成悽楚，年年七日，爲你曝衣曬書，今年七夕，恰好團圓，記得昆明池上，對了牽牛織女，結了誓言，今夕巧逢，莫非二星有靈了。

【轉林鶯】銀河拂樹驚秋氣，望天街不盡相思。掩〔12〕紗窗碧霧濛濛淚，理緗紈幾度沾衣。有昆明舊誓，睇織女闌干主對，弄輝輝，金盤蟢子，迎得故人歸。

〔十郎〕夫人，俺在朔方，卿居南國，雖無日夕之會〔13〕，長有往來之魂〔14〕。

【前腔】河西漢右瞻靈匹，俺仙槎奉使虛隨。歎當年倏忽成離異〔15〕，看依然舊石支機。百枝光裏〔16〕，滿堂美人流睇，正佳期，紅針玉線，久別似新知。

【長拍】〔鄭六娘〕小扇銀屏，小扇銀屏，玉庭珠几〔17〕，遙遙的七香塵起。老身看十郎眞是河西〔18〕仙子也。正仙郎良會，奏清商綠〔19〕粉輕吹。〔鮑杜合〕何處曉驂歸？映雕闌巧玲瓏彩雲明媚〔20〕，配盡鴛鴦無限縷〔21〕，可憐處一把鮫綃擲亂絲，到如今疊就了團花綺，還勝似匆匆嫁了河西。

【短拍】〔合〕彩纕連心，彩纕連心，香緘燕尾，限良宵沒得些時

〔22〕，浪得巧名兒，卻不解把郎心繫。問何似〔23〕人間密意，笑背著銀缸縱體，推繡枕，下羅帷。

【尾聲】捻香方勝〔24〕同心記，對星河長久夫妻，從今後歲歲相纏五色絲。

香思年年度翠梭，從今無復恨分河；

休誇天上靈歡少，自是人間喜事多。

校　注

〔1〕今宵復是七夕良辰——原作「復是今宵」，據富本改。

〔2〕繞池遊——「池」原誤作「地」，今正。

〔3〕鸞扇斜飛鳳幄間——富本作「彎扇斜分鳳幄開」，「彎」字誤。句中「幄」字，謂蓬帳。

〔4〕香案——「案」，原作「粉」，據富本改。

〔5〕為主——此二字下，富本有「則個」二字。

〔6〕佩衿香展——句中「衿（líng）」字，富本作「冷」。

〔7〕奉事——富本作「出家」。

〔8〕六娘——原無此二字，據下曲之例補。

〔9〕披襟樓上且纏綿——句中「樓」字，富本作「楼」。「楼」字費解。

〔10〕要什麼巧得——富本作「又要甚的巧來」。

〔11〕塞外——「外」字，富本作「正」。「正」字費解。

〔12〕掩——原誤作「俺」，今正。

〔13〕雖無日夕之會——句中「會」字，富本作「歡」。

〔14〕往來之魂——「魂」字，富本作「夢」。

〔15〕離異——「離」字，富本作「孤」。

〔16〕百枝光裏——句中「光」字，富本誤作「花」。

〔17〕玉庭珠幾——句中「幾」字，富本誤作「璣（璣）」。按：「幾」為小而矮的桌子，「璣」為不圓的珠子。

〔18〕河西——富本作「個」。

〔19〕綠——富本作「涤」。

〔20〕映雕闌巧玲瓏彩雲明媚——句中「玲」字，富本作「珍」。按：「玲瓏」為熟語，「珍」字搭不攏。

〔21〕配盡鴛鴦無限縷——「鴛鴦」原作「鴦鴛」，今從富本改。

〔22〕限良宵沒得些時——「限」字，富本作「恨」。

〔23〕似——富本誤作「事」。

〔24〕捺（nà）香方勝——「方」字，富本作「芳」。